SV
international
SCHWEIZER
VERLAGSHAUS

Suvi Raj Grubb

Kann der Partitur lesen?

fragte Otto Klemperer

Erinnerungen
eines Musikproduzenten

SV international
Schweizer Verlagshaus
Zürich

Die englische Originalausgabe erschien
1986 unter dem Titel
Music Makers on Record
bei Hamish Hamilton Ltd, London
Deutsch von *Wolfram Ströle*
Redaktion und Koordination:
Dr. *Brigitta Neumeister-Taroni*, Zürich

für C. G.
(der ich vor vielen Jahren
ein anderes Buch versprach)

CIP-Titelaufnahme der Deutschen Bibliothek

Grubb, Suvi Raj:

»Kann der Partitur lesen?« fragte Otto Klemperer:
Erinnerungen eines Musikproduzenten / Suvi Raj Grubb.
[Dt. von Wolfram Ströle]. – Zürich : SV internat.,
Schweizer Verl.-Haus, 1989

Einheitssacht.: Music makers on record ‹dt.›
ISBN 3-7263-6601-6

Schutzumschlag: Heinz von Arx, Zürich
Satzverarbeitung mit Profitext und Satzcode der
iM-Software, Leonberg-Warmbronn
Umbruch mit Ventura Publisher
Belichtung: Setzerei Kittelberger, Reutlingen-Rommelsbach
Druck und Bindung: May & Co., Darmstadt
Printed in Germany

ISBN 3-7263-6601-6

2 4 6 5 3 1

Inhalt

Einleitung

Die Schallplatte hat, ob zum Guten oder zum Schlechten, einen enormen Einfluß auf das Musikleben unserer Zeit ausgeübt. Da wir uns dem Ende des Jahrhunderts nähern, mag es angemessen erscheinen, dazu einige Fragen zu stellen. Welche Auswirkungen hat die Schallplatte darauf, wie Musik heute gespielt wird, und was hat sie für die Rezeption der Musik geleistet? Das vorliegende Buch erhebt nicht den Anspruch, auf diese Fragen endgültige Antworten zu geben, möchte aber den Leser zum Nachdenken anregen. Kann man eine musikalische Aufführung wirklich konservieren? Wie stehen die ausübenden Musiker selbst zu Plattenaufnahmen? Der technologische Fortschritt unseres Jahrhunderts hat es dem Menschen ermöglicht, länger und bequemer zu leben, als man das je für denkbar hielt, und die Technologie hat uns Werkzeuge in die Hand gegeben, mit denen wir die natürliche Wirklichkeit künstlich reproduzieren können. Viele Künstler träumen davon, ihre »definitive Interpretation« ein für allemal festzuhalten, und viele Hörer bilden ihr musikalisches Wissen und ihren Geschmack an der Schallplatte. Dabei wären solche Aufnahmen vielleicht sogar überflüssig, wenn unsere Kinder in der Schule alle im Notenlesen unterrichtet würden. Selbst der begeisterte Plattensammler hat wohl kaum eine Vorstellung davon, wieviel Freude es machen kann, eine Symphonie von Beethoven zu *lesen*.

Trotzdem gilt natürlich, daß die Musik ihrem Wesen nach nicht stumm ist, sondern hörbar gemacht werden muß. Für alle, die die Klänge nicht beim Lesen der Partitur hören können, ist die Aufführung unentbehrlich. Eine Schallplatte mag viele Nachteile haben, aber sie macht doch Tausenden von Musikliebhabern eine bestimmte Interpretation zugänglich. Ohne die Schallplatte wäre das nicht möglich.

Suvi Grubb erzählt von den Freuden, aber auch von den Leiden eines Schallplattenproduzenten. Das Buch breitet eine Fülle von liebenswerten und humorvollen Anekdoten aus und vermittelt Einblicke in das Wesen vieler Musiker. Daß Suvi Grubb eng und erfolgreich mit so verschiedenen Künstlern wie Klemperer, Boulez, Giulini und anderen zusammenarbeiten konnte, belegt seine musikalische Kompetenz und ist ein Beweis mehr für die Universalität der Sprache Musik. Vielleicht brauchten wir einen Inder, um einem Italiener die Freuden und Tiefen deutscher Musik nahezubringen. Suvi Grubb war dazu in der Lage, weil seine Liebe zur Musik, die in diesem Buch auf jeder Seite zutage tritt, auf einem tiefen Verständnis der Musik und der Freude, die sie bereitet, gründet.

Februar 1986 *Daniel Barenboim,* London

Vorwort des Autors

Im Sommer 1933 kaufte ich in Amalapuram, einer Stadt im Delta des Godaveri in Indien, meine erste Schallplatte. Es war der Tango »Oh Donna Clara«. Im Juni 1979 leitete ich im Amsterdamer Concertgebouw als Produzent die Aufnahme des Doppelkonzerts von Johannes Brahms op. 102 für Violine, Cello und Orchester; es spielten Itzhak Perlman, Mstislav Rostropovich und das Concertgebouw-Orchester unter Bernard Haitink. Das Buch berichtet über den Weg, der vom einen Ereignis zum anderen führte.

Ich nenne darin weder die Namen von heutigen noch jene von früheren Kollegen. Nur einige zu nennen hätte den anderen Unrecht getan, Namen zu nennen, ohne den Menschen, der dahinter steht, näher zu charakterisieren, wäre unfair gewesen – allen gerecht zu werden hätte aus diesem Buch ein anderes gemacht.

London, Dezember 1985 *S. R. G.*

1

Bekanntschaft mit Legge

Es begann alles im November 1956 mit einer Annonce im Anzeigenteil der *Times.* Gesucht wurden Mitglieder für einen Chor, der mit dem Philharmonia Orchestra auftreten und unter Dirigenten wie Otto Klemperer und Carlo Maria Giulini singen sollte. Ich war 1953 mit meiner Frau nach England gekommen. Wir wohnten in Aylesbury. Das war günstig gelegen für meine Frau, die als Ärztin am fünf Kilometer entfernten Stoke Mandeville Hospital arbeitete, und für mich nahe genug an London, wo ich als freier Mitarbeiter für *London Calling Asia,* das englische Überseeprogramm der BBC, arbeitete.

Mein Leben lang habe ich leidenschaftlich gern gesungen. Eigentlich singe ich, seit ich denken kann. In meiner Kindheit waren es die Choräle im Gottesdienst, wo mein durchdringender, mit Stolz zu Gehör gebrachter Sopran gleichermaßen bewundernde wie mißbilligende Blicke auf sich zog. Als Teenager sang ich dann bevorzugt Schlager und Schallplattenhits wie »I scream, you scream, we all scream for ice-cream« und dergleichen. Als ich in den Stimmbruch kam, hatte ich begonnen, mich für ernstere Musik zu interessieren, die ich allerdings gleichfalls nur von Schallplatten kannte. Allein im Badezimmer, pflegte ich aus voller Kehle den Platten Carusos abgelauschte Tenorarien wie »La donna è mobile« und »M'appari tutt'amor« zu schmettern, aber auch Lieder für Baß oder Bariton wie »Poor old Joe« und das »Wolgalied« aus Aufnahmen von Paul Robeson und Schaljapin. Als sich meine Stimme schließlich auf einen tiefen Baß festgelegt hatte, sang ich in verschiedenen Chören, und im letzten Jahr vor meiner Abreise nach England stellte ich selbst Chöre zusammen, mit denen ich auch probte und die ich in Konzerten selbst dirigierte.

In Aylesbury erkundigte ich mich schon bald nach unserer Ankunft nach den dortigen Möglichkeiten, irgendwo mitzusingen. Dabei lernte ich die Aylesbury Music Society kennen, wo man mich mit offenen Armen aufnahm. Das Niveau der Society-Konzerte war gut, und das Singen dort machte mir riesigen Spaß.

Einige Jahre später – es war 1956 – begann ich die Fühler allerdings etwas weiter auszustrecken. Auch die Chöre, die ich in Indien ausgebildet und dirigiert hatte, hatten ein beachtliches Niveau erreicht, und zwei denkwürdige Jahre hatte ich in Madras in einem Madrigalchor gesungen, dessen Qualität für mich nach wie vor unerreicht ist. Jetzt wollte ich unbedingt in einem Londoner Chor singen, weil ich mir davon neue Impulse versprach. In Indien hatte ich Platten des Bach-Chores kennengelernt, und ich war drauf und dran, mich bei diesem Chor zu bewerben, als ich eben jene Annonce in der *Times* las. Der neue Chor schien genau das zu sein, was ich suchte. Nicht in meinen kühnsten Träumen hätte ich mir damals vorstellen können, zu was allem meine Bewerbung führen sollte.

Ein paar Wochen später wurde eine Auswahl der Bewerber zum Vorsingen bestellt. Jeder war aufgefordert worden, ein Solostück vorzubereiten, und ich hatte mich für die Arie »Doch wer wird ertragen den Tag seiner Ankunft« aus Händels »Messias« entschieden. Der Mann, der das Vorsingen durchführte, war ein kleiner, stämmiger Deutscher, der zwar nur wenig Englisch sprach, aber freundlich war und mit seiner zwanglosen Art schnell jede Nervosität vertrieb, die der eine oder andere angesichts des Vorsingens verspüren mochte. Es handelte sich um Wilhelm Pitz, einen der bekanntesten Chorleiter Europas, dessen Name besonders mit Bayreuth verbunden ist. Seine Methode war unorthodox. Bereits nach wenigen Takten des bewegten, reich figurierten Mittelteils der Arie unterbrach er mich. Er spielte ein einfaches Thema auf dem Klavier und hieß mich sie singen, während er eine eigenartig modulierende Begleitung spielte, die harmonisch überhaupt nicht zur Melodie paßte. Es gelang mir, die Klavierbegleitung aus meinem Bewußtsein zu verdrängen und nur der Melodie zu folgen. Einige Augenblicke später war das Vorsingen beendet. Es hatte kaum mehr als fünf Minuten gedauert, und ich war fast etwas enttäuscht, daß das schon alles gewesen sein sollte. Als die Ergebnisse einige Tage später bekanntgegeben wurden, war ich freilich hocherfreut zu hören, daß ich bestanden hatte.

Im Februar 1957 war der Philharmonia Chorus komplett. Ich war in der glücklichen Lage, dem Chor einen Probenraum anbieten zu können. Um mein schwankendes Einkommen beim Rundfunk aufzubessern, hatte ich einen Job als Sekretär des Leiters der Indian Student's Union des YMCA angenommen. Meine Hauptaufgabe war, die Nutzung des Versammlungssaales dieser Institution, der Mahatma Gandhi Hall, zu organisieren. Mein Angebot wurde angenommen, und die Mahatma Gandhi Hall ist heute noch das Zuhause des Philharmonia Chorus.

Der erste Auftritt war für November 1957 vorgesehen. In der Royal Festival Hall sollten zwei Konzerte mit der Neunten Symphonie von Beethoven stattfinden, gedacht als Höhepunkt des von Otto Klemperer dirigierten Zyklus sämtlicher Symphonien Beethovens.

Während des halben Jahres bis dahin bildete Pitz uns gründlich aus. Schließlich kam der 12. November, der Tag, auf den wir hingearbeitet hatten. In der ersten Hälfte des Konzerts wurde die Achte Symphonie gespielt, an deren Ende wir in den Applaus des Publikums für Klemperer und das Orchester einfielen. Dann kam die Neunte. Klemperer interpretierte sie als einen großen Bogen vom geheimnisvollen Anfang des ersten Satzes bis zum krönenden Abschluß im Chorfinale. Als der Einsatz des Solo-Bassisten kam und Klemperer uns bedeutete aufzustehen, beugten sich einige Zuhörer, die offenbar von uns gehört hatten, erwartungsvoll vor. Als der Chor zum erstenmal mit dem triumphierenden »Freude« einsetzte, ging eine sichtbare Bewegung durch den Saal. Bei der großen Doppelfuge »Seid umschlungen« und »Freude schöner Götterfunken« dachte ich, das Publikum werde spontan in Beifall ausbrechen, aber die Zuhörer warteten doch, bis die letzten Akkorde verklungen waren. Dann allerdings brach ein wahrer Tumult los – die Zuhörer standen auf und klatschten, trampelten mit den Füßen und skandierten Bravorufe. Pitz kam auf das Podium, um den Triumph mit uns zu feiern. Jedesmal, wenn der Chor aufstand, verdreifachte sich der Applaus. Immer wieder ließ Klemperer den Chor aufstehen, und plötzlich fühlte ich mich nach Trichinopoly in Südindien zurückversetzt, wo ich zwanzig Jahre zuvor das Werk, das wir soeben aufgeführt hatten, zum erstenmal auf Schallplatte gehört hatte.

*

Der Mann, auf dessen Anregung hin 1945 das Orchester und jetzt der Chor gegründet worden waren, war Walter Legge, eine der außergewöhnlichsten Erscheinungen in der britischen Musikszene. Legge hatte eine vielseitige Karriere hinter sich. Er war Musikkritiker und Assistent von Sir Thomas Beecham an der Königlichen Oper Covent Garden gewesen, hatte in der Schallplattenindustrie und während des Krieges bei ENSA (Entertainment National Service Association) gearbeitet und war außerdem als Impresario tätig. Er war ungeheuer begeisterungsfähig, zielstrebig, ja skrupellos und von unermüdlicher Tatkraft, hatte eine umfassende musikalische Bildung und kannte die Probleme des professionellen Musikmachens bestens. Er schien alles zu haben, was ein Musikinterpret braucht, hatte aber irgendwann entdeckt, daß ihm Geduld und Neigung dazu letztlich fehlten, und daraufhin seine enormen Fähigkeiten auf die Förderung der Musik verwandt. Legge war 1957 Eigentümer und Leiter des Philharmonia Orchestra und außerdem künstlerischer Leiter der Philharmonia Concert Society, die die Konzerte des Orchesters organisierte.

Am bekanntesten war er allerdings als Programmdirektor der Plattenfirma Columbia, die sich mit His Master's Voice zur klassischen Schallplattenabteilung des Industriegiganten EMI zusammengeschlossen hatte.

Legge hatte dort ein Betätigungsfeld gefunden, auf dem sein Genie sich in idealer Weise entfalten konnte. Im Überfluß besaß er fast all jene grundlegenden Qualitäten, die ein Plattenproduzent braucht, und darüber hinaus weitere – vor allem einen treffsicheren Instinkt für die Entdeckung musikalischer Talente. Zu den Musikern, die Legge entdeckt oder deren Karriere er gleich nach dem Krieg gefördert hat, gehören Herbert von Karajan, Elisabeth Schwarzkopf, Sena Jurinac, Dietrich Fischer-Dieskau, Ginette Neveu, Dinu Lipatti und Guido Cantelli.

Legge war außerdem ein weitsichtiger Mann. Anfang der dreißiger Jahre, auf dem Höhepunkt von Massenarbeitslosigkeit und Wirtschaftskrise, hatten er und andere die Idee gehabt, eine Gesellschaft von Musikliebhabern zu gründen, deren Ziel die Aufnahme wenig bekannter Musikwerke auf Schallplatte war. Die Ausschreibung von Subskriptionen sollte die Kosten der Aufnahme jeweils im voraus decken. Das erste Projekt der »Society« waren Lieder von Hugo Wolf, und der Erfolg war so durchschlagend, daß weitere Platten mit Werken von Wolf und anderen Komponisten folgten. In den fünfziger Jahren war es wiederum Legge, der sich mit Phantasie und Mut für einen Dirigenten einsetzte, dessen Karriere viele für längst beendet hielten: Hauptsächlich dank Legge war Otto Klemperer während der nächsten zwanzig Jahre eine dominierende Gestalt in der Londoner Musikszene und im Schallplattenstudio.

In zwei Jahren wuchs der Philharmonia Chorus auf über zweihundert Mitglieder, und das Bedürfnis nach einer Interessenvertretung gegenüber der Leitung – das heißt Walter Legge – durch eine Gruppe seiner Mitglieder wurde immer lauter. Legge beschloß daraufhin, Wahlen zur Bildung eines Komitees abzuhalten, das sich aus je einem Vertreter aller Stimmlagen zusammensetzen sollte. Er selbst überwachte die Durchführung der Wahl, und es war bei dieser Gelegenheit, wie er mir später sagte, daß er mich zum erstenmal mit mehr als beiläufigem Interesse wahrnahm. Wir hatten uns selbstverständlich auch schon einige Male auf Proben gesprochen, und er hatte mir oft gesagt, wie dankbar er sei, daß die Mahatma Gandhi Hall dem Chor zur Verfügung stehe.

Nach Abgabe der Stimmen herrschte beträchtliche Verwirrung. Jedes Chormitglied hatte vier Stimmen, aber niemand wußte, wie man die Stimmen jetzt am besten ordnen und zählen sollte. Ich sah den Bemühungen eine Weile ungeduldig zu und bot dann an, die Ergebnisse auszurechnen. Legge war einverstanden und beobachtete mit unverhohlenem Erstaunen, wie ich mit dem Zeigefinger die Zahlenreihen entlangfuhr, die Summen unter den einzelnen Spalten eintrug und ihm dann die Blätter reichte. Da ich selbst auf der Kandidatenliste stand, schlug ich vor, meine Rechnung durch einen von Legges Mitarbeitern überprüfen zu lassen. Meine Zahlen wurden bestätigt, und das Resultat wurde bekanntgegeben. Ich war als Vertreter der Baßstimmen gewählt worden und hatte von allen Kandidaten am meisten Stimmen gemacht. Legge hielt das für ein Zeichen meiner allgemeinen Beliebtheit, aber wahrscheinlicher ist, daß mich jeder als Verwalter des Saales kannte, in dem wir probten, und daß ich außerdem als Inder die auffälligste Erscheinung im Chor war.

Das Komitee tagte dreimal, bevor mich äußere Umstände zum Rücktritt zwangen: einmal in der Gandhi Hall, einmal aus eher geselligem als geschäftlichem Anlaß in meiner Wohnung, wo Legge und seine Frau Elisabeth Schwarzkopf ein ungeahntes Fassungsvermögen für scharfe, mit Curry gewürzte Speisen an den Tag legten, und das dritte Mal in Legges Haus. Der Tag dieser letzten Sitzung war zugleich mein letzter Tag als Mitarbeiter der Indian Students' Union. Ich hatte gekündigt, da ein erst kurz zuvor ernannter Generaldirektor andere Vorstellungen hatte als ich und ich ohnehin nicht vorgehabt hatte, dort über längere Zeit zu arbeiten. Nach einer Chorprobe – es war kurz nach neun – übersiedelten wir in Legges Haus, wo Legge und Elisabeth Schwarzkopf uns fürstlich bewirteten. Der geschäftliche Teil der Sitzung begann gegen elf und war in wenigen Minuten erledigt. Dann folgte der Teil, bei dem alle Abende bei Legge unweigerlich endeten: Wir redeten über Musik und hörten Schallplatten. Diesmal bekamen wir unter anderem Ausschnitte aus Karajans Einspielung von Mozarts »Così fan tutte« mit Elisabeth Schwarzkopf als Fiordiligi zu hören, die Legge als eine seiner besten Aufnahmen betrachtete. Wenigstens dreimal sahen Legge, Elisabeth Schwarzkopf und ich uns unwillkürlich entzückt an; gemeinsam freuten wir uns an den unverwechselbaren Höhepunkten dieser zartesten aller Mozartopern – am süß dahinschmelzenden Terzettino »Soave sia il vento«, in dem die Frauen mit Don Alfonso ihren Geliebten eine gute Reise wünschen, am Wortwechsel zwischen den beiden Frauen und den angeblich vergifteten Männern im ersten Finale, in dem das Orchester über die absurden Vorgänge auf der Bühne zu kichern scheint, und am großen Kanon im zweiten Finale.

Wir waren alle überrascht, als plötzlich jemand bemerkte, es sei schon nach zwei Uhr morgens. Ich sagte unbekümmert, ich sei ohnehin in der glücklichen Lage, weder an diesem noch einem anderen Tag der näheren Zukunft arbeiten zu müssen. Legge sah mich fragend an, und ich erklärte ihm, daß ich meine Stelle an der Gandhi Hall gekündigt hätte. Die Wirkung meiner Worte war verblüffend – Legge sprang vom Sofa auf (für einen Mann seiner Größe bewegte er sich ungewöhnlich flink) und bat seine Gäste, ihn für einige Minuten zu entschuldigen, da er etwas mit mir besprechen wolle.

Wir gingen in sein Arbeitszimmer, und als erstes fragte er mich, warum ich gekündigt hätte. Als ich ihm meine Gründe darlegte, erwiderte er, er verstehe sehr gut, daß ich nicht für einen Chef arbeiten wolle, mit dem ich nicht harmonierte. Ich traute meinen Ohren nicht, als er fortfuhr: »Seit Sie mir als Verwalter der Gandhi Hall aufgefallen sind, sage ich mir: Ich will, daß dieser Mann für mich arbeitet. Wollen Sie für mich arbeiten?« Ich war buchstäblich sprachlos. »Also?« fragte Legge, und ich, immer noch nicht sicher, ob ich mich nicht verhört hatte, sagte: »Das meinen Sie sicher nicht im Ernst, Mr. Legge.« Er sagte, doch, es sei ihm ernst, und fragte dann, ob er mir ein paar Fragen stellen dürfe. Zuerst erkundigte er sich nach meiner Ausbildung und nach meiner Arbeit in Indien und dann in England. Ich hatte einen Universitätsabschluß und war dreizehn Jahre beim All India Radio tätig gewesen, zuletzt als Abteilungsleiter des Senders in Delhi. Ich hatte diese sichere, mit einer Pension verbundene Beamtenlaufbahn aufgegeben, um nach England zu gehen und mich dort mit einem unsicheren Einkommen als freier Mitarbeiter der BBC zu begnügen, und der Grund dafür war mein leidenschaftliches Verlangen gewesen, Musik live zu hören und zu erfahren und nicht immer nur aus dem Lautsprecher. Legge hörte mir aufmerksam zu, und als ich zu reden aufhörte, lächelte er verständnisvoll.

Dann fragte er, wie gut ich mich in Musik auskenne. Ich sagte, daß ich leidlich Klavier spielen, Klavierauszüge und Gesangspartituren fließend lesen könne, Orchesterpartituren leider etwas weniger gut, was aber auf mangelnde Übung zurückzuführen sei, und daß meine Kenntnisse in Harmonielehre, Kontrapunkt und allgemeiner Musiktheorie und -geschichte recht gut seien. »Und in der Musik selbst?« Ich sagte, von Beethoven sei mir alles, von Bach, Haydn, Mozart, Schubert, Brahms und der deutschen Schule fast alles bekannt. Ferner besäße ich umfassende Kenntnisse über die Werke der wichtigsten Komponisten anderer Länder, in einigen Gebieten weise mein Wissen allerdings auch beträchtliche Lücken auf – so in der italienischen Oper nicht Verdis oder Puccinis, jedoch beispielsweise Donizettis oder Bellinis. »Wer kennt schon alle Verzweigungen der italienischen Oper!« rief Legge. Dann fragte er, ob er meine Musikkenntnisse mit einigen wenigen Fragen auf die Probe stellen dürfe. Ich erklärte mich bereit.

Legge nahm es mit Worten sehr genau und verstand deshalb meine Behauptung, den gesamten Beethoven zu kennen, wörtlich. Die meisten seiner Fragen galten diesem Komponisten. Den Anfang machte die Frage: »Welche Opuszahlen haben die Klaviersonaten?« Ich fing an: »Opus 2, Nummer 1, 2 und 3; Opus 7; Opus 10, Nummer 1, 2 und 3; Opus 14, Nummer 1 und 2 ...« Er unterbrach mich: »Was ist Opus 9?« »Streichtrios.« »Und Opus 1?« »Klaviertrios.« »Wie geht das Eröffnungsthema von

Opus 69?« Ich sang den ersten Einsatz des Cellos aus der Sonate in A-dur, op. 69, für Klavier und Cello. »Wie viele Sätze hat die ›Waldsteinsonate‹?« Das war vielleicht eine Fangfrage, weil der langsame Satz mit »Introduzione« überschrieben ist, Einleitung also wohl zum folgenden Rondo. Nach kurzem Zögern sagte ich deshalb: »Zwei«, aber ich hätte mich auch rechtfertigen können, wenn ich drei gesagt hätte. Legge lächelte, denn er hatte meine Gedanken erraten. »In welcher Tonart steht der langsame Satz der ›Pathétique‹?« »As-dur.«

Mit gutem Grund galten die meisten Fragen den Klaviersonaten und der Kammermusik. Beethovens Orchesterwerke sind so bekannt, daß selbst der flüchtigste Musikliebhaber mit ihnen vertraut ist. Nur jemand, dessen Liebe zur Musik tiefer geht, würde sich auch in den Klavier- und Cellosonaten auskennen. Legge stellte noch eine letzte Frage zu Beethoven: »In welchen Tonarten stehen die ›Rasumowsky-Quartette‹?« »F-dur, e-moll und C-dur«, erwiderte ich. »Wie viele Klavierkonzerte in Moll hat Mozart geschrieben?« »Zwei.« Und ungefragt ergänzte ich: »In d-moll KV 466 und c-moll KV 491.« Wieder lächelte Legge über meine Zurschaustellung von Wissen und stellte nur noch eine Frage: »Welche Instrumente kommen in Schuberts Oktett vor?« »Klarinette, Fagott, Horn«, ich hielt inne, weil ich plötzlich meinte, auch eine Oboe sei dabei, fuhr nach kurzem Nachdenken aber fort: »Streichquartett und Kontrabaß.« »Ich brauche Ihnen keine weiteren Fragen über Musik zu stellen. Ich verspreche nichts, werde mich aber bemühen, Sie als Mitarbeiter zu bekommen.« Legge schüttelte mir die Hand. Wir schlossen uns wieder den anderen Gästen an, und wenige Minuten später gingen wir auseinander.

Verständlich, daß ich außer mir war vor Aufregung. Die Aussicht, für Legge und das Philharmonia Orchestra arbeiten zu können, war überwältigend. Ich wußte zwar, daß Legge auch eine wichtige Stellung bei EMI innehatte, dachte aber nicht daran, daß er mich womöglich dort als Mitarbeiter haben wollte. Ich nahm an, er brauche mich für das Unternehmen, das ganz seiner Kontrolle unterstand – das Philharmonia.

Die Tage vergingen und wurden zu Wochen und schließlich Monaten. Ich hoffte immer noch, von Legge zu hören, aber mit der Zeit schwand meine Erwartung mehr und mehr. Wir hatten an jenem Abend gut gespeist, und manchmal fragte ich mich, ob ich nicht zuviel Hoffnung auf etwas gesetzt hatte, das für Legge nicht mehr als ein spontaner Einfall gewesen war – obwohl er sich immerhin die Mühe gemacht hatte, meine Musikkenntnisse recht genau zu überprüfen. Er hatte mich doch sicher nicht nach Opuszahlen und Tonarten gefragt, nur um zu hören, daß ich sie auswendig herbeten konnte. Er mußte doch wissen, daß nur jemand mit einer genauen Kenntnis der Werke selbst so anworten konnte, wie ich es getan hatte.

Inzwischen mußte ich eine andere Arbeit finden. Bereits vor einigen Jahren hatte ich mich auf eine Anzeige hin bei einer Schallplattenfirma um eine Stelle in der Katalogabteilung beworben. Eine Antwort auf meine Bewerbung hatte ich nie erhalten. Während ich heute weiß, daß hinter so etwas nur ein schlechtes Management und ein schlechter Stil der Firma stehen, hielt ich es damals für den Beweis, daß ich keine Chance hatte, eine Stelle zu bekommen, die auch nur entfernt mit Musik zu tun hatte. Die gelegentliche Tätigkeit für den Rundfunk war weder eine Vollzeitbeschäftigung noch Quelle eines regelmäßigen Einkommens. Auf den Vorschlag eines Freundes hin, der mich eines Tages geschickt und schnell mit drei Fingern jeder Hand tippen sah, beschloß ich, mich über eine Agentur als »Aushilfssekretär« anzubieten. Ich gab dann ein zweiwöchiges Gastspiel bei der Beschwerdestelle der Marie Curie Foundation, wo ich Briefumschläge adressierte, und ein weiteres in der Buchhaltungsabteilung der *Encyclopaedia Britannica,* wo ich Rechnungen und Geschäftsberichte tippte, und landete schließlich bei einer Wirtschaftsprüfungsgesellschaft in der City. Nach einigen Tagen ließ mich der Hauptteilhaber der Firma, neugierig geworden auf einen Mitarbeiter, der das Kreuzworträtsel der *Times* löste und den *Listener* las, zu einem kurzen Gespräch kommen. Dieses Interview verlief natürlich ganz anders als das mit Legge. Als ich erwähnte, ich interessierte mich für Musik, war seine einzige Antwort, daß in den Büchern der Firma keine bekannten Musiker auftauchten, dafür aber einige erstklassige Schauspieler und Schauspielerinnen. Am Ende des Gesprächs fragte er, ob ich an einer Tätigkeit als Wirtschaftsprüfer interessiert sei. Ich sagte, ich wolle es gern versuchen, und wurde einem der Hilfsprüfer zugeteilt. Einige Wochen später bestellte mich der Hauptteilhaber erneut zu sich. Diesmal fragte er, ob ich als Praktikant bei ihnen arbeiten wolle. Eine Bedingung sei, daß ich mich vertraglich verpflichtete, fünf Jahre in der Firma zu bleiben. Mein Gegenüber sah eine glänzende Zukunft für mich voraus und gab mir eine Woche Bedenkzeit – ich sollte ihm meine Entscheidung am darauf folgenden Montag mitteilen.

Ich überlegte lange und angestrengt und besprach mich mit meiner Frau. Am Samstag abend war ich zum Entschluß gekommen, das Angebot anzunehmen. Es war jetzt Juni; fünf Monate waren seit dem Gespräch mit Legge vergangen, und ich hatte alle Hoffnung aufgegeben, je noch von ihm zu hören. Am Sonntag morgen um neun klingelte das Telefon. »Grubb«, meldete ich mich. »Legge«, ertönte es aus dem Hörer – er hoffe, er störe mich nicht, so am Sonntag vormittag. Dann sagte er: »Erinnern Sie sich, daß ich sagte, ich hätte Sie gern als Mitarbeiter? Ich habe jetzt eine Arbeit für Sie gefunden – als mein Assistent bei EMI. Sind Sie noch frei und bereit, die Stelle anzunehmen?« Ich sagte ja, und er antwortete: »Gut – dann wäre das erledigt. Wenn Sie mit dem Chor für das Verdi-Requiem in Edinburgh sind, treffen wir uns nach der Generalprobe, um Einzelheiten zu besprechen. Auf Wiedersehen und vielen Dank.«

Leicht schwindlig legte ich auf. Als mir einfiel, daß ich um ein Haar nicht mehr frei gewesen wäre, die angebotene Stelle anzunehmen, lief mir ein Schauer über den Rücken. Ich brauchte einige Stunden, bis ich ganz begriff, was ich soeben mit Legge ausgemacht hatte. Ich sollte in der größten Schallplattenfirma der Welt arbeiten, für einen der glänzendsten und fähigsten Köpfe in diesem ganzen Bereich. Wenn man mir alle Stellen der Welt aufgezählt und mir die Wahl überlassen hätte, dann hätte ich genau diese Stelle gewählt.

2

Die Arbeit mit Legge

Am 19. September meldete ich mich in den Abbey Road Studios der EMI in St. John's Wood bei Legge. Sein Büro war eine Oase von Luxus in einem ansonsten recht tristen Gebäude. Das Zimmer vermittelte eine Atmosphäre von Gediegenheit und Opulenz, ohne protzig zu wirken. Alles, was sich darin befand, gehörte Legge und war von ihm bezahlt worden.

Legge begrüßte mich herzlich und stellte mich seinen anderen Mitarbeitern vor. Ich teilte ein Zimmer mit zwei Sekretärinnen und verbrachte den Rest des Tages damit, die Abteilung näher kennenzulernen. Den ganzen Tag schauten irgendwelche Leute herein, einige unter einem fadenscheinigen Vorwand, andere ganz ohne. Offensichtlich waren viele Angestellte neugierig auf Legges neuen indischen Assistenten. Am Nachmittag war der Erste Toningenieur beauftragt, mir alles zu zeigen. Nacheinander führte er mich durch die Studios, die Räume, in denen die Bänder geschnitten und montiert wurden, und die Büros. Mit einfachen Worten erklärte er die technischen Vorgänge bei einer Aufnahme. Er meinte es gut, und ich brachte es nicht übers Herz, ihm zu sagen, daß ich Mathematik, Physik und Chemie studiert hatte und überdies durch meine Arbeit beim All India Radio mit Aufnahmetechniken vertraut war. Ich war sogar schon bei zwei Aufnahmen mit Legge dabeigewesen, und zwar auf seine Einladung hin zwischen unserem Gespräch in Edinburgh und meinem eigentlichen Arbeitsbeginn.

Die erste hatte in Watford Town Hall stattgefunden, wo Maria Callas italienische Opernarien aufnahm. Ich mußte den Regieraum immer wieder verlassen, da die Callas es nicht gern hatte, wenn Fremde bei ihren Aufnahmen zugegen waren. Als die Aufnahmen zur Hälfte geschafft waren, kam sie plötzlich unangemeldet herein und stand direkt vor mir, bevor ich entwischen konnte. Legge stellte mich vor. Sie nahm meine Hand und starrte mich kurzsichtig und leicht verwirrt an. Legge sagte: »Du kennst ihn schon, Maria – von den Aufnahmen der ›Lucia‹. Er singt im Philharmonia Chorus und ist mein künftiger Assistent.« Maria Callas wünschte mir herzlich alles Gute, und erst in diesem Augenblick vermochte ich wirklich zu glauben, daß ich für EMI arbeiten würde. Das zweite Mal, als ich dabei war, spielte Hans Richter-Haaser Beethovens viertes Klavierkonzert ein. Begleitet wurde er vom ungarischen Dirigenten István Kertész, für den dies die erste Plattenaufnahme im Westen war. Kertész sprach kaum Englisch, und wir mußten uns darauf beschränken, einander freundlich zuzulächeln. Mit Richter-Haaser verstand ich mich auf Anhieb. Er sollte der erste Künstler sein, den ich eigenständig betreute.

Gegen Ende meines ersten Arbeitstages kam Legge in mein Büro marschiert und kündigte an, daß ich ihm in den nächsten fünf Tagen bei drei Einspielungen mit Karajan und dem Philharmonia Orchestra assistieren sollte. Diese Aufnahmesitzungen – die ersten, die ich als Mitglied des Aufnahmeteams erlebte – begannen mit Sibelius' Fünfter Symphonie. Dieses Werk war bestimmt für eine der letzten drei Platten, die Karajan mit dem Philharmonia Orchestra einspielte. Die Titel der anderen Platten waren »Ballettmusik aus der Oper« und »Philharmonisches Promenadenkonzert«. Ich hätte mir keinen würdigeren Einstand wünschen können, denn die in dieser Woche aufgenommenen Platten sind immer noch unübertroffene Beispiele der Kunst – oder des Handwerks, man nenne es, wie man es wolle – der Schallplattenproduktion. Das Orchester war in bester Verfassung, die Stimmführer waren Meister ihrer Instrumente. Karajan, von hagerer Gestalt und sparsam mit Wort und Geste, die Augen meist halb geschlossen, gestaltete die Musik mit eleganten Handbewegungen. Ich habe mich seitdem oft gefragt, durch welchen geheimnisvollen, fast ohne Worte auskommenden Prozeß ein großer Dirigent nicht nur einer Aufführung seine Interpretation aufprägt, sondern auch einen ganz besonderen Klang aus dem Orchester herausholt.

Legge pflegte zu sagen, er wolle, daß sein Orchester Stil habe, aber nicht einen bestimmten Stil. Das Werk von Sibelius spielten sie mit straffer Diszplin und brodelnder Intensität, Stücke wie Chabriers »España« und den Walzer »Die Schlittschuhläufer« mit Witz, Eleganz und Charme, den »Tanz der persischen Sklaven« aus Mussorgskijs »Chowanschtschina« mit verzückter Sinnlichkeit und die Venusberg-Musik aus dem »Tannhäuser« mit lebensfroher Erotik. Legge konnte auf seine Musiker mit Recht stolz sein.

Tonmeister war Douglas Larter, und er war für den Ton der meisten großen Aufnahmen Legges verantwortlich. Larter arbeitete seit über dreißig Jahren für die Firma. Er wußte fast instinktiv, wo er seine Mikrofone je nach Dirigent und Werk, Temperatur und Luftfeuchtigkeit des Saales plazieren mußte. Er hörte kurz in eine Probe Karajans hinein, kam in den Saal und veränderte die Stellung dreier Mikrofone. Er vergrößerte den Abstand der beiden Mikrofone über den Streichern um einige Zentimeter und rückte jenes hinter den Hörnern eine Spur näher heran – und auch an den folgenden Tagen tat er nichts weiter, als ab und zu die Stellung einiger Mikrofone zu verändern.

Es war natürlich noch die Zeit der Stereoaufnahmen auf zwei Spuren. Alles hing davon ab, schon während der Aufnahme den richtigen Gesamtklang zu erhalten, da es keine Möglichkeit gab, die Balance später noch zu verändern (selbst mit den neuen Mehrspuraufnahmen kann man die mangelhafte Balance eines Konzerts oder einer Studioaufnahme nicht wirklich korrigieren – man kann sie höchstens dahingehend verändern, daß der Mangel weniger auffällt). Als die Aufnahme begann, saß ich neben Walter Legge und hoffte, daß die Begeisterung und Aufregung, die ich verspürte, nicht zu offensichtlich waren. Verstohlen sah ich ihn an. Auch er war gespannt vor Aufregung, und als er meinen Blick erwiderte und mir ermutigend zulächelte, kam ich mir nicht mehr ganz so sehr wie ein blutiger Anfänger vor. Sein erster Kommentar galt dem Klang; er bat um mehr »Luft« – Schmelz – in den oberen Streichern. Während eines »Take« (eines Abschnitts oder einer Passage, die zusammenhängend aufgenommen wird und dann vom Tonmeister eine Nummer erhält, die auf dem Band vermerkt wird) war er vollkommen konzentriert. Zum Abhören der Aufnahme setzte ich mich auf einen Stuhl neben Larter. Legges Bemerkungen über Karajan galten nicht nur der Aufnahme, sondern auch der Interpretation. Was mir besonders auffiel und was ich mir für später merkte, war, daß Karajan Legge zwar höflich zuhörte, solange er über die Aufnahme sprach, daß er sich aber sichtbar versteifte, wenn Legge seine Interpretation zu beeinflussen suchte. In einem Gemisch aus Deutsch und Englisch sagte Karajan dann höchstens: »Ja, ja – *of course* – natürlich«, hörte aber nicht wirklich zu, was Legge zu sagen hatte. Und die ganze Zeit über ergoß sich ein Strom von Legges Bemerkungen über mich: »Hornkiekser zehn Takte vor Buchstabe C.« »Intonation von Oboe drei nach D zweifelhaft.« »Gesamtklang in den drei Takten nach G fragwürdig.« »Ich denke, wir wiederholen besser Teil F bis H – da war zu viel falsch.« »Take 5 ist der Master bis Buchstabe K – den Hornkiekser ersetzen wir durch Take 4.« Nach dem Ende der Sitzung war der Regieraum von Rauch vernebelt, denn Legge rauchte wie besessen.

Mein Beitrag zu dieser ersten Sitzung war, eine Liste der Takes und der Bemerkungen Legges zu führen. Zu meiner Zufriedenheit stellte ich fest, daß jedesmal, wenn ein Fehler gemacht wurde und Legge etwas sagte, meine Hand schon zur Partitur unterwegs war, bevor er den Mund aufgetan hatte.

Vier Jahre dauerte meine Lehrzeit bei EMI. Ich arbeitete wie besessen für Walter Legge. Zuerst brachte ich Ordnung und System in die Verwaltung. Aber Legge hatte mich nicht für Büroarbeit eingestellt. Ich sollte ihm in allen Phasen der Arbeit von der Aufnahmesitzung bis zur Absegnung der Musteranpressungen helfen. Ziel der Aufnahmesitzungen ist, genügend Material zur Herstellung eines zufriedenstellenden Mastertapes, also eines Bandes des kompletten Werkes, zu bekommen. Das Mastertape ist eine Montage der jeweils besten Aufnahmen der einzelnen Teile des Werkes. Es kann aus einer einzigen Aufnahme des gesamten Werkes bestehen oder aus einzelnen Passagen, Takten oder sogar Akkorden und Noten, die aus verschiedenen Takes ausgeschnitten werden. Die einzelnen Abschnitte werden mit einem Klebeband zusammengeklebt, so daß eine fortlaufende Aufnahme des Ganzen entsteht. Die Abschnitte werden dabei so geschickt zusammengesetzt, daß der Master wie eine zusammenhängende Aufnahme klingt. Entgegen manchen Behauptungen spielen bei der Fertigstellung des Masters moralische oder ethische Prinzipien keine Rolle. Weder im Studio noch im Konzert kann die höchste Qualität kontinuierlich aufrechterhalten werden. Im Konzert gleichen die Höhepunkte einer Aufführung weniger geglückte Momente aus, aber auf einer Schallplatte, die immer wieder aufmerksam angehört wird, muß die Aufführung durchgehend dasselbe hohe Niveau halten. Fehler und Versehen, die im Konzert im nächsten Augenblick schon wieder vergessen und deshalb nicht von großer Bedeutung sind, haben auf einer Platte nichts zu suchen.

Aus all dem ergibt sich von selbst, daß sämtliche Vorfälle während einer Aufnahmesitzung genau festgehalten werden müssen. Ich trug in meine Liste nach der Nummer der Aufnahme den Namen des Tonmeisters ein, die Zahl der Orchestermitglieder, die Seriennummer des Klaviers, falls eines gebraucht wurde, und die Zusammenstellung des Chores, wenn es einen gab, und hielt in einer Skizze Besonderheiten der Sitzordnung fest. Wenn die Aufnahme begann, führte ich eine Liste der Takes und der durch die Takes abgedeckten Abschnitte des Werkes. Ich benütze dieses System heute noch. Die Einträge erfolgen in der nachstehenden Form:

	Erster Satz	
Take	1	Anfang – 3 nach G
	2	7 vor G – K (kurz 7G–K)
	3	3 vor K / F.E. (für »falscher Einsatz«, Abbruch nach einigen Takten)
	4	3 vor K – Ende (oder 3K–Ende)

und so weiter bis beispielsweise:

	8	Komplett (Grundlage für Master) 11 Min. 15 Sek.

Zweiter Satz	
9	Anfang – Takt 12
10	Komplett (nicht verwenden – Tempowechsel nach diesem Take) 8 Min. 19 Sek
11	Komplett 9 Min. 13 Sek.

Die wichtigste Aufgabe war, die Partitur so zu kennzeichnen, daß man zu jedem Zeitpunkt eine klare Vorstellung vom Stand der Aufnahme hatte: welche Takes jeweils die besten einer bestimmten Passage waren, ob von allen Abschnitten eine befriedigende Aufnahme existierte und welcher Abschnitt immer noch Fehler enthielt. Eine Takenummer mit einem Minuszeichen an einer bestimmten Stelle bedeutete, daß mit dieser Stelle der Aufnahme etwas nicht in Ordnung war, ein Haken kennzeichnete eine fehlerfreie Aufnahme. Für besonders gute Aufnahmen führte ich Doppelhaken ein, daneben erfand ich ein ganzes Arsenal von Abkürzungen, eine Art privater Stenographie, die ich immer noch benutze. »NZ« steht darin für das deutsche »nicht zusammen«, »NA« für »nicht absolut zusammen« »NA poss« für »nicht ganz zusammen, kann aber verwendet werden, falls nichts Besseres erreicht wird«, »NB« für »nicht schön«, »NAB« für »nicht so schön, wie es sein könnte, aber akzeptabel«. Ein »N« steht für »störendes Geräusch«, »N-ign« für »Geräusch, das ignoriert werden kann«. Bei »56 > than 58« bedeutet der Haken, daß der frühere Take besser ist als der spätere; steht statt dessen ein Fragezeichen, muß nachgeprüft werden, ob Take 56 besser ist als Take 58. Dazu kommen Abkürzungen wie »int x« für »schlechte Intonation«, »Hn.ck« für »Hornkiekser« und so weiter. Die Zeit einer Aufnahmesitzung ist sehr kostbar (ein Symphonieorchester im Studio kostet in der Minute etwa 25 Pfund), und zudem geschieht dauernd irgend etwas, so daß eine genaue Kenntnis des aktuellen Standes der Dinge unentbehrlich ist. Ich war stolz darauf, daß Legge nie lange auf Antwort warten mußte, wenn er mich etwas fragte. Nach einigen Monaten sagte er eines Abends mit einem anerkennenden Grinsen zu mir: »Mein lieber Junge, es kommt noch soweit, daß Sie mir meine Fragen beantworten, bevor ich sie gestellt habe!« (Er war zwar nur zehn Jahre älter als ich, redete aber mich und auch Kollegen, die älter waren als er, oft mit »mein lieber Junge« an.)

Das Nacharbeiten der Aufnahmesitzungen war allein meine Aufgabe. Ich kennzeichnete die Partitur, hörte mir das fertige Band an und veranlaßte weitere Verbesserungen, sofern welche notwendig waren. Tauchten technische Probleme auf wie beispielsweise zuviel Ton aus einem Lautsprecher oder mangelnde Brillanz, zu schwache Bässe oder was auch immer, sorgte ich für die Lösung des Problems und die Herstellung eines »verbesserten« Masters. War das Band abgesegnet, ging es in die Produktion. Kopien für andere Länder wurden hergestellt, und einer von uns hörte sich die für Amerika, Deutschland, Frankreich und Japan bestimmten Bänder an, Länder, die neben Großbritannien die wichtigsten Märkte für unsere Platten waren und immer noch sind. In Großbritannien wurde das Band schließlich auf eine Lackfolie überspielt, die zur Weiterverarbeitung in die Fabrik kam.

Höhepunkt dieses Arbeitsgangs war das Eintreffen der Musteranpressung aus der Fabrik, der »white label pressing« oder WLP, so genannt wegen des unbeschrifteten weißen Etiketts der Platte anstelle des späteren Verkaufsetiketts. In dieser Form würde unser Werk die Öffentlichkeit erreichen, und es war deshalb von höchster Bedeutung sicherzugehen, daß die Platte das Band so getreu wiedergab, wie es die verschiedenen Materialien erlaubten, und daß sie keine technischen Mängel aufwies, etwa ein nicht genau zentriertes Mittelloch oder Unregelmäßigkeiten in der Oberfläche, die sich als störendes Knacken bemerkbar machten. Alle Musteranpressungen wurden zuerst von mir und dann von Legge kritisch abgehört. Legge machte bei Platten, die ich abgesegnet hatte, bald nur noch Stichproben. Er wußte damals bereits, daß ich im Zweifelsfall noch strengere Maßstäbe anlegte als er. Als wir den Master von Arraus Einspielung des zweiten Klavierkonzertes von Brahms abhörten, wollte Legge für das eröffnende Hornsolo einen Take mit mehr Legato. Als ich ihm den verbesserten Master vorlegte, fragte er, ob ich den besten der verfügbaren Takes ausgewählt hätte. Ich sagte ja, und er bat mich, ihm die anderen Takes vorzuspielen. Dann fragte er mich, warum ich den von mir ausgewählten Take gegenüber etwa Take »X« bevorzugt hätte. Ich erwiderte, die Intonation im zweiten Takt sei besser, und er schob mir ein Blatt Papier zu, auf dem er sich während der Aufnahme Notizen gemacht hatte. Darauf stand: »Schlechte Intonation zweiter Takt Take X.« Nach und nach delegierte er immer mehr der eigentlichen musikalischen Arbeit an mich, und schließlich erlaubte er mir zum bassen Erstaunen aller Mitarbeiter im Studio sogar, auf eigene Verantwortung Musteranpressungen einer Platte seiner Frau abzusegnen.

Wie vollständig Legge mir vertraute, wurde mir klar, als ein Satz Musteranpressungen von Beethovens »Fidelio« unter der Leitung von Klemperer in unserem Büro eintraf, während Legge in New York war.

Die »Fidelio«-Aufnahme war unter ungewöhnlichen Umständen zustandegekommen. Als ich zum ersten Aufnahmetermin in Kingsway Hall eintraf, war dort neben unserem eigenen Tonmeister Larter und dessen Team ein zweiter Tonmeister eifrig damit beschäftigt, Mikrofone aufzustellen. In seiner Gesellschaft befanden sich der Aufsichtsratspräsident der EMI und der Studioleiter. Wenige Minuten später verschwand dieser zweite Tonmeister mit dem Studioleiter im Keller, in dem die Bandmaschinen untergebracht waren. Ich benachrichtigte Legge zu Hause von der Anwesenheit des Präsidenten und des zweiten Aufnahmeteams. Als er eintraf, zeigte er jedoch keinerlei Überraschung. Er wünschte dem Präsidenten höflich guten Morgen und begrüßte dann Klemperer und die für diese erste Sitzung aufgebotenen Sängerinnen und Sänger. Die Aufnahme begann.

Der »Fidelio« wurde zweimal aufgenommen, doch Legge und ich erfuhren erst später davon. Die eine Aufnahme war unsere, die andere war das Ergebnis der Bemühungen des zweiten, ad hoc zusammengestellten Teams. In beiden Fällen wurde ein Master hergestellt. Der eine wurde von Legge und mir gebilligt, der andere mit Klangeffekten angereichert. Von beiden Bändern wurden Musterplatten hergestellt und einer Reihe erfahrener Schallplattenkritiker zugesandt. Keiner von ihnen wußte, was sich hinter den beiden Versionen verbarg. Sie wurden gebeten, uns mitzuteilen, welche Fassung sie bevorzugten. Sie sprachen sich einhellig und deutlich für unsere Version aus. Die andere wurde in aller Stille begraben.

Als die ersten Pressungen unserer Aufnahme eintrafen, war Legge, wie gesagt, in New York. Ich hörte mir die Platten an und ließ sie nach langer und sorgfältiger Prüfung zurückgehen – bei der Übertragung auf Schallplatte hatten die höchsten Höhen und die tiefen Bässe ein wenig eingebüßt, und der Klang war infolgedessen dumpfer geworden. Ich stand unter großem Druck seitens der Aufnahmetechniker und des Studioleiters, die alle schon zwanzig Jahre länger im Geschäft waren als ich. Man ließ mich sogar wissen, daß der Präsident des Aufsichtsrates sehr ungehalten wäre, sollte ich meine Entscheidung nicht revidieren – immerhin genoß Legge einen solchen Respekt, daß keiner, weder sein Vorgesetzter noch der Präsident selbst, es wagte, mein Urteil aufzuheben. Schließlich kam es zu einem Telefongespräch zu dritt mit dem Studioleiter und mir an zwei Anschlüssen in London und Legge in New York. Nachdem wir beide die Lage dargelegt hatten, hörte ich Legge sagen: »Ich habe absolutes Vertrauen in Grubbs Urteil. Wenn er die Pressungen abgelehnt hat, dann ist das so, als ob ich sie abgelehnt hätte.« Und an mich gewendet, fügte er hinzu: »Danke und auf Wiedersehen.«

Legge produzierte in den Jahren, in denen ich als sein Assistent arbeitete, viele jener Platten, aufgrund derer er unvergessen bleiben wird, solange es Schallplatten gibt. Dazu gehören die großartigen Einspielungen Klemperers, mit denen meine Tätigkeit begann – »Fidelio«, Mahlers Vierte Symphonie und seine Zweite (in deren Chorpartien ich im Chor mithelfen mußte, da ich einer der wenigen Bässe war, die zum tiefen B hinunterkamen), Bruckners Vierte und Siebente, die »Matthäus-Passion«, das Brahms-Requiem (nach dessen Abschluß ich Legge klarmachte, daß die schizophrene Rolle des Chorsängers, der nach der Aufnahme mit dem Chor zum Abhören des Bandes in die Regie zurückschlüpft, wirklich zuviel für mich sei). Dazu kamen bemerkenswerte Einspielungen von Giulini, Lorin Maazel, Claudio Arrau, Platten mit Liedern von Hugo Wolf, gesungen von Elisabeth Schwarzkopf und Gerald Moore, Lehárs »Lustige Witwe« und Mozarts »Così fan tutte«.

Es waren Jahre unausgesetzt harter Arbeit. Eine Liste, die ich damals führte, weist im Februar 1963 91 Pressungen und 56 Bandkopien nach, die hauptsächlich von mir abgehört wurden. Zu dieser Arbeit kamen aber die neuen Aufnahmen, die wir produzierten, noch hinzu. Es war eigentlich mehr Arbeit, als wir zu zweit guten Gewissens erledigen konnten, und der Löwenanteil der Routinearbeit entfiel auf mich, da Legge oft verreist war. Ich glaube nicht, daß ich zwischen 1960 und 1963 mehr als zwanzig Wochenenden für mich hatte – normalerweise arbeitete ich auch am Samstag oder Sonntag, häufig sogar an beiden Tagen, um Liegengebliebenes zu erledigen. Aber ich genoß die Arbeit, sammelte unentwegt neue Erfahrungen, erwarb ein umfangreiches und nützliches praktisches Wissen und erweiterte überdies meine musikalischen Kenntnisse.

Walter Legge und ich waren einander von Anfang an gewogen. In all den Jahren, die ich mit ihm zusammengearbeitet habe, war die Stimmung zwischen uns selten getrübt. Wir verbrachten friedliche Abende mit Gesprächen und Musik. Legge hatte ein großes Haus, und nach getaner Arbeit gingen wir oft dorthin und spazierten durch den wunderschön angelegten Garten. Legge liebte Sträucher und Blumen und kannte sie alle mit Namen. Nach einer Weile zogen wir uns dann ins Studierzimmer zurück. Ich trank gewöhnlich Whisky, Legge bevorzugte einen sehr trockenen Martini, der fast nur aus Gin bestand. Dann unterhielt er mich mit nicht immer druckreifen Geschichten von Sibelius, Richard Strauss, McCormack, Schaljapin und Schnabel. Manchmal sprachen wir auch über ein bestimmtes Werk und versuchten zu analysieren, worin seine Anziehungskraft bestand. Zu anderen Gelegenheiten sprachen wir über Indien, das Legge besucht hatte und das ihn faszinierte. Gleichermaßen interessiert war er, wenn meine Frau über jüngste Entwicklungen auf ihrem Spezialgebiet berichtete, der Pathologie der Zellen.

Wir kamen so gut miteinander aus, weil wir zwar in vielen Dingen einander geradezu entgegengesetzt waren, in vielen anderen aber auch einander verwandt. Neben der Musik hatten wir die gleiche Vorliebe für Wörter und Wortspiele. Wir dachten uns oft die unmöglichsten Wortspiele aus, und manchmal kreierten wir auch komische Wörter und gebrauchten sie in lächerlichen Sätzen wie: »Wenn wir den ›Fidelio‹ mit Giulini und das Verdi-Requiem mit Klemperer einspielen würden, wäre das Ergebnis im ersten Fall ein klemperndes Fiedeln, im zweiten ein fideles

Klempern.« Einmal beteiligte sich zu unserer großen Überraschung auch Elisabeth Schwarzkopf daran. Wir gingen gerade Tantiemenlisten durch, und Legge sagte, sie habe im letzten Quartal so viel verdient wie noch nie. Sie saß hinter uns und erwiderte ruhig: »Auch wenn die Fischer schlafen, gehen die Fische ins Netz.« Überrascht drehten wir uns um, und Legge wollte schon sagen: »Elisabeth, wo um alles in der Welt ....?«, als wir sahen, daß sie das Sprichwörterlexikon im Schoß hielt, das ich Legge eben erst zu Weihnachten geschenkt hatte.

Ich bin ein großer Verehrer Shakespeares und kann Teile seiner Dramen auswendig. Oft unterhielt ich Legge mit den effektvollen Reden Jagos oder Macbeths. »Koloquinte«, »Mandragora«, »mannigfaltiglich«, »Inkarnat« – genüßlich ließ Legge solche Worte auf der Zunge zergehen.

Er liebte Slapsticks. Ich war beauftragt, ihn zu benachrichtigen, sobald eine der großen alten Leinwandkomödien gespielt wurde. Er ließ dann meist alles stehen und liegen, um sie sehen zu können. Er, meine Frau und ich lachten über die Klassiker der Marx Brothers und über *Hellzapoppin,* das wir zum erstenmal sahen und Legge etwa zum zehntenmal, bis uns alles wehtat.

Und immer wieder gab es Augenblicke, da uns die Freude an der Musik verband. Eines Morgens klingelte früh das Telefon. Es war Elisabeth Schwarzkopf, die in raschen, kurzen Sätzen – sie sprach Englisch immer so – lossprudelte: »Suvi – wir hören gerade Radio – es muß eine Symphonie sein – wir haben die Ansage verpaßt – der erste Satz geht so.« Sie sang ein kraftvolles Thema, das nach G-dur klang und dessen erstes Intervall eine Quart war. »Walter weiß nicht, was es ist«, fügte sie hinzu. Im Hintergrund hörte ich die klagende Melodie einer Oboe. Dies mußte der langsame Satz sein. Ich sagte sofort: »Bizets Symphonie in C-dur.« Elisabeth Schwarzkopf wiederholte den Titel für Legge, und als dieser den Hörer ergriff, hörte ich sie noch sagen: »Ich hab' dir doch gesagt, daß Suvi es weiß.« »Wann in Ihren vergeudeten Jahren haben Sie diese Symphonie gehört?« fragte Legge. Ich sagte, daß ich vor über zwanzig Jahren eine der ersten Aufführungen der damals neu entdeckten Symphonie auf dem indischen Kurzwellensender gehört hätte. Auch ich hatte damals die Ansage verpaßt und mir den Kopf zerbrochen, wer der Komponist sein könnte – die Symphonie klang nach Schubert, konnte aber nicht von ihm sein, da ich alle seine Symphonien kannte. Als die Schlußansage kam, war ich verärgert gewesen: Ich hatte gehofft, das bezaubernde Werk sei doch von Schubert.

So vergnüglich ging es freilich nicht immer zu. Legge hatte eine gewalttätige Ader und konnte sehr unangenehm werden. Glücklicherweise waren seine Wutausbrüche nie gegen mich gerichtet. Wäre es so gewesen, ich hätte auf der Stelle gekündigt, und ich glaube, Legge wußte das. Während er eines Morgens ganz vergnügt mit mir plauderte, kam seine Sekretärin mit einem zugeschwollenen blauen Auge herein. Sie bemerkte, ihr Tennispartner habe sie versehentlich mit einem hart geschlagenen Ball getroffen. »Recht hat er«, knurrte Legge, und das nur, weil das arme Mädchen am Abend vorher nicht dagewesen war, als er eine Viertelstunde nach Dienstschluß nach ihr gefragt hatte.

Auch zwischen uns kam es zu Zusammenstößen, wie sie zwischen einem totalen Autokraten wie Legge und einem störrischen Individualisten wie mir unvermeidlich sind. Eines Tages hatten wir eine heftige Auseinandersetzung, weil Legge eine Aussage von mir anzweifelte. Außer mir vor Entrüstung sagte ich, es sei nicht meine Gewohnheit, zu lügen, man lüge nur aus Furcht und ich brauchte niemanden zu fürchten, nicht einmal ihn, denn das Schlimmste, was er mir antun könne, sei, mir die Stelle wieder wegzunehmen, die er mir gegeben habe, und das würde ich überleben. Ich schloß meine Rede mit dem Vorsatz, nie wieder einen Fuß über die Schwelle seines Hauses zu setzen. Legge war ganz verdattert über meinen plötzlichen Ausbruch. Etwa zwei Tage herrschte zwischen uns eine Atmosphäre eisiger Höflichkeit. Dann mußte er die Musteranpressung von Richter-Haasers Einspielung der »Hammerklaviersonate« von Beethoven anhören und absegnen, die ich bereits angehört und für gut befunden hatte. Meist hörte er sich bei solchen Gelegenheiten willkürlich herausgegriffene Stellen an. Auch diesmal machte er Stichproben aus dem ersten und dem zweiten Satz. Ich legte den dritten Satz auf und wartete darauf, daß er sagen würde, ich solle zum Ende der Seite gehen, als ich plötzlich merkte, daß er ganz still geworden war. Gespannt saß er da. Seine Hände umklammerten die Armlehnen des Sessels so fest, daß die Knöchel weiß hervortraten, und sein Blick war unbestimmt in die Ferne gerichtet. Auch ich vergaß die anliegende Arbeit, und gemeinsam hörten wir den Satz zu Ende. Erst als zum Abschluß das Hauptthema noch einmal wie ein Segen erklang, atmeten wir aus und sahen einander an wie an jenem Abend, als wir »Così fan tutte« gehört hatten. Auch wenn er einen manchmal zur Raserei bringt, dachte ich, ich kann ihm nie lange böse sein, weil er die Musik liebt wie ich. Legge vergewisserte sich noch kurz, daß es auf der zweiten Seite auf dem Höhepunkt der Fuge nicht zu Verzerrungen oder Klangtrübungen kam und daß auch der Plattenfüller, op. 90, zufriedenstellend aufgenommen war. Dann gab er sein Plazet und sagte zu mir: »Mein lieber Junge, wenn Sie nicht den Fluch über mein Haus gesprochen hätten, könnten wir jetzt heimgehen und etwas trinken.« Frohen Herzens ergriff ich den Ölzweig.

Wir aßen bei Legge zu Abend. Später fragte ich ihn, warum er ausgerechnet mich als Mitarbeiter ausgewählt habe, wo er doch unter den besten Absolventen der Akademie, der Musikhochschule und der Universitäten hätte wählen können. Er habe mich ja kaum gekannt, als er mir die Stelle anbot, und hätte einen gewaltigen Fehler machen können. Legge erwiderte, daß eine akademische Musikausbildung lediglich bedeute, daß der Betreffende in Musiktheorie beschlagen sei. »Für mich dagegen ist die einzige Frage die, ob jemand von der Musik innerlich angesprochen wird. Ob sie ihn zutiefst aufwühlt. Ob sie ihn in Begeisterung versetzt und ihn geistig anregt. Ich entschied an jenem Abend, als wir ›Così‹ hörten, daß Sie der Mann meines Herzens sind – und hätte ich noch irgendwelche Zweifel gehabt: Die Art, wie Sie heute nachmittag die ›Hammerklaviersonate‹ gehört haben, hätte sie für immer ausgeräumt.«

3

Meine erste Aufnahme

Während der ersten zwanzig Monate bei EMI produzierte ich keine einzige eigene Schallplatte und leitete nie eine ganze Aufnahmesitzung allein, obwohl ich gelegentlich auch eine Sitzung beginnen oder beenden konnte, wenn Legge anderswo zu tun hatte. Es war eine lange Probezeit, aber ich drängte nicht ungebührlich, denn seit meiner frühesten Kindheit war mir die Überzeugung anerzogen worden: »Gut Ding will Weile haben.« Und endlich kam der Tag, an dem ich eine eigene Platte produzieren sollte – genaugenommen wurde ich durch die Umstände dazu gezwungen. Annie Fischer sollte mit Klemperer und dem Philharmonia Orchestra das Klavierkonzert von Schumann und das Es-dur-Klavierkonzert von Liszt einspielen. Für mich wurde es zu einer bitteren Erfahrung.

Ich übernahm die Aufnahme unter unheilverkündenden Vorzeichen. Legge und mein Vorgänger als Assistent hatten bereits vier Sitzungen auf das Projekt verwendet, ohne dafür etwas vorweisen zu können. Klemperer hatte geäußert, er sei des Ganzen überdrüssig, war aber gedrängt worden, noch einen Versuch zu machen. Er war nur noch zu zwei Sitzungen bereit, eine pro Werk. Ich hielt es für unwahrscheinlich, daß die beiden Klavierkonzerte in je einer Sitzung aufgenommen werden konnten, und rechnete damit, daß Legge sich auf eins davon konzentrieren und Klemperer dann zu zwei weiteren Sitzungen für das andere überreden würde. Legge war in Italien und sollte zwei Tage vor Beginn der Aufnahmen nach London zurückkehren. Statt dessen erhielt ich die Nachricht, er habe sich aufgrund einer noch nicht näher bestimmten Krankheit in eine Privatklinik begeben müssen – böse Zungen in Abbey Road sprachen von einer taktischen Krankheit. Damit stand ich vor der bedrohlichen Aufgabe, eine Aufnahme mit einer notorisch nervösen Pianistin und einem Dirigenten zu machen, der nur ungern einen Solisten begleitete und aus seiner Abneigung für gewöhnlich keinen Hehl machte. Legge riet mir, Annie Fischer und Klemperer die Konzerte wenigstens zweimal durchspielen zu lassen und von den schwierigen Passagen jedes Werkes so viele Aufnahmen wie möglich zu machen.

Als die erste Sitzung begann, war ich nervös, aber eigentlich nicht besorgt. Annie Fischer war ich schon des öfteren begegnet, und was Klemperer betraf, so hatte ich viele Male unter ihm gesungen und Legge bei einer Reihe von Aufnahmen mit ihm assistiert. Er war immer liebenswürdig gewesen und hatte mich bei einer Gelegenheit boshaft geneckt. Während wir uns eine Aufnahme vom Finale der »Haffnersymphonie« anhörten, fiel ihm auf, daß ich ein Buch vor mir liegen hatte. »Was für ein Buch liest Mr. Grubb da?« wollte er von Legge wissen. »Eine Partitur der ›Haffnersymphonie‹«, erwiderte Legge. Mit geheucheltem Erstaunen fragte Klemperer: »Kann der Partitur lesen?« »Natürlich kann er das, Herr Doktor. Wie könnte er sonst mein Assistent sein?« An mich gewandt, fragte Klemperer: »Was halten Sie von meiner Interpretation? Stimmt sie mit der Partitur überein?« Ich murmelte etwas, und Klemperer, dem das Ganze ungeheuren Spaß machte, fragte weiter: »Stimmt das Tempo?« Er rechnete nicht mit der Antwort, die er bekam. Ich hatte überlegt, daß ich eines Tages wahrscheinlich selbst eine Platte mit Klemperer aufnehmen würde – und wenn ich jetzt nichts sagte, traute er mir nichts mehr zu. »Jawohl, Herr Doktor«, sagte ich deshalb mit fester Stimme, »etwas schneller wäre es ein Kuddelmuddel, und etwas langsamer wäre es langweilig.« Diesmal war sein Erstaunen echt. Er sagte: »So!« und wer dieses »So« nie gehört hat, kann sich nicht vorstellen, welchen Reichtum an Bedeutung Klemperer in diese eine Silbe legen konnte.

Nun war also der Tag der Aufnahme gekommen, und warum sollten die Sitzungen nicht glatt über die Bühne gehen? Zunächst verlief auch alles nach Plan. Bei seinem Eintreffen war Klemperer die Liebenswürdigkeit in Person. Er schüttelte mir die Hand und sagte: »Nein, haben Sie sich verändert, Mr. Legge!« Dann ging er ins Studio, und wir begannen mit Schumann. Am Ende der ersten Sitzung hatten wir genügend Material für die ersten beiden Sätze und eine solide Grundlage für den Master des letzten Satzes. Später am selben Tag hörten Annie Fischer und ich über drei Stunden die Bänder ab. Wir waren uns einig, daß wir nur den letzten Teil des letzten Satzes noch einmal wiederholen mußten. Auch die zweite Sitzung ließ sich gut an. Wir begannen mit Liszt; die Korrekturen am Schumann-Konzert hoben wir uns für später auf. Als wir die Bänder anhörten, war Klemperer immer noch freundlich. Er fragte, warum ich mir die Mühe gemacht hätte, einen Dirigenten für das Liszt-Konzert zu besorgen, das doch fast nur Kadenzen und kaum vom Orchester begleitete Stellen enthalte. Selbst als Annie Fischers Mann, ein Freund von Klemperer aus Budapester Tagen, meinte, ein bestimmter Abschnitt müßte schneller genommen werden, beherrschte er sich noch. »Würde Dorati die Stelle schneller nehmen – oder Szell – oder Solti – oder –?« Er suchte nach den Namen weiterer ungarischer Dirigenten. Als die Pause kam, wußte ich, daß wir mit Liszt fertig waren. Annie Fischer schien meiner Meinung.

Die Schwierigkeiten begannen unmittelbar nach der Pause. Klemperers Freundlichkeit begann allmählich nachzulassen; er hatte einige Abschnitte des Liszt-Konzertes öfter wiederholen müssen, als ihm lieb war. Ich war froh, daß wir nur noch die zweite Hälfte des Schumann-Finales aufnehmen mußten, und gratulierte mir schon, die extrem schwierige Aufgabe so erfolgreich gemeistert zu haben. Ich zeigte Klemperer die Passagen, die wiederholt werden mußten, darunter der schwierige letzte Teil, in dem es für Pianist und Orchester nicht leicht ist, zusammenzubleiben. Klemperer ging ins Studio zurück, wo Annie Fischer einige Worte mit ihm wechselte. Was dann folgte, traf mich völlig unvorbereitet. Klemperer schrie plötzlich: »Mr. Grubb, kommen Sie bitte einmal her!« Ich ging ins Studio. Klemperer brüllte mich förmlich an: »Sie wollen, daß ich den letzten Satz von Schumann wiederhole, ist das richtig?« Ich bejahte. »Aber Frau Fischer möchte auch Teile der ersten beiden Sätze wiederholen.« Fragend sah ich Annie Fischer an, doch sie hielt die Augen starr auf die Tasten gerichtet. »Und«, fuhr Klemperer erregt fort, »sie will auch einige Teile von Liszt wiederholen. Was soll ich also tun?« Ich erwiderte: »Zuerst den letzten Satz Schumann, und wenn wir dann noch Zeit haben, die Stellen, die Frau Fischer will.« »Und wer hat recht, wenn Sie das eine sagen und Frau Fischer etwas anderes?« Ich sagte, der Abschnitt, den wir am dringendsten wiederholen müßten, sei der, von dem ich gesprochen hätte. »Wollen Sie damit sagen, daß Frau Fischer nicht weiß, was für Fehler sie gemacht hat?« Darauf gab es nun wirklich keine Antwort.

Im Orchester war es ganz still geworden, und aus der Art, wie einige Musiker mich ansahen, spürte ich, daß sie mit mir fühlten. Auch Klemperer spürte das und wurde noch wütender. »Üben Sie doch Ihre Autorität aus!« brüllte er. »Sind Sie nicht der Aufnahmeleiter? Sagen Sie doch etwas!« Ich mußte mich zusammenreißen, um nicht selbst die Beherrschung zu verlieren, was damals recht schnell geschehen konnte. Ich sagte mir dauernd, daß mein Ziel war, den letzten Satz Schumann fertigzustellen, und daß ich, egal, wie man mich auch provozierte, auf keinen Fall einen der großen Künstler der EMI vergrämen durfte. Unbeirrt wiederholte ich daher, daß das Finale des Schumann-Konzerts gravierende Fehler enthalte und noch einmal aufgenommen werden müsse. Darauf sagte Klemperer: »Da Sie keine Entscheidung treffen wollen, entscheide ich für Sie. Zuerst mache ich die Stellen, die Frau Fischer will, und wenn wir dann noch Zeit haben, das, was Sie wollen.« Ich war bereit, notfalls bis zum Ende der Sitzung über diesen Punkt zu streiten, und sagte noch einmal, daß die letzten drei Minuten des Schumann gravierende Fehler enthielten und die ganze Aufnahme wertlos sei, wenn sie nicht verbessert würden.

Klemperer funkelte mich an, und wir schienen vor einem Eklat zu stehen, als er plötzlich überraschend einlenkte und ungnädig sagte: »Ich mache den Schumann zuerst, aber dann mache ich den Liszt.«

Auch jetzt noch machte er es mir so schwer wie möglich. Mitten in einem Take brummte er hörbar, und ich rief ihn an. Klemperer brach ab und fragte zum Orchester gewandt: »Warum hat er mich unterbrochen?« Dann brüllte er: »Mr. Grubb, kommen Sie her!« Er weigerte sich, am Telefon mit mir zu sprechen, und ich mußte wohl oder übel zu ihm ins Studio gehen. »Warum haben Sie mich unterbrochen?« fragte er. »Sie haben gesprochen, Doktor Klemperer«, sagte ich. »Ich habe gesprochen? *Ich* habe gesprochen?« Er sah das Orchester an, und Hugh Bean, der Konzertmeister, sagte: »Das stimmt, Doktor Klemperer, Sie haben etwas gesagt.« Klemperer funkelte ihn an, aber er wiederholte die Stelle. Bald darauf mußte ich wieder unterbrechen und ins Studio gehen, um ihm zu sagen, daß Orchester und Solistin nicht zusammen waren. »Hier hat man nichts gehört«, grollte er. Er wandte sich erneut an das Orchester, bekam von dort allerdings keine Unterstützung. Als der Schumann zu Ende gespielt war, sagte er kurz angebunden: »Jetzt den Liszt«, und hatte schon damit angefangen, bevor ich zum Telefonhörer greifen konnte. Ich wußte, daß es keinen Sinn hatte, ihn zu bitten, die drei Takte Schumann, über die ich noch im Zweifel war, noch einmal zu wiederholen, aber wenigstens war der Rest des Schumann-Konzerts in Ordnung. Gleich nach Sitzungsende rief Klemperer seine Tochter und teilte ihr vor versammeltem Orchester mit, daß er nie wieder mit mir aufnehmen werde und daß Mr. Legge davon in Kenntnis gesetzt werden solle.

Ich leckte meine Wunden und hielt das Ende meiner Karriere als Schallplattenproduzent für gekommen. Viele Orchestermitglieder bekundeten mir ihre Sympathie. Bernard Walton, der erste Klarinettist, riet mir: »Wenn er sich das nächste Mal so aufführt, schreien Sie einfach zurück – wir stehen hinter Ihnen.« Annie Fischer kam zu mir und sagte: »Sie armer Mensch« – das »poor« (arm) sprach sie wie »pure« (rein) aus, und ich lächelte gequält, denn meine Gedanken über Klemperer waren in diesem Augenblick alles andere als rein. Annie Fischer erklärte, sie habe nach Anhören der Bänder am Vorabend plötzlich Zustände bekommen und sich eingeredet, was wir bisher aufgenommen hätten, tauge alles nichts – und dasselbe sei ihr mit dem Liszt zwischen Anhören der Bänder und Wiederaufnahme der Sitzung passiert.

Am selben Tag rief ich Legge an, um ihm Bericht zu erstatten. Sobald ich mich meldete, meinte er: »Mein lieber Junge, ich weiß schon alles. Sechs Orchestermitglieder haben mich angerufen, um dagegen zu protestieren, wie Klemperer mit Ihnen umgesprungen ist. Aber das Wichtigste ist: Sind Sie mit beiden Stücken fertig geworden?« Ich erwähnte meine

Bedenken bezüglich des letzten Satzes von Schumann. Als das ganze Werk montiert war, gab es in diesem Satz tatsächlich einige Takte, in denen Solistin und Orchester nicht zusammen waren. Wir erwogen flüchtig, die Platte zurückzuziehen, aber da sie bereits so viel Geld gekostet hatte, kam das nicht mehr in Frage. Legge meinte, sobald die Platte auf dem Markt sei, müßten er und ich England wahrscheinlich fluchtartig verlassen. Doch als sie herauskam, wurde sie allseits enthusiastisch aufgenommen. Ein Kritiker schlug sogar vor, Legge solle, da die Zusammenarbeit so exzellent geklappt habe, weitere gemeinsame Einspielungen von Klemperer und Annie Fischer arrangieren. Mein Kommentar dazu war: »Das nächste Mal ohne mich.« Weder Klemperer noch Legge, noch ich konnten damals ahnen, daß ich in weniger als zwei Jahren Klemperers Produzent sein würde und daß unsere enge Zusammenarbeit die ganzen letzten zehn Jahre seiner Karriere im Schallplattenstudio andauern würde.

Die Aufnahmen mit Klemperer und Annie Fischer wirkten wie ein Schock auf mich nach, aber ich hatte herzlich wenig Zeit, mein angeschlagenes Selbstbewußtsein wieder aufzupäppeln. Ein gewisser Trost waren die beiden erfolgreichen Sitzungen mit Annie Fischer eine Woche später, in denen sie eine der Beethoven-Sonaten op. 31 einspielte, denn sie war ganz offensichtlich erfreut, wieder mit mir zusammenzuarbeiten.

Unmittelbar darauf folgten zwei große Projekte: Lehárs »Lustige Witwe« mit Elisabeth Schwarzkopf und im Anschluß daran »Così fan tutte«, die letzte große Einspielung, bei der ich Legge assistierte. Elisabeth Schwarzkopf und Christa Ludwig sangen den Part der Schwestern, Walter Berry den Don Alfonso, Hanny Steffek die Despina, Taddei den Guglielmo und der noch vergleichsweise unbekannte Alfredo Kraus den Ferrando. Natürlich wurde als Orchester das Philharmonia eingesetzt, Dirigent war der große Mozartianer Karl Böhm. Die Oper sollte Legges Schwanengesang bei EMI werden, doch das konnte natürlich noch niemand ahnen, als die Einspielung geplant wurde. Kaum waren die Bänder montiert und abgesegnet, sagte Legge: »Und jetzt die ›Zauberflöte‹.«

Dazwischen nahmen wir mit Lorin Maazel Werke von Richard Strauss, Debussy und Mussorgskij auf. Die Zusammenarbeit mit Maazel war anregend, und wir verstanden uns so gut, daß mir die Aufgabe übertragen wurde, Maazels Zustimmung zu den Bändern einzuholen. Es folgte Giulinis hinreißende Interpretation von Verdis »Quattro pezzi sacri«. Die Besonderheit seiner Interpretation lag in den enormen dynamischen Kontrasten. Trotz des fast zweihundertköpfigen Chores waren die Pianissimo-Passagen in der Royal Festival Hall kaum hörbar, während das Fortissimo fast die Decke sprengte. Legge wollte diesen Kontrast auf der Platte getreulich wiedergegeben haben.

In den ersten beiden Sitzungen gab es keine besonderen Probleme. In der ersten nahmen wir das »Ave Maria« für A-capella-Chor auf, in der zweiten die »Laudi alla Vergine Maria«, ebenfalls a capella und nur für Frauenstimmen. In der dritten Sitzung sollte das »Te Deum« aufgenommen werden, das ganz piano mit fünfzehn Takten Chor a capella beginnt. Unser getreuer Tonmeister Larter war völlig unvorbereitet auf das Klangvolumen, das über seine Mikrofone hereinbrach, als in Takt sechzehn der ganze Chor, begleitet vom vollen Orchester mit rund neunzig Mitgliedern, im Fortissimo das Wort »Sanctus« herausschmetterte – Legge hatte ihn absichtlich nicht vorgewarnt. Larter war mit einem Satz beim Mischpult, als die Nadeln der Anzeigen mit einem Ruck in den roten Bereich ausschlugen, aber es war schon zu spät. »Das war ein übler Trick, Walter«, sagte Larter und fügte hinzu, sein Chef werde ihn umbringen, wenn er am nächsten Morgen ein Band mit einer solchen Dynamik ins Studio bringe. Legges Antwort war kurz und bündig: »Wenn Sie die Dynamik reduzieren, bringe ich Sie noch heute nacht um. Sie haben also die Wahl.« Larter fügte sich.

Das Problem, die »Quattro pezzi« vom Band auf die Platte zu übertragen, schien nahezu unlösbar. Selbst mit der besten Hi-Fi-Anlage kann man den Klang eines Symphonieorchesters nicht im Wohnzimmer reproduzieren, auch wenn es sich um ein geräumiges Zimmer handelt. Das Tonvolumen muß soweit reduziert werden, daß es in der vergleichsweise engen häuslichen Umgebung erträglich ist. Würde man aber laute und leise Passagen im selben Verhältnis reduzieren, wären die leisen Passagen zuletzt nicht mehr hörbar. In jedem Wohnzimmer gibt es störende Geräusche im Hintergrund, und jedes Tonwiedergabegerät erzeugt unvermeidbare Nebengeräusche (das Kratzen der Nadel auf der Platte, der Motor, der den Plattenteller antreibt, das Rauschen des Verstärkers), und alles zusammen ist lauter als Musik unter einer bestimmten Mindestlautstärke. Auf allen Platten muß daher der wirkliche dynamische Umfang verkleinert werden. Da Legge sich dagegen sträubte, die Dynamik seiner Aufnahme zu reduzieren, waren viel Überredungskunst, Geduld, Zeit und Geld nötig, bis eine zufriedenstellende Platte der »Quattro pezzi sacri« hergestellt war. Zu einem bestimmten Zeitpunkt war das Problem auch der obersten Geschäftsleitung vorgelegt worden, und kurz danach legte diese den maximalen dynamischen Umfang für alle folgenden Platten fest. Legge reagierte auf den Erlaß unverhältnismäßig heftig. »Dieses lächerliche Papier ist nur gegen mich gerichtet«, beklagte er sich eines Abends wütend. Er überlege sich ernsthaft, die ganze Sache hinzuschmeißen und die Firma zu verlassen – eine Bemerkung, der ich damals kein großes Gewicht beimaß.

4

Legge geht. Klemperers »Zauberflöte«

Während ich Legge bei den Aufnahmen mit Giulini assistierte, war ich zugleich mit einer Reihe von Einspielungen mit Hans Richter-Haaser beschäftigt. Die Arbeit mit Richter-Haaser verschaffte mir ungetrübtes Vergnügen und gab mir – was noch wichtiger war – nach den verletzenden Erfahrungen mit Klemperer neues Selbstvertrauen. Richter-Haaser war ein hochgewachsener, freundlicher und geistreicher Mann, und es war ein Genuß, mit ihm zu arbeiten. Er hatte schon viele Schallplatten auf höchstem Niveau eingespielt, darunter besonders erwähnenswert Beethovens »Sonate für das Hammerklavier« op. 106, op. 110 und die Sonate op. 31 Nr. 2, die der Musik bislang unerforschte Regionen erschließt und von der der Komponist selbst gesagt hat, er habe mit diesem Stück einen neuen Weg beschritten. Meine erste Aufnahme mit Richter-Haaser sollte den anderen beiden Sonaten op. 31 gelten. Wir beendeten Nr. 1 und beschlossen, Nr. 3 im Mai aufzunehmen, aber die Platte wurde dann nicht von mir, sondern von Legge fertiggestellt.

Im Mai 1963 legte mich ein leichter Herzinfarkt vorübergehend lahm. Es war ein Warnsignal, daß ich mich in der letzten Zeit übermäßig verausgabt hatte. Als Folge davon fiel ich drei Monate für die Arbeit aus. Meine Ärzte hielten mich an, ein vernünftiges Arbeitspensum einzuhalten und Tagesabläufe, wie ich sie während der Aufnahmen mit Richter-Haaser absolviert hatte, künftig zu vermeiden. Die Sitzungen mit ihm hatten jeweils vormittags von zehn bis eins und nachmittags von drei bis sechs in den Abbey Road Studios stattgefunden, dann hatte ich eine halbe Stunde Zeit gehabt, um zur Kingsway Hall zu gelangen, wo ich Legge bei den Verdi-Aufnahmen von halb sieben bis halb zehn assistierte. Das hatte ich drei Tage hintereinander durchgehalten. Es war aber nicht, wie viele meiner Kollegen glaubten, Zwang oder Druck von seiten Legges, der mich antrieb, sondern der Drang, möglichst überall dabeizusein. Ich hatte insofern Glück, als die Warnung rechtzeitig kam und keinen ernsthaften Schaden anrichtete.

Noch bevor ich an die Arbeit zurückkehrte, wurde eine Neuigkeit bekannt, die für meine Zukunft wichtige Folgen haben sollte: Legge hatte beschlossen, die Firma, für die er über dreißig Jahre gearbeitet hatte, zu verlassen und ein Jahr voraus, auf September 1964, gekündigt. Hinter seinem Entschluß standen eine Reihe von Gründen. Ausschlaggebend war vielleicht Legges Gefühl, nach einer so langen Arbeit im Dienst der Schallplattenproduktion einen Gipfel erreicht zu haben, den er nicht mehr überbieten konnte. Ein anderer Grund für seine Unzufriedenheit war die neu eingeführte schärfere Beaufsichtigung der Platten-Abteilung. Daß es dazu kommen würde, war seit langem vorauszusehen gewesen. Kein Unternehmen konnte seinen Angestellten die absolute Freiheit geben, die die Plattenproduzenten bislang genossen hatten. Innerhalb des durch ein Budget vorgegebenen lockeren Rahmens, der nicht überschritten werden sollte, von Legge allerdings oft überschritten wurde, hatten sie mehr oder weniger nach Belieben schalten und walten können. Jetzt mußte jedes neue Projekt bei einem Ausschuß eingereicht werden, und nur wenn es Aussicht auf Erfolg verhieß, sollte es genehmigt werden. Legge rieb sich an solchen Einschränkungen. Wenn einer seiner Vorschläge abgelehnt wurde, verdroß ihn das über alle Maßen, da er darin seine Kompetenz in Frage gestellt sah. Und sein Verdruß war nicht ganz ohne Grund. Viele seiner erfolgreichsten Platten waren zunächst abgelehnt worden. Es ist kaum zu glauben, daß Einspielungen wie Klemperers Brahms-Requiem, sein »Fidelio« und seine »Matthäus-Passion« wie auch Giulinis Verdi-Requiem nach der ersten Kalkulation als unrentabel eingestuft wurden.

Außerdem war Legge müde. Die Jahre besessener Arbeit hatten ihren Tribut gefordert. Am vernünftigsten wäre es gewesen, ein Jahr Urlaub zu nehmen, aber Legges Beschluß war gefaßt, und er ließ sich nicht mehr umstimmen.

In jenem letzten gemeinsamen Jahr war er mir gegenüber abwechselnd von Sorge um meine Zukunft und von der boshaften Überlegung bestimmt, was für einen Aufruhr es in der Firma verursachen würde, wenn ich mit ihm ging. Ich sagte, ich könne gut selbst zurechtkommen, und er gab zu, daß das wahrscheinlich stimmte. Als ich im Krankenhaus gelegen hätte, sei er erstaunt gewesen, wie viele Freunde ich in der kurzen Zeit, die ich bei EMI arbeitete, gewonnen hätte. Bitter und vielleicht nicht ganz zu Unrecht meinte er: »Wenn ich krank gewesen wäre, hätten sie gesammelt, um auf meinem Grab zu tanzen.«

Inmitten dieser Aufregung bereiteten wir uns auf die Aufnahme von Mozarts »Zauberflöte« vor. Die Einspielung von Sir Thomas Beecham mit den Berliner Philharmonikern (1938) war einer der größten Triumphe Legges vor dem Krieg gewesen. Mir war der Name Walter Legge zum erstenmal, noch in Indien, auf dieser Platte begegnet, zu der er die Texte des Begleitheftes geschrieben hatte. Nach dem Krieg hatte er eine zweite große Einspielung dieser Oper mit Herbert von Karajan und den Wiener Philharmonikern (1950) produziert, diesmal mit einer Besetzung, die fast alle großen Mozartsänger der Nachkriegsära einschloß. Es war die erste Kassette mit Langspielplatten, die ich mir kaufte. Beide Einspielungen werden heute noch, nach über fünfzig bzw. vierzig Jahren, in den Plattenkatalogen geführt. 1964 wollten wir die Oper mit Klemperer einspielen. Elisabeth Schwarzkopf sollte die drei Damen der Königin der Nacht anführen, Agnes Giebel die drei Knaben. Schon das gibt eine Vorstellung, welch hochkarätige Besetzung vorgesehen war. Legge wollte sich mit dieser Einspielung von EMI verabschieden. Doch es sollte anders kommen.

Am Morgen des 11. März 1964 entnahm die musikalisch interessierte Welt Londons schockiert der Zeitung, Walter Legge habe beschlossen, das Philharmonia Orchestra aufzulösen. Die Nachricht schlug ein wie eine Bombe. Die meisten Mitglieder des Orchesters erfuhren von der bevorstehenden Auflösung erst durch die Ankündigung in der Zeitung. Und selbst ich, der ich den vorhergehenden Abend bei Legge verbracht hatte, hatte nicht entfernt damit gerechnet, als er mir bei der Gelegenheit den Wink gegeben hatte, die Zeitung am nächsten Morgen besonders sorgfältig zu lesen. Wir steckten gerade mitten in Aufnahmen von Händels »Messias« mit Klemperer, und die morgendliche Sitzung dieses Tages war von allgemeiner Unsicherheit und Niedergeschlagenheit geprägt. Als Legge im Regieraum eintraf, fragte er erstaunt, warum keiner im Orchester mit ihm sprechen wolle. Funktionäre der Musikergewerkschaft gingen ein und aus, die Spieler standen in Gruppen zusammen und diskutierten erregt die nächsten Schritte und ihre Zukunft. Als Klemperer mit grimmiger Ironie den ersten Abschnitt ankündigte, der an diesem Morgen aufgenommen werden sollte, ging ein bitteres Murmeln durch die Orchesterreihen: Es handelte sich um die Sopranarie »Erwach, frohlocke, o Tochter von Zion«. Niedergeschlagen sagte Hugh Bean zu mir: »Wenigstens das hätten Sie uns ersparen können, Mr. Grubb.«

In den darauffolgenden Tagen legte Legge die Gründe seiner Entscheidung dar. Das Orchester sei nicht mehr so gut wie in seinen besten Tagen. Der Unterhalt werde aufgrund der steigenden Kosten immer schwieriger. Außerdem – in Legges Augen war das ein noch gewichtigeres Argument – hätte er gern einige Spieler ersetzt, sehe sich aber durch die Vorschriften der Gewerkschaft und den geschlossenen Widerstand des Orchesters daran gehindert. Er wolle das Orchester deshalb lieber mit unbeflecktem Namen untergehen lassen.

Aber man kann ein Orchester nicht einfach wegwerfen, es besteht aus Männern und Frauen, die davon leben. In den Reihen des Philharmonia befanden sich Meister ihres Faches, und insgesamt war es immer noch ein hervorragender Klangkörper. Es herrschte denn auch die allgemeine Übereinstimmung, daß es gerettet werden müsse, und diesem Ziel galten angestrengte Bemühungen. Am Ende waren es die Spieler selbst, die das Problem lösten. Nachdem viele der regelmäßigen Dirigenten, darunter besonders Klemperer und Giulini, ihre Hilfe zugesagt hatten, wurde beschlossen, daß das Orchester in Selbstverwaltung weiterbestehen sollte. Da Legge dem Orchester nicht erlaubte, den ursprünglichen Namen beizubehalten, nannte es sich hinfort New Philharmonia Orchestra.

Eine unerwartete Folge all dessen war, daß Legge sich mit Klemperer und Giulini überwarf. Er fühlte sich von Giulini verraten, als dieser dem neuen Orchester seine Unterstützung zusagte. Der Dirigent versuchte Legge klarzumachen, daß es für ihn keinen einsichtigen Grund gab, mit dem Orchester zu brechen. Hätten die Musiker sich Legge gegenüber unfair verhalten, hätte Giulini ganz bestimmt den Kontakt zu ihnen abgebrochen und ihnen vorgehalten: »Ihr habt meinen Freund gekränkt.« So aber bat er Legge, zu verstehen, daß er den Musikern seine Hilfe nicht verweigern könne, nachdem sie ihm und der ganzen Welt ihr Bestes gegeben hätten. Aber Legge war nicht besänftigt und sagte zu Giulinis Kummer, er wolle nichts mehr mit ihm zu tun haben.

Der Streit mit Klemperer ging noch viel tiefer und hatte weiterreichende Folgen für mich. Klemperer war Chefdirigent des Orchesters auf Lebenszeit, und die Auflösung des Orchesters betraf ihn deshalb ganz persönlich. Er warf Legge vor, er sei nicht gebührend dazu angehört worden . Legges Ankündigung, daß er das Orchester auflösen wolle, war mitten in eine Reihe von Aufnahmen mit Klemperer hinein erfolgt, und der Dirigent bekam die fatale Wirkung auf die Musiker unmittelbar zu spüren. Außerdem war er der Meinung, das Orchester habe in seiner Qualität keineswegs nachgelassen – und jetzt spielten die Musiker wirklich, als ob ihr Leben davon abhinge.

Der Ton zwischen Klemperer und Legge war zunächst noch durchaus höflich, wenn auch bereits eine Spur frostig. Wir waren vom »Messias« zu den Orchesterpassagen der »Zauberflöte« übergegangen. Am Samstag vor Ostern brach der Streit zwischen den beiden dann ohne Vorwarnung offen aus. Der Anlaß war wie so oft lächerlich unbedeutend. Klemperer wollte am Ostermontag mit drei Sängern in seinem Hotelzimmer proben. Legge kündigte an, er werde bei der Probe anwesend sein. Normalerweise hätte Klemperer nichts dagegen gehabt, aber diesmal sagte er bestimmt, daß die Anwesenheit des Produzenten nicht erforderlich sei. Legge seinerseits hätte es normalerweise bei dieser Antwort belassen, beharrte aber jetzt auf seinem Recht, bei allen Proben anwesend zu sein, worauf Klemperer ihn fragte, wo in seinem Vertrag mit EMI ebendieses Recht aufgeführt sei. Für Legge war das der Tropfen, der das Faß zum Überlaufen brachte – daß jemand, den »er selbst gemacht hatte«, wie er es ausdrückte, sich auf diese Weise gegen ihn auflehnte! Ich mußte einen Brief an Klemperer für ihn tippen. Unglücklich las ich seinen Entwurf durch. Er gab Klemperer darin bekannt, daß er sich von der Aufnahme der »Zauberflöte« zurückziehen werde. Der Brief war voller Bitterkeit und recht grob abgefaßt. Er war Legges unwürdig und mit Sicherheit kein Brief, den man einem so bedeutenden Mann wie Klemperer schreibt. Bevor ich ihn dem Boten übergab, versuchte ich Legge noch einmal umzustimmen, aber vergebens. Kaum war ich wieder zu Hause, klingelte auch schon das Telefon. Es war Lotte Klemperer. Ohne Einleitung fragte sie, ob ich den Inhalt von Legges Brief an ihren Vater kenne. Ich sagte ja. »Und sind Sie der Ansicht, daß mein Vater einen solchen Brief verdient hat?« Unglücklich erwiderte ich: »Miss Klemperer, ich bin, wie Sie wissen, Walter Legges Assistent.« Darauf sagte sie: »Das genügt mir als Antwort«, und legte auf. Eine halbe Stunde später klingelte es erneut – diesmal war es der Direktor unserer Abteilung. Er hatte sowohl mit Klemperer als auch mit Legge gesprochen und wollte jetzt meine Version hören. Das sehr viel vordringlichere Problem war allerdings, wer die in drei Tagen beginnenden Aufnahmen für die »Zauberflöte« leiten sollte.

Die nächstliegende Lösung war, daß ich einsprang. Bereits seit einiger Zeit hatte Legge Organisation und Kontrolle der Aufnahmen mir überlassen, und ich war die einzige Person, die alle Details der anstehenden Produktion kannte: welche Sänger an welchen Tagen zur Verfügung standen; von wem man nicht verlangen konnte, an einem bestimmten Tag eine schwierige Partie zu singen, weil er oder sie am Abend davor einige hundert Kilometer entfernt eine anstrengende Rolle zu singen gehabt hatte; wer gern eine Stunde vor der Sitzung kam, um sich einzusingen, und wer Zustände bekam, wenn er mehr als zwei Minuten zu früh da war. Ich wußte sogar, an welchen Tagen des Monats eine bestimmte Sängerin nicht gebeten werden durfte, höher als das hohe C zu singen. Ich hatte den Aufnahmefahrplan erstellt und die »Stereoaufnahme«, diese wichtige Neuerung, die mittlerweile überall Einzug gehalten hatte, in allen Einzelheiten durchdacht.

Die Entwicklung der Stereoaufnahme war wie die Erfindung der elektrischen Aufnahme oder der Langspielplatte ein Meilenstein in der Geschichte der Schallplatte. In den zwei Kanälen und zwei Lautsprechern der Stereoaufnahme konnten wir all die Einzelheiten, die bis dahin in einem Kanal und einem Lautsprecher zusammengedrängt worden waren, viel besser unterbringen. Der Stereoklang hatte mehr Räumlichkeit, und der Gesamtklang schien nicht mehr nur aus dem kleinen Rechteck eines einzigen Lautsprechers zu kommen, sondern aus dem ganzen Raum zwischen zwei Lautsprechern. Nach einigem Herumprobieren und anfänglichen Exzessen (wie dem Ping-Pong-Effekt, bei dem der Ton abwechselnd von ganz rechts oder ganz links kam, während die Mitte leer blieb) wurde die neue Technik schließlich mit schöpferischer Phantasie eingesetzt. Bei Opernaufnahmen diente der Stereoeffekt dazu, der dramatischen Handlung größere Wirklichkeitsnähe zu verleihen. Bei Monoaufnahmen hatte man nur Bewegungen zum vorderen Rand der Bühne und von ihm weg reproduzieren können, um einen Eindruck von Tiefe zu erzeugen. Jetzt konnte man zusätzlich seitliche Bewegungen über die ganze Breite der Bühne einfangen.

Die Planung einer Operneinspielung ist ein kompliziertes Unterfangen. Das Aufnahmestudio dient als Bühne. Das Orchester sitzt im Vordergrund, gleichsam dem Orchestergraben, die Sänger stehen auf einem Podium dahinter. Entlang dem Rand des Podiums sind eine Reihe von Mikrofonen aufgestellt, zumeist fünf. Geht ein Sänger vom Mikrofon am linken Ende zum Mikrofon ganz rechts, wird seine Stimme nacheinander von Mikrofon eins bis fünf aufgenommen; sie verlagert sich vom linken zum rechten Lautsprecher, und es entsteht der Eindruck einer Bewegung. Dabei sind natürlich einige grundlegende Regeln zu beachten. Bewegt der Sänger sich zu schnell, hört sich das an, als vollführte er wie ein Känguruh ein paar Sprünge. Geht er andererseits etwa von Mikrofon eins zu Mikrofon drei, ohne zu singen, wirkt das, als hätte er einen großen Satz gemacht. Zum Produktionsplan gehören deshalb genaue Anweisungen, wo ein Sänger in einem bestimmten Augenblick zu stehen hat. Auf dem Sängerpodium liegt ein in ein Raster eingeteilter Teppich, dessen Quadrate numeriert und dessen Reihen mit Buchstaben versehen sind. Die Anweisung an Papageno könnte also etwa lauten, beim ersten Anblick Papagenas von G2 (Mikrofon 1, hinten) auf A8 (Mikrofon 3, Mitte vorn) zu gehen. Auftritt und Abgang müssen in Beziehung zueinander stehen. Wird dabei nicht eine bestimmte Logik eingehalten, entsteht der Eindruck verwirrten, ziellosen Umherwanderns. Wird die Aufnahme eines längeren Stücks, etwa des Finales einer Mozartoper, auf mehr als einen Tag verteilt, müssen die Sänger bei Beginn der neuen Sitzung an genau derselben Stelle stehen, an der sie aufgehört haben, sonst entsteht im Klangbild ein Sprung entsprechend dem visuellen Rucken eines schlecht geklebten Filmes. Das Regiebuch für die »Zauberflöte« war sechsundzwanzig Seiten stark, obwohl bei den erfahrenen Opernsängern unserer Besetzung allgemeine Anweisungen genügten wie: »Papageno, der sich bei den Worten ›Nun, Papageno‹ nach Papagena umdreht, geht von Mikro 1 hinten schräg nach vorn zu Mikro 3.« Walter Berry, unser Papageno, würde eine solche Anweisung in die entsprechende Bewegung übersetzen. Auch wenn Legge die Produktion weiterhin geleitet hätte, wäre es meine Aufgabe gewesen, den Sängerinnen und Sängern vor jeder Szene zu erklären, wie sie zu gehen hatten, und eine oder einen von ihnen zu bitten, die jeweils erforderlichen zusätzlichen Klangeffekte zu erzeugen.

Es war deshalb nur logisch, daß ich die »Zauberflöte« hätte übernehmen müssen. Als ich mich aber mit dem Leiter unserer Abteilung besprach, konnte ich mir lebhaft vorstellen, was in dessen Kopf vorging. Ich hatte bisher bei der Produktion von über hundert Schallplatten assistiert, in eigener Regie aber erst eine einzige Platte mit Orchester produziert. Hier nun stand eine große Operneinspielung an, an der einige der besten Sänger der Welt beteiligt waren. Die Kosten waren auf gewaltige 50 000 Pfund veranschlagt, und es mußte gewagt erscheinen, das ganze Unternehmen in die Hände eines so unerprobten Mitarbeiters zu legen, wie ich es war. Für mich selbst dagegen war ausschlaggebend, daß Klemperer dirigieren würde. Klemperer hatte gesagt, er werde nicht mehr mit mir zusammenarbeiten, und eingedenk der Komplikationen jener letzten Aufnahme mit nur einer Solistin schauderte mich bei dem Gedanken, zu was Klemperer in der Lage sein mochte, wenn er es mit vierzehn Sängern zu tun hatte. Wäre ein anderer Dirigent vorgesehen gewesen, hätte ich mir die Abwicklung der Produktion zugetraut und das auch gesagt. So aber stimmte ich ohne Zögern zu, als der Abteilungsleiter meinte, er sei sich zwar bewußt, daß meine Anwesenheit bei den Aufnahmesitzungen unabdingbar sei, möglicherweise sogar in leitender Funktion, er hoffe aber auf mein Verständnis, wenn ein erfahrenerer Kollege von His Master's Voice die offizielle Verantwortung übernehme.

Das Gespräch fand am Samstag statt, und die Entscheidung wurde Klemperer vermutlich am Ostersonntag morgen mitgeteilt. Fünf Minuten nach zehn hatte ich seine Tochter am Telefon. Ihr Vater wolle ein oder zwei Punkte der »Zauberflöte«-Einspielung besprechen. Den ganzen Sonntag und den folgenden Ostermontag folgte ein Anruf Klemperers dem anderen: Wann die Feuerprobe Paminas und Taminos aufgenommen werde und ob Mr. Morris (der erste Flötist) an diesem Tag anwesend sei? Wenn schon unwahrscheinlich war, daß Morris überhaupt auf einer Sitzung mit Klemperer fehlte, so hätte ich erst recht nicht bei Trost sein müssen, wenn ich eine Szene, in der die Flöte genauso wichtig ist wie die beiden Sänger, auf einen Tag gelegt hätte, an dem der Flötist nicht da war. Das sagte ich allerdings nicht, sondern nur: »Mr. Morris wird da sein.« Eine halbe Stunde später klingelte es wieder: Ob das zweite Finale am Stück aufgenommen werde oder in mehreren Etappen? Ich sagte, es werde am Stück aufgenommen, aber über zwei Tage verteilt. Kurz darauf: Wann Miss Popp eintreffe und wie lange sie bleiben könne? »Wir müssen die Möglichkeit haben, die Arien der Königin der Nacht notfalls ein zweites Mal aufzunehmen. Sie sind sehr schwer.« Wieder beherrschte ich mich und sagte Klemperer nicht, daß ich sehr wohl wisse, wie schwer die Arien sind.

Ich versicherte ihm nur, daß Miss Popp für volle fünf Sitzungen zur Verfügung stehe. Und so ging es weiter, bis meine Frau und ich uns am Montag abend nicht mehr zu helfen wußten und ins Kino flohen. Sekunden nach unserer Rückkehr klingelte das Telefon, und Lotte Klemperer fragte anklagend, wo ich gewesen sei, sie versuche seit Stunden, mich zu erreichen. Klemperers Nervosität war verständlich. Zum ersten Mal ging er ohne Walter Legge in eine wichtige Produktion, und an Legges Stelle war ein vergleichsweise unbekannter und, wie Klemperer wußte, relativ unerfahrener Mann gerückt. Ich wußte nicht, ob Klemperer durch die Telefonanrufe feststellen wollte, ob ich alles unter Kontrolle hatte, oder ob er nur meine Einstellung ihm gegenüber testen wollte. Hätte mein Chef mich am Montag abend angerufen, hätte ich ihm sagen können, mein Selbstvertrauen sei durch Klemperers Nervosität wieder soweit hergestellt, daß ich darauf bestehe, die Aufnahmen allein zu leiten.

Die erste Aufnahmesitzung mit den Sängern am folgenden Abend fand vor einem Triumvirat von Produzenten statt: meinem Kollegen von His Master's Voice, dessen Chef, den er zur moralischen Unterstützung mitgebracht hatte, und mir. Klemperer wußte, daß ohne meinen bedingungslosen Einsatz das ganze Projekt gefährdet war, und ließ mich während der ersten Sitzungen nicht aus den Augen. Ich war darüber leicht belustigt. Klemperer fürchtete offenbar, ich könnte aus Loyalität zu Legge die Aufnahme verderben oder ihren Erfolg zumindest erschweren. Erst in der dritten Sitzung ließ seine Anspannung nach. Vor Beginn dieser Sitzung war die allgemeine Nervosität auf dem Höhepunkt angelangt. Die erste Aufnahme mit Elisabeth Schwarzkopf stand bevor, und alle sahen der Aufnahme mit Besorgnis entgegen – das heißt alle außer mir, denn von allen Anwesenden wußte nur ich, was für eine Art von Mensch sie war. Als sie schließlich eintraf, begrüßte sie alle freundlich, forderte meinen Kollegen, der sich auf deutsch mit ihr unterhalten wollte, höflich auf, doch im Interesse aller englisch zu sprechen, fragte mich, wo sie bei der ersten Nummer zu stehen habe, und nahm mit größter Disziplin ihren Platz auf der Bühne ein.

Wir begannen an diesem Tag mit der Eröffnungsszene, in der Tamino von einer Schlange verfolgt auf die Bühne eilt. Ich hatte Nicolai Gedda, der den Tamino sang, gebeten, sich ganz links aufzustellen und dann ohne Unterbrechung zügig zur Mitte zu gehen, während die Damen der Königin der Nacht rechts und links von ihm nach vorn kamen. Klemperer schien leicht irritiert, daß Gedda nicht direkt vor ihm stand, sondern zur Seite versetzt. Als die Szene begann und Gedda »Zu Hilfe! Zu Hilfe!« sang und dabei nach rechts marschierte, hörte Klemperer auf zu dirigieren und fragte verwirrt: »Wohin geht Mr. Gedda?« Gedda murmelte etwas von »Produktion, Herr Doktor«, doch der Doktor, der von den technischen

Erfordernissen einer Aufnahme keine Ahnung hatte, fuhr anklagend fort: »Aber Sie wollten weggehen.« Gedda bekam einen Lachanfall, und ich rannte über drei Stufen auf einmal in den Saal hinunter, trat zu Klemperer und erklärte ihm, warum ich Gedda gebeten hatte, von der Seite der Bühne zur Mitte zu gehen. Schließlich begriff Klemperer, daß wir versuchten, das Geschehen auf der Bühne zu simulieren, und sagte: »So! Gut.« Zum erstenmal während der Sitzungen lächelte er.

Auch ein Teil der Spannung, unter der ich persönlich stand, hatte sich zu Beginn dieser Sitzung gelöst. Als ich durch das Orchester ging, um mit einem der Sänger auf der Bühne zu sprechen, sprach mich der erste Hornist Alan Civil an: »Mr. Grubb, wäre es vielleicht möglich, die Stellwand hinter uns einen halben Meter zurücksetzen zu lassen?« Ich wußte, daß Hornisten es nicht mögen, wenn der Klang ihres Instruments von einer harten Oberfläche hinter ihnen reflektiert wird, und fragte deshalb: »Stört Sie die Akustik?« »Nein. Aber die Wand verdeckt uns die Sicht auf die schöne Lucia Popp.« Irgendwie entspannte diese Bemerkung die ganze Situation. Ich ließ die Stellwand zurücksetzen.

Nach dem Ende der letzten Sitzung rief Klemperer mich in sein Zimmer, und nachdem er alle außer seiner Tochter hinausgeschickt hatte, bedankte er sich bei mir für die Zusammenarbeit. Ich erwiderte, ich hätte nur meine Pflicht getan. Er sagte, er wisse, wie schwierig die Situation für mich gewesen sei und daß ich die Aufgabe mit großem Erfolg gemeistert hätte. Er stehe persönlich in meiner Schuld. Das war der erste Schritt auf die wundervollen Jahre meiner Zusammenarbeit mit Klemperer zu.

5

Das Alter ego im Regieraum

Die ganze Aufregung um die »Zauberflöte« schien das Verhältnis zwischen Legge und mir nicht zu beeinträchtigen. Wir verbrachten immer noch gemeinsame Abende, und, von den Sitzungen mit Klemperer abgesehen, arbeitete ich nach wie vor als Legges Assistent. Legge befand sich in einer seltsamen Art von Niemandsland. Da es noch einige Monate dauerte, bis seine Kündigung in Kraft trat, war er der Form halber weiterhin als Programmleiter für das Columbia-Label tätig, ohne freilich in der Lage zu sein, längerfristig zu planen. Er war launisch und voller Bitterkeit gegen EMI. Ohne Anlaß geriet er manchmal in Zorn und wurde grob. Einmal erhielt er Besuch von einem Kollegen, der mir freundlich die Hand auf die Schulter legte, während er mit Legge sprach. »Betatschen Sie meinen Assistenten nicht«, brauste Legge plötzlich auf, »er ist nicht schwul.« Der Besucher zog die Hand zurück, als hätte er sie verbrannt.

An Legges letztem Tag bei EMI hörten wir im Studio zusammen die Musteranpressungen von »Così fan tutte«. Nur ein einziger Angestellter kam in den Abhörraum, um sich von Legge zu verabschieden. Als wir das Band zu Ende gehört hatten, drehte Legge sich um und sah zum Fenster seines Büros hinauf. Dann schaute er mich an und sagte: »Gehen wir.«

Die Meinungen, was für Folgen Legges Ausscheiden für die Plattenabteilung haben würde, waren geteilt. Einige Kollegen waren der Ansicht, daß der Verlust einer so herausragenden Persönlichkeit nur durch einen Nachfolger vergleichbaren Formats ausgeglichen werden könne, aber fähige Programmdirektoren sind nicht gerade dicht gesät. Andere glaubten, das Ausscheiden Legges werde keinerlei Auswirkungen haben. Wir hätten die Künstler und die Technik und seien der Größe nach die bedeutendste Plattenfirma der Welt – der Verlust eines Mannes, wie genial auch immer, falle dabei so gut wie nicht ins Gewicht. Keiner wollte aussprechen, was die meisten insgeheim befürchteten: daß Legge zu einer anderen Plattenfirma gehen könnte. Während dieser Zeit verwaltete ich sein Reich.

Meinen ersten Künstler hatte ich schon vor Legges Ausscheiden verpflichtet. Ohne daß es je ausdrücklich ausgesprochen wurde, waren alle davon ausgegangen, daß ich Richter-Haaser nach unseren ersten gemeinsamen Sitzungen weiterhin betreuen würde. Die zweite Einspielung, die ich mit ihm machte, war eines der großen Meisterwerke für Klavier gewesen: Beethovens »33 Veränderungen über einen Walzer von Diabelli«. Das Thema war schnell geschafft, und es folgten die Variationen in Gruppen von drei und vier. Beide schwelgten wir während der Einspielung nicht nur in der Musik, sondern wir wußten auch Beethovens charakteristische und vielsagende Spielanweisungen zu würdigen, die, richtig verstanden, der Schlüssel zur Interpretation des Werkes sind. Es ist gleichsam, als ob der Komponist mit auf dem Klavierstuhl säße und sagte, wie jeder Abschnitt zu spielen ist. Die erste Variation trägt die Überschrift »maestoso«, majestätisch. Beethoven erhebt damit sozusagen selbst mit Nachdruck die Stimme: »Genug mit diesem Diabelli und den Sequenzen seiner simplen kleinen Melodie – jetzt komme ich, Beethoven.« Es folgen Anweisungen wie »serioso«, »dolce e teneramente«, »pesante e risoluto«, »scherzando«, »piacevolo« und eine Angabe, die Beethoven nur bestimmten Momenten vorbehält, »molto espressivo«, mit größtem Ausdruck. Als wir die letzte Aufnahme zu Ende gehört hatten und die wunderbare Coda verklungen war, in der das aus einem ländlichen Walzer in ein elegantes Menuett verwandelte Thema sich gleichsam aufzulösen und himmelwärts zu streben scheint, hatten Richter-Haaser und ich einander befriedigt angeschaut.

Das war im November des vorhergehenden Jahres gewesen. Jetzt spielte Richter-Haaser vier weitere Beethovensonaten und zwei Sonaten von Schubert ein. Die Arbeit mit diesem Pianisten war für mich eine hervorragende Schulung. Ich konnte Erfahrungen im Umgang mit einem Künstler, wenngleich zugegebenermaßen mit einem besonders umgänglichen und ausgeglichenen, sammeln. Ich konnte ihm alles sagen und mit ihm auch Gesichtspunkte der Interpretation diskutieren, und manchmal ging es dabei sehr heftig zu. Nach einer solchen Auseinandersetzung waren wir einmal beide überrascht, als der Tonmeister fragte: »Reden Sie jetzt noch miteinander?« Der Streit war aber überhaupt nicht persönlich gewesen. Wir hatten uns die erste Aufnahme des Menuetts aus Schuberts c-moll-Sonate angehört und ich hatte das Band mittendrin anhalten lassen und gesagt: »Wenn ich die Akzente in Takt zwei und drei höre und dann wieder in dreizehn und fünfzehn und so weiter – es handelt sich doch um ein zartes Menuett von Schubert, und für mich ist mit diesen Akzenten nur ein leichter Nachdruck auf der jeweiligen Note gemeint – meinen Sie nicht, daß Sie sie zu hart nehmen?« Richter-Haaser hatte sich die Aufnahme noch einmal angehört und geantwortet: »Sie haben völlig recht. Wissen

Sie, ich bin Deutscher, und wenn ich einen Akzent sehe, meine ich gleich, das bedeute bumm, bumm!« und dabei mit der Faust herumgefuchtelt, als ob er jemanden erschlagen wollte.

Ich entwickelte während dieser Sitzungen auch jene besondere Konzentration, die man für Klavieraufnahmen braucht. Falsche Noten, verwaschene Stellen oder Noten, die nicht sprechen, sind viel schwerer herauszuhören als die Fehler eines Orchesters mit seinen vielfältigeren Farben.

Und Richter-Haaser war der erste Freund, den ich unter den Musikern gewann. Einmal aß er nach der Aufnahme bei meiner Frau und mir zu Abend und blieb dann noch da. Wir kamen auf historische Aufnahmen zu sprechen, und ich erwähnte Toscaninis Aufnahme von Verdis »Otello«. Richter-Haaser bedauerte, daß er zwar seit Jahren immer wieder von dieser Einspielung höre, sie aber nirgends habe bekommen können. Ich sagte, ich hätte die Originalkassette von His Master's Voice, immer noch die beste Version. Ob er ein Stück hören wolle? »Nur eine Kostprobe«, erwiderte er, »es ist schon spät.« Elf war vorbei, und Richter-Haaser mußte früh am nächsten Morgen zum Flughafen. Ich legte Seite eins auf, und wir durchlebten den Gewittersturm und das ausgelassene Trinkgelage in Toscaninis Interpretation. Nach Seite eins konnten wir unmöglich aufhören. Sie brach nach der zarten Einleitung der Celli zum Duett Otello–Desdemona ab und ließ uns mit unerfüllten Erwartungen zurück. Zwei Stunden später hörten wir, alle drei mit Tränen in den Augen, Ramon Vinay Otellos Abschied »Niun mi tema« anstimmen. Es war ein ganz besonderer Abend. Am Abend des folgenden Tages rief Richter-Haaser an, um mir zu sagen, daß er sein Flugzeug noch erwischt habe.

Als Legge ging, wurde die Klassikabteilung umorganisiert. His Master's Voice und Columbia wurden zusammengelegt, Legges gleichrangiger Kollege im anderen Lager erreichte nach einiger Zeit das Pensionsalter, und fortan war der Chef der Abteilung der direkte Vorgesetzte der Produzenten, deren Zahl von zwei auf vier erhöht worden war. Ein halbes Jahr nach Legges Ausscheiden ließ er mich zu sich kommen. Er sagte, es sei allgemein bekannt, daß ich ein getreuer Mitarbeiter Legges gewesen sei. Wenn ich die Firma aus Loyalität zu Legge verlassen wolle, werde er mir nicht im Weg stehen. Für mich klang das verdächtig nach einer Aufforderung dazu, aber ich beschloß, es ihm nicht leichtzumachen – wenn er mich wirklich loswerden wollte, würde ich ihn zwingen, dies auch deutlich auszusprechen. Doch ich tat ihm unrecht: Er hatte nicht mehr gemeint, als er gesagt hatte. Als das Gespräch zu Ende war, hatte er mein Gehalt erhöht und darüber hinaus genehmigt, daß ich mir Freiexemplare von allen Platten besorgte, an denen ich mitgearbeitet hatte.

Im Zuge der Reorganisation wurde auch die Liste unserer Künstler einer

Prüfung unterzogen. Es kam zu Streichungen, und leider war eines der ersten Opfer Hans Richter-Haaser. Noch ehe seine Schubertplatte in den Handel kam, befand der Ausschuß, daß seine Platten sich nicht gut genug verkauften und wir deshalb nicht weiter mit ihm zusammenarbeiten würden. Es lag nicht nur an Richter-Haaser; auch die anderen Klavierplatten warfen keinen Gewinn ab. »Warum können wir keinen neuen Schnabel oder Horowitz oder Rubinstein bekommen?« rief der Vertriebsleiter unserer amerikanischen Niederlassung an einer unserer internationalen Konferenzen verzweifelt aus.

Es erging uns an dieser Konferenz, wie es an Konferenzen nicht selten geht: Wir begannen mit dem Entschluß, die Zahl der Pianisten zu verringern, und endeten mit der Empfehlung, mehr zu verpflichten. Ich kämpfte mit aller Kraft für Richter-Haaser, hatte aber keinen Erfolg. Mit größtem Bedauern mußte ich mich also von meinem ersten Künstler verabschieden, wenn auch nur, was das Plattenstudio betraf. Im Lauf der Jahre sollte ich mit dieser Pflicht noch oft konfrontiert werden, und sie ist mir heute so unangenehm wie damals.

Es folgten weitere Aufnahmen, die mich technisch herausforderten und meine Erfahrung erweiterten. Von einem Kollegen, der auf eine Besprechung mußte, übernahm ich eine Sitzung mit Elaine Shaffer, die Bachs Flötensonaten einspielte. Wir verstanden uns so gut, daß sie mich bat, die Aufnahme zu Ende zu führen. Elaine Shaffer war eine reizende, sanfte Frau mit ruhiger Art, aber einem stählernen künstlerischen Willen. Am Ende unserer ersten Sitzung sagte sie zu mir: »Sie geben mir im Studio ein Gefühl der Sicherheit – es ist fast so, als säße mein Alter ego im Regieraum.« Und das sollte mein Ziel bleiben, solange ich arbeitete: als Produzent dem mir anvertrauten Künstler ein Gefühl der Sicherheit zu vermitteln und als Alter ego des Künstlers zu handeln, also nicht das eigene Ego in den Vordergrund zu stellen.

Von allen Formen der Musik steht die Kammermusik meinem Herzen am nächsten, seit ich vor nun vierzig Jahren in Indien Beethovens Streichquartett in cis-moll entdeckt habe. Besonders glücklich war ich deshalb, als ich eine Einspielung der beiden großen Quintette für Klavier und Bläser von Mozart und Beethoven mit dem Melos-Ensemble betreuen sollte. Jedes Mitglied dieses Ensembles war ein Virtuose seines Instrumentes, und durch die Jahre des Zusammenspiels war der Gesamtklang zu einer vollkommenen Einheit verschmolzen. Die einzigen Probleme dieser Aufnahmesitzungen waren, die richtige Balance für Instrumente so verschiedener Klangfarbe, Tonlage und Lautstärke zu finden, gelegentlich einen Aspekt der Interpretation zu besprechen und bei Meinungsverschiedenheiten zwischen den Spielern zu vermitteln. Es kam häufiger zu solchen Meinungsverschiedenheiten vor, als ich gedacht hatte. Ich mußte oft vermittelnd eingreifen, wenn die Spieler über die Vorrangigkeit der jeweiligen Stimme uneins waren.

Die Quintette sind für die Besetzung Oboe, Klarinette, Horn, Fagott und Klavier geschrieben. Man kann sich kaum eine heterogenere Besetzung vorstellen, aber das Hauptproblem ist das Klavier. Mozart und Beethoven hatten die Stücke für das Hammerklavier geschrieben, ein Instrument mit einem klaren, glockenartigen Ton, der weit trug, aber rasch verklang, also nicht für ein Instrument mit der massiven Klangfülle des modernen Konzertflügels. Ein Klavier von heute übertönt die mit ihm musizierenden Instrumente nur zu leicht, wenn der Pianist nicht zu jeder Zeit die Tonlagen der Instrumente seiner Mitspieler berücksichtigt. In dieser Hinsicht brauchte ich mir in diesem Fall keine Sorgen zu machen, denn wir hatten mit Lamar Crowson einen vorbildlichen Kammermusiker als Pianisten. Außerdem konnte man im Aufnahmestudio durch geschicktes Plazieren der Mikrofone einen Ausgleich schaffen. Auch so kostete es uns freilich in der ersten Sitzung einige Zeit, bis alle Instrumente mit der gleichen Präsenz und Klarheit zu hören waren und ihre jeweilige Klangfarbe originalgetreu wiedergegeben wurde.

Wir fingen mit Mozart an. Bei der Uraufführung hatte der Komponist selbst Klavier gespielt und seinem Vater kurz darauf geschrieben, er halte das Stück für sein bis dahin gelungenstes. Das Quintett ist außerdem das erste echte Kammermusikstück mit Klavier. Nach der Mozartaufnahme bat ich die Spieler, mir einige Minuten dabei zu helfen, die Balance zwischen Klavier und Bläsern neu festzulegen. Sie waren überrascht und verstanden nicht, warum ich das für notwendig hielt. Beide Werke seien doch für die gleiche Besetzung geschrieben. Ich erklärte ihnen, daß im Unterschied zu Mozart beim Beethoven-Quintett das Klavier dominiere. Das gesamte thematische Material wird zuerst vom Klavier vorgetragen, und auch wenn eines der anderen Instrumente ein Thema aufnimmt, mischt das Klavier sich immer wieder ein, als könnte es nicht ertragen, ausgelassen zu werden. Wir stellten die Mikrofone neu ein, dann sagte ich: »Auf los geht's los, Lamar.« Nach Fertigstellung der Aufnahme feierten wir bei uns zu Hause. Ich freute mich, als Crowson sagte: »Woher kommen Sie denn eigentlich? Was haben Sie die ganzen Jahre gemacht, und warum lernen wir uns erst jetzt kennen? Ich hoffe, daß wir noch mehr Platten zusammen machen.«

6

»Woher kommen Sie?«

Künstler und Freunde, die mich fragen, an welchem Konservatorium ich studiert hätte, sind erstaunt zu hören, daß ich keine eigentliche musikalische Ausbildung durchlaufen habe. Ich bin Autodidakt. Musik hat mir immer viel bedeutet, und zwar immer die abendländische Musik. Mit indischer Musik habe ich nur sehr wenig Erfahrung; ich kenne sie kaum und finde nur an wenigen Formen begrenztes Vergnügen. Für indische Ohren liegt das größte Hindernis für den Genuß abendländischer Musik in der Harmonie, denn die indische Musik kennt keine Harmonie, weder explizit noch implizit. Ich war aber als Kind einer christlichen Familie von Kindesbeinen an mit Kirchenliedern und deren mehrstimmiger Harmonie vertraut. Ebenso wie ich sprechen lernte, lernte und sang ich »Abide with me« und »Rock of Ages« und, dank des Umstandes, daß eine Reihe von Onkeln, Tanten, Vettern und Kusinen in schneller Folge heirateten, auch Lieder wie »The voice that breathed o'er Eden«. Als ich ein wenig älter war, interessierte ich mich mehr für Choräle mit eigenständig geführten Stimmen wie in Bachs Passionen, die mir den nicht enden wollenden dreistündigen Karfreitagsgottesdienst, an dem ich teilnehmen mußte, zum Teil erträglich machten. Als Teenager beschäftigte ich mich natürlich auch mit der leichten Muse, mit Tanzmusik, Volksliedern und Schlagern. Wir besaßen zu Hause einen Plattenspieler und Platten. Es war einer zum Aufziehen, und der Klang wanderte von der Schalldose durch einen U-förmig gekrümmten Arm, der in einen großen Trichter mündete. Wenn man die Nadel auf die Platte gelegt hatte, mußte man sich vorsichtig aufrichten, sonst kippte man prompt den Trichter um. Woher die Platten kamen, war mir nie ganz klar. Wahrscheinlich hatte mein Vater sie von einem englischen Kollegen geschenkt bekommen. Es war eine recht kunterbunte Mischung. Eine Platte mit dem Label Regal-Zonophone hatte den anregenden Titel »John, John, put your trousers on« (»John, John, zieh die Hose an«), und auf der Rückseite erklang »In the land where the women wear the trousers« (»Im Land, wo die Frauen die Hosen anhaben«). Dann gab es zwei Titel, die sich im Besitz jedes mit einem Grammophon ausgerüsteten Haushalts befanden: »The whistler and his dog« und »The laughing song«. Wir hatten außerdem »Departure of a troopship«, und ich meine mich auch an die Nummer »Sinking of a troopship« zu erinnern. Dazu kamen die jeweils neuesten gängigen Tanzmelodien, etwa »Ice cream« oder »Yes, we have no bananas«. Die erste Platte, die ich zu dieser Sammlung beisteuerte, war »Oh Donna Clara«, ein eingängiger Tango, der mich noch heute in meine Teenagerjahre und den ersten Liebeskummer zurückversetzt, denn ich war damals in ein Mädchen aus der Nachbarschaft verknallt, die sinnigerweise auch noch Darling hieß.

Neben den Platten mit Tanzmusik schafften wir aber auch Platten mit weniger vergänglicher Musik an. Robeson sang »Old man river«, die Galli-Curci ein Lied, das klang wie »Ome, sweet ome«, und »Lo! here the gentle la-ha-ha-ha-hark!«, und Caruso sein unvergängliches »O sole mio«. Auf unserer ersten Platte mit ernster Musik befanden sich zwei Ausschnitte aus Händels »Messias«: »Denn es ist uns ein Kind geboren« und »Ehre sei Gott in der Höhe«, gesungen vom Philharmonic Choir unter Charles Kennedy Scott. Das dem »Ehre sei Gott« vorausgehende Sopran-Rezitativ sang Elsie Suddaby. Mein Vater hatte die Platte aufs Geratewohl aus einem Katalog ausgewählt, um uns damit in den frühen Morgenstunden des Weihnachtstages zum Vier-Uhr-Gottesdienst zu wecken. Die Platte erklang auch zu anderen Zeiten, aber nur, wenn mein Vater nicht in der Nähe war. Auf der Hülle waren ein Herr und eine Dame abgebildet, die sich soeben mit einer eleganten Bewegung anschickten zu tanzen. Es war die Reklame für die Platte D 1285 von His Master's Voice, auf der Stokowksi und das Philadelphia Orchestra Webers »Aufforderung zum Tanz« spielten. Die Musik von Bach war unwiderstehlich, und die ganze Familie liebte sie heiß und innig. Ich fühlte mich ermutigt, weitere Platten mit dem Philadelphia Orchestra zu kaufen. Vom Choral her, der im Karfreitagsgottesdienst gesungen wurde, war mir der Name Bach in Verbindung mit dem Namen eines Bearbeiters bereits geläufig, und ich schloß daher, daß ich mit Bach/Stokowski nicht fehlgehen könne. Ich riskierte das Taschengeld eines ganzen Monats für zwei Platten mit der »Toccata und Fuge in d-moll« und der kleinen »Fuge in g-moll«, zu der noch das Choralvorspiel zu »Christ lag in Todesbanden« kam. Die beiden Fugen und das Choralvorspiel gefielen mir gleich beim ersten Anhören, mit der Toccata mußte ich mich über einen Monat lang intensiv beschäftigen, bis auch sie mir gefiel.

Im Lauf der nächsten zwei Jahre kauften wir weitere Platten, darunter die Strauß-Walzer »An der schönen blauen Donau« mit Lehárs »Gold und Silber« auf der Rückseite und »Geschichten aus dem Wienerwald«, gespielt von Marek Weber und seinem Orchester, ferner Sousa-Märsche, gespielt von der Black Dykes Band, und, wieder einer meiner Beiträge, Scherzo und Nocturne aus Mendelssohns Musik zum »Sommernachtstraum«. Das Nocturne versetzte mich in Entzücken, und ich überlegte oft, wie das zauberhafte Instrument heißen mochte, das das Eingangsthema spielte. Daß ich nicht versuchte, es herauszufinden, ist mir heute unerklärlich, denn ich war von Natur aus recht neugierig. Wie auch immer: So war es um Umfang und Ausmaß meiner musikalischen Kenntnisse und Erfahrungen bestellt, als ich aufs College kam.

Wir hatten zu Hause kein Klavier, jedoch ein tragbares Harmonium, das sich auf die Größe eines kleinen Koffers zusammenklappen ließ. (Als wir es hatten lackieren lassen, sah es aus wie ein Kindersarg!) Das Harmonium war praktisch für uns, da mein Vater als Beamter alle paar Jahre an einen anderen Ort versetzt wurde und die Orte weit über tausend Kilometer auseinanderlagen. Der Boden des Kastens war in zwei an Scharnieren befestigte Hälften geteilt, die sich ausklappen ließen und dann die Stützen bildeten, auf denen das Instrument stand. Zwei Pedale bedienten, nachdem man den Haken gelöst hatte, den Blasebalg. Öffnete man die Oberseite des Kastens, kam eine fünf Oktaven von F bis F umfassende Tastatur zum Vorschein. Das Instrument produzierte einen etwas dünnen, aber lieblichen Klang.

Mein Vater hielt Musik allerdings nicht für einen geeigneten Zeitvertreib für einen Jungen, erst recht nicht für mich, seinen Erstgeborenen, für den er ein hohes Regierungamt anstrebte. Meine Schwester dagegen hatte in der Schule Klavierunterricht. Ich weiß nicht mehr den genauen Anlaß, aber als ich vierzehn war, begann ich mir mit Hilfe der Klavierschule meiner Schwester unter großen Mühen selbst beizubringen, Harmonium zu spielen. Es war ganz unmöglich, einen differenzierten Anschlag zu entwickeln, da das Instrument den gleichen Ton von sich gab, egal, ob man auf die Tasten einschlug oder sie nur sacht drückte. Auch gingen die Tasten schwerfällig, was das Spielen schneller Passagen erschwerte. Die Lautstärke konnte man nur verändern, indem man mit den Knien seitlich gegen zwei Hebel drückte, die die Luftzufuhr an die Durchschlagzungen regelte.

Eine Unterrichtsstunde bei einem Klavierlehrer hätte mir viel Mühe erspart und falschen Angewohnheiten vorgebeugt. Aber niemand klärte mich darüber auf, daß die Zahlen und Zeichen des Lehrers über den Noten einfache Hilfen für den ökonomischen und bequemen Einsatz der Finger waren. Ich wußte das nicht und erfand umständliche und ausgeklügelte Bewegungen, um komplizierte Stellen zu meistern. Wenn etwa der kleine Finger meiner rechten Hand auf dem G lag und die nächste Note der Oberstimme das C darüber war, verdrehte ich die Hand, bis der Zeigefinger über die anderen Finger weg die entsprechende Taste erreichte –

und ich führte dieses Manöver so geschickt aus, als hätte ich Klavierunterricht bei Chico Marx gehabt. Bald konnte ich Kirchenlieder spielen, die leicht waren, weil sie aus einfachen Akkordfolgen bestanden. Nach harter Arbeit war ich schließlich imstande, Stücke wie Schumanns »Träumerei«, Rubinsteins Melodie in F und Händels Largo zu bewältigen.

Während der Anfangsjahre im College lernte ich einige Studenten kennen, die zwar ebenfalls gerne Musik hörten, aber auch nicht mehr davon verstanden als ich. Erst in den Sommerferien meines dritten Collegejahres fand das Ereignis statt, das mir auf eindrucksvolle Weise die Ohren für große Musik öffnete. Wir wohnten damals in Trichinopoly, einer Großstadt in Südindien. Eines der Colleges der Stadt wurde von englischen Missionaren geleitet, und ich hatte einen von ihnen, Reverend E. R. Richardson, beiläufig kennengelernt. Er kam eines Morgens bei uns vorbei, um meinen Vater zu sprechen. Bei dieser Gelegenheit hörte er mich eine meiner Platten spielen und fragte meinen Vater, ob ich musikalisch sei. Mein Vater sagte ihm anscheinend, daß ich mehr Zeit auf Musik verwende, als gut für mein Studium sei. Später am selben Tag traf ein Karton mit Schallplatten ein. Auf dem beiliegenden Zettel schrieb Reverend Richardson, er habe gedacht, ich würde die Platten vielleicht gerne hören, und ich könne sie bis zum Ende der Ferien behalten. Im Karton befanden sich Beethovens Neunte Symphonie auf neun und Schuberts »Unvollendete« auf drei 30-Zentimeter-Platten, dirigiert von dem mir schon bekannten Stokowski und gespielt von seinem Philadelphia Orchestra. Offensichtlich hielt Reverend Richardson es für richtig, gleich mit den größten Werken anzufangen. Alles, was ich bis dahin von Beethoven wußte, war, daß er ein Menuett in G-dur geschrieben hatte, das leicht zu spielen war, da es nur ein Kreuz hatte. Von Schubert wußte ich nur, daß er einen »Moment musical« komponiert hatte, ein Stück mit vier bis und so schwer, daß ich mich nie daran versucht hatte.

Ich war schon immer der Meinung, man müsse die schwierigeren Aufgaben zuerst in Angriff nehmen. Daher beschloß ich auch, mich sofort an die Neunte zu machen, das längere Werk. Ich hatte noch nie eine Symphonie gehört und wußte nicht, was das Wort bedeutete und welche Form eine Symphonie hatte. Es war deshalb nicht überraschend, daß ich von dem Werk als Ganzem zunächst herzlich wenig verstand. Ich ließ allerdings nicht locker, denn einige Passagen klangen leidlich angenehm – so der Mittelteil des ersten Satzes, in dem Teile des Hauptthemas von Instrument zu Instrument wandern, oder das zweite Hauptthema des dritten Satzes. Nur eine einzige Passage nahm mich sofort gefangen: die aufstrebende Figur der Celli im zweiten Satz. Ich glaubte, noch nie etwas so Schönes gehört zu haben. Zwar schien es unangemessen viel Musik, die ich für die zwei Minuten dieser Passage durchhören mußte, aber ich schummelte nie – jedesmal, wenn ich sie hören wollte, spielte ich die ganze Symphonie. Und dann, etwa eine Woche später, ertappte ich mich dabei, daß ich eine Melodie summte und zunächst nicht wußte, woher sie kam, bis ich erkannte, daß sie aus der Neunten Symphonie stammte. Während der nächsten fünf Durchgänge verstand ich dann allmählich mehr – die geheimnisvollen leeren Quinten am Anfang, die das gewaltige Unisono des Themas vorbereiten, die gewaltige Steigerung in der Coda, bevor das Anfangsthema sich noch einmal trotzig behauptet, die federnde Energie des Scherzos und seine brillante Orchestrierung, die beiden alternierend vorgetragenen Melodien im dritten Satz, die sich bei jeder Wiederkehr leicht verändert präsentieren. Nur mit dem letzten Satz hatte ich nach wie vor Schwierigkeiten, und das änderte sich erst, als ich ihn vier Jahre später im Radio hörte, dirigiert von Toscanini. Aber insgesamt hörte ich die Neunte jetzt gern.

Als ich mit der Neunten zurechtkam, wandte ich mich der »Unvollendeten« zu. Es war Liebe auf den ersten Blick. Gleich beim ersten Anhören nahm die Musik mich gefangen: die düstere Eröffnung der tiefen Streicher, das darauf folgende, ruhelos wandernde Motiv über pochenden Pizzikati, das weiche, von den Hörnern zart eingeleitete zweite Thema in den Celli, die großen Melodiebögen des zweiten Satzes und die absteigenden Pizzikati, mit denen das Werk endet – die Musik berührte mich wie ein Zauber. Wenn das eine Symphonie war, wollte ich genau wissen, was man darunter verstand. Ich wollte auch wissen, wie das Instrument hieß, das die zweite Hälfte des Scherzos in der Neunten so lustig anführt, ich wollte überhaupt mehr über Musik wissen und mehr von denen, die sie schrieben. Vor allem aber wollte ich mehr Symphonien kennenlernen.

Am Ende der Ferien gab ich Reverend Richardson die Platten widerstrebend zurück und kehrte an das College in Madras zurück. In Madras gab es ein ausgezeichnetes Buchgeschäft. Ich fragte einen der dort arbeitenden arroganten jungen, teuer und korrekt in dunkle Anzüge und weiße Hemden mit steifen Kragen gekleideten Engländer nach einem Buch, das mir erklären konnte, was eine Symphonie ist. Der Angestellte dachte einen Augenblick nach und zog dann die *Symphonic Masterpieces* des amerikanischen Musikkritikers Olin Downes aus dem Regal. Das Buch entsprach genau meinen Wünschen und sollte mir in den kommenden Jahren unschätzbare Dienste leisten. Das Problem, wie ich mehr Musik hören konnte, löste sich 1936 von selbst. Kurz nach der Abdankung Edwards VIII. kaufte mein Vater ein leistungsstarkes Kurzwellengerät, um sich über die aktuelle politische Entwicklung auf dem laufenden zu halten. Damit wurde mir eine ganze Welt der Musik zugänglich, und ich konnte Programme mit abendländischer Musik aus London, Moskau, Rom, Hilversum, Berlin,

New York, Montevideo und, seltener, Teheran, Ankara, Batavia, Manila und Singapur hören.

Auf dem hinteren Einband der Klavierfibeln meiner Schwester waren Bücher zur Musik aufgeführt. Aus ihnen erstellte ich eine Liste zu den Themen Musiktheorie, Instrumentenkunde, Harmonielehre, Kontrapunkt (ohne genau zu wissen, was damit gemeint war) und musikalische Formenlehre und ließ mir die Bücher aus London kommen. Damit bewaffnet, machte ich mich daran, mich selbst in Musiktheorie zu unterrichten. Die nächsten zwei Jahre schlug ich mich abwechselnd herum mit Logarithmen, Rektaszensionen und Deklinationen für meinen Universitätsabschluß in Mathematik, Physik und Chemie und zum Vergnügen mit Fugen, Kanons, Umkehrungen, verminderten Septakkorden und ähnlichem. Meine Begeisterung erreichte einen neuen Höhepunkt, als ich eine gegebene Melodie auf dem Papier so harmonisieren konnte, daß das Ergebnis, wenn ich es auf dem Harmonium spielte, annehmbar und für meine Ohren sogar aufregend klang. Als der Grundstock gelegt war, nahm ich ehrgeizigere Ziele wie Partiturlesen und Instrumentation in Angriff. Ich beschaffte mir sogar ein Lehrbuch über die Komposition von Kammermusik, konnte aber nichts damit anfangen.

Während dieser Zeit konsumierte ich im Radio Musik aller Art in riesigen Mengen, vorrangig Orchesterwerke, aber auch Instrumentalkonzerte und Kammermusik. Mein Repertoire an bekannten und weniger bekannten Werken wuchs täglich. Ich hörte die Symphonien der großen klassischen Meister, aber auch von Johann Christian Bach, d'Indy, Borodin und Saint-Saëns, dazu Ouvertüren, symphonische Dichtungen, Suiten, Ballettmusik, Konzerte, Sonaten, Trios und Quartette. Mein Appetit auf Musik war unersättlich, und ich hörte mir alles an, was im Radio kam. Ich stopfte gleichsam in fünf Jahren als Radiohörer in mich hinein, was der Konzertgänger sonst im Lauf eines Lebens hört. Nur eine Gattung mied ich – den Gesang. Die Wonnen der Vokalmusik sollten sich mir erst später erschließen.

Ich machte in diesen Jahren wunderbare Entdeckungen und hörte unvergeßliche Aufführungen. Einmal schaltete ich erst ein, als die Ansage schon vorbei war. Fieberhaft blätterte ich im Downes, denn ich erinnerte mich, dort von einer Symphonie gelesen zu haben, die mit einem melodiösen Thema in den Hörnern begann (wie ein Horn klang, wußte ich inzwischen). Das war meine erste Begegnung mit Schuberts großer C-dur-Symphonie. 1939 blieb ich nächtelang bis nach zwei Uhr morgens auf, um die Übertragungen vom London Music Festival zu hören. Bruno Walter dirigierte Mozarts Symphonie Nr. 39, Toscanini alle neun Beethoven-Symphonien und die »Missa Solemnis«, Boult Beethovens Violinkonzert und seine Klavierkonzerte. Ich führte ein Verzeichnis der Aufnahmen, die ich gehört hatte: diesem zufolge habe ich 1940 insgesamt 190 Symphonien gehört. Beethovens Vierte liegt überraschend mit vierzehn Aufführungen an der Spitze. Im selben Jahr hörte ich auch Bizets Symphonie viermal.

Auch mein Harmoniumspiel verbesserte sich. Meine Fertigkeiten erlaubten mir nun, mich auch an schwierigere Stücke zu wagen. Ich war inzwischen von selbst auf bessere, weniger verquere Fingersätze gekommen und hatte einige meiner besonders schlechten Angewohnheiten abgelegt. Die ersten Noten, die ich mir kaufte und die ich heute noch habe, waren eine Bearbeitung der Bühnenmusik zum »Sommernachtstraum«. Die Noten tragen das Datum Oktober 1936. Der Grund für den Kauf war, daß ich es irgendwie fertiggebracht hatte, Organist einer Kirche zu werden, und der Hochzeitsmarsch war natürlich ein Muß für jeden Organisten. Es folgte im Dezember 1937 Band 1 der Klaviersonaten von Beethoven. Als ich meinen einundzwanzigsten Geburtstag feierte, hatte sich mein Vater offensichtlich damit abgefunden, daß die Musik für mich so wichtig war – die beiden Bände mit Bearbeitungen der Symphonien Beethovens für Klavier tragen die Widmung: »Unserem Suvi mit allen lieben Wünschen zum Geburtstag von Papa und Mama, den 7. Oktober 1938.« Ich beschaffte mir auch Klavierbearbeitungen anderer Werke der Orchester- und Kammermusikliteratur und vertiefte dadurch mein Verständnis musikalischer Formen und des inneren Aufbaus dieser Werke.

Bald nach dem Abschluß meines Studiums begann ich für All India Radio zu arbeiten. Ein unerwarteter Vorteil dieser Arbeit war, daß sie mir den Zugang zu ganzen Schallplattensammlungen eröffnete: Jeder größere Sender des indischen Rundfunks besaß drei- bis viertausend Schallplatten. Gleich zu Anfang meiner Tätigkeit als bescheidener Hörspielautor im Kinderprogramm wurde festgelegt, daß es außerdem zu meinen Pflichten gehören sollte, an Sendungen mit abendländischer Musik mitzuarbeiten und – welche Freude – mich um die Schallplattensammlung zu kümmern. Ich machte mich also daran, System und Ordnung in die Musikprogrammabteilung zu bringen. In freien Augenblicken überprüfte ich mit der Uhr, wie lange jede Platte dauerte, und verzeichnete die Anzahl der leeren Umdrehungen vor Beginn der Musik. So konnte der Ansager den Plattenteller entsprechend oft drehen, damit dem Hörer das irritierende lange Rauschen und Kratzen vor dem Einsetzen der Musik erspart blieb. Das war nicht unwichtig, denn es gab zum Beispiel eine Platte mit der Ouvertüre zu »Semiramis« unter Toscanini, die mit 17 leeren Umdrehungen begann! Natürlich hörte ich dabei viele Werke, die ich noch nicht kannte, sowie neue Interpretationen bereits bekannter Stücke. Bald war ich allein für das Musikprogramm zuständig und konnte in eigener Regie neue Platten einkaufen. Im Budget jedes Senders waren etwa dreihundert Platten im Jahr vorgesehen, und ich brauchte mich nicht auf die klägliche Liste der einheimischen Produkte zu beschränken, sondern konnte bei den Muttergesellschaften in England bestellen. So füllte ich allmählich die Lücken der Sammlungen und meiner eigenen Musikkenntnisse. Auch als ich in höhere Positionen aufgestiegen war und solche Arbeiten nicht mehr zu meinen Pflichten gehörten, kümmerte ich mich weiter um die Platten und maß ihre Dauer – selbst dann noch, als ich Abteilungsleiter des Senders in Delhi war.

Bei einer solchen Zeitmessung stieß ich auf Beethovens späte Streichquartette. Ich hatte gelegentlich eine Aufnahme der Quartette op. 18 und der Rasumowsky-Quartette gehört, konnte mich aber nicht erinnern, je eines der späten Quartette gehört zu haben. Nun war die Einspielung des Quartetts in cis-moll op. 131 mit dem Busch-Quartett neu beim Sender von Kalkutta eingetroffen und mußte gestoppt werden. Als die Musik begann, war ich überwältigt. In der Mitte der einleitenden Fuge legte ich die Uhr weg und überließ mich ganz der Faszination dieser Musik. Als das Werk zu Ende war, lehnte ich mich zurück und grübelte, ob ich, auch wenn ich noch so lange lebte, je imstande sein würde, die ganze Komplexität dieses Quartetts zu ermessen und auszuschöpfen. Ich hatte in den zwölf Jahren, seit ich Lehárs Walzer »Gold und Silber« für die größte Musik aller Zeiten gehalten hatte, einen weiten Weg zurückgelegt.

Meine Einführung in die Wonnen der Vokalmusik erfolgte durch Victor Paranjoti, meinen ersten Chef beim All India Radio und wie ich ein Christ aus Südindien. Paranjoti war Organist an der Scots Kirk von Madras und ein tüchtiger Pianist. Er leitete den aus Amateuren bestehenden Madras Madrigal Choir. Dieser Chor sang nur a capella, denn es gab in Madras kein Orchester und keine Instrumentalgruppe, die auch nur annähernd an sein Niveau heranreichte. Meine Stimme war zwar nicht ausgebildet, aber kräftig, und Paranjoti lud mich ein, seinem Chor beizutreten. Bei meiner ersten Probe sangen wir Orlando Gibbons' »The silver swan«, Thomas Morleys »Shoot, false love, I care not«, John Wilbyes »Adieu, sweet Amaryllis«, Thomas Weelkes' »O care thou wilt despatch me« und Thomas Tomkins' »When David heard that Absalom was slain«: eine erlesene Auswahl von Werken einiger der größten Madrigalkomponisten. So machte ich mit einer ganz neuen Welt der Musik Bekanntschaft. Meine Kenntnisse in Vokalmusik zu vergrößern war einfach. Der Sender von Madras hatte Platten des gesamten Chorrepertoires, unter anderem sämtliche Mozart-Opern und die Schubert-Lieder der Society-Produktionen. Als ich acht Jahre später als Abteilungsleiter an den Sender in Madras zurückkehrte, gründete ich selbst einen Chor aus Mitgliedern des örtlichen YWCA und deren Freunden sowie musikbegeisterten Angestellten der Konsulate und dirigierte die erste fast vollständige Aufführung von Bachs

»Matthäus-Passion« in Indien. Ich brauchte ein halbes Jahr, bis ich den Chor so weit hatte, wie ich wollte, und nach diesem halben Jahr kannte ich sämtliche Chorpartien in allen Details auswendig.

Das also war meine musikalische Ausbildung, bevor ich nach London kam. Ich hatte noch nie ein professionelles Symphonieorchester im Konzert erlebt. Allerdings hatte ich drei der größten Instrumentalisten der Welt live gehört: Menuhin, Solomon und Stern, die auf Konzertreise nach Indien gekommen waren. Am teuersten ist mir die Erinnerung an Solomon: Auf meine beiläufige Bemerkung, sein Programm habe zu meinem Bedauern die letzte Sonate Beethovens nicht enthalten, setzte er sich ans Klavier und spielte die Sonate op. 111 für eine bloße Handvoll Zuhörer, die um ihn herum auf dem Boden saßen.

In London besuchte ich mit demselben Eifer Konzerte, mit dem ich bisher Radio gehört hatte. Häufigstes Ziel war die Royal Festival Hall, wo man damals für nur zwei Schilling einen Stehplatz in der Nähe des Podiums bekommen konnte. So konnte ich die legendären Gestalten, die ich bisher nur von der Platte kannte, nicht nur hören, sondern auch aus nächster Nähe sehen. Meine musikalischen Kenntnisse nahmen weiter zu. Meine neue Liebe, die Oper, sorgte jede Woche für eine neue Entdeckung, und meine Einführung in die Oper hätte nicht glücklicher ausfallen können als mit meiner ersten Oper, »Le Nozze di Figaro«, in Covent Garden und meiner zweiten, Smetanas »Verkaufter Braut«, im Sadler's Wells Theatre.

7

Sänger in Berlin, Pianisten in London

Meine erste Auslandsreise im Auftrag von EMI führte mich 1965 nach Berlin. Ich sollte dort drei Aufnahmen mit Elisabeth Schwarzkopf leiten, und zwar für eine Platte mit Liedern verschiedener Komponisten: Brahms' »Deutsche Volkslieder«, begleitet von Gerald Moore, bei denen Dietrich Fischer-Dieskau die Männerlieder sang, »Vier letzte Lieder« von Richard Strauss und weitere Strauss-Lieder mit George Szell und dem Radio-Symphonieorchester Berlin. Es war mein erster Besuch in der Stadt, die noch heute, nach einem Dutzend Besuchen, ein eigenartiges Gemisch von Hochstimmung und Klaustrophobie in mir auslöst. Legge sollte die Aufnahmen produzieren – jeder andere Produzent hätte sich in einer schwierigen Situation befunden, da Legge als Elisabeth Schwarzkopfs Mann ohnehin dabei gewesen wäre und ich mir keinen Produzenten vorstellen kann, der Wert darauf legt, daß Walter Legge ihm über die Schulter schaut. Davon abgesehen hätte Elisabeth Schwarzkopf womöglich mit gar keinem anderen gearbeitet. Ich war offiziell da, um für den reibungslosen Ablauf der Aufnahmen zu sorgen, hatte aber auch unmißverständlich gesagt bekommen, die letzte Verantwortung für das Projekt liege bei mir als dem Vertreter der Firma. Es war keine beneidenswerte Lage, und Legges Verhalten erschwerte sie noch zusätzlich. Er übertrug einen Teil seines Grolls gegen EMI auf mich, und diese Haltung verschlimmerte sich im Laufe der nächsten Zeit so sehr, daß in den letzten vier Jahren seines Lebens leider jeder Kontakt zwischen uns abbrach.

Gerald Moore war ich einige Male in London begegnet, wo ich bei Aufnahmen mit Elisabeth Schwarzkopf und Christa Ludwig assistiert hatte. Damals war ich aber überwiegend im Hintergrund geblieben, und Moore hielt mich wahrscheinlich für einen Langweiler.

Als die »Lieder« fertig waren, traf Fischer-Dieskau für die Volkslieder von Brahms ein. Ich hatte ihn im Aufnahmestudio bereits als Jesus in Bachs »Matthäus-Passion« und mit dem Bariton-Solo im Brahms-Requiem erlebt – jetzt lernte ich ihn als Liedersänger kennen. Die Mühelosigkeit, mit der er sang, war verblüffend. Wenn er seine Stimme ins Pianissimo zurücknahm, konnnte man kaum noch glauben, daß eine so weich und klar phrasierte Melodie aus einer menschlichen Kehle kommen kann. Steigerte er sich zum Fortissimo, traf die Wucht seiner Stimme den Hörer geradezu physisch. Die beiden Sänger spornten einander zu immer neuen Höhepunkten an und wurden dabei von Moore wundervoll gestützt. Die schauspielerische Gestaltung des Gesangs hatte genau die den Liedern angemessene Intensität.

Überragende Beispiele dieser Einspielung sind das ansteckende, von neckendem Übermut erfüllte »Jungfräulein, soll ich mit euch gehn« mit Moores tanzender Klavierbegleitung, gleichsam entzückt über das Geplänkel zwischen Jungfrau und Liebhaber, und die nicht näher ausgeführte, von einem kalten Hauch umwehte Tragödie des Mädchens in »Schwesterlein«. Zu Beginn möchte der Bruder nach Hause gehen, aber sie will nicht. Dann, auf dem Heimweg, fragt der Bruder ängstlich, warum die Schwester so blaß sei. Fischer-Dieskaus Stimme sinkt dabei plötzlich ins Pianissimo ab, das Tempo wird breiter und langsamer, Moores Begleitung bekommt eine fahle Farbe. Die Schwester – es ist großartig, wie Elisabeth Schwarzkopf das neue Tempo aufnimmt und sogar noch mehr verlangsamt – erwidert: »Das macht der Morgenschein, auf meinen Wängelein, die vom Taue naß.« Und in der letzten Strophe fragt der Bruder: »Du wankest so matt?« Darauf das Mädchen: »Suche mein Bettelein, Brüderlein, es wird fein unterm Rasen sein.« Die Begleitung unterstreicht und verdichtet die Tragik. In einem dritten Lied köstlich dargestellt ist die Bestürzung eines schüchternen Liebhabers, der merkt, daß sein Mädchen nicht eher ruhen wird, als bis sie ihn zu sich ins Zimmer geschleppt hat, sowie die wachsende Ungeduld des Mädchens über sein Zögern. »Wie komm' ich denn zur Tür herein?« »Zieh die Klink'.« Wie komm' ich denn vorbei dem Hund?« »Gib dem Hund ein gutes Wort.« »Wie komm' ich denn vorbei dem Feu'r?« »Schütt ein bißchen Wasser drein, dann meint die Mutt'r, es regnet 'rein.« Elisabeth Schwarzkopf unterstreicht mit den Zischlauten in »Schütt ein bißchen Wasser drein« lautmalerisch das Zischen des Wassers auf dem Feuer. Ihr letztes »Komm du, mein Liebchen, komm!« ist eine wunderbare Mischung aus Liebesverlangen und Verzweiflung. Man kann die Lieder nicht besser singen.

Beim Abhören des Liedes »Ich weiß mir'n Maidlein« fiel mir auf, daß es im deutschen Text heißt: »Sie hat zwei Brüstlein, die sind weiß«, was im englischen Text übersetzt wird mit: »She has a breast as white as snow.« Ich war so belustigt über diese verharmlosende Reduzierung, daß mir unwillkürlich die Bemerkung entschlüpfte: »Hoppla, auf englisch hat sie eine ihrer Titten eingebüßt!« Elisabeth Schwarzkopf entfuhr ein leicht schokkiertes »Suvi!«, allerdings begleitet von einem amüsierten Glucksen. Gerald Moore sah zuerst in die Partitur, dann auf mich, und plötzlich lächelte er, als sähe er mich zum ersten Mal. Wir freundeten uns in Berlin schnell an und sind einander in enger und herzlicher Freundschaft verbunden geblieben.

Legge war nach seinem Ausscheiden aus der Firma in die Schweiz gezogen, und ich hatte ihn seitdem nur noch selten gesehen. In Berlin hatten wir wieder einmal Gelegenheit, uns miteinander zu unterhalten. Nach zwei Tagen hatten meine Frau und ich das Hotel gewechselt und die Moores überredet, mit uns zu kommen. Elisabeth Schwarzkopf und Walter Legge stießen einige Tage später dazu. (Meine häufigen Hotelwechsel waren für meine Sekretärinnen eine stete Quelle der Belustigung – Rekord war bisher drei verschiedene Hotels in drei Tagen in Paris.) Eines Abends spät fragte ich Legge, warum er EMI verlassen habe. Ich könne verstehen, warum er das Orchester aufgelöst, nicht aber, warum er auch die Arbeit aufgegeben habe, die ihm damals wie offensichtlich auch jetzt noch so viel bedeute. Legge erwiderte bitter, daß er nie ernsthaft vorgehabt habe, keine Schallplatten mehr zu produzieren: »Ich dachte, die Plattenfirmen der ganzen Welt würden mir die Tür einrennen, aber dann kam nichts – absolut nichts.«

Ich hatte Anweisung, mich besonders um Szell zu kümmern, der nach jahrelanger Pause wieder eine Platte für EMI machte. In Wirklichkeit kümmerte sich dann eher der rationell denkende, gut planende George Szell um mich. Unsere Begegnung war der Grundstein einer herzlichen Freundschaft, die die wenigen Jahre andauerte, die Szell noch lebte. Sein Hotel lag gleich neben meinem, und ich pflegte ihn abzuholen und zu den Proben und Aufnahmesitzungen zu fahren. Er kannte Berlin gut und machte mich auf Sehenswürdigkeiten aufmerksam. Als wir einmal den Kurfürstendamm entlang fuhren, schnaubte er beim Anblick der Gedächtniskirche verächtlich und sagte: »Diese Kirche war schon seit je eine Beleidigung für das Auge und ein Ausbund an Scheußlichkeit. Als sie im Krieg beschädigt wurde, wäre jeder vernünftige Mensch dafür dankbar gewesen und hätte sie schleunigst abgerissen. Aber was tun die Berliner? Sie setzen eine neue Kirche daneben, die noch häßlicher ist als die alte, flicken die alte notdürftig zusammen und machen ein Heiligtum daraus. Bah!«

Wenn wir zu einem Verkehrskreisel kamen oder ich nach links oder rechts abbiegen wollte, unterbrach er sich jeweils, ohne die Stimme zu verändern: »Ich glaube, Sie vergessen gerade, daß man in diesem Land rechts fährt« – dann setzte er die Geschichte fort, die er gerade erzählte. Das Auto hatte zwei Schlüssel, einen für die Türen und einen für die Zündung. Als Szell zweimal gesehen hatte, wie ich nach dem richtigen suchte, nahm er mir den Schlüsselbund sacht aus der Hand, inspizierte die beiden Schlüssel sorgfältig und gab sie mir dann mit der Bemerkung zurück: »Einer der beiden hat einen Doppelbart. Wenn Sie jetzt herausfinden, ob es der Zündschlüssel oder der Türschlüssel ist, ersparen Sie sich dadurch Zeit und Mühe.« Seine Frau, die ebenfalls dabei war, sagte zu mir: »Achten Sie nicht auf ihn, Mr. Grubb. Er kann einen rasend machen.« Aber mich regte seine Art gar nicht auf. Szell dachte eben methodisch und konnte einfach nicht mitansehen, wie Zeit und Mühe vergeudet wurden, wo sie durch methodisches Denken leicht hätten gespart werden können.

Ich fragte ihn, ob er für seine Klavierprobe mit Elisabeth Schwarzkopf einen Klavierauszug brauche; ich wußte, daß er selbst Klavier spielen wollte. »Das war wohl ein Witz«, sagte er, und ein wenig beschämt erinnerte ich mich, daß es Szell gewesen war, der Strauss zu dessen Verblüffung eine seiner Opern am Klavier vorgespielt hatte. Szell begleitete Elisabeth Schwarzkopf dann mit der kompletten Orchesterpartitur vor sich, in die er allerdings keinen Blick warf. Nach Beendigung der Probe fragte er Elisabeth Schwarzkopf, was sie sonst noch eingespielt habe, und sie sagte, sie habe gerade eine Platte mit bekannten Liedern wie Schumanns »Widmung« aufgenommen. »Ah!« meinte Szell, »die ›Widmung‹ hat eine wundervolle Klavierbegleitung.« Und er spielte sie makellos. Verblüfft starrten wir ihn an, und Elisabeth Schwarzkopf meinte, er habe das Stück wohl erst kürzlich gespielt. Szell sagte: »Ich glaube, ich habe die Noten seit vierzig Jahren nicht mehr gesehen.« Bei jedem anderen hätte das nach Angeberei ausgesehen, doch bei Szell war es nicht mehr als eine nüchterne Feststellung.

Das Radio-Symphonieorchester Berlin steckte damals in einer Krise, und der Orchesterpart der Strauss-Lieder ist recht anspruchsvoll. Als Szell mit den Proben begann, sahen Legge und ich einander unglücklich an, beide mit dem unausgesprochenen Gedanken, daß das nicht gut gehen konnte. Wir hatten jedoch nicht mit Szell gerechnet. Was folgte, war ein Schulbeispiel der Kunst, innerhalb einer gegebenen Zeit ein Maximum an Arbeit unterzubringen. Keine Minute wurde vergeudet, nichts gesagt, was nicht unmittelbar der Sache diente, keine überflüssige oder langatmige Rede gehalten. Mit präzisen Anweisungen und gutem Zureden brachte Szell das Orchester schließlich soweit, daß es zuerst die Noten spielte, wie sie dastanden, und sie dann mit Ausdruck erfüllte.

»Drei vor Buchstabe B – Klarinetten etwas mehr – Oboen ein klein wenig zurück – eins, zwei – nein, nein, so wenig auch nicht, Oboen – hören sollten wir Sie schon noch. Noch einmal – eins, zwei. Gut – gut ... Bratschen, in Ihre Stimme scheint sich ein Fehler eingeschlichen zu haben – die zweite Note sieben nach B ist ein A – zweite Geigen bravo – so müssen Sie singen – jawohl – nicht an Intensität verlieren – und kein Diminuendo.« Mit endloser Geduld und ohne je die Stimme zu erheben ging er die »Vier letzten Lieder« mit den Musikern durch, und das Orchester, das der Arbeit mit Szell mit einiger Beklommenheit entgegengesehen hatte, gab sein Bestes. Ich war nicht wenig erstaunt. War das der von den Orchestern aller Welt gefürchtete gestrenge Zuchtmeister? War das der Tyrann Szell, der noch den arrogantesten Orchestermusiker zur Schnecke machen konnte? Eine Stunde später kam er in die Regie herauf, setzte sich und wischte sich den Schweiß von der Stirn. »Am Anfang war ich noch nicht sicher, ob wir eine befriedigende Aufnahme bekommen würden«, sagte er, »aber jetzt glaube ich daran, denn die Orchestermitglieder sind alle bemüht und strengen sich an.« Als Legge später zu Szell sagte: »George, wie wäre es mit ein wenig mehr«, und er machte eine ausladende Armbewegung, erwiderte Szell: »Geben Sie mir drei Sitzungen mehr, und Sie bekommen soviel« – er wiederholte Legges Armbewegung –, »wie Sie wollen. Mit den Sitzungen, die wir haben, müssen wir mit den richtigen Noten zur richtigen Zeit zufrieden sein.« »Und möglichst noch alle zusammen«, sagte Legge. »Zusammen heißt die richtigen Noten zur richtigen Zeit spielen«, sagte Szell streng und marschierte in den Saal zurück. Szell, Elisabeth Schwarzkopf und das Orchester brachten dann viel mehr zustande als die richtigen Noten zur richtigen Zeit. Nach der Aufnahme führte Szell uns in einen Bierkeller mit Sägemehl auf dem Boden und harten Holzbänken, und dort verspeisten wir jeder ein gewaltiges Eisbein. Davor tranken wir einen Schnaps, und das Eisbein spülten wir mit dunklem Bier hinunter.

Meine Frau und ich trafen die Szells einige Zeit danach wieder. George Szell war zum letzten Mal in London, um mit dem New Philharmonia Orchestra Beethovens Neunte Symphonie zu dirigieren. Als Szell sagte, er esse gern chinesisch, luden wir ihn in ein Restaurant in Limehouse ein, das beste in ganz London, wie wir stolz ankündigten. Szell bat uns davor auf einen Drink in sein Hotel. Er mixte vier Manhattans und drückte jedem einen in die Hand. Sein Glas war bereits leer, als wir anderen gerade zweimal genippt hatten, und er begann schon ungeduldig im Zimmer auf und ab zu gehen. Er war bereit und wollte jetzt unbedingt aufbrechen. Als seine Frau sagte: »George, setz dich doch – so ist es für uns ungemütlich«, gehorchte er nur widerstrebend. Auf dem Weg zum Restaurant entdeckte er den Wein im Auto. »Ein leichter Burgunder«, erklärte ich. »Französischer Wein zu chinesischem Essen!« rief er. »Unmöglich!« Ich widersprach ihm nicht, überredete ihn aber im Restaurant, den Wein zu versuchen. Vorsichtig nippte er daran. Als wir zu drei Vierteln mit dem Essen fertig waren, sagte er: »Ich muß Ihnen dafür danken, daß Sie mir etwas Neues beigebracht haben. Ich esse gerne chinesisch. Mein ganzes Leben lang habe ich dazu Bier oder chinesischen Tee getrunken. Seit heute weiß ich, daß auch ein leichter Burgunder wie dieser hervorragend dazu paßt. Und jetzt brauche ich noch ein paar von diesen Garnelen.« Als seine

Frau sagte: »George, wird das nicht zu viel?« erwiderte er: »Wahrscheinlich, aber ich kann diesen Garnelen einfach nicht widerstehen.«

Als ich angefangen hatte, mich für Musik zu interessieren, hatte es einige Zeit gedauert, bis ich mit Werken für Klavier zu Rande gekommen war. Zum Zeitpunkt, da ich bei EMI eintrat, hatte ich aber Gefallen daran gefunden und war so beschlagen, daß ich, wenn immer ein neuer Pianist auftauchte, Produzent der ersten Wahl war. 1966 hatte ich bereits eine große Anzahl Klavierplatten produziert. Eine der besten davon sollte nie veröffentlicht werden. Als Martha Argerich zum ersten Mal das Studio betrat, fielen mir als erstes ihre dunklen, leidenschaftlichen Augen auf. Gleich nach ihrer Ankunft fragte sie nach Kaffee. Als ich ihr eine Tasse hinstellte, trank sie diese auf einen Satz aus und verlangte nach mehr. Ich brachte sie samt einer großen Kanne Kaffee ins Studio und ging in die Regie. Zuerst probierte sie den Flügel aus und ließ die Finger beiläufig über die Tasten gleiten. Dann legte sie plötzlich mit Chopins Polonaise op. 53 los. Ich fuhr mit einem langgezogenen »Jee-sus« hoch, der Tonmeister flüsterte nur: »Menschenskind!« Wenn Martha Argerich so spielte, dann war sie die eindrucksvollste Pianistin, die wir je gehört hatten. Die vollen Akkorde klangen gewaltig, die Läufe dazwischen gestochen scharf; die schwierigen Läufe der linken Hand im Trio, einem Paradestück pianistischen Könnens, waren vollkommen gleichmäßig, das Crescendo beherrscht. Ich lugte ins Studio, um mich zu vergewissern, daß diese Klangorgie wirklich von der schmächtigen Frau am Klavier kam. Es war unglaublich. Lächelnd mußte ich an Clara Schumanns Bemerkung zu den Paganini-Variationen von Brahms denken. Sie hatte bedauernd festgestellt, diese gingen über die Kräfte einer Frau. Nichts ging über die Kräfte dieser Frau. Martha Argerich kam in die Regie und strahlte mich an, denn sie wußte, was für einen umwerfenden Eindruck sie auf mich gemacht hatte. In den nächsten Tagen beendete sie, gestärkt mit vielen Litern starken, schwarzen Kaffees, die Einspielung verschiedener Stücke von Chopin, darunter die dritte Sonate, das dritte Scherzo und einige Mazurken und Nocturnes, jede Aufnahme ein kleiner Edelstein für sich. Der letzte Satz der Sonate besteht aus einem einzigen, fehlerlosen Vortrag. Martha Argerich sagte, die Sitzungen hätten ihr Spaß gemacht, der Klang des Flügels auf der Aufnahme gefalle ihr und sie freue sich auf unsere weitere Zusammenarbeit. Zu meiner bitteren Enttäuschung erfuhr ich einige Wochen später, daß ihr Vertrag mit einer anderen Plattenfirma uns nicht erlaubte, die Platte zu veröffentlichen. Nicht zum erstenmal und auch nicht zum letztenmal verwünschte ich die Existenz von Exklusivverträgen. Die Konkurrenz brachte schließlich eine Platte mit denselben Stücken heraus. Als ich sie hörte, wußte ich, daß unsere Argerich die bessere war.

Die nächste Klaviereinspielung galt Brahms' »Variationen über ein Thema von Paganini« und ihrem Pendant »Variationen und Fuge über ein Thema von Händel«. Pianist war Augustin Anievas, ein junger Amerikaner spanischer und mexikanischer Herkunft, für den es die erste Platte mit uns war. Anievas war zunächst etwas nervös, seine Anspannung löste sich aber unter meiner Einwirkung bald. Zu meiner Freude sagte er, als die Sitzung zu Ende war, das Aufnehmen sei ja gar keine so haarsträubende Angelegenheit, wie er befürchtet habe. Genau das war mein Ziel: Die Künstler sollten sich im Studio wohlfühlen und mit Freude Musik machen.

Zuerst bat ich Anievas, die beiden Flügel im Studio auszuprobieren. Der eine hatte einen brillanten, gleichmäßigen und klaren Ton, der andere klang warm und weich und besonders in der unteren Hälfte ungewöhnlich voll. Anievas meinte fast sehnsüchtig: »Ich wünschte, ich könnte den Paganini auf dem ersten Flügel spielen und den Händel auf dem zweiten.« Darauf sagte ich: »Ich habe gehofft, daß Sie genau das sagen würden.« Der erste Flügel war ideal für den Brahms-Paganini, ein Virtuosenstück. Bezeichnenderweise begann Anievas mit diesem, dem schwierigeren Stück. Beim ersten Abhören der Variationen sprachen wir über Aspekte der Interpretation. Eines der großen Probleme beim Vortrag von Variationen, bei denen ja die erste Hälfte jeder Variation wiederholt wird, ist, wie man Abwechslung in diese Wiederholung bringen kann, ohne den Noten untreu zu werden. Anievas wartete mit zwei interessanten Lösungen auf. Einmal spielte er entweder den ersten Durchgang oder die Wiederholung freier, mit großem Rubato. Die zweite Lösung war noch viel ungewöhnlicher. In der Wiederholung ordnete er die im ersten Durchgang betonte Hauptmelodie einer inneren Melodie oder Linie oder nur dem Rhythmus unter. Die Wirkung war manchmal höchst verblüffend; es klang, als ob ein neues Thema eingeführt würde. Als wir mit Paganini fertig waren, wechselten wir für Brahms-Händel zum anderen Flügel. Zum Abschluß spielte Anievas noch die erste Chopin-Etüde, sozusagen als Vorgeschmack auf die nächste Einspielung.

Im Lauf der Sitzungen hatte ich wiederholt Anregungen zum Pedaleinsatz und anderen Aspekten der Klaviertechnik gegeben, und einmal sagte Anievas plötzlich: »Sie müssen selbst ein hervorragender Pianist sein.« Ich sagte, das sei keineswegs der Fall, ich spiele nur so gut, daß es mir selbst Vergnügen bereite, aber nicht gut genug, um andere damit zu erfreuen. Hätte ich Anievas damals schon so gut gekannt wie heute, hätte ich ihm meine Definition des Produzenten verraten: Ein Produzent ist ein Eunuch, der weiß, wie man es macht, es aber nicht selbst machen kann!

Anievas spielte in den nächsten Jahren eine Reihe erstklassiger Aufnahmen für uns ein: Chopins Etüden und Walzer und seine dritte Sonate, die

Liszt-Sonate, eine Herausforderung an Kondition und musikalisches Gestaltungsvermögen jedes Pianisten, eine Kassette mit den vier Klavierkonzerten von Rachmaninow und seiner Paganini-Rhapsodie sowie Schuberts Impromptus. Ich höre Anievas Platten immer wieder mit Genuß an.

Der nächste Pianist war Emil Gilels. Freunde fragen mich immer wieder, wie die Künstler reagieren, wenn sie sehen, daß ich Inder bin, und scheinen enttäuscht, wenn ich sage, auch nicht anders, als wenn ich Engländer, Deutscher oder was auch immer wäre. Dabei fällt mir sofort Gilels ein. Als wir uns zum erstenmal im Studio Nr. 1 begegneten, schien er nicht überrascht, daß der »Mr. Grubb«, der, wie er gehört hatte, seine Schallplatte aufnehmen würde, ein tiefbrauner, stämmiger Inder war und nicht, wie er einem späteren Geständnis zufolge eigentlich erwartet hatte, ein großer, rotgesichtiger Engländer. Gilels sollte Schumanns »Nachtstücke« op. 23 und Schuberts »Moments musicaux« einspielen. Zuerst nahmen wir Schumann auf. Die vier Stücke, aus denen das Werk besteht, werden selten gespielt. Selbst ich, der ich mich recht gut in der Klaviermusik dieser Zeit auskenne, hatte sie noch nie gehört. Diese Vernachlässigung wunderte mich, denn die Stücke sind betörend schön und zeigen Schumann auf der Höhe seiner Kraft. Ich war begeistert, ein neues Werk entdeckt zu haben. Dann spielte Gilels Schuberts »Moments musicaux«, natürlich ein mir wohlbekanntes Werk, das ich sehr liebe. Es ist ein Jahr vor Schuberts Tod entstanden. Schubert war dreißig Jahre alt und führt uns hier wie in seinem gesamten Spätwerk in bis dahin unbetretene Regionen von Gefühl und Poesie. Es ist bitter, darüber zu spekulieren, was für Werke in der Art des C-dur-Streichquintetts, des Liederzyklus »Winterreise«, der Heine-Lieder und der drei Sonaten von 1828 uns durch Schuberts frühen Tod entgangen sein mögen.

Gilels spielte Nr. 1 und 2 und ging dann gleich zu Nr. 4 über, ein Stück, das wie eine Bach-Toccata anfängt, aber eines der lieblichsten, anrührendsten Trios Schuberts enthält. Dann nahm er das bekannteste Stück in Angriff, Nr. 3 in f-moll. Gilels spielte es vier- oder fünfmal und war jedesmal mit dem Ergebnis deutlich unzufrieden. Ich spürte, was er wollte – eine Schlichtheit und Kunstlosigkeit, die sich bis jetzt noch nicht einstellen wollte. Gilels beschloß endlich, Nr. 5 zu spielen und später noch einmal auf Nr. 3 zurückzukommen. Er stürzte sich förmlich auf Nr. 5 und spielte das Stück schneller, als ich es je gehört hatte. Offensichtlich hatte ihn Nr. 3 aus der Fassung gebracht. Auch Nr. 5 gelang nicht besonders befriedigend. Wir hatten die Aufnahme erst zur Hälfte abgehört, da ging Gilels mit einem entschiedenen Nein und einer ärgerlichen und enttäuschten Miene ins Studio zurück.

Wir machten fünf weitere Versuche, ohne zu bekommen, was wir wollten. Dann sprang Gilels plötzlich auf und verschwand. Durch das Studiofenster sah ich, daß er verärgert am anderen Ende des Saales auf und ab marschierte. Ich wußte, daß es sich nur um eine vorübergehende Unterbrechung der Aufnahme handelte, war aber trotzdem besorgt. Ich ging ins Studio, unsicher, wie Gilels mich empfangen würde. Er drehte sich um, marschierte auf mich zu, zeigte mit einem kurzen, dicken Finger auf mich und sagte: »Du – mein Freund«, und im nächsten Augenblick hatte er mich zu meiner Überraschung ungestüm in die Arme geschlossen. Ein Teil seiner Anspannung wich. »Jetzt spiele ich Nr. 5.« Diesmal spielte er mit viel mehr Disziplin. »Noch einmal«, sagte er, und als er fertig war, bemerkte ich, ich könne mir das Stück nicht besser gespielt vorstellen. Mit einem Lächeln, das sein Gesicht immer ganz verändert, sagte er: »Jetzt zeige ich dir« – und spielte es noch besser. Dann widmete er sich noch einmal Nr. 3, und nach einigen Versuchen war auch dieses Stück aufgenommen. Dann folgte noch Nr. 6. Über Nr. 3 waren wir verschiedener Meinung. Ich hielt die vorletzte Aufnahme für die beste, aber Gilels gab der letzten den Vorzug, und ich respektierte seine Entscheidung. Als wir einige Wochen später die fertige Aufnahme hörten, sagte Gilels, er sei mit Nr. 3 nicht ganz glücklich. Er wollte die Aufnahme hören, die mir am besten gefallen hatte. Jetzt stimmte er mir zu, daß sie tatsächlich spontaner war, und wir fügten sie in das Mastertape ein. Zu Nr. 5 sagte er: »Als ich die fertige Aufnahme hörte, fragte ich mich: ›Hast du das je besser gespielt?‹ und mußte sagen: ›Nein.‹ Dann fragte ich mich: ›Wirst du es je besser spielen?‹, und wieder war die Antwort: ›Nein.‹ Bravo, Suvi!« Verdutzt fragte ich, warum er mir das Verdienst daran gebe. »Ich glaube, du weißt schon«, erwiderte er, und ich glaube, ich verstand, was er meinte. Gilels hält die Platte immer noch für eine seiner besten.

Bevor wir später von meiner Wohnung aus zum Abendessen in die Stadt gingen, sagte er zu meiner Frau, als ich gerade aus dem Zimmer war: »Ihr Mann ist *molto simpatico.*« Er hätte mir keine größere Freude bereiten können.

8

Auftritt Barenboim

Am 19. September 1966, einen Tag nach der letzten Sitzung mit Gilels, betrat ein junger Pianist das Studio Nr. 1 in der Abbey Road, um eine Platte mit Beethoven-Sonaten aufzunehmen. Keine Fanfaren kündigten an, welche Bedeutung dieses Ereignis für den Pianisten, für EMI und für mich haben sollte: Daniel Barenboim sollte in etwas mehr als zehn Jahren über hundert Platten für EMI einspielen. Er führte viele neue, junge und aufregende Musiker wie Itzhak Perlman und Pinchas Zukerman bei EMI ein und tat sich musikalisch und auf andere Weise mit seit langem für uns arbeitenden Künstlern wie Klemperer, Jacqueline du Pré, Janet Baker und Fischer-Dieskau zusammen. Seine Aufnahmen umfassen Klaviermusik, Kammermusik, Orchester- und Chorwerke und Opern. Ich produzierte alle Platten Barenboims bis auf fünf, und er gehört heute zu meiner Familie wie ich zu seiner.

Barenboim war 1966 erst dreiundzwanzig und sah noch jünger aus. Er hatte schon einige Platten für andere Firmen eingespielt, aber ich kannte sie nicht und hatte ihn auch noch nie live erlebt. Ich wußte nur, daß er im Ruf stand, ein ungeheuer begabter junger Mann zu sein, der trotz seiner Jugend bereits den zehnten Jahrestag seines Londoner Debüts mit einem Symphonieorchester feiern konnte. EMI hatte ihn für die nächsten Jahre unter Vertrag genommen, und dies war seine erste Platte.

Im Studio probierte Barenboim zunächst den Flügel aus – er spielte leise, dann laut, spielte einige zarte polyphone Stellen und vollblütige, donnernde Akkorde, trillerte in verschiedenen Lagen und erklärte dann, das Instrument sei zwar nicht perfekt, aber hinreichend. Er wollte mit der »Pathétique« beginnen. Während er probte, stellte der Tonmeister die Mikrofone ein. Dann sagten wir, wir seien bereit. Ich weiß noch, wie ich zu Beginn der Aufnahmen wünschte, es wäre wenigstens ein unbekanntes Werk dabei, denn als weitere Stücke waren die »Mondscheinsonate« und die »Appassionata« vorgesehen. Aber bereits nach den ersten vier Takten der langsamen Einleitung zum ersten Satz sah ich mich aus meiner leicht herablassenden Einstellung gegenüber der »Pathétique« gerissen. Barenboim spielte, als hTtte er das Stück eben erst entdeckt, und ich stellte fest, daß ich ganz unerwartet neue Dinge darin hörte. Ich sah mir die Noten genauer an. Barenboim folgte peinlich genau Beethovens Spielanweisungen, die in diesem frühen Stück bereits so präzise sind wie in den Diabelli-Variationen fünfundzwanzig Jahre später. Das war freilich noch lange nicht alles. Die ersten drei Takte beginnen jeweils mit einem Fortepiano. Barenboim spielte es jedesmal anders. Der dritte Schlag des dritten Taktes ist ein Sforzando, der vierte Takt beginnt mit derselben Anweisung, aber auch hier akzentuierte Barenboim verschieden. Nicht weniger verblüffte mich die tonliche Gestaltung: Barenboim schien die ganze Farbskala zu beherrschen. Das Decrescendo und Crescendo im vierten Takt spielte er vollkommen beherrscht, und als die Musik in das hellere Es-dur überwechselte, hellte sich auch sein Klang auf. Im weiteren Verlauf des Satzes wurde mir immer deutlicher, daß Barenboim eine ganz außergewöhnliche Erscheinung war.

Er spielte den Satz zu Ende und begann gleich mit dem folgenden langsamen. Die Noten vor mir hatte ich inzwischen vollkommen vergessen. Dann folgte der dritte Satz, und danach hörten wir uns die Aufnahme an. In den Ecksätzen gab es einige Stellen, die er verbessern wollte. Ich schlug vor, den zweiten Satz noch einmal ganz zu spielen. Fragend sah er mich an, und ich fügte hinzu, die Aufnahme klinge stellenweise ein wenig statisch, worauf er erwiderte: »Viel zu introvertiert, meinen Sie wahrscheinlich.« Wir grinsten einander an. Wir verstanden uns sofort und auf der ganzen Linie.

In einer weiteren halben Stunde waren wir mit der »Pathétique« fertig. Barenboim spielte die »Mondscheinsonate«, wieder das ganze Stück auf einmal. Sein Farbenreichtum war diesmal noch bemerkenswerter: hypnotischer Nebel im ersten Satz, anmutig bewegtes Staccato im Mittelsatz und wildes Aufbegehren im Schlußsatz. Für die ersten beiden Sätze genügte diese eine Aufnahme. Einige kleinere Stellen des dritten Satzes nahmen wir noch einmal auf, dann gingen wir in die Mittagspause. In zwei weiteren Sitzungen nahmen wir die »Appassionata« auf, dann war die Platte fertig. Beim Verlassen des Studios fragte Barenboim mich beiläufig: »Irgendein Grund, warum Sie nicht alle meine Platten machen sollten?« Ich sagte: »Keiner, Danny.« »Dann bleibt's also dabei.« Und es blieb dabei.

Als ich das fertige Band jener ersten Platte hörte, fragte ich mich unwillkürlich, wie Barenboim andere Sonaten spielen würde. Ich dachte an op. 2 Nr. 2, an die »Waldsteinsonate«, an op. 79 und op. 110, und als ich die Opuszahlen durchging, hatte ich plötzlich einen Geistesblitz – ich wollte Barenboim alle restlichen neunundzwanzig Sonaten spielen hören und glaubte, daß auch die Plattenkäufer das gerne wollten. Als ich ihn einige Tage später in einem Londoner Hotelzimmer fragte, was er von dieser Idee halte, zögerte er keine Sekunde: »Mit dem größten Vergnügen.« Der dreiundzwanzigjährige Barenboim beschäftigte sich seit mindestens fünfzehn Jahren mit den Sonaten von Beethoven, und eingedenk seiner Darbietung der drei bereits aufgenommenen sah ich der Verwirklichung unseres Planes begeistert entgegen. Noch hatte ich keine Zustimmung dafür eingeholt, aber wie das am besten zu bewerkstelligen war, konnte später noch überlegt werden. Barenboim erwartete in wenigen Minuten eine Journalistin eines Plattenmagazins für ein Interview und bat mich, zu bleiben. Im Verlauf des Interviews sagte die Journalistin, sie wisse, daß er eine Schallplatte mit Beethoven-Sonaten für EMI eingespielt habe – ob weitere Sonaten folgen würden? Barenboim erwiderte: »Danach fragen Sie besser Mr. Grubb.« Sie wandte sich an mich, und ich sagte: »Ja, wir hoffen, daß wir eine Gesamtaufnahme machen können.« Ich dachte nicht mehr an das Interview, bis es einen Monat später veröffentlicht wurde. Unter anderem stand darin, EMI habe nach Aussage von Mr. Grubb vor, die gesamten zweiunddreißig Beethoven-Sonaten mit Barenboim einzuspielen. Daraufhin war die Hölle los. Was ich mir eigentlich einbilde, schnauzte mein Chef mich wütend an. Die letzte Gesamtaufnahme hätten wir mit Schnabel gemacht, einem reifen Künstler Mitte Fünfzig. Eine weitere Gesamtaufnahme mit Gieseking sei unvollständig geblieben, da Gieseking mittendrin gestorben sei. Und jetzt käme ich daher und wolle die Firma darauf verpflichten, die Sonaten mit einem Grünschnabel von dreiundzwanzig einzuspielen. Die Prognosen der Vertriebsleute waren ähnlich düster: »Mondscheinsonate«, »Pathétique« und »Appassionata« mochten sich verkaufen lassen, aber wer sollte die weniger bekannten Sonaten wie op. 10 und op. 14 kaufen? Ich konnte ihnen allen nur immer wieder geduldig und dann mit zunehmender Verzweiflung entgegenhalten: »Hört euch die Platte an, die wir gemacht haben, dann reden wir weiter.« Als mein Chef sie schließlich anhörte, war er so beeindruckt, daß er grünes Licht für eine weitere Platte gab. Der Rest ist Geschichte.

Die zweite Platte enthielt op. 111 und die populärere und mit einem »Namen« versehene Sonate »Les Adieux«. Diese sollte die dem Verkauf hinderliche Wirkung auffangen, die man von Beethovens letzter Sonate op. 111 befürchtete. Als leichtgewichtiger Plattenfüller kam noch op. 49 Nr. 1 dazu. (Auf dem Rücken der Plattenhülle stand nur: »Sonate Nr. 26 ›Les Adieux‹ usw.«; op. 111, eines der großen Meisterwerke der Klavierliteratur, wurde überhaupt nicht genannt!) Barenboims Aufnahme von op. 111 war noch ökonomischer als die der vorhergehenden Sonaten. Den ersten Satz spielte er zweimal, anschließend machte er noch drei Verbesserungen. Den zweiten Satz spielte er nur einmal, dann wiederholte er zwei kurze Passagen, die in den Take eingefügt werden sollten. Ich war verblüfft über die Einsicht eines so jungen Mannes in die Tiefen dieser Musik. Barenboims Konzentration war so absolut, daß er am Ende des langsamen Satzes noch einige Augenblicke wie in Trance am Flügel verharrte, ehe er seine Versenkung abschüttelte, aufsprang und raschen Schrittes in den Regieraum kam. Die zweite Platte kam kurz nach der ersten heraus. Die letzten kritischen Stimmen verstummten, als der Verkauf beider Platten in wenigen Monaten in die Zehntausende ging. Das war sonst nur bei Einspielungen populärer Orchesterwerke der Fall.

In den folgenden zwei Jahren nahm Barenboim vier weitere Platten mit Beethoven-Sonaten auf. Ganz besonders freute uns, daß von der Platte mit den Sonaten op. 10 Nr. 1, 2 und 3, über die sich die Vertreter so negativ geäußert hatten, bereits im Erscheinungsjahr über neuntausend Stück verkauft wurden. Wir beschlossen, 1969 die noch verbleibenden Sonaten aufzunehmen, damit die Kassette zum zweihundertsten Geburtstag Beethovens im Jahre 1970 vorlag. Barenboim reservierte dafür sieben Tage im Juli, und es ist bezeichnend für die Zügigkeit, mit der er arbeitet, daß wir in diesen sieben Tagen sechzehn Sonaten auf sechs Langspielplatten aufnahmen. (Barenboim hat sein Tempo seitdem noch gesteigert, indem er fünf Langspielplatten mit Mozart-Sonaten in vier Tagen aufnahm.) Jeden Morgen arbeitete er an den Sonaten, die er am Nachmittag aufnehmen wollte. Die Aufnahmesitzungen begannen um halb drei und dauerten so lange, wie ihm nach Spielen zumute war. Die ganze Zeit über war Barenboim deutlich anzumerken, welchen Genuß und welche Freude es ihm bereitete, so große Musik spielen zu dürfen. Wenn wir die Aufnahmen abhörten, tat er manchmal so, als dirigierte er ein ganzes Orchester. Wenn beispielsweise im Scherzo von op. 2 Nr. 3 das im Kanon geführte Hauptthema erklang, ließ er bei jedem Neubeginn des Themas mit einem Wink des Zeigefingers nacheinander die Streicher einsetzen. Für volle Akkorde des ganzen Orchesters breitete er emphatisch die Arme aus, die Triolen im Trio gab er den Holzbläsern, während der stützende Baß von Posaune und Fagott gespielt wurde. Immer wenn im letzten Satz von op. 2 Nr. 2 der dem Hauptthema vorausgehende Arpeggiolauf wiederkehrte, stieß er mich an und sagte mit scheinheiligem Ernst: »Wie ich schon sagte, bevor ich unterbrochen wurde ...« Musikalisch waren die Sitzungen die reinste Zauberei.

Immer schien er direkt zum innersten Kern der Musik vorzustoßen. So vermittelte er in der Sonate D-dur op. 28, bekannt als »Pastorale«, im ersten Satz die betäubende Hitze eines Sommernachmittags, im zweiten Stille, im Scherzo lustige Ausgelassenheit und, besonders eindrucksvoll, im letzten Satz bukolischen Frieden, verbunden mit dem dazugehörigen Humor und der ganzen Ungebärdigkeit, Zartheit und vor allem Kraft

Beethovens. In op. 78 in Fis-dur, jenem kurzen, rätselhaften Werk, das innerhalb der Sonaten eine Sonderstellung einnimmt, spielte er die Takte sieben und acht des zweiten Satzes, die im Piano stehen, so leise, daß ich nicht glaubte, das Pianissimo in Takt neun könne noch leiser sein. Doch es war nicht nur leiser, sondern hatte auch eine andere Farbe. Ich fragte: »Wie um alles auf der Welt hast du das gemacht, Danny?« Er wehrte mit der Hand ab und lächelte listig: »Das war ein Barenboim de luxe.« Dieser Ausdruck ist seitdem in die Privatsprache zwischen uns eingegangen.

Ich hatte Barenboim zu Beginn der Aufnahmen zugestanden, daß er jedes Werk, mit dessen Einspielung er unzufrieden war, noch einmal aufnehmen dürfe. Es war aber gar nicht notwendig. Als der letzte A-dur-Akkord von op. 101, der letzten Sonate, die wir aufnahmen, verklungen war, waren wir beide in Hochstimmung, aber zugleich ein wenig traurig, daß es keine weiteren Beethoven-Sonaten aufzunehmen gab. Barenboim sagte, er sei mit den Aufnahmen zufrieden. Zwar wünschte er sich, hier und dort eine Kleinigkeit anders gemacht zu haben, aber insgesamt wollte er es als seine gegenwärtige Deutung der Beethoven-Sonaten gelten lassen. Diese Gesamtaufnahme wird einzigartig bleiben, denn sie hat eine jugendliche Frische, die schwerlich wiederholbar ist. Beethoven selbst könnte im Eifer des Komponierens die Sonaten so gespielt haben – hier etwas ausprobierend, dort eine Phrase in die Länge ziehend, voller Entzücken über das unvermutete Auftauchen einer singenden Melodie, voll Entdeckerfreude über eine unerwartete Modulation in eine andere Tonart und an einer besonders zarten Stelle verweilend, um vielleicht zu unterbrechen und *molto cantabile e teneramente* in die Noten zu schreiben.

Parallel zur Einspielung der Beethoven-Sonaten nahm ich mit Barenboim auch andere Werke auf und arbeitete mit anderen Künstlern und Ensembles zusammen. Auf meiner ersten Orchesterplatte nach der Platte mit den Klavierkonzerten von Schumann und Liszt spielte gleichfalls Annie Fischer, diesmal Mozarts c-moll-Konzert und seine letzten Klavierkonzerte mit dem New Philharmonia Orchestra unter Efrem Kurtz. Es war leichte Arbeit.

Es folgten eine Reihe Kammermusikaufnahmen mit Yehudi Menuhin. Die erste umfaßte die beiden Klavierquartette von Mozart mit Fou Ts'ong, Klavier, Walter Gerhardt, Bratsche, und Gaspar Cassadó, Cello. Menuhin war der erste große Musiker gewesen, den ich 1950 in Indien live erlebt hatte. Das Konzert im Museum Theatre in Madras war damals im Rundfunk übertragen worden, und ich fungierte als Ansager. Nach dem Konzert signierte Menuhin die erste Platte von Bachs Partita in d-moll. Ich habe sie immer noch. Jetzt, sechzehn Jahre später, sollte ich also eine Platte mit ihm produzieren. Mir war zumute, als müßte ich mich in den Arm kneifen, um mich zu vergewissern, daß es kein Traum war.

Das g-moll-Klavierquartett ist für mich eins der aufwühlendsten Werke Mozarts. Ich bin nie auf eine befriedigende Erklärung gestoßen, warum bestimmte Melodien und musikalische Themen, die doch nichts weiter sind als eine Anzahl von höheren und tieferen, rhythmisch gegliederten Tönen, an das Innerste des Zuhörers rühren und warum gerade das Anfangsthema des g-moll-Quartetts dem Hörer so zu Herzen geht. Die Struktur zu analysieren führt nicht weit. Vom Grundton G fällt die Melodie eine Quart ab, dann steigt sie um einen Halbton und fällt wieder einen Halbton – warum sollte diese Anordnung, in einem bestimmten Rhythmus, soviel bewirken? Ist der Eindruck subjektiv? Wenn ja, warum haben einige Themen und Werke dann eine geradezu universale Wirkung? Warum ist jeder, der das Streichquintett von Schubert hört, ergriffen? Warum ist das zweite Thema des ersten Satzes, in dem die beiden Celli einander bei wechselnder Harmonie wie verliebt umspielen, so herzzerreißend? Vielleicht gibt es keine allgemeingültige Antwort auf diese Frage. Weiter unten werde ich jedoch versuchen, meine Antwort darauf zu geben.

Wir begannen also mit dem g-moll-Quartett und mußten zuerst wie üblich das Problem der Balance von Klavier und Streichern lösen. Wahrscheinlich ist es bei keinem Instrument so schwer wie beim Klavier, mit dem Mikrofon Ausgewogenheit herzustellen, selbst dann, wenn das Klavier allein spielt. Das grundlegende Problem rührt daher, daß die Stärke eines Klaviertons im Augenblick des Anschlags enorm ist und schon im nächsten Augenblick, verglichen damit nur noch einen winzigen Bruchteil davon beträgt, auch wenn der Ton ausgehalten wird, die Taste gedrückt und die Dämpfung durch das Pedal aufgehoben bleibt. Es gilt also dafür sorgen, daß der angeschlagene Ton nicht so stark ist, daß die Mikrofone ihn verzerrt wiedergeben, und andererseits nicht zu schnell verklingt. Das Verhältnis zwischen beidem ist entscheidend für einen guten Klavierklang.

Bereits früh in der Geschichte der Schallplatte fanden die Pioniere der Aufnahmetechnik eine Lösung, die heute noch gültig ist: Das Klavier wird so aufgenommen, daß sein Klang dieselbe Präsenz und Unmittelbarkeit hat wie im Wohnzimmer. Wir haben uns so daran gewöhnt, daß wir vergessen, wie künstlich das eigentlich ist. Der Klang eines auf Schallplatte aufgenommenen Klaviers erfüllt ein Wohnzimmer, wie kein Klavier und kein Pianist einen großen Konzertsaal je erfüllen könnte. Dennoch würde niemand eine Platte hören wollen, auf der das Klavier so klingt, wie man es im Konzertsaal ab der zehnten Reihe hört.

Die Schwierigkeiten der Balance steigern sich noch wesentlich, wenn zum Klavier weitere Instrumente dazukommen. Kammermusiker sitzen gern nahe beieinander, um im Rhythmus zusammen zu sein und, wichtiger noch, einander zuspielen und auf die Phrasierung der Mitspieler reagieren zu können. Gruppiert man die Spieler aber um das Klavier, wird der Klang des Klaviers unweigerlich auch von den Mikrofonen der anderen Instrumente aufgenommen. Versucht man dann, eines der anderen Instrumente zu verstärken, indem man die Leistung des betreffenden Mikrofons erhöht, werden damit zugleich die Auswirkungen des die anderen übertönenden Klaviers verstärkt, was gewöhnlich keinen sauberen Klang ergibt. In Konzertsälen ist man zunehmend dazu übergegangen, den Deckel des Flügels nur einen Spalt zu öffnen, mit der kurzen Stütze, mit einem Kleiderbügel (ich habe das schon erlebt) oder, wie in einem extremen Fall, einer aufgestellten Streichholzschachtel. Im Plattenstudio habe ich mich immer dagegen gewehrt, denn man kann dadurch zwar die Lautstärke des Flügels verringern, aber der Klang wird zugleich hölzerner und stumpfer. (Darüber gleich mehr!) Letztlich bleibt es dem Können des Pianisten überlassen, daß er seine Kollegen nicht übertönt; wir helfen ihm, indem wir die Mikrofone so aufstellen, daß das Übergreifen des Klaviers minimal bleibt.

Als wir diesmal einen brauchbaren Klang erzielt hatten, bat ich das Quartett, zwei Passagen zu spielen: zuerst ein Stück aus der Durchführung des letzten Satzes, in der Klavier und Streicher im Wechsel spielen, damit ich feststellen konnte, ob beide Gruppen gleich stark aufgenommen werden, und dann die Coda des ersten Satzes, damit ich die Balance zwischen den Gruppen überprüfen konnte. Jedes Werk hat Schlüsselpassagen, an denen man überprüfen kann, ob der Klang der Aufnahme gut ist.

Für die zweite Platte spielten Menuhin, seine Schwester Hephzibah am Klavier und Maurice Gendron am Cello Brahms-Trios. Die letzten Sitzungen mit dem Trio in c-moll op. 87 waren für den Vormittag und Nachmittag von Samstag, dem 30. Juli 1966, vorgesehen. Wir kamen so gut voran, daß es nach einiger Zeit aussah, als würden wir die Nachmittagssitzung nicht brauchen. Menuhin wußte nicht, warum Gendron und ich, als sich diese Möglichkeit auftat, darauf drängten, die Aufnahme noch am Vormittag fertigzustellen. Gendron hörte sich eine Aufnahme zur Hälfte an, sagte dann: »Komm, Yehudi, wir spielen es noch mal – wir wissen ja, wie der Rest sich anhört«, und schob Menuhin zurück ins Studio. Als Menuhin mich einmal fragte, ob sie nicht besser anhören sollten, was sie soeben aufgenommen hatten, sagte ich nein – ich könne ihnen genau sagen, welche Passagen wiederholt werden müßten.

Um halb zwei waren wir schließlich fertig. Gendron und ich stießen einen Seufzer der Erleichterung aus, denn um drei sollte England im Endspiel der Fußballweltmeisterschaft in Wembley gegen Deutschland antreten, und wir wollten uns das Spiel zusammen in meiner Wohnung im Fernsehen ansehen. Menuhin hatte das Studio bereits verlassen, und wir gratulierten einander, daß alles so gut geklappt hatte. In diesem Moment kam Menuhin zurück und verkündete strahlend: »Da wir mit op. 87 fertig sind, habe ich Ihren Kollegen gebeten, heute nachmittag hier zu sein, damit wir gleich mit der nächsten Platte anfangen können.« Die Seelenqual, die sich auf Gendrons Gesicht abzeichnete, war unbeschreiblich. Als Menuhin den Raum verlassen hatte, schlug ich Gendron vor, Menuhin zu sagen, daß er den Nachmittag freihaben wolle und warum. »Nein, nein«, klagte er. »Wie könnte man Yehudi bitten, ein Schubert-Trio für ein Fußballspiel ausfallen zu lassen?« Ich sagte, meiner Meinung nach tue er Menuhin unrecht, er werde sicher dafür Verständnis haben, aber Gendron machte nicht einmal einen Versuch. Niedergeschlagen starrte er mir durch die Glasscheibe des Studios nach, als ich ging.

9

Der ideale Hörer

Ich habe oft über meinen Beruf nachgedacht: Was war bei einer Plattenaufnahme eigentlich mein Ziel? War es die getreue Wiedergabe einer Aufführung einschließlich ihrer Fehler oder die perfekte Aufnahme, in der alle Unzulänglichkeiten getilgt waren und die deshalb mit keiner wirklichen Aufführung identisch war? Für welche von zwei Aufnahmen sollte ich mich entscheiden, für die musikalisch bessere mit gelegentlichen klanglichen oder rhythmischen Mängeln oder für die technisch makellose, der dafür Feuer und Esprit fehlten? Und was hieß in diesem Zusammenhang überhaupt »musikalisch«? Ich konnte es nicht definieren, hatte aber nie irgendwelche Zweifel, wenn ein Künstler mich bat, die verschiedenen Takes einer Passage anzuhören und den musikalisch besten auszuwählen. Wie soll Musik auf der Schallplatte klingen – so, wie man sie im idealen Konzertsaal hören würde? Aber abgesehen davon, daß es einen solchen Saal nicht gibt, muß der originale Klang bei einer Aufnahme ohnehin reduziert werden, damit er der häuslichen Umgebung zumutbar ist. Diese Reduzierung hat obendrein selektiv zu erfolgen, von Treue zum Original kann also keine Rede sein. Würde man etwa auf den Höhepunkten des ersten Satzes von Waltons Symphonie Nr. 1 alle Instrumente gleich stark aufnehmen, wären nur noch Blech und Pauken zu hören, denn Streicher und Holzbläser würden völlig übertönt.

Hat man sich mit diesen unabänderlichen Voraussetzungen einmal abgefunden, stellt sich als nächstes die Frage, wieviel im einzelnen durch entsprechende Balance ausgeglichen werden soll. Anders als im Konzert kann man auf der Platte eine einzelne Stimme, eine wichtige Linie so hervorheben, daß sie sich mühelos gegenüber der Begleitung behauptet, von der sie im Normalfall zugedeckt würde. Hier muß der Produzent in Abstimmung mit dem Dirigenten entscheiden, welche Stimmen dem Komponisten am wichtigsten waren. In Dorabellas Arie »E amore un ladroncello« in Mozarts »Così fan tutte« folgt die erste Klarinette der Singstimme, während die zweite Klarinette ein köstlich erregtes, komisches Dudeln beisteuert – offensichtlich hat Mozart gewollt, daß man die Begleitung hört, allerdings nicht zu sehr im Vordergrund. Wenn die zweite Klarinette diese Begleitung freilich präzise und überzeugend spielt, gerät man, und das ist auch mir passiert, leicht in Versuchung, sie überzubetonen.

Auf der anderen Seite gibt es Passagen, die man unbedingt hören muß. Im ersten Satz von Beethovens Achter Symphonie beginnt die Reprise mit dem Hauptthema im tiefen Cello und Fagott, während alle anderen Instrumente im Fortissimo darüber spielen. Das Thema muß durchkommen, schafft dies aber nur, wenn der Dirigent Beethovens Instrumentierung manipuliert oder Celli und Fagotte bei einer Aufnahme an dieser Stelle durch Mikrofone unterstützt werden. (In einem Konzert mit Klemperer traute ich einmal meinen Ohren nicht, so deutlich war das Thema durch die Begleitung zu hören; dann sah ich, daß Klemperer die Hörner angewiesen hatte, mit den Celli zu spielen. Nach dem Konzert ging ich hinter die Bühne und sagte zu Klemperer: »Was war das, Herr Doktor, Beethoven arrangiert von Klemperer?« Er lachte nur und erwiderte: »Ich entnehme dem zu meiner Freude, daß Sie während des Konzerts nicht geschlafen haben.«)

Über die Jahre habe ich eine Art Arbeitsphilosophie für meinen Beruf entwickelt. Ich habe allerdings nie bewußt versucht, die Beziehung zwischen Künstler und Produzent zu definieren. Einmal mußte ich mich unvorbereitet zu diesem Thema äußern. Ich arbeitete gerade mit Yehudi Menuhin, seiner Schwester Hephzibah Menuhin und Maurice Gendron. Als die Morgensitzung zu Ende war, fragte Menuhin, ob er am Nachmittag zwei Besucherinnen mitbringen dürfe, was ich natürlich erlaubte. Ich saß in der Regie und bereitete die Sitzung vor, als Menuhin die beiden Damen hereinführte. Ein Blick auf die zuerst eintretende Dame löste bei mir verzweifeltes Überlegen aus, wie man ein Mitglied des Königshauses korrekt anredet: Vor mir stand Prinzessin Marina mit ihrer Hofdame. Menuhin stellte uns Ihrer Königlichen Hoheit vor. »Es ist sehr freundlich von Ihnen, daß wir bei der Aufnahme zuhören dürfen, Mr. Grubb«, sagte sie. Den ersten Teil der Sitzung verbrachte sie im Studio, dann fragte sie, ob sie zu uns in den Regieraum kommen dürfe. Natürlich durfte sie das. Still saß sie neben uns und beobachtete aufmerksam alles, was vorging.

In der Pause kam es über einer Tasse (Prinzessin Marinas Untertasse war angeschlagen, und ich beschloß, jemandem dem Hals umzudrehen, sobald sie gegangen war) Tee zu einem Gespräch. Sie sagte: »Ich freue mich, bei einer Aufnahme dabeisein zu können, Mr. Grubb. Ich würde Sie gern etwas fragen. Was Mr. Menuhin, Miss Menuhin und Mr. Gendron im Studio tun, ist klar. Ich glaube auch zu verstehen, was die Herren hier in diesem Raum tun. Nun sehe ich, daß Sie die ganze Operation leiten. Ich habe auch festgestellt, daß die Musiker offensichtlich auf Sie angewiesen sind. Warum? Was ist das für eine besondere Beziehung, die zwischen Ihnen und den Musikern besteht?« Ich mußte schnell denken. Da waren die auf der Hand liegenden Faktoren dieser Beziehung wie Sympathie, ein Gefühl für die Schwierigkeiten der Arbeit des anderen und die gemeinsame Liebe zur Musik. Der Künstler muß der musikalischen Sensibilität und dem Urteil des Produzenten vollkommen vertrauen, wie umgekehrt der Produzent an den Künstler glauben muß. Aber was Prinzessin Marina wissen wollte, ging tiefer. Ich hatte keine Zeit, lange zu überlegen, doch ich wußte die Antwort: »Wenn Yehudi Menuhin im Studio spielt, spielt er nicht für das tote Mikrofon vor ihm. Er spielt für einen idealen Hörer, der in der Lage ist, musikalisch und emotional auf sein Spiel zu reagieren – und in diesem Fall bin ich dieser ideale, vielleicht idealisierte Zuhörer.« Auch als ich später ausführlicher über diese Zusammenhänge nachdachte, sah ich keinen Anlaß, meine Formulierung zu ändern oder zu modifizieren. Prinzessin Marina leuchtete ein, was ich sagte, und als sie gegangen war, stimmte auch Menuhin mir zu.

In dieser Zeit produzierte ich in Fortsetzung der Arbeit an der »Zauberflöte« gemeinsam mit dem Kollegen, der offiziell für die Einspielung dieser Mozartoper verantwortlich gewesen war, weitere Platten mit Klemperer. Die wichtigsten so zustande gekommenen Einspielungen waren Beethovens »Missa Solemnis«, Mozarts »Don Giovanni« und Mahlers »Lied von der Erde«.

Klemperer steckte mitten in einer Aufnahme von Haydns »Oxford-Symphonie«, als ich ihm den Aufnahmeplan für die Einspielung der »Missa« überreichte. Man könnte denken, daß die Aufstellung eines solchen Plans nur noch eine Formalität ist, wenn Solisten, Dirigent und Orchester für eine bestimmte Zeit verpflichtet sind und ein Studio gefunden, ein Tonmeister bestellt und ein Produzent beauftragt ist. Das Gegenteil ist der Fall – jetzt fangen die Probleme erst an. Die unwahrscheinlichsten Umstände müssen berücksichtigt werden, und wenn dann endlich ein Plan aufgestellt ist, der einigermaßen plausibel aussieht, muß er noch vor Klemperer bestehen. Klemperer nahm den Plan ins Hotel mit. Als er am nächsten Tag zur Aufnahmesitzung eintraf, wünschte ich ihm wie immer einen guten Morgen. Er erwiderte den Gruß, hielt den Aufnahmeplan in die Höhe und sagte düster: »Ich bin in großer Sorge.« Ich ging im Geist die einzelnen Termine durch und überlegte, was ich falsch gemacht haben könnte. Daß ich einen Teil des »Gloria« oder die Wiederholung des »Hosianna« vergessen hatte, war ausgeschlossen; mein System, einen Aufnahmeplan für große Werke wie die »Missa« zu erstellen, war, wie Legge zu sagen pflegte, »absolut narrensicher«. Ich fragte Klemperer, was ihm mißfallen habe. »Sie haben die Aufnahme des ›et resurrexit‹ vor die Aufnahme des ›et sepultus est‹

gelegt. Das geht so nicht – man kann nicht ›resurrexit‹, ehe man ›sepultus est‹. Ich bin in großer Sorge.«

Ich hatte die Auferstehungspassage mit gutem Grund vor die Passage über Leiden und Tod gelegt. Beethoven setzt in dem langen Abschnitt bis zum »et sepultus est« sowohl Solisten als auch den Chor ein. Vom »et resurrexit« an singt 250 Takte lang nur der Chor. Ich hatte die Sitzungen so gelegt, daß die meisten Chorpartien eingespielt werden konnten, bevor die Solisten eintrafen. Solisten wollen immer in der kürzest möglichen Zeit aufnehmen – außerdem kosten sie Geld in Form von Hotel und Spesen, wenn sie über mehrere Tage verteilt jeweils nur ein paar Takte pro Sitzung singen. Ich versuchte Klemperer all das zu erklären, aber er blieb hart. Widerstrebend gestand er wenigstens zu, im »Gloria« mit dem Anfang zu beginnen, dann vom »Gratias agimus«, wo die Solisten zum erstenmal einsetzen, zum »Quoniam« zu springen, in dem wieder nur der Chor singt, und dann gleich zur großen Schlußfuge »In gloria Dei patris« überzugehen. Aber es blieb dabei: »Man kann nicht ›resurrexit‹, ehe man ›sepultus est‹. Ich bin in großer Sorge.« Ich verstand Klemperer. Musik bestand für ihn aus großen architektonischen Bögen, und man konnte nicht von ihm verlangen, bei einem der Höhepunkte des »Credo« anzufangen, ohne ihn durch die vorhergehende Stelle vorbereitet zu haben. Also mußte ich den Plan umstellen.

Da er sich schon bei der »Missa Solemnis« durchgesetzt hatte, schwante mir nichts Gutes, als ich ihm den Aufnahmeplan für den »Don Giovanni« nach Zürich schickte, wo er wohnte. Zwei Tage später erhielt ich einen Anruf von seiner Tochter. »Ich rufe wegen des Aufnahmeplans für den ›Don Giovanni‹ an. Mein Vater ...« »Ich weiß schon«, unterbrach ich sie, »er ist in großer Sorge.« Sie mußte laut lachen, und im Hintergrund hörte ich jemand ärgerlich rufen: »Das ist nicht zum Lachen – gib mir das Telefon.« Klemperer sagte nur: »Kommen Sie nach Zürich, wir besprechen das.« Ich suchte ihn also in Zürich auf, und wir verbrachten geschlagene drei Stunden über dem Plan. »Wo liegt das Problem?« fragte er. »Wir fangen mit der Ouvertüre an, spielen dann Nummer eins, dann Nummer zwei und so weiter, bis wir beim Finale des zweiten Aktes angelangt sind.« »Aber, Herr Doktor«, wandte ich ein, »was macht Zerlina, während wir die Szenen mit Leporello, Anna, Don Giovanni, dem Komtur und Elvira aufnehmen?« »Im Hyde Park spazierengehen.« Unsere Zerlina war Mirella Freni, und wenn ich ihr das vorgeschlagen hätte, wäre sie angesichts des in London vorherrschenden Wetters wahrscheinlich sofort aus der Aufnahme ausgestiegen. Im Endeffekt kam es zu beiderseitigen Zugeständnissen.

Beim anschließenden Sherry sagte ich zu ihm, daß meine Frau mit mir in Zürich sei und am folgenden Tag Geburtstag habe. Er lud uns beide zum Mittagessen ein und führte uns in ein exzellentes Restaurant, in dem man hervorragend speiste und das zugleich eine kleine Kunstgalerie war – an den Wänden hingen echte Renoirs, Manets, Monets und andere Impressionisten. Klemperer war ein charmanter und unterhaltender Gastgeber. Während er selbst sich mit einem bescheidenen Hackbraten begnügte, empfahl er uns einen Rehrücken, der alles hielt, was er versprach. Der Nachmittag war bereits fortgeschritten, als er sich erhob und unter bedenklichem Schwanken darauf bestand, meiner Frau in den Mantel zu helfen, flankiert von seiner zum Eingreifen bereiten Tochter und mir. Ich lernte Klemperer damals von einer ganz neuen Seite kennen. Als er ins Taxi stieg, fragte er beiläufig, wie wir den Abend zu feiern gedächten. »Wir wollen in die Zürcher Oper«, sagte ich. Er hielt inne, sah uns eindringlich an und sagte dann ernst: »Tun Sie das nicht. Haben Sie *Mary Poppins* gesehen? Nein? Sehen Sie sich lieber das an – das ist viel besser.« Als er bei seinem nächsten Besuch in London in Heathrow durch den Zoll kam und mich draußen zur Begrüßung warten sah, winkte er, und als er in Hörweite war, sagte er ohne Einleitung: »Haben Sie nun *Mary Poppins* gesehen?«

Zwischen den Sitzungen mit Klemperer produzierten wir mitreißende »Carmina Burana« mit Frühbeck de Burgos und der bezaubernden Lucia Popp und als dritte große Einspielung mit Boult Gustav Holsts Suite »Die Planeten«. Die »Planeten« sind immer für eine spektakuläre Aufnahme gut, da Holst Instrumente und Klänge mit großer Phantasie einsetzt. Dabei ist die Partitur trotzdem durchsichtig. Manche Komponisten sind Meister der Instrumentierung und fühlen instinktiv, mit welcher Kombination von Instrumenten sie die beabsichtigte Wirkung am besten erzielen. Bei ihnen ist die Balance zwischen den Instrumenten immer ausgewogen, und selbst beim Einsatz aller Instrumente eines großen Orchesters ist der Klang durchsichtig und voll, ohne überladen zu wirken. Ein Beispiel ist Mahler – Mahler klingt nur dann schwülstig, wenn er Stümpern in die Hände fällt. Die Balance bei Komponisten wie Tschaikowskij und Dvořák dagegen stellt Ausführende und Aufnahmeteam vor große Schwierigkeiten. Bei ihnen sind einer Melodie oder Stimme vier bis fünf verschiedene, drei oder mehr Oktaven auseinanderliegende Instrumentengruppen zugeordnet, häufig auch noch zur Begleitung eines schnellen Streichertremolos. Die Folge ist ein massiges Klangbild. Nur erfahrene Dirigenten – und Boult war einer der erfahrensten – sind in der Lage, Probleme solcher Partituren zu meistern.

Ich erinnere mich noch an die Pause während einer dieser Sitzungen. Wir tranken wie gewöhnlich Tee oder Kaffee und aßen Kekse, einer der Tontechniker hatte sich ein großes Brötchen mitgebracht. Boult hatte alles abgelehnt, was ich ihm angeboten hatte. Das ließ mir keine Ruhe, und einige Minuten später wiederholte ich mein Angebot. Daraufhin sagte er: »Es scheint Sie zu beunruhigen, daß ich nichts trinke. Um Ihnen den Gefallen zu tun: Kann ich bitte ein Glas heißes Wasser haben?« Ich ließ mir meine Überraschung nicht anmerken und bestellte das heiße Wasser. Zufrieden nippte Boult daran. Er muß gemerkt haben, daß ich ihn verstohlen ansah, denn wenig später sagte er: »Etwas macht Ihnen immer noch zu schaffen. Also gut, ich nehme etwas Milch in mein heißes Wasser, wenn Sie das glücklich macht.« Sein Wunsch wurde erfüllt, und für den Rest der Pause mied ich sorgfältig den Anblick der seltsam aussehenden Flüssigkeit in seiner Tasse.

Am Ende des letzten Satzes, »Uranus«, verlangt Holst, daß die Frauenstimmen langsam ins Nichts verklingen, so als würde sich die Musik gleichsam in den interstellaren Raum entfernen. Wir machten drei Versuche, aber jedesmal war eine Stimme im Sopran noch deutlich zu hören, wenn die anderen schon verklungen waren. Ich wußte, wer die Sängerin war, da ihre ungewöhnlich durchdringende Stimme mir schon in der Probe vor der Sitzung aufgefallen war. Die Stimmung wurde immer gereizter, und schließlich sagte ich zu Boult: »Lassen Sie mich das erledigen, Sir Adrian.« Besorgt sah er mich an. »Ich gehe lieber mit Ihnen hinauf« – der Chor stand auf der Galerie – »falls es Krach gibt.« Wir gingen also zusammen hinauf, und ich teilte dem Chor mit, daß das Diminuendo am Schluß noch nicht in Ordnung sei. »Ich glaube, Sie sind einfach zu viele. Ich schlage deshalb vor, daß Sie, Sie, Sie und Sie« – ich zeigte mit dem Finger auf vier Soprane, darunter die Sopranistin mit der auffallenden Stimme – »in Takt soundsoviel aufhören zu singen, die nächsten zwei Takte nur summen und dann ganz aufhören.« Wir versuchten es so, und natürlich klappte es perfekt. Zum Abschied meinte Boult: »Sie hätten eine glänzende Karriere im diplomatischen Dienst gemacht. Wenn Sie sich je dafür entscheiden sollten, lassen Sie es mich wissen – ich schreibe Ihnen ein hervorragendes Zeugnis.«

10

Das Plattenstudio

Die erste große, von Anfang an mit Barenboim geplante Aufnahme war eine Gesamtaufnahme der Klavierkonzerte von Mozart. Barenboim sollte zugleich dirigieren und spielen. Die Kunst, einen Solisten im Konzert zu begleiten, ist eine ganz besondere Fähigkeit. Der Dirigent muß vor allem in der Lage sein, die eigene Interpretation der des Solisten unterzuordnen. Die beste Lösung ist natürlich, wenn der Solist selbst gleichzeitig spielt und dirigiert. Dazu braucht er allerdings eine volle Ausbildung als Dirigent. Für Barenboim hat nur der, der eine Mozart-Symphonie auch dirigieren kann, das Recht, sich selbst bei einem Solokonzert von Mozart zu begleiten. Er selbst hatte sich damals mit dem Dirigieren schon fast genauso lang beschäftigt wie mit dem Klavierspielen und konnte auf eine mehrjährige Erfahrung in der Doppelrolle als Mozartspieler und -dirigent zurückblicken.

Als Orchester war das English Chamber Orchestra vorgesehen, eines der besten seiner Art auf der ganzen Welt. Es hatte einen ganz individuellen Charakter, und einige seiner Mitglieder waren namhafte Solisten oder gehörten Kammermusikgruppen wie dem Melos-Ensemble an. Barenboim und das Orchester hatten schon oft zusammen musiziert und waren einander besonders eng verbunden. Mit gutem Grund konnte ich also eine bemerkenswerte Einspielung erwarten.

Die Aufnahmen für die erste Platte sollten am Neujahrstag 1967 um halb drei beginnen. Vorgesehen waren zwei der bekanntesten Stücke der Werkgruppe, nämlich die Klavierkonzerte in d-moll KV 466 und A-dur KV 488. Am Abend zuvor hatten wir bei Fou Ts'ong Silvester gefeiert. Auch Jacqueline du Pré war mit von der Partie gewesen. Barenboim und sie hatten einander vor einigen Wochen kennengelernt. Beide waren an Pfeifferschem Drüsenfieber erkrankt, und als Freunde Barenboim erzählt hatten, auch Jacqueline du Pré sei krank, hatte er sie kurzerhand angerufen und ein Treffen vereinbart. Sie verstanden sich auf Anhieb und waren bereits im Dezember 1966 ständig zusammen.

Wo Barenboim auftaucht, wird früher oder später Musik gemacht. Als er Jacqueline du Pré an diesem Silvesterabend fragte, was sie gerne spielen würde, sagte sie, Beethovens A-dur-Sonate. Daraufhin setzte er sich ans Klavier, und Jacqueline du Pré spielte das herrliche Anfangsthema mit vollendeter Beherrschung und dem zarten Glissando von der ersten zur zweiten Note, das nur sie fertigbrachte. Dabei sah sie Barenboim an, als wollte sie sagen: »Mach das nach, wenn du kannst.« Barenboim nahm die Herausforderung an, und die nächsten drei Stunden hörten wir ein wunderbares Konzert.

Ich hörte Jacqueline du Pré bei dieser Gelegenheit zum erstenmal live, wußte jedoch von ihren Platten, was für eine außerordentliche Künstlerin sie war. Als sie mit Beethoven begann, sagte ich zu einem Kollegen neben mir: »Dieser Klang ist bisher noch auf keiner Platte festgehalten worden. *Ich* werde ihre nächste Platte produzieren.« Als meine Frau und ich die Party gegen drei Uhr morgens verließen, war Barenboim immer noch in voller Fahrt. Er war so offensichtlich in Hochstimmung, daß ich es nicht übers Herz brachte, ihn daran zu erinnern, daß er in weniger als zwölf Stunden mit den Aufnahmen für eine wichtige neue Plattenreihe beginnen sollte.

Zu Beginn einer Sitzung kann ich vor Aufregung jedesmal kaum stillsitzen. Es wäre allerdings auch gar nicht möglich, inmitten des Trubels und des ständigen Hin und Her der Techniker im Regieraum. An einer Aufnahme sind stets zwei Teams beteiligt, und in der halben Stunde vor Beginn der Sitzung scheint unter ihnen ein konfuses Durcheinander zu herrschen. In Wirklichkeit bereiten sie sich planvoll auf die Aufnahme vor.

Der Tonmeister ist gemeinsam mit dem Produzenten für den Ton verantwortlich. Einige unserer Tonmeister sind selbst ausgebildete Musiker, andere haben zumindest eine lange Erfahrung mit Musikaufnahmen. Die Kommunikation zwischen Tonmeister und Produzent beschränkt sich deshalb in der Regel auf zwei, drei kurze Bemerkungen wie etwa »üppiger, süßer Klang« für Rachmaninows Symphonie Nr. 2 oder »klar, brillant und nicht zu breiig« für Strawinskys »Petruschka«. Die Mikrofone sind zu diesem Zeitpunkt bereits aufgestellt. Der Tonmeister stellt jetzt noch die genaue Höhe und den Winkel ein, den sie zum entsprechenden Teil des Orchesters einnehmen sollen. Dann überprüft er, wieviel Ton über die einzelnen Kanäle kommt, und stellt seine Regler so ein, daß er auf jedem noch einiges an Reserve hat. Während er die Regler auf und ab schiebt, hört man oft die unmöglichsten Dinge, einmal das Horn unnatürlich laut im Vordergrund, dann etwa, wie ich es einmal erlebt habe, eine Geigerin, die gerade zu ihrer Nachbarin sagt: »Wir machen es zu Hause mit Zwiebeln.«

Inzwischen legt der Tontechniker, der die Bandmaschinen bedient und ein Verzeichnis der Takes führt, ein Band auf jede der beiden Maschinen. Alle Aufnahmen werden doppelt gemacht, da es viel zu teuer wäre, ein Orchester und womöglich mehrere Sänger noch einmal zusammenzurufen, nur weil die Bandmaschine ausgefallen ist. Zusätzlich ist der Tontechniker eine Art Mädchen für alles, das für Tee und Kaffee sorgt, Künstlern Zigaretten bringt, wenn sie vergessen haben, selbst welche mitzubringen, und den letzten Klatsch verbreitet.

Dann marschieren die Techniker, bewaffnet mit Schraubenziehern mit merkwürdig geformten Köpfen, in die Regie und ziehen meterlange Kabel hinter sich her. Sie sind für die Instandhaltung der Aufnahmemaschinen verantwortlich und sorgen dafür, daß alles optimal funktioniert. Sie bringen eine ganz neue Art von Tönen in den Regieraum, jene künstlich-reinen Töne auf verschiedenen Frequenzen, mit denen Bänder und Bandmaschinen überprüft werden. Dabei läuft etwa das folgende Gespräch ab: »Ein Kiloherz, links etwas hoch – geh eine Spur runter – nur eine Winzigkeit (eines ihrer Lieblingswörter) – fünf KHz ist wohl okay. Baß – okay, besser geht's wohl nicht. Phase gut, könnte nicht besser sein. Fertig, ihr könnt anfangen.« Allmählich nimmt die Hektik zu, und gerade, wenn man sich zu fragen beginnt, wie um alles in der Welt in zwei Minuten eine geordnete Aufnahmetätigkeit beginnen soll, kehrt plötzlich Ruhe ein. Der Tonmeister sitzt an seinem Tisch und blendet die Mikrofone ein, und dann sind auch schon jene Töne zu hören, bei denen mein Herz regelmäßig schneller schlägt – die Töne eines stimmenden Orchesters.

Während das Orchester probt, verändert der Tonmeister die Klangmischung, die er aus den verschiedenen Mikrofonen erhält. Er probiert verschiedene Kombinationen aus und steht dabei mit dem Produzenten in ständigem Kontakt. »Sind an diesem harten Klang die Geigen schuld oder du?« »Hab doch Mitleid, du kannst nicht erwarten, daß sie um zehn Uhr morgens schon wie Jascha Heifetz spielen. Laß ihnen Zeit.« »Ich höre zuviel von den vorderen Pulten. Kannst du die anderen stärker reinbringen? Genau! Schon viel besser. Warum stampfen die Bässe wie eine Herde Nilpferde? Kann bitte jemand ins Studio gehen und diesem Krach den Garaus machen – ah, er scheint eines natürlichen Todes gestorben zu sein.« »Ich habe ihn ausgeblendet.« »Gut – was du jetzt hast, ist gut, das ist die Balance, die wir brauchen. Vielleicht eine Spur mehr Bratschen und Celli? Ja – jawohl – jetzt noch die Hörner etwas mehr. Gut – das ist es – ich glaube, das ist es. Gefällt's dir auch?« »Ja – und jetzt, wo ich meine Schuldigkeit getan habe, schlage ich vor, daß ich im Lauf der nächsten beiden Tage etwas Schlaf nachhole. Ende.« Dann zum Studio: »Wir sind für eine Probeaufnahme bereit.«

Auf dieser Sitzung kam zur üblichen Spannung vor Beginn jedes neuen

Projekts das Bewußtsein hinzu, daß es sich um eine für Barenboim und EMI besonders wichtige Einspielung handelte. Mozarts Klavierkonzerte sind von der Plattenindustrie nicht gerade vernachlässigt worden, und es galt vor einer mächtigen Konkurrenz zu bestehen. Aber ich hatte Barenboim viele dieser Konzerte spielen hören und wußte, daß wir den anderen das Wasser reichen konnten. Die Werke waren beliebt, und ich freute mich schon auf die Begeisterung, die die neue Einspielung auslösen würde.

Barenboim traf gutgelaunt und ausgeruht eine Viertelstunde vor Sitzungsbeginn ein. Ich sagte, es sei ein wundervoller Abend gewesen. Er antwortete: »Ist sie nicht unglaublich?« und meinte damit Jacqueline du Pré. Wir wollten mit dem d-moll-Konzert beginnen, einem der ungewöhnlichsten Werke Mozarts, einem Ausbruch ungestümen Aufbegehrens, der die Form des Konzerts zu sprengen droht. Es wirkt, als htte Mozart sich damit in die Mitte des nächsten Jahrhunderts, in die Hohe Zeit der Romantik katapultiert. Vom ersten Thema an ist alles Erregung und Unruhe. Die Ruhe der friedlichen »Romanze« (die Titelwahl ist bezeichnend) wird plötzlich durch einen wilden Ausbruch in g-moll gestört, und auch der letzte Satz ist voll leidenschaftlicher Erregung – erst in der Coda dieses Satzes scheint Mozart sich zu erinnern, daß es sich um ein Klavierkonzert handelt, und beendet das Werk nach einer abrupten Modulation nach D-dur mit einem heiteren Wechselspiel von Klavier und Orchester. Wie ein Wunder mutet es an, daß das Werk trotz seiner Wildheit und gewaltigen Leidenschaft so voller Wohlklang ist. Mozarts guter Geschmack ließ einfach nicht zu, daß er harsche Mißklänge komponierte.

Passend zum Charakter des Werkes hatte ich die Technik um einen dunklen, verhangenen Klang gebeten. Insbesondere war mir daran gelegen, daß man das düster aufstrebende Eröffnungsthema in den Celli und Bässen unter den unruhigen Synkopen der übrigen Streicher nicht als Folge einzelner Noten hörte, sondern als drohendes Grollen, »ohne Tageslicht zwischen den Noten«, wie ich es ausdrückte. Wir nahmen einen Teil des Anfangstuttis auf und eine ruhige und eine laute Passage mit Klavier und Orchester. Barenboim war zufrieden, der Tonmeister kündigte Take eins an, und die Aufnahme konnte beginnen. Jeder Satz wurde ganz aufgenommen, der erste dreimal, der zweite und der dritte je zweimal, und im ersten und letzten Satz wurden noch je zwei Stellen verbessert. Zur großen Überraschung des Orchesters waren wir mit dem Konzert, einem der schwierigsten Mozarts, bereits zur Halbzeit der zweiten Sitzung fertig. Martin Gatt, der erste Fagottist, meinte: »Ich komme mir fast wie ein Betrüger vor, wenn ich Geld für etwas annehme, was mir so viel Spaß macht. Noch nie hat mir eine Plattenaufnahme so viel Spaß gemacht, und noch nie hatte ich den Eindruck, alles sei geradezu lächerlich einfach.«

Barenboim hörte sich die letzte Aufnahme des d-moll-Konzerts an und sagte: »Jetzt das A-dur.« Ich bat ihn, sich noch einen Augenblick zu gedulden, weil ich die Balance geringfügig ändern wolle. Fragend hob er die Augenbrauen: Der Ton sei gut, warum ihn also verändern? Ich erklärte, daß KV 488 aufgrund seines völlig anderen Charakters auch einen anderen Klang erfordere. Das A-dur-Konzert sei ein sonniges, heiteres Werk, es brauche im Gegensatz zum verhangenen Klang des d-moll-Konzertes einen klaren, hellen Klang. »Offensichtlich gehört zu einer Aufnahme mehr, als ich dachte«, meinte Barenboim.

Das war die erste Platte der Gesamtaufnahme – die letzte mit den vier frühen Klavierkonzerten KV 37, 39, 40 und 41 entstand im Juni 1974, also siebeneinhalb Jahre später. Die Spannweite, die Vielfalt und der musikalische Ideenreichtum dieser Werke sind erstaunlich. Fast immer aber waren wir vor der vorgesehenen Zeit mit den Aufnahmen fertig, da Barenboim und das Orchester diese Konzerte damals regelmäßig aufführten. Das c-moll-Konzert KV 491 zum Beispiel, über das Beethoven zu einem seiner Schüler gesagt haben soll: »Ach Ries, so etwas wird uns nie gelingen«, wurde einen Tag nach der Rückkehr des Orchesters von einer einwöchigen Europatournee aufgenommen, in deren Verlauf die Musiker das Konzert fünfmal gespielt hatten. Als ich sie begrüßte und dabei scherzhaft von ihren einwöchigen Ferien auf dem Kontinent sprach, ging ein Stöhnen durch die Reihen.

Wir hatten immer einige Stücke in Reserve, die wir aufnehmen konnten, wenn wir mit etwas anderem früher fertig waren (das ist jetzt verboten; die einzige Folge dieses Verbots ist, daß dem Orchester zusätzliche Sitzungen verloren gehen, in denen angefangene Werke fertig aufgenommen werden). In der Zeit, die wir bei den Mozart-Konzerten abzweigen konnten, spielten wir so verschiedene Stücke ein wie Dvořáks »Streicherserenade« (als das Orchester die Noten zu Mozart zuklappte und den Dvořák auflegte, kündigte Barenboim fröhlich an: »Jetzt schmalzen wir wie die Teufel.«), Schönbergs »Verklärte Nacht«, Wagners »Siegfried-Idyll« und eine Platte mit populären Stücken von Mozart einschließlich der »Kleinen Nachtmusik«. Auf dieser Platte fehlte uns noch ein längeres Stück. Als wir mit dem Klavierkonzert KV 175 schon am 12. März fertig wurden, obwohl eine weitere Sitzung für den 14. März bereits eingeplant war, blätterten Barenboim und ich am Abend des 13. März einen Band mit Mozart-Divertimentos durch. Ich stieß auf KV 205 und reichte Barenboim den aufgeschlagenen Band. Er überflog das Stück und sagte: »Gut, machen wir morgen.« Am nächsten Tag konnte er das Stück schon fast auswendig. Sorgfältig hatte er die Einsätze markiert, sich ein, zwei schwierige Phrasierungen überlegt und einige falsche Noten verbessert. Sogar mit diesem Stück waren wir noch vor der Zeit fertig. Barenboim flüsterte daraufhin dem Orchester zu: »Wir haben uns die halbe Stunde redlich verdient. Verschwindet schnell, ehe Suvi mit einem Marsch oder so was für die nächste Platte anrückt« – und da er sich dabei arglos vorlehnte, wurde die Bemerkung über das Streichermikrofon laut und deutlich in den Regieraum übertragen.

Die einzigen Werke Mozarts für Klavier und Orchester, die wir nicht aufnehmen konnten, waren jene für mehr als ein Klavier. Barenboim hatte darauf bestanden, daß Ashkenazy im Konzert für zwei Klaviere ebenso wie im Konzert für drei Klaviere mitspielen müsse. Wir standen vor dem alten Problem: Ashkenazy hatte einen Vertrag mit einer anderen Plattenfirma. Wir versuchten alles, ihn freizubekommen, aber vergeblich. Ashkenazys Firma blieb stur, eine kurzsichtige Strategie, die unter allen Beteiligten großen Ärger auslöste. Wenig später stand ein Konzert an, in dem Barenboim und Ashkenazy mit Fou Ts'ong die beiden Konzerte spielen sollten, und jetzt drängte Barenboim uns, ihn freizugeben, damit er die Konzerte für die andere Plattenfirma einspielen konnte. Auf mein Drängen hin stimmte EMI nach einiger Überlegung zu, denn auf unserem Exklusivvertrag mit Barenboim zu bestehen und ihn an der Einspielung dieser Platte zu hindern hätte weder uns noch ihm etwas gebracht.

Ein gutes Vierteljahr nach der Silvesterparty bei Fou Ts'ong kam der Tag, auf den ich lange gewartet hatte. Jacqueline du Pré traf im Studio 1 ein, um die Cellokonzerte von Haydn in C-dur und von Boccherini in B-dur einzuspielen. Begleitet wurde sie von Barenboim und dem English Chamber Orchestra.

Zuerst bastelten wir am richtigen Klang für das Cello. Wir plazierten Jacqueline du Pré wie im Konzert vor dem Orchester. Als das nicht die gewünschte Wirkung zeitigte, versuchten wir, wie es klang, wenn sie dem Orchester gegenübersaß, dann seitlich mit dem Blick zum Dirigenten und schließlich mitten im hufeisenförmig angeordneten Orchester. Besonders schwierig gestalten sich Celloaufnahmen, weil das Cello als einziges aller Soloinstrumente, vom Klavier natürlich abgesehen, sitzend gespielt wird. Es befindet sich damit auf gleicher Ebene mit dem Orchester, in dem es Instrumente mit einem viel größeren Klangvolumen gibt, ganz zu schweigen von den Streichergruppen, die dem Solisten alle wenigstens fünf zu eins überlegen sind. Um hier einen Ausgleich zu schaffen, plazierten wir Jacqueline du Pré auf ein etwa zwanzig Zentimeter hohes Podest. Als wir schließlich den optimalen Standort gefunden hatten, befürchtete ich plötzlich, daß sie zu nahe beim Dirigenten sitzen könnte, und fragte Barenboim, ob er sich in seinen Bewegungen behindert fühle. »Sie kann mir gar nicht nahe genug sein«, war seine schlagfertige Antwort. Wir kamen rasch voran, denn Jacqueline du Pré war blendend in Form und beherrschte die Stücke meisterhaft.

Als wir die Probe nach der Mittagspause fortsetzen wollten, fiel mir auf, daß das Cello anders klang. Ich fragte den Tonmeister, ob er etwas geändert habe, was aber nicht der Fall war. Als die Aufnahme begann, war ich sicher, daß etwas nicht stimmte – der kraftvolle Klang des Cellos war weg, was ich hörte, war nicht mehr der charakteristische Klang Jacqueline du Prés. Ich unterbrach und bat den Tonmeister, das Mikrofon der Solistin zu überprüfen. Das Mikrofon war in Ordnung. Ich ließ das Orchester wieder anfangen, aber es hatte keinen Zweck. Barenboim wollte wissen, was los war. Ich ging ins Studio und fragte Jacqueline du Pré, ob sie ihren Stuhl verschoben habe. Nein. Oder ein anderes Cello spiele. Abermals nein. Ich fragte sogar, ob sie etwas anderes angezogen habe. Wir wechselten das Mikrofon aus, aber auch das nützte nichts. Etwa ein halbe Stunde versuchten wir alles. Vergeblich. Ratlos saßen wir in der Regie, und Barenboim fragte: »Was jetzt?« Ich wandte mich noch einmal an Jacqueline du Pré: Ob sie ganz sicher sei, daß sich seit dem Morgen nichts geändert habe. Sie wollte schon nicken, da wurde sie plötzlich leicht rot und sagte: »Ach ja, doch, ich benutze einen anderen Bogen.« Mir fiel ein Stein vom Herzen, und ich sagte vorwurfsvoll: »Jacquie, Sie dürfen mir nie wieder einen solchen Schrecken einjagen.« Barenboim platzte heraus: »Jacquie, wie kannst du nur ...« Dann sah er ihr ins Gesicht und schmolz förmlich dahin. »Komm, wir fangen einfach noch mal an – mit dem alten Bogen.«

Im selben Jahr, es war wie gesagt 1967, entstanden zwei weitere Platten mit Jacqueline du Pré. Auf der ersten spielte sie mit Barenboim (die beiden waren inzwischen verheiratet) Brahms' Sonaten für Klavier und Cello. Dies sind zwar wunderbare Werke, aber die beiden Instrumente passen nicht wirklich zueinander. Die Tonlage des Cellos liegt dort, wo das moderne Klavier sein größtes Klangvolumen hat. Wenn beide Instrumente forte zu spielen haben, hört man vom Cello nichts mehr, es sei denn, der Pianist hält sich entsprechend zurück. Ich habe diese Brahms-Sonaten oft gehört, und meist war das Cello über lange Passagen gänzlich unhörbar, obwohl ich sah, daß der Cellist sich verzweifelt abmühte. Jacqueline du Pré und Barenboim waren allerdings eine Ausnahme. Barenboim deckt das Cello an keiner Stelle zu, was eine außerordentliche Leistung ist, wenn man bedenkt, was für Sprünge das Cello etwa in der Fuge der e-moll-Sonate zu vollführen hat. Von den Aufnahmen geht eine unverbrauchte Spontaneität aus. Jacqueline du Pré und Daniel Barenboim waren noch dabei, einander zu entdecken, und das machte sich in ihrem Spiel bemerkbar.

Zwischen den Sitzungen mit Jacqueline du Pré nahmen wir mit Barenboim und Gervase de Peyer die beiden Klarinettensonaten von Brahms auf. Als die beiden zur ersten Sitzung im Studio eintrafen, fragte ich, ob sie die Werke, die mit musikalischen und technischen Schwierigkeiten gespickt sind, zusammen geprobt hätten. Unbekümmert erwiderten sie: »Wir haben sie am Telefon durchgesprochen.« Vorwurfsvoll sah ich sie an und machte mich auf eine lange, zermürbende Sitzung gefaßt. Wir begannen mit der Sonate in Es-dur. Als wir den ersten Satz zum erstenmal aufgenommen hatten, fragte ich ungläubig, ob sie das Stück wirklich nicht zusammen geprobt hätten – sie spielten zusammen, als ob sie ihr Leben lang nichts anderes getan hätten.

Die beiden gingen ins Studio zurück. Dann hörten wir über die Lautsprecher de Peyer sagen: »Danny.« Barenboim antwortete: »Ja, Gervase.« Und was folgte, klang wie ein langer, feuchter Kuß. Ich rief über die Sprechanlage: »Wenn ich nicht wüßte, daß ihr beide glücklich verheiratet seid, würde ich jetzt alle möglichen schlimmen Sachen denken.« De Peyer hatte jedoch nur das Blatt seiner Klarinette befeuchtet und Luft angesaugt, um es geschmeidiger zu machen. So war es zu dem in dieser Situation zumindest ungewöhnlichen Geräusch gekommen, das wir gehört hatten.

Barenboims Produktivität in diesem Jahr war gewaltig. Er spielte insgesamt achtzehn Platten ein, darunter Klaviersonaten von Mozart und Beethoven, Klavierkonzerte von Mozart, Beethoven, Brahms und Bartók, Solokonzerte für Bläser und Streicher von Haydn, Mozart und Boccherini, Brahms' Cello- und Klarinettensonaten, Mozart-Symphonien und Orchesterwerke von Wagner und Schönberg. Es war ein Jahr intensivster Arbeit, denn die Schallplatteneinspielungen machten nur einen kleinen Teil davon aus, der Löwenanteil bestand aus Konzerten. Barenboim debütierte in diesem Jahr auch als Dirigent in der Royal Festival Hall, wo er kurzfristig ein Konzert des New Philharmonia Orchestra übernahm, auf dessen Programm Mozarts »Prager Symphonie« und sein Requiem standen. In der Pause der ersten Probe fragte mich Hugh Bean: »Wo um alles in der Welt haben Sie diesen jungen Mann aufgegabelt?« Ich erwiderte, Barenboim habe einige Klavierplatten für uns eingespielt und sei dabei, sämtliche Mozart-Klavierkonzerte als Solist und Dirigent aufzunehmen. Bean nahm kein Blatt vor den Mund: »Er verschwendet seine Zeit mit dem Klavier – er ist der geborene Dirigent, er kann sich mitteilen wie nur die ganz großen.« Es wurde eines der denkwürdigsten Konzerte, die ich je gehört habe.

Mit dem New Philharmonia Orchestra nahm Barenboim schließlich zwei Platten mit Klavierkonzerten auf. Die erste galt Bartóks Konzerten Nr. 1 und 3, dirigiert von Pierre Boulez. Es war ein großes Erlebnis, mit Boulez, einem bedeutenden Komponisten und großen Dirigenten, zu arbeiten. Als ich ihn in seinem Hotel aufsuchte, um die Aufnahme zu besprechen, sah ich auf dem Tisch eine Partitur des »Tristan« liegen. Ich blätterte darin, während ich wartete. Zu meinem Erstaunen sah ich keine Eintragungen, weder blaue Markierungen für Horneinsätze noch rote für die Dynamik. Ich wußte aber, daß Boulez die Oper bald in Bayreuth dirigieren würde. Als er hereinkam, fragte ich ihn, ob das seine Studienpartitur sei. Er bejahte und deutete auf seinen Kopf: »Die Markierungen sind alle da drin. Außerdem stehen sie bereits in der Partitur. Man braucht nicht noch zu unterstreichen, was Wagner schon selber hineingeschrieben hat.«

Boulez probte im ersten Teil der Sitzung mit dem Orchester, während Barenboim wartete. Nach der Probe ließ Boulez die einzelnen Instrumentengruppen des Orchesters mit größter Sorgfalt einstimmen – zuerst die Streichergruppen, dann die verschiedenen Holzbläser, die Hörner, das Blech und die Pauken. Kein Orchester läßt sich gern so bevormunden, aber bei Boulez war es etwas Besonderes. Ich gestand ihm einmal, daß ich mit der Musik von heute große Schwierigkeiten habe. Er erwiderte: »Vergessen Sie nicht, daß das bei der jeweils ›modernen‹ Musik nie anders war. Denken Sie an die Stimme, die bei der ersten Aufführung von Beethovens ›Eroica‹ rief: ›Ich gä' noch einen Kreutzer, wenn's nur aufhört!‹«

Für die andere Platte wurde Brahms' erstes Klavierkonzert eingespielt. Dirigent war Sir John Barbirolli. Barbirolli hatte ein übersprudelndes Temperament. Seine Begeisterung war ansteckend und riß alle mit, die mit ihm zu tun hatten. Auch ich fand ihn unwiderstehlich, und er antwortete darauf mit einer Freundschaft, die sich in den drei Jahren, die er noch lebte, zunehmend vertiefte. Das Werk selbst, ein monumentales Stück von wilder Dramatik, war Solist und Dirigent wie auf den Leib geschrieben, und wir waren mit der Aufnahme deshalb rasch fertig. Ich habe oft bedauert, daß Brahms den Weg, den er mit diesem Konzert beschritten hat, später verlassen hat.

Während wir am Brahms-Konzert arbeiteten, spielte England im Kennington-Oval im Endspiel der Kricket-Vergleichskämpfe gegen Pakistan, und ich fand heraus, daß Barbirolli meine Leidenschaft für Kricket teilte. In jedem freien Augenblick zog er sich, ein Transistorradio ans Ohr gepreßt, ins Künstlerzimmer zurück. Am Ende der längeren Pause zwischen den Sitzungen mußte ich ihn fast gewaltsam vom Fernseher in meiner Wohnung zerren, wo er den ganzen Nachmittag glücklich und zufrieden Kricket gesehen hatte. Ich kannte Barbirollis Namen seit Jahren von Platten, auf denen er als Begleiter von Kreisler und Rubinstein genannt war. Um so mehr genoß ich, daß das Gesprächsthema unserer ersten Begegnung nicht die Begeisterung für Beethoven oder Tschaikowskij war, sondern die atemberaubende Schlagserie eines neuen pakistanischen Kricketstars namens Asif Iqbal.

Auf dem Konzertpodium und im Plattenstudio ließ Barbirolli sich oft dazu hinreißen, das Orchester hörbar zu größerer Anstrengung anzuspornen. Bei besonders schönen Passagen sang oder summte er zuweilen halblaut und nicht immer richtig mit. Im d-moll-Konzert von Brahms hörte man ihn nach dem anfänglichen Paukenwirbel die Streicher brummend zu ihrer drohenden Tremolofigur anfeuern. Einige Monate später begleitete er Jacqueline du Pré bei den Cellokonzerten von Haydn in D-dur und von Monn. Er war selbst Cellist gewesen und hatte Jacqueline du Pré deshalb besonders ins Herz geschlossen. Auch in diesem Fall konnte er sich nicht zurückhalten und sang und brummte fröhlich mit. Als wir uns die Aufnahme anhörten, lehnte ich mich zu ihm hinüber und sagte: »Sie sind heute nachmittag gut bei Stimme, Sir John.« Er sah mich verständnislos an. Ich glaube nicht, daß er wußte, wovon ich sprach. Später stieß Lady Barbirolli zu uns. Plötzlich sagte sie: »Schatz, man hört deutlich, daß du mit Jacquie singst.« Barbirolli sah in die Partitur und schnaubte: »Unsinn, Liebling, Jacquie spielt eine hohe Stelle auf der A-Saite – so hoch komme ich nicht hinauf.« Das kam er tatsächlich nicht – er sang zwei Oktaven tiefer. Beim Abhören einer späteren Aufnahme merkte er plötzlich, daß jemand mitsang, und fragte barsch: »Wer ist das?« Wir lachten, und erst jetzt dämmerte ihm, daß er selbst es war. Verlegen sah er mich an und fragte: »Stört Sie das?« »Sir John«, erwiderte ich, »mich stört erst dann etwas, wenn Sie an schönen Stellen nicht mehr mitsingen.« Er nahm diese Antwort mit Befriedigung zur Kenntnis.

11

Gerald Moores Abschiedskonzert

Die Idee, für Gerald Moore ein Abschiedskonzert zu veranstalten, war das Zufallsprodukt eines Gespräches in Berlin im April 1966. Elisabeth Schwarzkopf und Moore spielten gerade die Lieder für Frauen aus Hugo Wolfs »Italienischem Liederbuch« ein. Legge war Produzent, ich nahm wieder als Vertreter von EMI teil. Beim Abhören einer Aufnahme fragte Elisabeth Schwarzkopf Gerald Moore, welche Termine er in der Saison 1967/68 noch frei habe und ob er sie auf einer Tournee durch Amerika begleiten wolle. Moore meinte, er habe sich bis dahin wahrscheinlich schon aus dem Konzertleben zurückgezogen. Er wolle das tun, solange er noch im Vollbesitz seiner Kräfte sei. Sofort setzte Elisabeth Schwarzkopf nach: »Bitte spiel doch dein letztes Konzert mit mir, Gerald.« Aber Moore sagte: »Elisabeth, sowohl Victoria wie Dieter haben mich um dasselbe gebeten – ich weiß wirklich nicht, was ich tun soll.« Elisabeth Schwarzkopf sah untröstlich aus. Da meldete sich plötzlich Legge zu Wort: »Ich habe die Lösung – mach doch ein Abschiedskonzert mit allen dreien.« Es war eine glänzende Idee, obwohl meines Erachtens keiner von uns zu dem Zeitpunkt wirklich glaubte, daß ein solches Konzert je zustande kommen könnte.

Doch als das Programm der Royal Festival Hall für Februar 1967 erschien, war darin für den 20. Februar ein Konzert zu Ehren Gerald Moores angekündigt. Es sollte sein letzter öffentlicher Auftritt in England sein, und Moores Partner waren Victoria de los Angeles, Elisabeth Schwarzkopf und Dietrich Fischer-Dieskau. Wir beschlossen, dieses denkwürdige Ereignis auf Schallplatte festzuhalten. Der Auftrag erging an mich, vermutlich vor allem deshalb, weil ich damals bei EMI der einzige war, mit dem Legge noch sprach. Verschiedentlich wurde vorgeschlagen, eine zusätzliche Sitzung in der Royal Festival Hall für Korrekturen anzuberaumen, aber ich war entschieden dagegen. Solche Aufnahmen sind nicht wiederholbar, und kein Künstler, wie erfahren auch immer, spielt in einem leeren Konzertsaal mit derselben Intensität wie vor einem dichtgedrängten, applaudierenden Publikum. Außerdem verletzte die Vorstellung eines Ersatzkonzertes meine Berufsehre.

Am Morgen des Konzerts fand eine kurze Probe statt. Zuerst traf Moore ein, dann kamen nacheinander die Sängerinnen und Sänger. Zu meinem Kummer stellte ich fest, daß der Deckel des Flügels nur mit einer extrem kurzen Stütze einen kleinen Spalt geöffnet werden sollte, und alle meine Argumente konnten Legge und die Solisten nicht überzeugen, daß es besser wäre, ihn ganz aufzumachen. Ich wollte Moores Spiel in seiner ganzen Vielfalt einfangen und wußte, daß ein weniger als halb geöffneter Deckel diese Aufgabe wesentlich erschwerte.

Legge wollte überdies nicht zulassen, daß Mikrofone dort aufgestellt wurden, wo sie die Sicht zwischen Publikum und Künstler hätten stören können. Wie waren deshalb ausschließlich auf drei von der Decke hängende Mikrofone angewiesen, und selbst diese durften auf Legges strikte Anweisung nicht die Sicht vom ersten Rang beeinträchtigen. Dies waren außerordentliche Auflagen für jemanden, der früher selbst Schallplatten gemacht hatte.

Theoretisch hat die Anwesenheit eines Publikums auf die Akustik der Royal Festival Hall keinen Einfluß, aber die Praxis sieht anders aus. Wir mußten deshalb abschätzen, wie sich der Klang des Klaviers und der Singstimmen verändern würde, sobald der Saal mit Menschen gefüllt war, und ließen die drei dazu einige Zeilen solo singen.

Das Programm war so angelegt, daß die besonderen Qualitäten des Pianisten und der drei Sänger bestens zur Geltung kamen. Für Gerald Moore war es ein Marathon: Er war als einziger bei jedem Vortrag auf der Bühne. Anfang und Ende des Konzerts bildeten Terzette von Mozart und Haydn, dazwischen sang Fischer-Dieskau Schubert, Victoria de los Angeles Brahms und Elisabeth Schwarzkopf Hugo Wolf. Dazu kamen drei Einlagen mit Duetten – die beiden Frauen sangen Rossini, und Fischer-Dieskau sang Schumann mit Elisabeth Schwarzkopf und Mendelssohn mit Victoria de los Angeles. Das schön aufgemachte Programmheft enthielt Huldigungen an Moores Kunst von vielen all der großen Künstler, mit denen er zusammengearbeitet hatte. Mir wurde besonders schmerzlich bewußt, daß das Konzert das Ende einer großen Karriere markierte, als ich die beiden einzigen Anzeigen des Programmhefts las: Sie galten zwei Konzertabenden mit Victoria de los Angeles und Elisabeth Schwarzkopf, und beide Male war der Begleiter nicht mehr Gerald Moore.

Als das Publikum an jenem Abend seine Plätze einnahm, war ich nicht nur aufgeregt wie immer vor einer Aufnahme, sondern regelrecht nervös. Diesmal sollten wir ein historisches Ereignis originalgetreu aufzeichnen. Wenn etwas schiefging, bestand keine Möglichkeit, die Aufnahme zu wiederholen.

Als die vier Künstler zum ersten Teil des Programms auf die Bühne kamen, erreichte die Spannung im Regieraum den Siedepunkt. Barenboim sollte kurz danach Jacqueline du Pré in Heathrow abholen und hörte sich den ersten Teil des Konzerts in der Regie an, um nicht mitten im Konzert aus dem Saal gehen zu müssen. Jetzt legte er mir ermutigend die Hand auf die Schulter. Der lange, herzliche Applaus legte sich, und das erste Lied begann. Ungläubig sah ich den Tonmeister an. Dann überlegte ich, ob die Lautsprecher ausgefallen sein könnten, nur um den Gedanken sofort wieder fallenzulassen. Es war wie ein Alptraum. Barenboim sprach aus, was wir alle dachten: »Es klingt, als ob Gerald Moore sich schon verabschiedet hätte.« Den Stimmen der Sänger konnte die Gegenwart des Publikums offensichtlich nichts anhaben, sie waren in voller Pracht zu hören. Das Klavier dagegen schien sich in nichts aufgelöst zu haben. Der Grund dafür war, wie ich sofort vermutete, daß die Sänger am Morgen einzeln zur Probe gekommen waren und wir keines der Duette oder Terzette hatten proben können und daß die drei recht eindrucksvollen Gestalten vor dem nur einen Spalt geöffneten Flügel dessen Klang schluckten. Das Fiasko schien perfekt.

Der Tonmeister hantierte einige Sekunden hektisch an den Reglern seines Mischpultes, und dann war plötzlich, wie durch ein Wunder und noch ehe die erste Nummer zur Hälfte gesungen war, das Klavier wieder zu hören, sogar mit einer ähnlichen Tonfülle wie am Morgen. Ich sank in meinen Sessel zurück, stieß einen Seufzer der Erleichterung aus und sah den Tonmeister fragend an. Der lachte. »Ich konnte doch nicht zulassen, daß Legge uns die Aufnahme verdirbt.« Er hatte am Morgen, als alle gegangen waren, aus Sorge um den Klang des nur einen Spalt geöffneten Flügels heimlich ein weiteres Mikrofon dahinter installiert, und zwar so nah, daß es vom Saal aus nicht zu sehen war. Als zusätzliche Vorsichtsmaßnahme hatte er zwei der Deckenmikrofone gesenkt. Diese drei Mikrofone hatte er jetzt voll eingeblendet. »So klingt es schon besser«, sagte Barenboim anerkennend, bevor er ging.

Der Rest des Konzerts war schieres Vergnügen. Immer wieder war ich verblüfft, wie perfekt Gerald Moore den Charakter der verschiedenen Stücke einfing: die spielerische Leichtigkeit der Rossini-Duette und die wechselnden Stimmungen der anderen Duette und Lieder, vor allem der Lieder von Hugo Wolf, etwa dem leidenschaftlich erregten »Kennst du das Land« von Goethe und dem düster verzweifelten »Sonne der Schlummerlosen« von Byron. Liebend gern hätte ich mir wenigstens einen Teil des Konzerts im Saal angehört, aber ich fühlte mich verpflichtet, im Regieraum auszuharren für den Fall, daß unvorhergesehene Komplikationen eintraten.

Als wir die Aufnahme am nächsten Tag anhörten, wurde uns klar, daß nicht nur der Anlaß zu diesem Konzert, sondern auch die Qualität der Darbietung etwas ganz Besonderes war. Ich werde manchmal gefragt, wie ich zu Aufnahmen von Live-Konzerten im Unterschied zu Studioaufnahmen stehe. Sind an einem Musikstück viele Ausführende beteiligt, ergeben sich bei Live-Aufnahmen praktische Schwierigkeiten. Man kann auf einer Konzertbühne nicht so viele Mikrofone installieren, wie sie für die ausgewogene Aufnahme selbst einer so unkomplizierten Partitur wie die einer Beethoven-Symphonie zumeist notwendig sind. Sind nur wenige Akteure beteiligt, stehen die Chancen besser. Dann sind in der Tat Aufnahmen möglich, wie man sie im Studio nicht erreichen kann. Fischer-Dieskau hat Schuberts Lied »Im Abendrot« mindestens viermal im Studio aufgenommen. Seine Darbietung dieses Liedes im Abschiedskonzert aber hat eine ganz besondere Intensität, und keine der Studioaufnahmen reicht ganz daran heran. Man spürt, daß er ein Publikum vor sich hat, das ihm hingerissen zuhört. Er wagt noch ein extremeres und intensiveres Pianissimo als im Studio.

Drei Jahre später wurde übrigens eine andere Live-Aufnahme von einem Mißgeschick betroffen, das keiner hatte voraussehen können. Wir nahmen ein Konzert des South Bank Festival mit Werken von Beethoven auf. Eines davon war die ursprünglich für Streichquartett geschriebene »Große Fuge« in der vom Komponisten selbst erstellten Bearbeitung für Klavier zu vier Händen. Die Pianisten waren Daniel Barenboim und Alfred Brendel. Die beiden Klavierstimmen liegen streckenweise eng beieinander, was bedeutet, daß alle vier Hände in der Mitte der Tastatur zu tun haben. Bei der Probe am Morgen trugen die Pianisten kurzärmelige Hemden. Der Abend kam, und das Konzert begann. Ich dachte gerade darüber nach, ob die Klavierfassung gegenüber dem Original als Verbesserung anzusehen sei, als ein mißtönendes Klimpern mich aus meinen Überlegungen riß. Es klang, als ob Barenboim und Brendel die Tasten mit den Ellbogen bearbeiteten. Ich sah auf den Fernsehmonitor und mußte unwillkürlich laut herauslachen. Die Manschettenknöpfe an Barenboims linkem Ärmel und Brendels rechtem Ärmel hatten sich ineinander verfangen, und in ihrem Bemühen, freizukommen, schlugen die Pianisten mit ihren Armen auf die Tasten. Zwar hatten sie sich nach wenigen Sekunden befreit, aber bei solchen Anlässen kommen einem Sekunden wie Stunden vor. Als das Publikum gegangen war, mußten wir den Abschnitt, der danebengegangen war, noch einmal aufnehmen.

Barenboim war von 1966, dem Beginn unserer Zusammenarbeit, bis 1977, als er die letzte Platte für uns einspielte, mein häufigster Partner im Studio. 1977 wurde er uns untreu und wandte sich anderen Tätigkeiten zu, wie ich hoffe, nur vorübergehend. Ich produzierte im Jahr etwa zehn Platten mit ihm. Dazu kamen ein weiteres Dutzend oder mehr Platten

An einer Aufnahmesitzung mit Walter Legge. Gerald Moore und Elisabeth Schwarzkopf.

»Ist der Akzent nicht zu hart? Es handelt sich doch um ein Schubert-Menuett.«
Zu Hans Richter-Haaser.

»Auf los geht's los, Lamar.« Mit Gervase de Peyer und Lamar Crowson (Mitte) bei der Aufnahme des Quintetts für Klavier und Bläser von Ludwig van Beethoven.

»Geht es mit diesem Cello besser?« Jacqueline du Pré bei der Aufnahme von Joseph Haydns Cellokonzert C-dur.

Im Gespräch mit Otto Klemperer über Joseph Haydns Symphonie Nr. 95.

»Und jetzt das Sextett.« Aufnahme von »Così fan tutte« mit Otto Klemperer.

Bild links: Pierre Boulez und Daniel Barenboim bei der Aufnahme von Béla Bartóks Klavierkonzerten.

Bild rechts unten: Mit dem Melos Ensemble bei der Aufnahme von Franz Schuberts Oktett F-dur. Stehend: der Tonmeister, Ivor McMahon (Violine), Adrian Beers (Kontrabaß), Emmanuel Hurwitz (Violine). Sitzend: William Waterhouse (Fagott), Terence Weil (Cello), Gervase de Peyer (Klarinette), der Produzent, Cecil Aronowitz (Bratsche), Neil Sanders (Horn).

Yehudi Menuhin nimmt seinen Beitrag für die Platte zu Gerald Moores siebzigstem Geburtstag auf.

Meine einzige Aufnahme von indischer Musik. Bismillah Khan und Vilayat Khan (sitzend), Shantaprasad (rechts).

André Previn und das Yale Quartet bei der Aufnahme des Klavierquintetts von Johannes Brahms.

Daniel Barenboim, Pinchas Zukerman und Jacqueline du Pré: erste Einspielung der Klaviertrios von Ludwig van Beethoven.

»Nur Sie erzielen *den* Klang von den Streichern.« Zu Sir John Barbirolli bei der Aufnahme von Frederick Delius' »Appalachia«.

»Und das sagt ausgerechnet er.« Mit Sir John und Lady Evelyn Barbirolli.

Abbey-Road-Studio Nr. 1: Jacqueline du Pré, das London Symphony Orchestra und Sir John Barbirolli bei der Aufnahme des Cellokonzerts D-dur von Joseph Haydn.

mit anderen Künstlern und den verschiedensten Werken. Allein 1967 produzierte ich sechsunddreißig Platten. Die Zahl war durch unerwartete Projekte und neue Einspielungen bekannter Künstler in die Höhe getrieben worden. Anievas spielte eine Platte mit Rachmaninows zweitem Klavierkonzert und dessen Paganini-Rhapsodie ein, die zum Bestseller wurde. Die Aufnahmesitzungen dazu fanden in der Abbey Road zwischen zehn und ein Uhr mittags und sieben und zehn Uhr abends statt. An zwei Tagen mußte ich dazwischen noch in die sechs Kilometer entfernte Kingsway Hall eilen, wo in Sitzungen von halb drei bis halb sechs Uhr das Mozart-Requiem mit Frühbeck de Burgos aufgenommen wurde. Die Erinnerung an meinen Aufenthalt im Krankenhaus 1963 verblaßte allmählich und mit ihr die Lektion, die mir damals erteilt worden war. Aber auch abgesehen davon sind drei dreistündige Sitzungen an einem Tag einfach zu viel.

Am Ende des Jahres erwartete mich noch eine große Herausforderung: die Aufnahme von Schuberts Oktett mit meinen alten Bekannten vom Melos-Ensemble. Das Oktett ist das nach dem »Forellenquintett« wahrscheinlich populärste Kammermusikwerk überhaupt und entsprechend oft eingespielt worden. Wir mußten uns also einmal mehr gegen eine starke Konkurrenz behaupten. Als wir anfingen, war ich entschlossen, daß unsere Aufnahme die beste aller bisherigen werden sollte, und sagte das auch zu einem Kollegen aus dem Vertrieb.

Eines der größten aufnahmetechnischen Probleme bei diesem Werk stellt der Kontrabaß, ein schwer zu integrierendes Instrument, das eigentlich gar nicht in die Kammermusik gehört. Diesmal hatten wir damit überhaupt keine Schwierigkeiten. Ich bat Adrian Beers, unseren Bassisten, einfach um einen weichen, runden, stützenden Ton und ein singendes »cantabile«, sobald er ein Thema spielte. »Laß mich nur machen, Suvi«, sagte er, und damit war das Problem gelöst.

Die Platte wurde tatsächlich als die bis dahin beste Aufnahme des Werkes gepriesen. Der Kollege, dem ich etwas voreilig mein Versprechen gegeben hatte, verdrehte die Augen. »Suvi sagt, er macht die beste Einspielung des Oktetts, und was macht er? Genau das! Kannst du mir jetzt vielleicht auch noch einen guten Tip fürs Grand National geben?«

Ich galt nach wie vor als Spezialist für Klavieraufnahmen. John Ogdon war 1967 bereits ein alter Bekannter. Ich hatte mit ihm einige Platten mit Werken von Liszt eingespielt. Der großgewachsene, stämmige Ogdon hatte eine verhängnisvolle Wirkung auf Klavierhocker – einmal begann nach einer Sitzung sogar ein neuer, extra stabil gebauter Hocker zu quietschen und schied damit für die nächste Aufnahme aus. Ogdon ist ein liebenswürdiger Mensch und immer offen für Anregungen. Ich hatte das eine oder andere Mal Bemerkungen zu Aspekten der Interpretation gemacht, etwa: »John, meinst du nicht, daß du zwischen Takt 15 und 20 etwas zu viel Pedal gibst?«, und er sagte nur: »Findest du? Dann gebe ich weniger.« Gewöhnt an Künstler, die ihre Interpretation mit Händen und Füßen verteidigten und dann ins Studio zurückgingen und – in diesem Fall – vielleicht eine winzige Spur weniger Pedal gaben, war ich von dieser Antwort zunächst angenehm überrascht. Beim dritten Mal wurde ich allerdings etwas unruhig und hielt mich dann mit weiteren Vorschlägen zurück. Als ich Ogdon besser kannte, sagte ich einmal zu ihm: »John, warum wünschst du mich nicht ab und zu zum Teufel, wenn ich einen Vorschlag mache?« Mit einem Augenzwinkern erwiderte er: »Soll ich das? Also gut – scher dich zum Teufel.«

Ogdon hat mich allerdings auch als Musiker beeindruckt. Als ich Busonis Klavierkonzert mit ihm und dem Royal Philharmonic Orchestra unter Daniell Revenaugh, einem großen Verehrer Busonis, aufnehmen sollte, war ich zunächst wenig angetan. Ich hatte in einer Aufführung des Werkes 1963 zwar mitgesungen, erinnerte mich aber kaum noch daran. Außerdem sollte ich knapp zehn Tage danach zu Aufnahmen im King's College nach Cambridge fahren, und ich hatte keine Lust, mich vorher noch mit einem solchen Koloß von Anfang des zwanzigsten Jahrhunderts herumzuschlagen. Mein Widerwillen schwand allerdings, als ich die Partitur sah. Das Werk ist in jeder Beziehung groß angelegt – also nicht einfach nur lang –, und eine erfolgreiche Einspielung ist eine Herausforderung. Der Klavierpart ist teuflisch schwer, aber das war für Ogdon kein Problem. Seine Kondition war erstaunlich. Ich kenne keinen anderen Pianisten, der das Busoni-Konzert am selben Tag ohne Ermüdungserscheinungen oder Konzentrationsschwächen zweimal ganz durchspielen könnte.

Nach dem warm und träge dahinfließenden Busoni waren die »Messe de Minuit«, die Mitternachtsmesse für den Weihnachtsabend, von Charpentier und Purcells »Te Deum« wie ein kühler, klarer und erfrischender Strom. David Willcocks und der Chor des King's College wurden vom English Chamber Orchestra begleitet. Ich hatte Cambridge bereits 1963 einen eintägigen Besuch abgestattet, um Frank Worrells West Indians gegen die Mannschaft der Universität spielen zu sehen, und freute mich auf die Gelegenheit, einige Tage in der Stadt zu verbringen. Die Atmosphäre hätte nicht angenehmer sein können, und ich verbrachte einen großen Teil meiner freien Zeit in den vielen Antiquariaten der Stadt. Ein zusätzliches Erlebnis war es, als ein alter Herr, den ich über den Rasen vor der Kapelle spazieren sah, sich beim Näherkommen als E. M. Forster entpuppte.

Das berüchtigte Echo der Kapelle des King's College hat die Aufnahmetechnik im Laufe der Jahre in den Griff bekommen. Man kann heute eine einigermaßen klare Aufnahme auch komplex strukturierter Werke erzielen. Die Arbeit ging deshalb leicht vonstatten. Der Chor hatte gründlich geprobt, und meine Hauptsorge war es, nicht gegen bestimmte Gesetze zu verstoßen wie zum Beispiel das Gesetz, das die »Beschäftigung« Minderjähriger nach sieben Uhr abends verbietet.

Der gelehrte David Willcocks ist ein wunderbarer Chorleiter. Sein überaus umgängliches Wesen trug noch zur angenehmen Arbeitsatmosphäre in Cambridge bei. Wir waren vorzeitig mit den geplanten Werken fertig und nahmen deshalb als besonderen Leckerbissen noch Bachs Motette »Jesu, meine Freude« für Chor a cappella und einige Choräle auf. Ein junger Organist spielte die Zwischenspiele der Messe. Ich war tief beeindruckt von seinem Spiel und überzeugt, daß ihm eine bedeutende Karriere bevorstand. Er hieß Andrew Davis, und seine erfolgreiche Karriere erfüllt mich mit großer Genugtuung, obwohl er bei einer anderen Plattenfirma unter Vertrag steht.

12

Klemperer, Barenboim und Pollini

Die ersten Platten, die ich nach dem Desaster mit den Klavierkonzerten von Schumann und Liszt als verantwortlicher Produzent mit Klemperer aufnahm, waren die fünf Klavierkonzerte und die Chorfantasie op. 80 von Beethoven. Seit Jahren hatten wir nach einem Solisten gesucht, der diese Werke mit Klemperer einspielen konnte. Von Bethovens großen Orchesterwerken fehlten Klemperer nur noch Aufnahmen jener mit Klavier. Klemperer lernte Barenboim Anfang 1967 kennen, als die beiden zusammen Mozarts Klavierkonzert in C-dur KV 503 einspielten, und der Dirigent kam mit dem so viel jüngeren Mann auf Anhieb zurecht.

Beim ersten Durchgang des C-dur-Konzerts drehte Klemperer sich alle paar Augenblicke unter großen Mühen nach Barenboim um. Als Barenboim schließlich aufstand und fragte, was ihn störe, meinte Klemperer: »Ich möchte nur sichergehen, daß Sie nicht hinter meinem Rücken dirigieren.«

Nach der Aufnahme sagte Klemperer zu meiner großen Freude, daß er den Pianisten gefunden habe, mit dem er die Klavierkonzerte von Beethoven aufnehmen wolle. Wir fanden Termine für neun Sitzungen am Anfang der Saison 1967/68. Wir wollten die Konzerte in umgekehrter Reihenfolge aufnehmen, und ich hoffte, in dieser Zeit wenigstens Nr. 5, 4 und 3 fertigzustellen. Wir kamen dann zügig voran, und bis zur Mitte der vierten Sitzung wußte ich, daß die Zeit für alle Konzerte reichte, und ich begann mich nach einem Chor für die Chorfantasie umzusehen.

Die Sitzungen machten sowohl dem 82jährigen Klemperer wie dem 24jährigen Barenboim großen Spaß. Als wir Nr. 3 aufnahmen, spekulierten sie, wie ein zur selben Zeit und in derselben Tonart komponiertes Konzert von Mozart geklungen hätte. Beim Anhören des dritten Satzes von Nr. 5 sagte Klemperer: »*Poco ritardando,* Barenboim, *poco ritardando«,* mit der Betonung auf *poco.* Dazu schlug er mit dem Fuß das seiner Meinung nach richtige Tempo. Barenboim meinte daraufhin: »Jawohl, Herr Doktor, *poco ritardando«,* mit der Betonung auf *ritardando,* und schlug seinerseits mit dem Fuß das Tempo, das er für richtig hielt, etwa halb so schnell wie das Klemperers. Als Barenboim Nr. 4 mit dem melodiösen Hauptthema eröffnete, war Klemperer bewegt und murmelte unwillkürlich: »Genau so.« Und als Barenboim daraufhin aufhörte, fragte er ganz überrascht: »Warum haben Sie aufgehört?« Wenig später – das Orchestertutti hatte bereits begonnen – trat Barenboim zu Klemperer und flüsterte etwas. »Wird gemacht«, nickte Klemperer. Dann drehte er sich noch einmal um: »*Langsamer* wollen Sie es?«

Einmal hörte Jacqueline du Pré bei einer Sitzung zu. In der Pause spielte Klemperer, der von ihrem phänomenalen Tongedächtnis gehört hatte, eine zusammenhanglose Folge von Noten und forderte sie auf, die Töne zu benennen. Ohne einen Augenblick zu zögern, sagte sie: »A, B, Cis, Dis, F.« Klemperer mußte erst auf die Tasten schauen, um dann zu bestätigen, daß sie recht hatte. Dann begann er einen Schubert-Marsch zu spielen, und Barenboim zog sich einen zweiten Stuhl zum Klavier, nahm neben Klemperer Platz und erweiterte den Marsch zum Duo. Als er Klemperers weniger beweglichen Rechten aushelfen wollte, bekam er einen kräftigen Klaps auf die Finger. Mittendrin sagte Klemperer plötzlich: »Halten Sie die Hand hoch.« Barenboim hielt die rechte Hand hoch. Klemperer drückte seine linke dagegen: Sie war fast anderthalbmal so groß. Klemperer schüttelte den Kopf. Daß Barenboim mit so kurzen Fingern so virtuos spielen konnte, grenzte an ein Wunder. Da beide Künstler mir besonders nahestanden, waren die Sitzungen für mich ein großes Vergnügen.

Nur einmal kam es zu einem Zusammenstoß, der zwar ohne Folgen blieb, aber für das Verhältnis zwischen Klemperer und mir wichtig war. Klemperer konnte es nicht leiden, wenn er kleine Abschnitte oft wiederholen mußte. Es überraschte mich, daß ein Mann, der so gut Englisch konnte wie er, nicht wußte, was das englische Wort »bit« bedeutete, bis ich es ihm bei der Aufnahme des letzten Satzes von Mozarts Symphonie Nr. 29 erklärte – es sei denn, er tat nur so, als wßte er es nicht. Er hatte den Satz geprobt, einmal aufgenommen, die Aufnahme angehört und mit mir besprochen und eine weitere Aufnahme gemacht. Als er wieder in die Regie kam, sagte ich: »Der Satz ist in Ordnung, Herr Doktor, abgesehen von zwei kleinen *bits.«* Er fragte: »Bits? Was heißt das?« Ich erklärte es ihm. »Ein kleiner Teil oder Abschnitt, auf deutsch ein Stück.« Er sagte mit zunehmendem Abscheu einige Male »bit« und setzte sich dann, um die Aufnahme zu hören. Danach sagte er: »Ich wiederhole jetzt drei ›bits‹, zwei für Sie und eins für mich.« Er ging ins Studio zurück, informierte das Orchester über die drei Stellen und sagte dann, wie ich schon erwartet hatte: »Den ganzen Satz noch mal, von Anfang an und mit allen Wiederholungen.« Nach Ende der Aufnahme rief er mich im Regieraum an. »Sind jetzt alle ›bits‹ in Ordnung?«

Zurück zu Beethovens Klavierkonzerten. Klemperer hatte die Chorfantasie geprobt und einmal komplett aufgenommen. Wir hatten die Aufnahme angehört, einige Stellen, die besondere Aufmerksamkeit erforderten, besprochen und eine zweite Aufnahme gemacht. Danach herrschte Stille im Studio. Ich wußte, was das bedeutete: Für Klemperer war die Chorfantasie erledigt. Die Aufnahme enthielt allerdings noch einige Fehler. Da ich Klemperer das nicht am Telefon erklären wollte, ging ich mit meiner Partitur ins Studio. Das Orchester war unruhig. Klemperer sah mich streitlustig an: »Ja?« Die Partitur der Chorfantasie auf seinem Pult hatte er bereits zugeklappt. Ich sagte, daß einige Stellen wiederholt werden müßten. Ärgerlich öffnete er die Partitur und knallte sie vor mich hin. »Sagen Sie mir, was nicht stimmt.« Ich sagte, daß an einer Stelle Oboe und Fagott nicht zusammen seien. Klemperer sah die Holzbläser an und sagte: »Oboe und Fagott, er sagt, daß Sie in Takt soundsoviel nicht zusammen waren.« Und wieder zu mir: »Sonst noch was?« Ich sagte, daß an einer anderen Stelle die Klarinette zu spät eingesetzt habe. »Klarinette, Sie waren zu spät – stimmt das?« Der Klarinettist murmelte etwas. Klemperer wandte sich an mich: »Er sagt, er hat nicht zu spät eingesetzt. Was noch?« Ich sagte, die Intonation des Streichquartetts sei mangelhaft gewesen. »Dann werde ich wohl allmählich taub, denn für mich klang es absolut perfekt.« Daraufhin sagte der Stimmführer der Bratschen: »Herr Doktor, wir haben an dieser Stelle tatsächlich unsauber gespielt.« Klemperer funkelte ihn wütend an und wandte sich dann wieder an mich: »Ist das alles, oder haben Sie noch was?« Ich erwähnte noch eine weitere Passage, an der Streicher und Holzbläser zusammen gespielt hatten statt in Synkopen versetzt. »Aber hier im Studio klang es richtig!« rief Klemperer ärgerlich.

Eingedenk der Sitzungen mit den Konzerten von Schumann und Liszt wußte ich, daß der Konflikt auf der Stelle gelöst werden mußte. Wenn ich mich jetzt einschüchtern ließ, verlor Klemperer jeden Respekt vor mir und würde nie mehr auf das hören, was ich im Studio zu ihm sagte. Ich sagte also ruhig, aber fest, in Anwesenheit Barenboims und des ganzen Orchesters und Chores, die sich vernünftigerweise aus dem Streit herausgehalten hatten: »Herr Doktor, ich bitte Sie nicht gern um die Wiederholung dieser Stellen, aber diese Stellen und andere sind noch nicht in Ordnung. Wenn ich Sie bitte, sie zu wiederholen, so tue ich das, um Ihren guten Ruf zu schützen – denn Ihr Name steht hinterher auf der Schallplatte, nicht meiner.« Klemperer murmelte so etwas wie, daß ihm sein Name auf Schallplatten egal sei, sagte dann aber: »Ich mache noch eine Wiederholung, und dann ist Schluß.« Er fing schon an, bevor ich das Studio verlassen hatte, und natürlich lief die Bandmaschine noch nicht, und das rote Licht, das anzeigt, daß aufgenommen wird, war noch aus.

Der Konzertmeister wies Klemperer darauf hin. »Spiele ich das hier denn zu *meinem* Vergnügen noch mal?« brüllte er, aber sein Zorn war verraucht. Er klopfte ab und begann erneut. Als der letzte Akkord verklungen war, kündigte er laut an: »Konzert Nr. 2.« Einige Stellen der Fantasie waren immer noch nicht in Ordnung, aber mir war klar, daß ich Klemperer jetzt nicht weiter drängen durfte. Als er an diesem Abend das Studio verließ, wußte ich nicht, in welcher Laune er zur nächsten Sitzung erscheinen würde. Am nächsten Morgen hatte er sich allerdings wieder gefangen. Er fragte mich vor Beginn der Sitzung sogar, ob ich noch Stellen aus der Fantasie wiederholen wolle. Ich gab ihm meine Liste, und er sagte, er werde zuerst diese Stellen verbessern und dann mit dem zweiten Klavierkonzert weitermachen.

Wir hatten nie wieder einen Streit wie diesen. Als Klemperer einige Jahre später Bruckners Neunte aufnahm, machte ich ihn auf ein hohes G der Geigen aufmerksam, das meines Erachtens unschön gespielt war. Klemperer sagte, ihm sei die Stelle nicht aufgefallen. Wir hörten sie uns an, und ich sagte, die Note klinge etwas schräg. Klemperer fragte den Konzertmeister, ob die Note auch für ihn schräg klinge, aber in einem Ton, der es diesem unmöglich machte, die Frage zu bejahen. Der Konzertmeister erwiderte also zögernd, er könne keinen Mangel hören (ich sagte danach zu ihm, wenn er mich noch einmal so im Stich lasse, würde ich ihm mit aller Kraft auf die Zehen treten). Ich beharrte darauf, daß die Note nicht sauber sei, worauf Klemperer meinte: »Ich kann es nicht besser.« »Aber vielleicht das Orchester«, entgegnete ich. Als wir uns die Aufnahme ganz angehört hatten, sagte Klemperer, welche Passagen er wiederholen wolle. Die Stelle in den Geigen war nicht darunter. »Und die Takte, die zum hohen G hinaufgehen«, ergänzte ich deshalb. Er drohte mir mit dem Finger. »Sie sind ein sturer Mann.« Dann ging er ins Studio zurück. Ich wußte immer noch nicht, ob er die Stelle wiederholen würde. Er wiederholte die anderen Passagen und sagte dann zum Orchester: »Jetzt zum hohen G in den Geigen in Takt soundsoviel. Mr. Grubb sagt, das G klingt nicht schön. Ich selbst habe nichts gehört, aber spielen wir es noch cinmal – und diesmal besser.«

*

Die Mozart-Klavierkonzerte mit Barenboim waren so erfolgreich gewesen, daß wir daraufhin eine Platte mit späten Mozart-Symphonien in Angriff nahmen. Am 18. Januar nahmen wir in zwei Sitzungen die Symphonie Nr. 40 auf. Nach der zweiten Sitzung, um halb sechs, waren wir in Feierstimmung. Wir wußten, daß wir gute Arbeit geleistet hatten, und mit Jacqueline du Pré gingen wir zu mir nach Hause, um Kaffee zu trinken.

Soweit ich mich erinnern kann, fühlte ich mich an jenem Abend nicht krank, nur unerklärlich müde. Die Sitzungen waren nicht übermäßig anstrengend gewesen. Als ich am nächsten Morgen um halb sieben aufwachte, wußte ich sofort, was los war. Weniger als zehn Minuten später war ich im Krankenwagen mit Blaulicht ins Royal Free Hospital unterwegs. Diesmal war die Warnung nicht glimpflich ausgefallen. Ich hatte große Schmerzen und noch größere Angst auszustehen. Drei Tage dämmerte ich unter einer Sauerstoffmaske vor mich hin. Immer, wenn ich aus meinem Halbschlaf aufwachte, schienen Barenboim und meine Frau an meinem Bett zu sitzen, und einmal erkannte ich eine in Tränen aufgelöste Jacqueline du Pré.

Eine Woche später hatte ich mich soweit erholt, daß ich mit den Worten des siebenjährigen Macaulay, der sich mit heißem Tee verbrannt hatte, auf die Frage nach meinem Befinden antworten konnte: »Die Schmerzen haben nachgelassen.« Drei Tage später wurde ich von der Intensivstation in ein Privatzimmer verlegt. Barenboim besuchte mich regelmäßig. Einmal beklagte ich mich bei ihm über Langeweile. »Jetzt ist er wieder der alte«, meinte Barenboim, »er fängt an, über Langeweile zu schimpfen.« Dann ging er, um etwa eine halbe Stunde später mit einem großen Karton zurückzukehren. Er ließ ihn auf mein Bett fallen und öffnete ihn. Ein tragbarer Plattenspieler kam zum Vorschein. »Da«, sagte er, »damit es dir nicht mehr langweilig ist. Tut mir leid, daß er von der Konkurrenz kommt.« Als ich ihm danken wollte, wiegelte er ab und verabschiedete sich, da er am folgenden Morgen in die Vereinigten Staaten aufbrechen mußte. »Tu, was die Ärzte sagen«, ermahnte er mich noch.

Der Plattenspieler rettete mir das Leben. Barenboim rief täglich aus Amerika an. Eines Abends spät rollte die Stationsschwester einen Nachtstuhl in mein Zimmer. Überrascht schaute ich sie an. Ich hatte nicht darum gebeten. »Wer ist Daniel Barenboim?« fragte sie. Ich sagte, er sei ein Freund von mir. »Er ruft aus Chicago an. Der Anruf wurde in mein Zimmer durchgestellt, aber wir können ihn nicht bis zu Ihnen durchstellen.« Zusammen mit einer zweiten Krankenschwester half sie mir auf den Nachtstuhl und rollte mich zum Telefon. »Ich wußte doch, daß es geht«, waren Barenboims erste Worte. »Dann hast du das mit dem Nachtstuhl organisiert, Danny?« Er kicherte. »Sitzt du bequem darauf? Die Schwester sagte, sie könne den Anruf nicht in dein Zimmer durchstellen. Ich bat sie, einen Rollstuhl zu besorgen, aber sie meinte, das koste Zeit. Also schlug ich vor, dich auf einen Nachtstuhl zu setzen und ihn als Rollstuhl zu verwenden. Wie geht's dir?« Als das Gespräch zu Ende war, erklärte ich der Schwester, wer Barenboim war. Verwirrt schüttelte sie den Kopf. »Ich weiß immer noch nicht, wie er mich aus sechstausend Kilometer Entfernung dazu überreden konnte, Sie so spät abends noch aus dem Bett zu holen.

Wirklich ein sehr energischer und redegewandter junger Mann. Ich möchte ihm nicht persönlich gegenüberstehen und eine Bitte abschlagen müssen.«

Nach meiner Entlassung aus dem Krankenhaus mußte ich mich noch längere Zeit zu Hause erholen. Ende Februar durfte ich zum erstenmal wieder aufstehen und bis zu vier Stunden am Tag in einem Sessel sitzen. Ich war noch ziemlich wacklig auf den Beinen. Am Morgen des 28. Februar – eine Bekannte aus Deutschland putzte gerade im Wohnzimmer – klingelte das Telefon. Vom Schlafzimmer aus hörte ich sie sagen: »Ja-ja-ja, Herr Doktor, einen Moment bitte.« Sie kam ins Schlafzimmer und sagte, was ich schon wußte: »Doktor Klemperer ist am Telefon. Er will Sie heute morgen besuchen.« Als ich im Krankenhaus lag, hatte Klemperer mir ein Telegramm geschickt und sich dann wiederholt nach den Fortschritten meiner Genesung erkundigt. Jetzt war er in London, um den »Fliegenden Holländer« aufzunehmen, und das erste Mal in fast acht Jahren sollte ich nicht mit von der Partie sein.

Es galt allerdings für diesen Besuch ein Hindernis zu überwinden. Meine Wohnung lag zwar im Erdgeschoß, war aber nur über eine Treppe von zwölf Stufen erreichbar. Wie sollte Klemperer diese Stufen bewältigen? Er fuhr jetzt meist im Rollstuhl. Mit fremder Hilfe konnte er zwar eine ebene Strecke zu Fuß zurücklegen, aber Treppen waren schwierig. Ich versuchte nicht, Klemperer das alles über unsere deutsche Bekannte klarzumachen – ich ließ ihm nur ausrichten, daß meine Frau ihn in einigen Minuten zurückrufen würde. Klemperer konnte die ganze Aufregung zunächst nicht verstehen. Er wollte mich besuchen, warum sollte er sich also nicht einfach in ein Auto setzen und herkommen. Meine Frau erklärte ihm die Situation. Sie bestellte zwei kräftige Männer des New Philharmonia Orchestra für den Abend zu uns nach Hause, damit sie Klemperer samt Rollstuhl die Treppen hinaufhelfen konnten.

Klemperer kam um halb sechs. Ich saß mit Kissen abgestützt auf dem Sofa. »Warum sind Sie mir untreu geworden?« sagte er und schüttelte mir die Hand. Er machte es sich bequem, erkundigte sich nach meiner Gesundheit und stellte zufrieden fest, daß ich gut aussehe. Er blieb über eine Stunde. Wir sprachen über Indien und über die Persönlichkeit Jawaharlal Nehrus. Ob ich Mahatma Gandhi je mit eigenen Augen gesehen hätte, wollte er wissen. Ich erwiderte, ich hätte Gandhi erst gesehen, als man ihn nach seiner Ermordung aufgebahrt hatte, und Klemperer bemerkte, wie seltsam es doch sei, daß ein Mensch, der die Gewaltlosigkeit praktiziert habe, eines gewaltsamen Todes habe sterben müssen. Wir sprachen auch über Richard Strauss, den Klemperer persönlich gekannt hatte. Klemperer meinte, Strauss sei nie über den »Rosenkavalier« hinausgekommen, und die späteren Opern seien lediglich Wiederholungen. Ich verteidigte »Capriccio«. Klemperer gab zu, daß »Capriccio« eine schöne Oper sei, seine Aussage aber dennoch nicht widerlegen könne. Wir konnten beide nicht begreifen, wie Strauss es fertiggebracht hatte, sich derart von seiner Umgebung abzuschotten, daß er mitten im Krieg ein so zartes Werk wie »Capriccio« hatte schreiben können. Klemperer aß einige seiner Lieblingsschokoladenkekse, die er »cookies« nannte, und berichtete über einer Tasse Kaffee Hörenswertes aus seiner vergangenen Arbeit und dem musikalischen Leben im Berlin der zwanziger Jahre. Wir unterhielten uns über die Musiker, die er gekannt und mit denen er gearbeitet hatte, darunter Schnabel, Erich Kleiber sowie Adolf und Fritz Busch.

Dann wollte Klemperer wissen, wie wir mit den Beethoven-Sonaten mit Barenboim vorankamen. Ich berichtete, daß wir zwei frühe Sonaten aufgenommen hätten, bevor ich krank wurde. »Welche?« »Opus 10 Nummer 2 und Opus 14 Nummer 2.« Zu meinem Erstaunen kannte Klemperer beide Sonaten und erinnerte sich sogar Ton für Ton an einige besonders schöne Stellen. Noch mehr verblüffte mich, als er das wunderbare D-dur-Thema aus den letzten siebzehn Takten der Exposition des ersten Satzes von op. 14 sang, eine der bewegendsten Eingebungen Beethovens. Mittendrin brach er ab und fragte: »Können Sie den Baß auswendig?« Ich bejahte. »Dann singen Sie ihn.« Er begann wieder mit der Melodie, und ich sang dazu den chromatisch geführten Baß, der die Melodie so wirkungsvoll unterstützt.

Ein Blick auf die Uhr ergab zu unserer Überraschung, daß es schon Viertel vor sieben war. Klemperer mußte um sieben bei einer Aufnahmesitzung im Studio sein. Ich gab meiner Hoffnung Ausdruck, die Aufführung der Oper im Konzert zehn Tage später sehen zu können. Er hob warnend den Finger. »Wenn Sie heute erst vier Stunden aufstehen dürfen, sollten Sie nicht daran denken, in zehn Tagen ein Konzert zu besuchen.« Als er ging, fühlte ich mich gestärkt. Klemperer wußte, wie sehr ich darunter litt, nicht bei den Sitzungen dabei sein zu können, die ich mit ihm in allen Einzelheiten geplant und besprochen hatte. Er war gekommen, um mich aufzuheitern und mir zu verstehen zu geben, daß er mich nicht vergessen hatte.

*

Die erste Aufnahme, nachdem ich wieder arbeiten konnte, war Bachs »Magnificat« mit Lucia Popp, Ann Pashley, Janet Baker, Robert Tear, Thomas Hemsley und dem New Philharmonia Chorus und Orchestra unter Barenboim. Es war mein erstes großes Chorwerk. Ich freute mich, wieder mit Lucia Popp und Janet Baker und natürlich Wilhelm Pitz zusammenzuarbeiten und neue Sänger kennenzulernen. Aufnahmeort war die Kirche All Saints in Tooting.

Wir hatten bereits seit geraumer Zeit nach einem zusätzlichen Aufnahmeort neben Studio 1 und Kingsley Hall gesucht. Manchmal mußten zur gleichen Zeit mehr als zwei Aufnahmen gemacht werden, und einige Werke erforderten mehr Platz, als an den beiden regulären Aufnahmeorten zur Verfügung stand. Einer unserer Toningenieure hatte im Vorfeld der Aufnahme des »Magnificat« Erkundigungen eingezogen und eine kurze Liste in Frage kommender Aufnahmeorte zusammengestellt, darunter All Saints. Und sobald ich die Kirche gesehen hatte, war meine Wahl getroffen gewesen.

Von außen sah die Kirche eher unscheinbar aus. Innen waren ein schön geschnitztes Chorgestühl und ein Chorgitter, das zu Beginn des zwanzigsten Jahrhunderts, als die Kirche gebaut wurde, aus einem italienischen Kloster nach London verbracht worden war. Die großen Vorteile der Kirche waren ihre Geräumigkeit und ein Nachhall von offensichtlich genau der richtigen Stärke. Die Kirche schien ideal für Kirchenmusik, vielleicht auch für andere, aufwendigere Werke. Die Regie konnte im speziellen Ankleideraum untergebracht werden. Dieser war zwar durch einen langen Gang von der Kirche getrennt, aber es war mittlerweile ohnehin üblich, das Geschehen im Aufnahmesaal durch Fernsehkameras in den Regieraum zu übertragen. Daß es sich um eine Kirche handelte, störte mich nicht im mindesten. Wir brachten eine tragbare Orgel mit, die für das »Magnificat« besser geeignet war als die mächtige viktorianische Kirchenorgel. In den folgenden fünf Jahren nahm ich in dieser Kirche vier Messen, ein Te Deum, einen Akt einer Wagner-Oper, das Violinkonzert von Dvořák und sogar das Klavierquintett von Brahms auf.

Die Kirche in Tooting hatte allerdings zwei große Nachteile. Der eine war, daß man von London Stadtmitte fast eine Stunde brauchte, um hin zu gelangen. Der andere wog schwerer. Nach einigem Experimentieren hatten zwar die Bandaufnahmen einen klaren und strahlenden, dabei warmen Klang, aber was man in der Kirche selbst hörte, klang undeutlich und verschwommen. Die Dirigenten waren darüber höchst verärgert, die Sänger und Instrumentalsolisten dagegen, deren Stimmen oder Instrumente runder und voller klangen, wußten es zu schätzen. Die Orchestermusiker mußten auf den Schlag des Dirigenten besonders genau achten: Sobald sie nach Gehör einsetzten, kamen sie hoffnungslos zu spät. Und es gab ein letztes Problem: Die Heizung war mangelhaft. Wir mußten zusätzlich geräuschvolle tragbare Gasheizkörper einsetzen, und auf mindestens einer der in Tooting aufgenommenen Platten hört man an leisen Stellen im Hintergrund ein Zischen wie von einer gereizten Kobra.

Gleich auf der ersten Sitzung kam es zu Mißstimmigkeiten. Barenboim hatte große Schwierigkeiten zu beurteilen, ob die Balance zwischen den Vokalsolisten und den Instrumentalsolisten, die die Sänger bei den Arien begleiteten, ausgeglichen war. Als in Bruckners »Te Deum« auch noch

Orchester und Chor dazukamen, wurde daraus ein handfester Krach. Barenboim war für die Beurteilung der Balance von Chor, Solisten und Orchester völlig auf die Anweisungen aus der Regie angewiesen. Verständlich, daß er dagegen protestierte, nur noch ein, wie er sagte, »den Takt schlagendes Metronom« zu sein und schwor, nie wieder einen Fuß in diese Kirche zu setzen. Als er aber das fertige Band hörte, war er besänftigt und nahm in Tooting noch das Mozart-Requiem und Bruckners Messe Nr. 3 auf.

Anschließend an das »Magnificat« fuhr ich nach Paris. Maurizio Pollini hatte 1960 in einer brillanten Aufnahme Chopins Klavierkonzert Nr. 1 für uns eingespielt. Die Platte war eine Sensation gewesen, und Pollinis Interpretation gilt selbst heute noch als eine der besten dieses Werkes. Bald danach hatte er sich zurückgezogen und war nahezu in Vergessenheit geraten. Jetzt war er wieder aufgetaucht und wollte an seine vergangenen Erfolge anknüpfen und eine weitere Platte für uns einspielen. Ein erster Versuch hatte in London stattgefunden, aber nur große Mengen an Fusseln zutage gefördert: Pollinis Klavierstimmer hatte sie von den Dämpfern unseres Studioflügels abgekratzt und den Flügel damit praktisch unbrauchbar gemacht. Auch hatte ich gehört, Pollini sei ein temperamentvoller, launischer Mensch, mit dem schwer auszukommen sei. Er war nach Mailand zurückgekehrt und hatte dort Barenboim getroffen. Darauf hatte er schriftlich bei meinem Chef angefragt, ob nicht »... un indiano che si chiama Grab, il quale ha lavorato per i dischi di Daniel Barenboim« (ein Inder namens Grab [sic], der an den Platten Daniel Barenboims mitgewirkt hat) seine Platte produzieren könne. Ich machte mich also auf, um in der Salle Wagram, einem baufälligen alten Tanzsaal unweit des Arc de Triomphe, meine erste Platte in Paris aufzunehmen.

Pollini ist ein Perfektionist. Wir brauchten drei Tage, bis wir genau den Klang hatten, den er haben wollte. Während dieser Zeit verbrauchte er drei Tonmeister, einen Franzosen und zwei Engländer, und brachte alle zur Verzweiflung, einschließlich seiner Frau – nur mich nicht. Ich wußte, daß er auf jenes gewisse Etwas aus war, das das Außergewöhnliche vom Guten unterscheidet. Allerdings war mir auch klar, daß dieses gewisse Etwas in der Salle Wagram nur durch Zufall zustandekommen konnte, denn der Saal ist für Klavieraufnahmen eigentlich nicht geeignet. Aber wir plagten uns redlich und experimentierten mit Mikrofonen, Stellwänden um das Klavier und zugezogenen Vorhängen, die einen Teil des übermäßigen Widerhalls schlucken sollten. Schließlich kam uns das Glück zu Hilfe, und ich sagte zu Pollini, jetzt hätten wir meiner Meinung nach die Tonqualität seines Spiels genau eingefangen. Doch er war immer noch nicht überzeugt. Hilfesuchend wandte er sich an seine Frau, aber bei ihr war er an der falschen Adresse. »Ich finde es schön, Mr. Suvi findet es schön – warum glaubst du uns nicht, wenn wir es alle sagen?« Ohne ein weiteres Wort ging Pollini ins Studio hinunter, und als nächstes hörte ich die schwere Tür des Saals ins Schloß fallen. Einige Augenblicke später rief ich hinunter: »Mr. Pollini?« Keine Antwort. Ich wartete noch etwas und fragte dann seine Frau, wohin er gegangen sein könnte. »Wahrscheinlich zurück nach Mailand«, erwiderte sie fröhlich. Ich hoffte inständig, daß dem nicht so war, konnte aber nichts tun als warten. Nach einer Weile, die mir wie eine Ewigkeit vorkam, in Wirklichkeit aber nur zehn Minuten dauerte, hörten wir die Tür zum Saal auf- und wieder zugehen. Wenige Sekunden später erklang das Thema von Chopins Ballade Nr. 1. Ich gratulierte dem Tonmeister zu seiner Voraussicht. Als die Tür gegangen war, hatte er mich fragend angesehen und auf mein Nicken hin die Bandmaschinen gestartet. Sobald Pollini sich einmal mit dem Klang der Aufnahme abgefunden hatte, arbeitete er zügig voran. Er spielte jedes Werk einmal vollständig und fehlerfrei durch. Es sollte eine reine Chopin-Platte werden, die anderen Stücke waren die Polonaisen op. 44 und op. 53 und die drei Nocturnes op. 15. Pollini spielte unheimlich kraftvoll und lyrisch zugleich, mit Phantasie und klarer Strukturierung, ein Pianist ganz nach meinem Herzen. Nach zwei Tagen hatte ich so viel Material, daß ich daraus gleich drei vollkommene Master hätte zusammenstellen können. Ich mußte nach London zurück. Pollini, immer noch auf der Suche nach einem schwer faßbaren Ideal, fragte, ob er nach meiner Abreise noch eine Sitzung mit einem unserer französischen Produzenten haben könne. Ich sagte, selbstverständlich könne er das.

Einen Monat später rief er mich furchtbar aufgeregt aus Mailand an. »Es ist schrecklich«, sagte er. Ich fragte, was geschehen sei. Der französische Produzent hatte offenbar angenommen, Pollini sei mit allem, was wir aufgenommen hatten, unzufrieden, und ihm einen Master geschickt, der nur aus Aufnahmen des letzten Tages bestand. »Ist überhaupt nicht gut«, klagte Pollini. Ich beruhigte ihn und versprach, mich der Sache anzunehmen. Ich ließ mir alle Bänder aus Paris schicken, und zwei Wochen später hatte Pollini einen neuen Master. Wieder rief er an. Diesmal klang er erleichtert und froh. Er sei mit dem Band zufrieden, wenn auch mit einer Ausnahme: op. 15 Nr. 3 sollte gestrichen werden, obwohl dieses Nocturne für meine Ohren nicht weniger perfekt war als die anderen beiden.

Was dann folgte, ist kaum zu glauben. Noch vor Erscheinen der Platte beschloß ein Ausschuß, die Arbeit mit Pollini nicht fortzusetzen. Einer unserer Vertriebsleute vertrat die Ansicht, Pollinis Karriere sei endgültig beendet, er gehöre der Vergangenheit an und das Publikum habe ihn vergessen. Ich bat, schimpfte und tobte. Auf einer internen Besprechung zog ich mir den Zorn sämtlicher Vertriebsleute zu, als ich ihnen laut und direkt ins Gesicht sagte, daß gegen Dummheit selbst die Götter machtlos seien.

Ich bat schließlich, die Entscheidung wenigstens bis nach Erscheinen der Platte zu verschieben, aber vergebens. Der Beschluß wurde in die Tat umgesetzt. Wir bezahlten Pollini sogar ein Ausfallhonorar für die zweite, vertraglich bereits vereinbarte Platte. Seine Chopin-Platte gewann dann verschiedene Preise und Auszeichnungen (was allerdings nicht unbedingt etwas zu bedeuten hat) und ist heute eine der wenigen Klavierplatten, die nach fünfzehn Jahren immer noch im Katalog sind. Pollini hat nicht nur die glänzende Karriere gemacht, die ich für ihn voraussah, sondern ist heute einer der erfolgreichsten Kassenmagneten der klassischen Schallplatte.

13

»Lotte, ein Schwindel!«

Die Idee für die Platte »Tribute to Gerald Moore« aus Anlaß des siebzigsten Geburtstags von Gerald Moore war wie jene für sein Abschiedskonzert das Ergebnis eines beiläufigen Gespräches. Am 28. September 1968 war ich mit Moore zum Lunch verabredet. Unsere Verabredung erhielt eine pikante Note durch die Tatsache, daß Brigitte Bardot am Nachbartisch saß. Ich weiß nicht mehr, worüber wir sprachen, als Moore sagte: »Mein lieber Suvi, wenn du erst einmal in meine Jahre kommst ...« Ich unterbrach ihn: »Hör auf damit, Gerald – du bist nur wenige Jahre älter als ich.« Was ich dann hörte, konnte ich kaum glauben. »Ich werde am 30. Juli 1969 siebzig.« Wie die meisten seiner Freunde hatte ich ihn für wenigstens zehn Jahre jünger gehalten. Der Vorfall blieb mir im Gedächtnis haften. Mir war ganz klar, daß wir dieses Ereignis auf irgendeine Weise feiern mußten.

Es gilt heute als selbstverständlich, daß der Begleiter bei Werken, in denen ein Klavier beteiligt ist, als genauso wichtig betrachtet wird wie der Solist. Das war nicht immer so. In strengeren Musikformen wie der Sonate oder dem Klaviertrio galt der Klavierpart natürlich nie als bloße Begleitung. Beethoven etwa nennt seine Violin- oder Cellosonaten denn auch ausdrücklich »Sonaten für *Klavier* und Violine« oder »Sonaten für *Klavier* und Cello«. Bei Liedern dagegen oder bei Gelegenheitsstücken leichteren Charakters wie Schumanns »Drei Fantasiestücken« galt der Pianist als weniger wichtig. Gerald Moore war einer der Pioniere, die der Kunst der Begleitung den Platz verschafft haben, den sie heute einnimmt.

Man braucht nur einen Blick auf die Partitur einiger Schubert-Lieder zu werfen, und man wird einsehen, daß es absurd wäre, hier von untergeordneter Begleitung zu reden. Das Lied »Die liebe Farbe« in Schuberts »Schöner Müllerin« beginnt mit vier Takten Klavier allein. Ein Fis (das Lied steht in h-moll) erklingt wie eine Totenglocke inmitten der sich verändernden und auflösenden Harmonien und zieht sich hartnäckig durch das ganze Lied. Die »Letzte Hoffnung« aus der »Winterreise« ist geradezu ein Tongedicht für Klavier mit obligater Singstimme. Beschrieben wird eine Winterlandschaft; der Wind spielt in den letzten noch an den Bäumen hängenden Blättern. Das Lied beginnt mit vier Takten scheinbar willkürlich aneinandergereihter Töne und Akkorde im Klavier, der Rhythmus geht über die Taktstriche, und das Klavier hat das letzte Wort in einem ebenfalls viertaktigen Nachspiel, nachdem der Sänger das letzte »Hoffnung« mit der so herzzerreißenden verminderten Quinte gesungen hat. Der Klavierpart solcher Werke kann unmöglich als »untergeordnet« betrachtet werden – aber erst Gerald Moore hat dieser Tatsache Geltung verschafft.

Ich begegnete dem Namen Gerald Moore zum erstenmal in Indien, und zwar, wie könnte es anders sein, auf Schallplatten. Ein junger Geiger namens Josef Hassid hatte viel von sich reden gemacht, und ich hatte deshalb seine Platten für das All India Radio bestellt. Als sie ankamen, sah ich, daß Hassid von einem gewissen »Gerald Moore« begleitet wurde, von dem ich höchst beeindruckt war. Ich schaute in einem Katalog von His Master's Voice nach, welche Platten sonst noch unter Moore aufgeführt waren, aber es gab überhaupt keinen Eintrag unter »Moore, Gerald«. Vor »Moore, Grace« kam die »Mondscheinsonate« und danach »More Chestnut Corner«. Dabei war Moore damals keineswegs unbekannt. Er war bereits in den Alben Nr. 5 und 6 der Hugo-Wolf-Society zu hören gewesen, und es war nicht Mißgunst, die seinen Namen aus dem Katalog verbannt hatte – auch Marcel Gazelle, Klavierbegleiter Menuhins auf zehn Platten, und Coenraad van Bos, der an fünf Wolf-Alben mitgewirkt hatte, waren nicht eigens eingetragen. Aber Moore und eine Handvoll anderer Pianisten haben es mit Beharrlichkeit fertiggebracht, zu zeigen, was eine »Begleitung« sein kann, und sie haben dadurch unser Verständnis des Kunstlieds vertieft und bereichert.

Doch wie konnten wir uns nun dafür erkenntlich zeigen? Vom Konzertleben hatte Moore sich zurückgezogen, und es wäre sowieso unmöglich gewesen, das Abschiedskonzert zu übertreffen. Aber da er weiterhin Platten einspielte, kam mir der naheliegende Gedanke, eine Platte mit ihm zu machen, und zwar eine ganz besondere Platte, auf der er alle wichtigen für EMI arbeitenden Künstler begleiten sollte. Ich wollte ihn aber jede Nummer neu einspielen lassen und nicht einfach eine Platte aus Teilen bereits erschienener Einspielungen zusammenstückeln.

Die Liste der Mitwirkenden ergab sich von selbst: als Sängerinnen und Sänger Victoria de los Angeles, Elisabeth Schwarzkopf, Dietrich Fischer-Dieskau und Nicolai Gedda, dazu die Streicher Yehudi Menuhin und Jacqueline du Pré und die Holzbläser de Peyer und Goossens. Als zehnte Nummer sollte Moore ein Stück für Klavier allein spielen. Ich wußte, daß alle Künstler begeistert an einer solchen Platte mitwirken und, noch wichtiger, alles tun würden, die Aufnahmen auch terminlich zu ermöglichen – letzteres war entscheidend, da mir für die Aufnahmen höchstens sieben Monate Zeit zur Verfügung standen.

Ich rief Moore zu Hause an und unterbreitete ihm den Vorschlag. Er sagte, er sei interessiert, klang aber eher zurückhaltend. Enttäuscht legte ich auf. Fünf Minuten später klingelte das Telefon – es war Gerald Moore, diesmal voller Begeisterung. Er habe zunächst gar nicht verstanden, was ich ihm vorgeschlagen habe. Es sei ihm erst im Gespräch mit seiner Frau Enid klargeworden. Eine solche Platte wäre natürlich wunderbar, aber ob das in der verfügbaren Zeit überhaupt noch möglich sei? »Laß mich nur machen, Gerald«, sagte ich zuversichtlich.

Zuerst mußte ich die Erlaubnis der Chefetage einholen. Mein Chef kannte mich inzwischen so gut, daß er meine Vorschläge auch dann nicht sofort ablehnte, wenn er sie für sehr weit hergeholt hielt. Er hatte allerdings seine Zweifel. Auch er glaubte nicht, daß die Aufnahme in der zur Verfügung stehenden Zeit möglich sei. Aber ich hatte schon einiges unternommen und von den Agenten der beteiligten Künstler Listen ihrer Engagements im nächsten halben Jahr erhalten. Deshalb konnte ich jetzt selbstbewußt behaupten, daß ich alle Aufnahmen in London einspielen könne. Mein Chef war immer noch nicht überzeugt, gab aber grünes Licht, nachdem er betont hatte, daß teure Reisen ins Ausland nicht in Frage kämen.

Als erstes nahmen wir die Beiträge von Victoria de los Angeles auf. Sie gab Anfang Dezember ein Konzert in London und stimmte begeistert zu, einen Tag länger zu bleiben. Jetzt galt es nur noch eine Schwierigkeit zu überwinden: Studio 1 war an diesem Tag bereits mit zwei Sitzungen des London Symphony Orchestra unter Antal Dorati belegt, und zwar von halb drei bis halb sechs Uhr nachmittags und von sieben bis zehn Uhr abends. Eine Kleinigkeit wie diese konnte mich freilich nicht aufhalten. Ich legte unsere Sitzung also auf die Zeit von Viertel vor sechs bis Viertel vor sieben Uhr. Das war zugegebenermaßen knapp, aber ich sagte mir, wenn ich nicht sieben oder acht Minuten Gesang und Klavier in einer Stunde aufnehmen könne, sei ich nicht der Produzent, für den ich mich halte.

Als ich eintraf, hörte ich gerade über Lautsprecher, wie Dorati das Orchester fragte, ob man mit der zweiten Sitzung nicht schon um halb sieben beginnen solle, damit alle früher nach Hause gehen könnten. Ich stürzte ins Studio und sagte, ich hätte bis dreiviertel sieben eine Aufnahme im Studio und möchte sie bitten, so schnell wie möglich das Feld zu räumen, da die Sitzung in zehn Minuten anfange. Dann kam Victoria de los Angeles. Wir verwendeten einige Minuten auf die Einstellung der Mikrofone, und in einer knappen Dreiviertelstunde hatte ich die ersten beiden Nummern der Platte aufgenommen – ein galicisches Volkslied, »Panxolina«, gesungen in einem galicischen Dialekt, und »Malagueña«, ein traditionelles, von Nin arrangiertes Lied.

Die nächsten drei Künstler wohnten alle in London oder Umgebung, und ich hatte mit ihnen deshalb keine besonderen Terminprobleme. Sie spielten ihre Beiträge sogar alle am selben Tag, irgendwann gegen Ende Dezember, ein. Der erste war Yehudi Menuhin. Wir hatten gemeinsam versucht, ein original für Geige und Klavier geschriebenes Stück mit einer Länge von fünf bis sechs Minuten zu finden, mußten uns schließlich aber mit zwei Bearbeitungen begnügen: Ravels »Pièce en forme de Habañera« und Debussys »La fille aux cheveux de lin«, beides Stücke, die Menuhin besonders liebte und mit viel Gefühl spielte. Als Menuhin ging, kam Janet Baker herein. Ich hatte sie am Tag vor der Abreise zu einer Amerikatournee erwischt. Mit ihrer wunderbar warmen Stimme sang sie zwei Lieder von Mahler: »Frühlingsmorgen« und »Scheiden und meiden«. Von der Erkältung, von der sie sich gerade erholte, war ihr nichts mehr anzumerken. Unter normalen Umständen hätte Janet Baker an diesem Tag nicht gesungen, aber dies war eine besondere Platte, die ein besonderes Ereignis im Leben eines besonderen Künstlers würdigen sollte.

Auf Janet Baker folgte gleich de Peyer. »Der nächste bitte«, begrüßte ich ihn. »Hinten und an der Seite kurz, Sir?« Als Klarinettenstück hatten wir Webers »Thema und Variationen« op. 33 ausgewählt, von dem keine Aufnahme in den Katalogen verzeichnet war. Das beachtliche Werk dauert eine Viertelstunde, und der Klavierpart ist sehr schwer.

Dann stand ich vor einem Hindernis, das unüberwindbar schien. Wie sehr wir auch Konzert- und Reisetermine drehten und wendeten, es schien unmöglich, Moore mit Elisabeth Schwarzkopf und Fischer-Dieskau aufzunehmen, sei es in London oder irgendwo anders auf der Welt. Obwohl wir uns alle nach besten Kräften bemühten, war es einfach unmöglich. Aber eine Platte zur Feier von Gerald Moores siebzigstem Geburtstag ohne die beiden Künstler, mit denen er über Jahre im Konzertsaal und auf Schallplatten so eng zusammengearbeitet hatte, war undenkbar. Andererseits war ich noch immer entschlossen, nicht auf bereits erschienene Aufnahmen zurückzugreifen. Eine Zeitlang war ich untröstlich. Es schien grausam, an der letzten Hürde scheitern zu müssen. Die Lösung, auf die ich schließlich nach langem Brüten kam, war so einfach, daß ich mir hätte an den Kopf schlagen können, nicht früher daran gedacht zu haben. Die fehlenden Stücke existierten ja bereits: Fischer-Dieskau hatte zwei Strauss-Lieder aufgenommen, die erst erscheinen sollten, wenn alle sieben Lieder fertig waren. Ich fragte ihn, ob ich »Hochzeitlich Lied« op. 37 und »Weißer Jasmin« op. 31 Nr. 3 verwenden dürfe, und er erlaubte es erleichtert. Außerdem fiel mir ein, daß Elisabeth Schwarzkopf vor acht Jahren, nämlich im Februar 1961, zwei von Wagners »Wesendonck-Liedern« aufgenommen hatte. Es waren hervorragende Aufnahmen, die jedoch nicht veröffentlicht worden waren, da sie zu keiner der Platten paßten, die von dieser Sängerin seither erschienen waren. Elisabeth Schwarzkopf erlaubte mir, eines der Lieder (»Träume«) als ihren Beitrag zu verwenden. Damit war das Hindernis, das um ein Haar das ganze Projekt zum Scheitern gebracht hätte, überwunden. Jetzt mußten noch die vier letzten Nummern aufgenommen werden. Drei davon waren das stattliche Ergebnis zweier Aufnahmetage.

Am 1. April nahm Jacqueline du Pré Faurés »Elégie« auf. Noch bevor sie fertig war, traf ein blendend gelaunter Barenboim im Studio ein. Die sechsstündige Probe mit dem English Chamber Orchestra, die er hinter sich hatte, war ihm nicht anzumerken. Schon bald, nachdem die Idee für diese Platte Gestalt angenommen hatte, hatte Moore gesagt, er wolle eigentlich kein Solostück spielen. Es sollte nicht heißen, er sei sein ganzes Leben ein verhinderter Solist gewesen, der nun zu seinem siebzigsten Geburtstag als besonderes Entgegenkommen ein Solostück aufnehmen dürfe. Statt dessen wollte er ein Duo mit Barenboim spielen, den er sehr bewunderte. Barenboims einzige Bedingung war, daß er unten und Moore oben spielen sollte. Jetzt war er also da, bereit, die »Begleitung« in Dvořáks »Slawischem Tanz« in g-moll in der ursprünglichen Version für Klavier zu vier Händen zu spielen. Die beiden erledigten diese Aufgabe mit viel Schwung und Feuer. Als wir beim Anhören der Aufnahme zum Trio kamen, das Moore mit einem wunderbar singenden Anschlag spielte, entfuhr Barenboim ein unwillkürliches »Schön!« Moore nahm die Anerkennung bewegt zur Kenntnis, sagte aber nur: »So klingen Steinways immer.« Als wir die Aufnahme zu Ende gehört hatten, schüttelte Barenboim wie besorgt den Kopf: »Gerald«, meinte er, »etwas macht mir noch zu schaffen.« Auf Moores Frage fügte er dann mit Unschuldsmiene hinzu: »Bin ich zu laut?« – so hieß Moores bekanntestes Buch. Moore grinste belustigt und sagte: »Danny, gib's zu, du hast nur deshalb zweite Stimme spielen wollen, damit du diesen Witz anbringen kannst!«

Nicolai Gedda kam nach London, um die Titelrolle in Berlioz' »Benvenuto Cellini« zu singen. Ich sah mir seinen Terminplan an: Nur ein Tag war frei, und zwar der 2. April, am Tag davor und danach hatte er Vorstellungen in der Oper. Als ich zögernd sagte, der 2. April scheine als einziger Tag in Frage zu kommen, konsultierte Gedda seinen Taschenkalender und sagte dann: »Prima – dann also am zweiten.« Er sang zwei Lieder von Tschaikowskij in der originalen russischen Fassung, »Don Juans Serenade« und »Auf dem Ball«. Der weiche Schmelz seiner Stimme scheint mit den Jahren immer schöner zu werden. Obwohl wir am Ende der ersten Sitzung noch eine Nummer aufzunehmen hatten, gingen wir alle in das

Restaurant, in dem mir die Idee für die Platte gekommen war. Goossens Beitrag, das Siciliano aus der Bachkantate Nr. 29, wurde drei Wochen später aufgenommen. Goossens und Moore zogen sich als alte Freunde gern gegenseitig auf. Als beim Anhören einer Aufnahme ein Patzer im Klavier zu hören war, beugte Goossens sich zu mir herüber und fragte: »Sagten Sie zum *achtzigsten* Geburtstag, Mr. Grubb?«

Die Platte wurde auf einem Empfang zu Ehren Moores zwei Tage nach seinem Geburtstag vorgestellt. Nach der Ehrung feierten Gerald und Enid Moore und meine Frau und ich privat weiter. Inzwischen war nämlich ein lang gehegter Wunschtraum von mir in Erfüllung gegangen: die Aufnahme einer Liederplatte mit Moore am Klavier. Gesungen hatte Janet Baker.

Auf der ersten Platte, die ich mit Janet Baker produziert hatte, war sie von Raymond Leppard und dem English Chamber Orchestra begleitet worden. Sie hatte drei Arien von Monteverdi gesungen, drei Arien von zwei Heldinnen, wie sie Janet Baker mit so dramatischer Intensität auf Bühne und Platte zu verkörpern weiß. Die beiden Arien der Ottavia aus »L'Incoronazione di Poppea«, eine ihrer großen Rollen, sind allgemein bekannt als »Ottavias Klage« und »Ottavias Abschied«. Die dritte Arie stammt aus »Arianna«: Ariadne, von Theseus verlassen, singt von ihrem Schmerz. Eingerahmt werden die drei dramatischen Arien von einem zarten »Salve Regina« von Domenico Scarlatti und einer lieblichen »Cantata Pastorale« von Alessandro Scarlatti.

Janet Baker ist eine energische, willensstarke Künstlerin. Auf Aufnahmesitzungen möchte sie nach strengsten Maßstäben gemessen werden und kann mit Schmeicheleien gar nichts anfangen. In einer Sitzung wies ich einmal vorsichtig darauf hin, daß einer ihrer Vokale manchmal etwas zu breit gerate. »Da schlägt meine Herkunft aus Yorkshire durch«, meinte sie. »Haben Sie ein Auge drauf, Suvi, und haken Sie sofort ein, wenn es wieder vorkommt.« Was ich tat. Nach einer Weile nahm Leppard mich beunruhigt zur Seite und meinte: »Hey, seien Sie nicht so streng mit ihr. Vielleicht kränkt sie das.« Ich glaubte Janet Baker allerdings gut genug zu kennen, um zu wissen, daß sie sich durch eine ehrliche Meinungsäußerung nie gekränkt fühlte. Trotzdem sagte ich in einer Pause zu ihr: »Janet, Ray meint, ich nörgle zu viel – stimmt das?« Sie war ganz erstaunt: »Überhaupt nicht. Wie ist das ›Regina‹ jetzt?«

Ich hatte Janet Baker als Solistin in Bachs h-moll-Messe unter Klemperer kennengelernt, und wir waren bald gute Freunde geworden. Ich hatte auch an anderen Projekten mit ihr zusammengearbeitet und ihr gelegentlich außerhalb meiner Eigenschaft als EMI-Produzent unparteiischen Rat für ihre Schallplattenkarriere gegeben. Besonders förderlich aber war unserer Freundschaft die Entdeckung gewesen, daß Janet Baker ebenso wie meine Frau und ich eine Leidenschaft für Western hatte. Zu ihrer

Freude hatte sie jetzt endlich jemanden, mit dem sie ins Kino gehen konnte, denn ihr Mann, Keith Shelley, machte sich nicht viel daraus. Besonders an Wochenenden schoben wir deshalb oft den Braten in die Röhre und gingen ins Kino. Ich stellte fest, daß sie zwei große Western, nämlich *Shane* und *Die glorreichen Sieben,* noch nie gesehen hatte. Ich wußte, daß diese Filme in London immer mal wieder irgendwo gezeigt werden, und verfolgte deshalb eine Weile das Kinoprogramm in den Abendzeitungen besonders aufmerksam. Unseren Genuß an *Shane* ließen wir uns dann keineswegs dadurch schmälern, daß wir den Film in einem kleinen, schmuddligen Kino sahen. Auch Janet war der Meinung, daß es sich um einen der größten Western aller Zeiten handle. *Die glorreichen Sieben* dagegen sahen wir in einem luxuriösen Kinopalast im Londoner West End. Janet entfuhren immer wieder Ausrufe freudiger Überraschung, wenn sie Steve McQueen, Charles Bronson, James Coburn und Horst Buchholz erkannte, deren Ruhm und Karriere mit diesem Film begonnen hatten.

Die Platte mit Janet Baker und Gerald Moore entstand zwei Wochen vor Moores siebzigstem Geburtstag. Sie enthielt Lieder der französischen Komponisten Debussy, Fauré und Duparc. Zu einem der Fauré-Lieder hatte ich eine besondere Beziehung: Janet Baker hatte es in meiner Gegenwart auswendig gelernt. Wir waren zwei Jahre zuvor gemeinsam von Zürich zurückgekehrt, wo sie in einer Aufführung von Mahlers Zweiter Symphonie unter Klemperer gesungen hatte. Als wir im Flugzeug saßen, bat Janet um eine Viertelstunde Ruhe, um ein neues Lied von Fauré einzustudieren, danach sei sie zu einem Plausch bereit. Nach zehn Minuten gab sie mir die Noten: »Ich singe Ihnen das Lied jetzt auswendig vor – bitte kontrollieren Sie, ob ich alles richtig singe.« Sie sang mir das Lied halblaut vor, und jeder Ton saß perfekt. Als ich fragte, wie lange sie sich schon mit dem Lied beschäftigt habe, sagte sie: »Zehn Minuten!«

Wenn ein Produzent während einer Aufnahmesitzung eine Erfrischungspause vorschlug, witzelte Moore oft: »Kann ich Erdbeeren mit Sahne haben?« Natürlich verstanden alle das als Witz. Als ich auf der zweiten Sitzung mit Janet Baker eine Teepause ankündigte, fragte Moore wieder: »Kann ich Erdbeeren mit Sahne haben?« Darauf öffnete sich die Tür zur Regie, und meine Sekretärin trat mit einer Riesenschüssel mit etwa zehn Pfund Erdbeeren ein, gefolgt von einer zweiten Sekretärin, die einen großen Topf Schlagsahne sowie Teller und Löffel brachte. Moore starrte sie sprachlos an. Keith Shelley sagte zu seiner Frau: »Vergiß die Angebote der anderen Plattenfirmen. Jetzt kommt nur noch EMI in Frage.«

Die Einspielung von Beethovens Klavierkonzerten unter Klemperer waren für mich so viel befriedigender gewesen als die Aufnahmen, in denen ich nur Teil eines zweiköpfigen Teams gewesen war, daß ich danach erklärt hatte, von jetzt an Klemperer entweder allein aufzunehmen oder überhaupt nicht mehr. Ich war auch überzeugt, daß dies den Platten nur zugute kam, denn wenn Klemperer eine Stelle nicht wiederholen wollte, war er durchaus imstande, einen Produzenten gegen den anderen auszuspielen. Ich wurde also Klemperers alleiniger Produzent, während mein Kollege sich anderen Aufgaben zuwandte. Zu den ersten Aufnahmen, die unter der neuen Konstellation entstanden, gehörten Bachs Orchestersuiten, drei Schumann-Symphonien und Beethovens Siebente.

In die Aufnahmen von Schumanns Erster Symphonie fiel ein Ereignis, das mir in aller Schärfe zum Bewußtsein brachte, wie eng, geradezu telepathisch, das Verhältnis zwischen Künstler und Produzent ist. Klemperer hatte einen ersten Durchlauf des letzten Satzes gemacht, und wir besprachen einige Aspekte der Balance. An einer Stelle hatte ich das Gefühl, daß die Klarinette nicht deutlich genug durchkomme. Ich fragte den Tonmeister, ob wir nicht das Mikrofon eine Spur näher rücken sollten. Klemperer sah in die Partitur und drehte sich dann abrupt zu uns um: »Nein, überlassen Sie das mir. Ich muß ihn bitten, lauter zu spielen.« Klemperers Gefühl für Ausgewogenheit des Klanges trug viel zum natürlichen Eindruck der Aufnahmen bei. Bei einer anderen Stelle, die dick und überladen klang, fragte ich ihn, ob hier Abhilfe geschaffen werden könne. Wieder sah er sich die Partitur genau an, dann sagte er: »Das ist Schumann, nicht ich – daran kann man nichts ändern.«

Als wir die Aufnahme angehört hatten, meinte er zu mir: »Sie scheinen nicht besonders glücklich damit zu sein. Warum?« Mir war nicht bewußt gewesen, daß man das meinem Gesicht ansah. Tatsächlich war ich mit dem Tempo nicht zufrieden. Es ging einfach nicht vorwärts, der pulsierende Rhythmus, sonst so wesentlich für Klemperers Musik, war nicht zu spüren. Ich zögerte einen Augenblick, eingedenk der wohlbekannten Antwort, die Klemperer Legge gegeben hatte, als dieser das langsame Tempo im dritten Satz von Beethovens »Pastorale«, dem »Lustigen Zusammensein der Landleute«, bemängelt hatte: »Finden Sie? Sie werden sich daran gewöhnen.« Doch dann nahm ich meinen Mut zusammen: »Herr Doktor, ich finde, es ist zu langsam.« Klemperer sah mich böse an: »Warum?« »Die Tempobezeichnung ist *allegro animato.*« »Und was heißt das?« »Ich weiß, daß damit kein festes Tempo angegeben ist, aber die Metronomangabe ist hundert«, sagte ich. »Also gut, schlagen Sie, und wir werden sehen, ob ich zu langsam bin.« Ich drückte auf die Stoppuhr und zählte die Schläge. »Fast genau mein Tempo«, sagte Klemperer triumphierend. »Herr Doktor«, sagte ich vorwurfsvoll, »hundert entspricht hier einer halben Note in einem Alla-breve-Takt.« Er sah mich streng an: »Wollen Sie damit sagen, daß ich keinen Alla-breve-Takt schlagen kann?« Ein Blick in mein grinsendes Gesicht ließ ihn verstummen, und er sagte: »Ich empfinde die Musik so – und ich muß sie spielen, wie ich sie empfinde.« Ich sagte: »Dann erledigt sich mein Einwand, Herr Doktor.« Er ging wieder ins Studio, machte einige Bemerkungen zum Orchester und sagte dann: »Wir spielen den ganzen Satz noch mal.« Diesmal war das Tempo schneller, der Puls war deutlich zu spüren. Als er wieder in die Regie kam, um die Aufnahme anzuhören, sah er mich starr an, bevor er sich setzte, als wollte er mich provozieren zu sagen, das Tempo sei jetzt schneller gewesen. Nach Anhören des Satzes meinte er lächelnd: »So ist es gut.« Ich war froh, daß ich jetzt über alle Aspekte der Interpretation mit ihm reden konnte, ohne ihn zu kränken.

Ich bin oft gefragt worden, ob ich Klemperers Tempi nicht manchmal für zu langsam halte. Meine Antwort war stets, daß es so etwas wie ein »Klemperer-Tempo« nicht gibt. Klemperers Tempi waren immer den jeweils herrschenden Bedingungen angepaßt. Als wir den »Don Giovanni« aufnahmen, bat mich Ghiaurov, der die Titelrolle sang, Klemperer zu fragen, ob er die Arie »Fin ch'han dal vino« nicht schneller nehmen könne. Klemperer überlegte nicht lange: »Dirigieren kann ich schneller. Die Frage ist, kann er schneller singen?« Diese Arie habe dann das richtige Tempo, wenn Sänger und Orchester noch alle Noten deutlich artikulieren könnten.

Ein besonders gutes Beispiel, wie Klemperer das Tempo der jeweiligen Akustik anzupassen wußte, war die Aufnahme des Eingangschores »Kommt, ihr Töchter« aus der »Matthäus-Passion«. Wir hatten noch nicht entschieden, wo das Werk aufgenommen werden sollte. Eine Probeaufnahme wurde in der St. Augustine's Church in Kilburn gemacht. Die Kirche hat einen besonders starken Nachhall, der Eingangschor dauerte deshalb dreizehneinviertel Minuten. Für die zweite Probeaufnahme zogen wir ins Studio 1 um. Dort dauerte derselbe Chor nur knapp elf Minuten. Die endgültige Aufnahme fand dann in Kingsway Hall statt, wo die Akustik weniger trocken als in Studio 1 ist, aber wesentlich weniger hallend als in der Kirche. Und dort dauerte der Chor schließlich elfdreiviertel Minuten. Ich stoppte auch die Aufführungsdauer in der Royal Festival Hall, die von allen in Frage kommenden Aufnahmeorten die trockenste Akustik hatte – dort brauchte der Chor nur zehneinviertel Minuten. Zwischen der schnellsten und der langsamsten Aufführung lag also ein Unterschied von ganzen drei Minuten. Immer stand für Klemperer das eine Ziel im Vordergrund: das dichte polyphone Gewebe der Musik durfte an keiner Stelle unscharf und verschwommen klingen. Und diesem Ziel hat er das Tempo jeweils angepaßt.

Balance und Angemessenheit – das waren die beiden Grundpfeiler von Klemperers Musikverständnis. Er ließ sich nicht zu grotesken Klangorgien hinreißen, nur weil eine Symphonie den Zusatz »fantastique« trug, genausowenig wie er der Leidenschaft die Zügel schießen ließ, wenn eine Symphonie »Pathétique« hieß. Er ließ die Musik selber sprechen, und wenn sie fantastische oder leidenschaftliche Elemente enthielt, kamen diese von selbst zum Ausdruck. Angemessenheit war freilich nicht gleichbedeutend mit Temperamentlosigkeit – gerade weil Klemperer sich in den ersten drei Sätzen der »Symphonie fantastique« so zurückhält, wirken die letzten beiden um so überwältigender: geradezu furchterregend das dröhnende Blech und die lärmenden Pauken im »Gang zum Hochgericht«, geradezu obszön das verfremdete Thema der »Geliebten« in der »Walpurgisnacht«. Und wenn im »Fidelio« Pizarro im Kerker eintrifft, um den wehrlosen Florestan zu ermorden, läßt Klemperer im Quartett »Er sterbe« die Hörner grell durch das übrige Orchester schneiden, um die Bedrohung durch den wütenden Gefängnisgouverneur zu unterstreichen. Er folgt damit genau Beethovens Angaben – fortepiano, dann crescendo bis zu forte – und kennt keine Zurückhaltung. In einem anderen Zusammenhang hätte er vielleicht nur, wie einmal zu den Hörnern, nachsichtig gesagt: »Nicht so viel« – seine übliche Bemerkung, wenn eine Stimme des Orchesters in der Hitze des Gefechts zuviel des Guten gab.

Während der Aufnahmesitzungen für Beethoven war ich erneut begeistert, wie präzise die rechts und links von Klemperer sitzenden ersten und zweiten Geigen miteinander musizierten. In der heute üblichen Sitzordnung sitzen die Streicher von links nach rechts in der Reihenfolge erste Geigen, zweite Geigen, Bratschen und Celli – manchmal Celli und Bratschen – und hinter den Celli die Kontrabässe. Bei fast allen Kompositionen der Klassik aber wechseln erste und zweite Geigen sich ab oder begleiten einander, sie spielen selten unisono. Meist stützen sie einander harmonisch oder spielen einander thematische Einwürfe zu, sie antworten aufeinander, übernehmen Themen von der anderen Stimme oder spielen im Kanon – mit einem Wort, die Stimmen ergänzen einander. Daß es dabei von Vorteil ist, wenn erste und zweite Geigen einander gegenübersitzen, liegt auf der Hand. Eigentlich wundert es mich, daß die Sitzordnung Klemperers nicht allgemein üblich ist.

Ebenfalls während der Beethoven-Aufnahmen wurde ich erneut an Klemperers völlige Unbelecktheit in Sachen Aufnahmetechnik erinnert. Als wir Mozarts Symphonie Nr. 33 aufgenommen hatten, hatte er jeden Satz dreimal ganz durchgespielt. Verbesserungen waren nicht erforderlich, da die Fehler der einen Aufnahme jeweils durch die entsprechende Stelle einer anderen abgedeckt waren. Im letzten Take des vierten Satzes kiekste das Horn deutlich vernehmbar. Klemperer vermerkte die Stelle in der Partitur. Ich wußte, daß die Stelle in der vorangegangenen Aufnahme fehlerfrei war. Nach Abhören der Aufnahme sagte Klemperer: »Wir müssen den Satz noch einmal spielen.« Ich erwiderte, das sei nicht notwendig, in der vorhergehenden Aufnahme sei die Stelle in Ordnung. Daraufhin sagte er, daß die vorhergehende Aufnahme dafür andere Fehler enthalte. Ich versuchte ihm anhand der Partitur die Bedeutung des Schneidens zu erklären. »Wir benützen den dritten Durchgang vom Anfang bis zu dieser Stelle. An dieser Stelle schneiden wir das Band des zweiten Durchgangs und kleben es hier dran. Wir bleiben beim zweiten Band, bis die Stelle im Horn vorbei ist, dann kehren wir zum dritten zurück. Das Ende ist meiner Meinung nach im ersten Durchgang am besten gewesen, also greifen wir wahrscheinlich darauf zurück.« Klemperer, der mir mit wachsender Bestürzung zugehört hatte, sah mich entgeistert an: »Das ist nicht mehr meine Aufführung.« Ich entgegnete, daß er doch alle drei Durchgänge dirigiert habe. »Nein, nein«, beharrte er, »das ist nicht mehr meine Aufführung, sondern Ihre. Es ist nicht mehr meine Aufführung.« Dann sah er seine Tochter an und meinte düster: »Lotte, ein Schwindel.« Er war untröstlich. Als am Ende der Beethoven-Aufnahme wieder ein Horn kiekste, schaute er mich an: »Ein Schwindel?« Ich nickte. »Ein Schwindel.«

Während der Aufnahme des vierten Satzes von Schumanns Symphonie Nr. 3 ereignete sich ein besonders rührender und komischer Vorfall, der zugleich zeigt, daß Klemperer nie um eine Antwort verlegen war. Gegen Ende des Satzes wechseln Bläserakkorde mit lang ausgehaltenen Streicherpassagen ab. Es war eine anstrengende Sitzung gewesen, und als Klemperer den Bläsern den Einsatz zu einem ihrer Akkorde gegeben hatte, fiel ihm das Kinn, das allmählich tiefer und tiefer gesunken war, ganz auf die Brust, und er schlief ein. Das Orchester wurstelte sich durch die letzten Takte und beendete den Satz holprig. Der Orchesterwart trat zum Dirigentenpult und schüttelte Klemperer sanft. »Aufwachen, Herr Doktor, es ist alles vorbei.« Darauf Klemperer: »War es gut?« Zwar hätte die Sitzung weitere vierzig Minuten gedauert, doch er rief mich an: »Mr. Grubb, würden Sie bitte einen Augenblick hereinkommen.« Er sagte, er sei müde und wolle die Sitzung beenden. Natürlich war ich einverstanden. Seine Tochter sagte zu mir: »Sie holen mehr aus meinem Vater heraus als jeder andere Plattenproduzent. Sie wissen genau, wann Sie ihn drängen dürfen und, wichtiger noch, wann nicht.«

14

Barbirollis letzte Aufnahme

Für 1970 stand die Feier meines zehnjährigen Dienstjubiläums bei EMI an. Zugleich sollte dieses Jahr neue Aufgaben für mich bringen: die Gesamtaufnahme einer Oper, Liederaufnahmen mit Dietrich Fischer-Dieskau, Aufnahmen mit Lorin Maazel, Carlo Maria Giulini, Sviatoslav Richter und Pinchas Zukerman und leider auch die letzte Aufnahme mit einem guten alten Freund.

Die erste Aufnahme des Jahres hatte damit freilich noch nichts zu tun. Es hieß, die bereits im Vorjahr begonnene Einspielung der Klaviertrios von Beethoven zu Ende zu führen. Der phänomenale Erfolg der Klaviersonaten hatte zur Nachfrage nach weiteren Platten mit Barenboim als Beethoven-Interpreten geführt, sei es allein oder mit anderen zusammen. Nach dem Edinburgh Festival 1970 war die Einspielung der Cellosonaten mit Jacqueline du Pré vorgesehen. Für die Violinsonaten und die Klaviertrios konnten wir Pinchas Zukerman verpflichten. Barenboim hatte uns schon früher auf diesen jungen Geiger aus Israel aufmerksam gemacht, der seiner Meinung nach bald zu den führenden Geigern der Welt gehören würde. Wir waren dann vielleicht zu spät selbst aktiv geworden, vielleicht hatte auch die Tatsache, daß Zukermans Mentor für eine andere Firma arbeitete, eine Rolle gespielt, auf jeden Fall hatte eine andere Plattengesellschaft uns Zukerman weggeschnappt.

Zukerman hatte allerdings Vorsorge getroffen, und sein Vertrag erlaubte ihm, Kammermusik einzuspielen, mit wem er wollte. Barenboim, Jacqueline du Pré und er hatten schon oft zusammen Trio gespielt und hielten jetzt den Zeitpunkt für gekommen, die Trios von Beethoven aufzunehmen. In fünf Tagen konzentrierter Arbeit über Neujahr nahmen wir auf zehn Langspielplattenseiten sämtliche Trios, die Variationen sowie die Werke ohne Opuszahl auf. Zu den Werken ohne Opuszahl gehört das entzückende einsätzige, 1812 entstandene Trio in B-dur. Es ist eine Arbeit des reifen Beethoven, doch der Klavierpart ist relativ leicht, da Beethoven ihn für die zwölfjährige Tochter eines Freundes geschrieben hat, »um sie in ihrem Klavierspiele zu ermutigen«. Beethoven zeigt sich darin von einer liebenswürdigen Seite.

Noch wußte niemand, daß Jacqueline du Pré nur noch zwei weitere Platten einspielen würde. Die Krankheit, die sie physisch zerstörte, ihren Geist aber nicht brechen konnte, warf damals bereits ihren Schatten voraus.

Noch im Jahr 1969 produzierte ich den ersten Akt von Wagners »Walküre« mit Klemperer. Klemperer war in seinen späten Jahren in London vor allem als Konzertdirigent bekannt. Vor dem Krieg hatte er jedoch an einem deutschen Opernhaus gearbeitet und nach dem Krieg an der Oper von Budapest. Die drei Opern, die er bisher eingespielt hatte, waren überaus erfolgreich gewesen, und es schien naheliegend, ein weiteres Opernprojekt ins Auge zu fassen. Ich dachte als erstes an Wagner. Aber Klemperer war inzwischen fünfundachtzig. Es wäre wahrscheinlich über seine Kräfte gegangen, eine komplette Wagner-Oper auf einmal aufzunehmen. Wir mußten uns die Akte deshalb einzeln vornehmen. Am besten geeignet war dafür natürlich der in sich geschlossene erste Akt der »Walküre«. Klemperer zeigte sich begeistert, fügte aber im Nachsatz hinzu, er wolle nach diesem Akt unbedingt »Le Nozze di Figaro« machen.

Die Besetzung der beiden Liebenden ergab sich praktisch von selbst – Helga Dernesch war eine hervorragende Sieglinde, William Cochran der ideale Siegmund. Für den Hunding fuhr ich mit Klemperer nach Zürich, um dort einen Baß zu hören, der viel von sich reden gemacht hatte.

Dieser Baß war Hans Sotin. Er traf um drei Uhr mit einem Begleiter ein. Den Hunding habe er nie gesungen, sagte er. Seine letzte Wagnerrolle sei König Marke in »Tristan und Isolde« gewesen. Er habe auch keine Zeit gehabt, sich die Rolle vorher genau anzuschauen. Dann begann Sotin mit »Des Dach dich deckt«. Er hatte kaum zehn Takte gesungen, als Klemperer und ich einander zufrieden ansahen. Sotin hatte eine herrliche Stimme, ideal für den Hunding. Sotin war verdutzt. Ob wir den Rest nicht hören wollten? »Nein«, sagte Klemperer, »Mr. Grubb und ich freuen uns, Sie für die Rolle zu engagieren. Und jetzt singen Sie uns doch König Marke ab dem ›Halte, Rasender!‹ im dritten Akt.« Sotin begann, und ohne Noten ergänzte Klemperer am Klavier die Partien Kurwenals und Brangänes sowie an wichtigen Stellen die Stimmen verschiedener Instrumente.

Die Oper wurde in Tooting aufgenommen. Als Klemperer zur ersten Sitzung eintraf, hatte er eine ungewöhnlich lange Fahrt hinter sich – er war in die Hauptverkehrszeit geraten. Er warf einen Blick auf die Kirche und sagte dann zu mir: »Haben Sie mich den ganzen Weg hierher geschleppt, nur damit ich dieses Meisterwerk der Architektur bewundern kann?« Er akzeptierte die hallende Akustik ohne Murren und begann zufrieden zu proben, doch mitten in einem dicht besetzten Orchestersatz brach er plötzlich ab, spähte in Richtung Holzbläser und sagte: »Ich höre das dritte Fagott nicht. Ich muß es aber hören – drittes Fagott, würden Sie bitte aufstehen?« Ohne auf die am Boden liegenden Kabel zu achten, raste ich in halsbrecherischer Geschwindigkeit aus der Regie in die Kirche. Der Leiter des Orchesterbüros hatte mir mitgeteilt, der Fagottist sei nicht gekommen. Ich hatte gehofft, Klemperer würde es nicht bemerken, aber nein, prompt war ihm ein unvollständiger Akkord sofort aufgefallen. Als ich zu ihm sagte, der dritte Fagottist sei aus uns unbekannten Gründen noch nicht da, meinte Klemperer fröhlich: »Vielleicht ist er tot.« Die Bemerkung wirkte auf das Orchester entsprechend, denn erst am Tag zuvor war eines der Mitglieder unter tragischen Umständen ums Leben gekommen. Wir hatten Klemperer nichts davon gesagt, um ihn zu schonen.

Die Pause kam. Man half Klemperer vom Podium und rollte seinen Rollstuhl durch das Mittelschiff. Klemperer nahm seine Pfeife heraus und begann sie zu stopfen. Ich beugte mich zu ihm hinunter und sagte: »Herr Doktor, wir sind in einer Kirche.« Ungerührt fuhr er fort, den Pfeifenkopf mit Tabak zu füllen. Dann kramte er eine Streichholzschachtel hervor, zündete ein Streichholz an und drehte sich zum Altar um. »Blasphemie, wie?« Seelenruhig zündete er die Pfeife an. Paffend saß er da, und ich betete inständig, der Pfarrer möge sich nicht im Umkreis von einem Kilometer um die Kirche aufhalten – als ich mich umdrehte, kam er mir jedoch soeben durch ein Seitenschiff entgegen. Klemperer, eingehüllt in eine Rauchwolke, saß direkt in seiner Blickrichtung. Als der Pfarrer erfaßte, was vorging, machte er ohne Eile kehrt und marschierte wieder aus der Kirche. Fünf Minuten später kam er in die Regie und unterhielt sich freundlich mit mir, ohne den Vorfall zu erwähnen. Bei den folgenden Pausen sorgte ich dafür, daß Klemperer aus der Kirche in den Regieraum gefahren wurde.

Die Arbeit an der »Walküre« machte Klemperer Freude. Er gestaltete die großen kontrapunktischen Linien der Musik Wagners mit seinem gewohnten Gefühl für Form und Struktur. Niemals werde ich den Augenblick gegenseitigen Verstehens vergessen, der beim Anhören einer Aufnahme einmal zwischen uns entstand. Gleich nachdem Hunding Sieglinde aus dem Saal geschickt hat, behauptet sich die Klarinette gegen eine drohende Figur der tiefen Streicher mit einem zarten Motiv, das vom Englischhorn aufgenommen wird, während Siegmund und Sieglinde einander anschauen. Klemperer sah starr geradeaus, seine Umgebung hatte er vergessen. Als das Motiv endete, wandte er den Kopf und blickte einige Augenblicke durch mich hindurch. Dann schaute er mich an, und wir lächelten einander zu.

Das war 1969 gewesen. Im Januar 1970 war die Reihe an Mozarts »Figaro«. Die Besetzung wurde angeführt von Gabriel Bacquier als Graf,

Elisabeth Söderström als Gräfin, Geraint Evans als Figaro, Reri Grist als Susanna und Teresa Berganza als Cherubino. Außerdem hatten wir drei vielversprechende junge Sängerinnen verpflichten können: Margaret Price als Barbarina sowie Kiri te Kanawa und Teresa Cahill als die beiden Mädchen. Diesmal gab es keine Diskussion um den Aufnahmeplan. Klemperer hatte sich inzwischen damit abgefunden, daß es zu den unvermeidbaren Ärgernissen einer Platteneinspielung gehört, nicht mit dem Anfang einer Oper anfangen und sich dann Nummer für Nummer bis zum Ende durcharbeiten zu können.

Zu Klemperers einnehmenden Charakterzügen gehörte seine Freude an der Musik. Als wir die Bach-Suiten aufnahmen, rief er immer wieder aus: »Und zu denken, daß diese Musik vor über zweihundert Jahren komponiert wurde!« In den Aufnahmesitzungen zum »Figaro« freute er sich an den schönen Stellen der Oper, als entdeckte er sie zum erstenmal. Als wir Figaros B-dur-Einsatz im zweiten Duett zwischen Figaro und Susanna hörten, war Klemperers langer Finger schon bei dem Takt angelangt, in dem das B-dur plötzlich nach g-moll moduliert, während Susanna »Così se il mattino il caro contino« singt und Figaro so zum erstenmal über die Pläne informiert, die der Graf mit ihr hat. Als im Finale des zweiten Aktes der C-dur-Teil mit dem »Conoscete, signor Figaro« begann, brachte Klemperer alle in der Regie Anwesenden mit erhobener Hand zum Schweigen und hörte mit einem Blick schieren Entzückens zu, wie Mozart an der Stelle mit den drei Hauptthemen jongliert.

Klemperer vertraute mir inzwischen so vollständig, daß er selten Einwände erhob, wenn ich um die Wiederholung einer Stelle bat. Nicht daß er es gern tat, aber er hatte sich damit abgefunden. Es war einfach ein weiteres unvermeidliches Ärgernis bei einer Platteneinspielung. Wenn ich sagte: »Herr Doktor, darf ich Sie um etwas bitten«, versteifte er sich jedesmal und wartete argwöhnisch ab, worum ich ihn »bitten wollte«. Auf verschiedene listenreiche Arten versuchte er sich dann dem Unvermeidlichen zu entziehen. Als er das erste Duett, »Cinque, dieci«, im »Figaro« geprobt und einmal aufgenommen hatte, hörten wir uns die Aufnahme an und besprachen einige Punkte. Klemperer und die Sänger gingen ins Studio zurück. Sie machten eine zweite Aufnahme, dann blieb alles still. Auf dem Fernsehmonitor sah ich Klemperer mit im Schoß gefalteten Händen dasitzen. Ich wußte, was das bedeutete.

Ich ließ das Telefon läuten und sah, wie er abhob. Erste Hürde geschafft, dachte ich, denn bei anderer Gelegenheit hatte er das immer hektischere Klingeln eines Kollegen ignoriert, und als der Konzertmeister schließlich abnahm und ihm den Hörer mit den Worten »Mister Soundso möchte Sie sprechen« hinhielt, hatte er laut erwidert: »Sagen Sie ihm, ich sei nicht zu Hause.« »Herr Doktor«, sagte ich, »das war eine gute Aufnahme. Allerdings hat sie noch einige kleine Mängel. In Takt 9 und 10 ist die Intonation der Oboe nicht sauber. Beim ersten ›sembro fatto in ver‹ sind Figaro und Susanna nicht ganz zusammen. In Takt 71 sind die oberen Streicher nicht hundertprozentig zusammen, und außerdem bin ich sicher, daß die Hörner ihre letzten Triolen noch einmal wiederholen möchten. Da es sich nur um etwa vier Minuten handelt, schlage ich vor, das ganze Stück zu wiederholen, nicht nur die einzelnen Stellen.« Klemperer hielt die ganze Zeit den Hörer ans Ohr, sagte aber kein Wort. Immer noch wortlos legte er auf und sah Sänger und Orchester an. »Miss Grist, hat Ihnen der Teil der Aufnahme gefallen?« »Ja, Herr Doktor, ich bin ganz zufrieden.« »Evans, hat er Ihnen gefallen?« »Ja, Herr Doktor, sehr gut.« »Orchester, sind Sie zufrieden?« Verschiedene Stimmen murmelten: »Ja, Herr Doktor, wir sind zufrieden.« Dann sagte Klemperer: »Mir hat er auch gefallen, und Mr. Grubb hat er so gut gefallen, daß er das Stück noch einmal hören will. Also noch einmal, von Anfang an.«

Im selben Jahr suchte ich Klemperer in Zürich auf, um mit ihm über weitere Opernprojekte zu sprechen. Der erste Akt von Wagners »Walküre« belegte drei Plattenseiten, und ich schlug vor, jetzt den zweiten Akt in Angriff zu nehmen. Ich versprach ihm, die Arbeit so einzuteilen, daß er nicht über seine Kräfte beansprucht werde. Normalerweise hätte ein solches Projekt Klemperers Augen aufleuchten lassen, aber diesmal schien er nicht interessiert. Ich sprach ihn darauf an. Klemperer erwiderte, der erste Akt der »Walküre« sei ein in sich abgeschlossenes Ganzes, ein wunderbar durchkomponiertes Stück Musik. Für den Rest der Oper könne er sich aber nicht genügend erwärmen, um die harte Arbeit einer Einspielung auf sich zu nehmen. »Diese Walküren mit ihrem ewigen Hojotoho können einem manchmal schon ziemlich auf die Nerven gehen. Wenn es die ›Meistersinger‹ wären, ja dann ...« Seine Augen funkelten.

Ich träumte schon seit Jahren von den »Meistersingern« unter der Leitung von Klemperer und war begeistert, daß er das Thema von sich aus angeschnitten hatte. Ich schlug vor, mit ihm zusammen die Besetzung auszusuchen. Ich versprach ihm, die Oper in kleine Abschnitte aufzuteilen, damit ihm die Arbeit nicht zuviel werde, und sagte, er werde so viel Zeit für die Proben bekommen, wie er wolle, wir könnten die ganze Einspielung beispielsweise über zwei Jahre verteilen. Klemperer sah mich die ganze Zeit über aufmerksam an, und ich gratulierte mir schon, ihn für den Plan gewonnen zu haben, als er plötzlich mit klagender Stimme nach seiner Tochter Lotte rief, die sich im Nachbarzimmer aufhielt. Als sie den Kopf zur Tür hereinsteckte, zeigte Klemperer vorwurfsvoll auf mich: »Er will mich umbringen.« Verwirrt blickte sie mich an. Endlich merkte ich, daß Klemperer mich auf den Arm nehmen wollte, und fing an zu lachen. Klemperer aber erklärte mir, er müsse sich damit abfinden, daß seinen

Unternehmungen Grenzen gesetzt seien. »Wenn ich ein paar Jahre jünger wäre ...« Er zuckte die Schultern. Schließlich willigte er ein, die letzte Szene der »Walküre« aufzunehmen, um die vierte Seite von zwei Platten zu füllen. Dann machten wir uns an die Planung einer weiteren Mozart-Oper, und zwar »Così fan tutte«.

Im Juni 1962, sechs Wochen nach den katastrophalen ersten Sitzungen mit Klemperer, hatte ich Legge bei der Produktion zweier Schallplatten assistiert, auf denen Maazel dirigierte. Damals hätte ich nie geglaubt, daß ich eines Tages selbst eine Platte mit diesem Dirigenten produzieren würde – noch weniger hätte ich geglaubt, daß ich eines Tages den warmherzigen, freundlichen Menschen Maazel hinter der abweisenden Fassade kühler Effizienz entdecken und liebgewinnen würde. Fast auf den Tag genau acht Jahre später aber war es dann wirklich soweit.

Meine erste Platte mit Maazel hatte eine besondere Note – Maazel war nicht nur Dirigent, sondern auch Solist, und zwar in Mozarts Violinkonzerten in G-dur und A-dur. Es spielte das English Chamber Orchestra. Ich erzählte Maazel kurz einiges über das Orchester, und seine Augen leuchteten erwartungsvoll auf. »Ich glaube, wir werden gut miteinander zurechtkommen«, meinte er. Trotzdem merkte ich, daß er zu Beginn der ersten Sitzung ungewöhnlich angespannt war. Auch das Orchester war angesichts der doch unüblichen Doppelrolle des Dirigenten zunächst reserviert und ein wenig mißtrauisch. Bald jedoch legten sich die gegenseitigen Vorbehalte. Fasziniert verfolgte ich, wie Maazel einen musikantischen, kraftvollen Mozart erstehen ließ, ohne sinnliche Phrasen und lyrische Harmoniewechsel über Gebühr auszukosten. Die beiden Violinkonzerte gewannen dadurch zweifellos an innerer Kraft.

Mitten in einer Sitzung kam Zukerman in den Regieraum geschlendert. Er wollte seine Konzerte mit dem Orchester besprechen. Als Maazel ihn sah, schlug er in gespieltem Entsetzen die Hände über dem Kopf zusammen und sagte: »Pinkie, ich habe schon genug Probleme, ohne daß du im Regieraum zuhörst. Bitte geh doch wieder.«

Maazels nächste Platte war das Klavierkonzert Nr. 5 von Prokofieff mit Sviatoslav Richter. Ich war gewarnt worden: Richter müsse mit Samthandschuhen angefaßt werden und sei überaus empfindlich gegen jegliche Abweichung der Tastatur von der Horizontalen. Ich hatte mir deshalb die größte Mühe gegeben, mit Hilfe einer Wasserwaage sicherzustellen, daß die Tastatur absolut waagrecht stand. Richter traf ein, nahm mit ernster Miene meinen Gruß entgegen, ging zum Flügel und spielte stehend eine Tonleiter aufwärts. Dann drehte er sich um und bedeutete mir mit nach oben gedrehten Handflächen, die linke tiefer als die rechte, daß die Tastatur nach links abfalle. Ich legte die Wasserwaage auf die Tastatur, und tatsächlich, die Luftblase stand nicht mehr genau in der Mitte. Sie war allerdings nur um wenige Zehntelsmillimeter verschoben. Wir schoben ein dünnes Stück Pappe unter das linke vordere Bein des Flügels. Darauf wanderte die Blase schnurstracks millimeterweise nach links. Nach vielen vergeblichen Versuchen hatten wir schließlich gefunden, was wir brauchten, um die Blase exakt zu zentrieren – eine doppelte Lage Zigarettenpapier! Wieder spielte Richter eine Tonleiter, diesmal abwärts. Dann sagte er, er sei zufrieden, und wir konnten mit der Aufnahme beginnen.

Nichts deutete auf diesen Sitzungen darauf hin, daß Richter ein leicht reizbares Temperament hatte. Er arbeitete hart, mit fast verbissener Konzentration und ausdruckslosem Gesicht. Auch wenn er anhörte, was er aufgenommen hatte, blieb seine Miene unbewegt, von zwei Ausnahmen abgesehen. Einmal zog er eine Grimasse, und als ich ihn überrascht ansah, da ich keinen Grund für seine Unzufriedenheit entdecken konnte, deutete er auf die Klavierstimme der Partitur. Sie bestand aus einer absteigenden Reihe gebrochener Akkorde. Richter spielte sie mit der größtmöglichen Klarheit und Präzision. Aber als er die Stelle zum zweitenmal spielte, hatte sie zusätzlich zu diesen Qualitäten Poesie. Aus einer scheinbar banalen Stelle war Musik geworden, die zu Herzen ging. Ein anderes Mal entfuhr mir unwillkürlich ein bewundernder Ausruf, und über Richters strenges Gesicht glitt ein flüchtiges Lächeln. Bei dieser Einspielung gab es keine Probleme. In weniger als einem Monat stand erneut eine Aufnahme mit Richter an – diese sollte allerdings nicht ganz so ereignislos über die Bühne gehen.

Ich erinnere mich nicht mehr genau, welche Umstände dazu führten, daß ich im Juli 1970 gebeten wurde, eine Platte mit Sir John Barbirolli aufzunehmen. Barbirolli sollte das Hallé Orchestra mit Delius' Werken »Appalachia« und »Brigg Fair« dirigieren. Meine Zusammenarbeit mit Barbirolli hatte sich bisher auf Platten beschränkt, auf denen er von mir betreute Künstler begleitete. Wir hatten uns seit Jahren überdies lebhaft über Kricket unterhalten und waren auch sonst in Kontakt geblieben. Barbirolli war begeistert, wieder mit mir arbeiten zu können. Wir wollten mit »Appalachia« anfangen, dem längeren und komplizierteren Werk. Für den ersten Tag war nur eine Sitzung vorgesehen, für den zweiten eine ab 2.30 Uhr und für den dritten eine ab 10 Uhr morgens. Chor und Solisten waren für die beiden letzten Sitzungen bestellt. Außerdem wollte Barbirolli am zweiten Tag eine Chorprobe zwischen 11 und 13 Uhr ansetzen. Mir war das überhaupt nicht recht, denn es bedeutete, daß er von 11 Uhr bis 21.30 Uhr im Einsatz war. Ich wußte, daß er sich in letzter Zeit öfter nicht wohl gefühlt hatte und gelegentlich vor Überanstrengung ohnmächtig geworden war. Deshalb versuchte ich ihm die Probe auszureden. Als Chor waren die Ambrosian Singers engagiert, geleitet vom erfahrenen John McCarthy. Ich schlug Barbirolli vor, die Partitur mit McCarthy zu besprechen. Dadurch wäre ja gewährleistet, daß dieser das Werk mit dem Chor nach seinen, Barbirollis, Vorstellungen einstudierte. Aber nein, Barbirolli bestand darauf, die Probe selbst zu leiten.

Barbirolli traf mit blendender Laune zur Aufnahme in Kingsway Hall ein. Er war ein glänzender Delius-Interpret, und das Hallé Orchestra, das er dirigieren sollte, war sein eigenes. »Das sind meine Kinder. Sind sie nicht großartig?« Er besprach einige Stellen mit dem Orchester. »Celli bitte auf die Intonation achten« – die Celli hatten eine hohe Passage zu spielen. Während der Besprechung eines besonders schwierigen Einsatzes sagte einer der Musiker: »Sir John, ich denke, hier ...« »Nicht denken«, unterbrach ihn Barbirolli, »Denken ist da tödlich. Setzen Sie einfach ein, wenn ich Ihnen das Zeichen dazu gebe.« Er ging zur Schlagzeugerin, zeigte auf eine Stelle in der Partitur und sagte mit verschwörerischem Augenaufschlag: »An dieser Stelle müssen Sie draufschlagen wie ein Trommler aus der Boys' Brigade.« Dann kehrte er zum Dirigentenpult zurück und sagte augenzwinkernd zu mir: »Ich habe in der Boys' Brigade allerdings noch nie jemanden mit einer solchen Figur gesehen. Sie vielleicht?« Die Schlagzeugerin war eine höchst attraktive Dame.

Am folgenden Morgen leitete Barbirolli die Chorprobe, und er brauchte die vollen vorgesehenen zwei Stunden, um dem Chor die von ihm gewünschten Besonderheiten von Phrasierung, Dynamik und Farbgebung nahezubringen. »Sehen Sie, wie recht ich hatte, als ich auf dieser Probe bestand. Dafür werden wir es heute abend viel leichter haben.« Ich fragte, ob er in einem Restaurant um die Ecke eine Kleinigkeit zu sich nehmen wolle. Er lehnte ab und schlug vor, statt dessen einen Pub in der Nähe aufzusuchen. Es wurde eine seltene und wertvolle Begegnung.

Wir sprachen über viele Dinge. Ich sagte, ich hätte ihn zum erstenmal auf alten 78er-Platten gehört, und zwar als Begleiter von Kreisler beim Violinkonzert von Beethoven. Barbirollis Augen leuchteten auf, und er sang mit seiner rauhen, nicht immer treffsicheren, aber ausdrucksvollen Stimme die Dur- und Mollvarianten des zweiten Themas aus dem ersten Satz. »Das, mein lieber Suvi, ist Genie.« Er sollte drei Wochen später beim Edinburgh Festival 1970 das Eröffnungskonzert mit Beethovens Neunter dirigieren. »Ich habe mich mein Leben lang mit der Neunten beschäftigt, aber erst jetzt beginne ich sie ganz zu verstehen.« Barbirolli verglich den Anfang – »alles ganz geheimnisvoll, erste thematische Fetzen, aus denen sich allmählich das Thema herauskristallisiert« – mit der Reprise: »In der Reprise muß die Hölle los sein. Da darf es keine Zurückhaltung mehr geben. Man muß spielen, was das Zeug hält.«

Barbirolli sammelte seltene Gläser. Er erzählte, welche Freude es ihm bereite, in einem schummrigen Laden ein staubbedecktes, vielversprechend aussehendes Stück zu entdecken und mit einem benetzten Finger eine Ecke vom Staub zu befreien, um festzustellen, ob es sich tatsächlich um ein altes Stück handelte. Wir redeten natürlich auch über unser vielgeliebtes Kricket und die Vergleichskämpfe zwischen Westindien und England vom vergangenen Jahr. Ich sagte, Garfield Sobers sei der aufregendste linkshändige Schlagmann, den ich je gesehen hätte, und fügte hinzu, Frank Woolley hätte ich leider nicht mehr in seiner Glanzzeit erlebt. Barbirolli hatte den Linkshänder aus Kent natürlich noch in seiner besten Zeit gesehen und bewunderte ihn leidenschaftlich. Mit einem Becher als Tor des Schlagmanns und einem Salzstreuer als das Tor, an dem der Werfer stand, beschrieb er die »lyrische Schönheit« eines *cover drive* von Woolley. »Und was seinen *late cut* betrifft« – Barbirolli schnalzte begeistert mit der Zunge – »er kam so spät, daß Woolley den Ball förmlich aus den Handschuhen des Torwächters spielte. So was gibt es heute nicht mehr.« Einige Leute hatten sich um uns versammelt. Ein älterer Mann sagte: »Ich habe Woolley auch gesehen. Ich bin vollkommen Ihrer Meinung, Sir.« »Natürlich«, meinte Barbirolli freundlich, »das ist doch jeder vernünftige Mensch.« Die Sitzung am Nachmittag verlief so problemlos wie die erste Sitzung, und vor der Abendsitzung suchten wir wieder den Pub auf. Ich überredete Barbirolli zu einem großen Sandwich, denn er sah müde aus. Dann sagte ich: »Sir John, ein Arbeitspensum wie heute dürfen Sie sich einfach nicht mehr aufladen.« Er entgegnete, er könne nur so leben, mit vollem Einsatz und ohne sich zu schonen. »Jede Beschränkung wäre für mich wie ein Gefängnis. Ich möchte, daß der Tod mich einmal mitten in der Arbeit ereilt – während ich das tue, was ich am liebsten tue, nämlich Musik machen und mit meinen Freunden zusammensein. Ich bin sicher, daß Evelyn, Sie und alle, die mich kennen, mich so in Erinnerung behalten werden, auch wenn ihr traurig seid, wenn ich einmal nicht mehr da bin.«

Die Pause war zu Ende, und wir gingen zur Kingsway Hall zurück. Am Eingang zum Saal faßte Barbirolli mich plötzlich am Arm und stützte sich schwer auf mich. Er stolperte, fing sich aber dank meiner Hilfe wieder. Dann kippte er plötzlich und ohne Vorwarnung um. Ich konnte gerade noch verhindern, daß er stürzte. Vorsichtig ließ ich ihn auf den Boden hinunter gleiten. Eine Sekunde lang glaubte ich, der Augenblick, von dem er gesprochen hatte, sei schon eingetreten. Was dann geschah, nahm ich wie durch einen Schleier wahr. Clive Smart, der Manager des Orchesters, eilte herbei und steckte Barbirolli vorsichtig eine kleine Tablette in den Mund, während ich ihm ein Kissen unter den Kopf schob. Barbirolli war ganz weiß im Gesicht und schien nicht mehr zu atmen.

Immer noch kniend winkte ich einem Orchesterdiener. »Wählen Sie die 999 und bestellen Sie einen Krankenwagen. Sagen Sie, es sei ein Herzinfarkt. Schnell!« Dann rief ich einen anderen her. »Das zweite Telefon ist besetzt. Machen Sie es frei, und rufen Sie Lady Barbirolli an. Erschrekken Sie sie nicht, sagen Sie nur, Sir John sei ohnmächtig geworden und es werde alles getan, was in unserer Macht steht. Sie soll sofort kommen. Fragen Sie sie nach seinem Hausarzt, und versuchen Sie auch ihn herzubekommen.« Ich sah auf Barbirolli hinunter und stellte fest, daß ein wenig Farbe in sein Gesicht zurückgekehrt war. Außerdem sah ich, daß seine Brust sich in kurzen, flachen Atemzügen hob und senkte. »Lassen Sie ihn nicht aus den Augen«, wies ich Clive Smart an.

Ich merkte, daß die Mitglieder des Orchesters unruhig wurden. Einige streckten die Hälse, um zu sehen, was vorging. Ich trat an das Dirigentenpult und sagte: »Bitte bleiben Sie sitzen, und gehen Sie nicht herum. Sir John ist unwohl, und wir tun alles, was in unserer Macht steht.« In den hinteren Reihen des Saales saßen verstreut einige Zuhörer. An sie gerichtet, fragte ich, ob ein Arzt anwesend sei. »Wenn ja, möge er bitte zu mir kommen.« Einer der Zuhörer kam vor. Ich führte ihn zu Barbirolli. Er fühlte ihm den Puls und sagte, der Puls sei schwach, aber recht regelmäßig.

Wir warteten, und dann geschahen zwei Dinge gleichzeitig. Barbirolli bewegte sich, schlug die Augen auf und versuchte sie auf uns zu richten, und zwei Sanitäter kamen mit einer Trage durch die Schwingtür. Als sie bei Barbirolli waren, hatte dieser sich mit Hilfe Smarts aufgesetzt. Ich riet ihm, sich wenigstens für eine Nacht ins Krankenhaus zu begeben. Barbirollis Stimme war schwach, aber sein Wille war ungebrochen. »Nein, ich bin gleich wieder in Ordnung. Tut mir leid, daß ich so einen Aufruhr verursacht habe.« Ich sah ein, daß wir ihn nicht überreden konnten, ins Krankenhaus zu gehen, und entschuldigte mich bei den Sanitätern dafür, daß sie umsonst gekommen waren. Von beiden Seiten gestützt, ging Barbirolli auf unsicheren Beinen in die Garderobe. Ich kehrte in den Saal zurück und bat die Orchestermusiker noch einmal, sitzenzubleiben: Wie sie sehen könnten, gehe es Sir John schon viel besser, und weitere Informationen würden in Kürze folgen.

In der Garderobe nippte Barbirolli an einem Glas Wasser. Ich sagte zu ihm, ich wolle die Sitzung abbrechen. Unglücklich protestierte er: »Nein, denken Sie doch an das viele verschwendete Geld. Vielleicht bekommen wir die Platte dann nicht fertig. Und was ist mit den Musikern, die im Saal warten? Außerdem geht es mir jetzt wieder gut.« Ich schüttelte den Kopf. »Sir John, ich möchte noch viele weitere Jahre mit Ihnen Platten machen. Wenn wir die Platte jetzt nicht fertigbekommen, haben wir später immer noch Zeit dazu. Sie sollten sich jetzt ausruhen. Ich verspreche Ihnen, daß wir, vorausgesetzt Ihr Arzt und Ihre Frau stimmen zu, die morgige Sitzung wie geplant abhalten und ich mich um eine zusätzliche Sitzung für den Nachmittag bemühe, in der wir die Platte fertigstellen können.« Als er sah, daß ich eine Fortsetzung der Sitzung unter keinen Umständen erlauben würde, lächelte er. »Dann lassen Sie mich raus und mit dem Orchester im Saal sprechen.« Er ging und sagte zu den Musikern, ihm sei nicht gut gewesen, aber jetzt sei er, wie sie sehen könnten, wieder in Ordnung. Mr. Grubb bestehe allerdings darauf, daß er an diesem Abend nicht mehr arbeite. Er müsse sie also leider enttäuschen, aber man sehe sich ja am folgenden Morgen.

Inzwischen war Barbirollis Arzt eingetroffen. Ich sagte ihm, daß ich die beiden Sitzungen am folgenden Tag nur zuließe, wenn er Barbirolli vor Beginn der Sitzung untersuche und Lady Barbirolli den ganzen Tag anwesend sei. Nachdem das abgesprochen war, brachte ein Orchesterdiener Barbirolli im Auto nach Hause.

Kurz bevor ich ging, sagte Clive Smart zu mir: »Ich bin beeindruckt, wie gut Sie die Situation heute abend im Griff hatten. Sie sind so völlig ruhig geblieben und wußten jeden Augenblick genau, was zu tun war.« Ich sah ihn an. »Sie müssen bedenken, daß mein wichtigster Künstler achtzig ist. Es wärc unverantwortlich von mir, wenn ich mir nicht genau überlegt hätte, was in einem solchen Fall zu tun ist.« Wäre Smart allerdings in dem Taxi gesessen, das mich nach Hause brachte, hätte er mich sicher für weniger abgebrüht gehalten. Plötzlich begannen meine Hände zu zittern, und mir wurde furchtbar kalt. Von einem Autounfall, in den ich vor Jahren verwickelt gewesen war, wußte ich, daß ich einen Schock erlitten hatte.

Am nächsten Tag erklärte der Arzt Barbirolli für arbeitsfähig, und in Anwesenheit seiner Frau erlebten wir zwei glückliche und befriedigende, allerdings von Sorgen überschattete Sitzungen. Gelegentlich ertappten Lady Barbirolli und ich uns gegenseitig dabei, wie wir Barbirolli besorgt musterten. Als wir uns die erste Aufnahme anhörten, kam eine für Barbirolli typische Frage. Barbirolli, der von meinem Herzleiden wußte, fragte: »Grubb, geben Sie auch auf Ihre Gesundheit acht?« Die Kamera erwischte uns in dem Moment, als ich mit dem Finger auf ihn zeigte und zu Evelyn Barbirolli sagte: »Und das sagt ausgerechnet er!« Zwölf Tage später, am 29. Juli, erhielt ich in Salzburg einen Anruf: Sir John Barbirolli war am frühen Morgen gestorben.

15

Fischer-Dieskau und Giulini

Im selben Jahr, aber etwas früher, hatte ich in der Royal Festival Hall ein Live-Konzert mit Duetten von Dame Janet Baker und Dietrich Fischer-Dieskau aufgenommen. Bei dieser Gelegenheit hatte Fischer-Dieskau ein wenig bitter zu mir gesagt, er wünschte, die Internationale Klassikabteilung würde ab und zu mehr Interesse an seinen Platten zeigen. »Gerald und ich spielen in Berlin eine Liederplatte nach der anderen ein und wissen nicht, ob sich hier in London jemand dafür interessiert oder überhaupt weiß, was wir tun.« Ich schwieg betroffen. Fischer-Dieskau war bei uns unter Vertrag. Weil er in Berlin wohnte und einen Teil des Jahres in München verbrachte, überließen wir die Platten, die er an diesen beiden Orten einspielte, der dortigen deutschen Gesellschaft. Ich fragte ihn nach seinen nächsten Aufnahmeterminen und versprach ihm zu kommen.

Im Mai fuhr ich nach Berlin und saß als Zuhörer in den Sitzungen, in denen Dietrich Fischer-Dieskau und Gerald Moore Strauss-Lieder aufnahmen. Ich war zwar nur als Beobachter gekommen, aber Fischer-Dieskau war trotzdem erfreut darüber, daß ich so schnell auf unser Gespräch reagiert hatte. Als ich ihm vor meiner Abreise versprach, daß ich ab jetzt selber so viele seiner Platten wie möglich produzieren würde, war er begeistert.

Die erste Plattenaufnahme, die unter der neuen Konstellation entstand, galt Brahms' »Magelone«-Romanzen op. 33, der Vertonung der Gedichte aus Tiecks »Wundersamer Liebesgeschichte der schönen Magelone und des Grafen Peter von Provence«, die sich an einen Prosaroman des sechzehnten Jahrhunderts anlehnt. Es handelt sich nicht um einen Liederzyklus im schubertschen Sinn; die Gedichte lassen sich einer zusammenhängenden Handlung zuordnen. Fischer-Dieskaus Begleiter war Sviatoslav Richter, aufgenommen wurde im Bürgerbräukeller in München, dem früheren Versammlungsort von Hitler und seinen Anhängern. Fünf Tage nach der Aufnahme war ein Konzert mit den Liedern in derselben Besetzung bei den Salzburger Festspielen angesetzt.

Als ich den Saal betrat, stellte ich zufrieden fest, daß der Deckel des Flügels ganz offen war. Richter traf kurz nach mir ein. Kaum hatte er den geöffneten Deckel gesehen, fuhr er entsetzt zurück, schüttelte den Kopf und rief, um ja kein Mißverständnis aufkommen zu lassen, in allen Sprachen, die ihm einfielen: »Nein! No! Non! Njet!« Hätte er Hindustani gesprochen, er hätte wahrscheinlich auch noch »Nahin« gesagt. Ich schlug vor, es wenigstens zu versuchen. Falls das Ergebnis ihn nicht zufrieden stellen sollte, könnten wir den Deckel ja immer noch halb schließen. Richter schüttelte heftig den Kopf. Ich bat, bettelte und flehte auf Englisch. Er verstand nicht die Hälfte dessen, was ich sagte, verstand aber, worauf ich hinaus wollte. Für mich dagegen war es kein Problem, sein entschiedenes »Nein« zu verstehen. Ein paar Minuten später traf Fischer-Dieskau ein. Er war es gewohnt, mit offenem Deckel aufzunehmen, und deshalb nicht überrascht, als er den Flügel sah. Richter redete beschwörend auf Deutsch auf ihn ein und gestikulierte dazu heftig auf Russisch: Er krümmte sich, schlug sich an die Brust und signalisierte abwechselnd Verzweiflung, gebrochenes Herz, Hexenschuß, fürchterliches Zahnweh und akute Verdauungsbeschwerden. Ich bat Fischer-Dieskau, ihn wenigstens zu einem Versuch zu überreden. Nach einem weiteren längeren Wortwechsel nickte Richter schließlich resigniert. Er kam auf mich zu, nahm meine rechte Hand, legte mir die linke auf die Schulter und seufzte tief. Dann schüttelte er gramgebeugt das Haupt, als wollte er sich zu einer Reise in die Steppen Zentralasiens verabschieden, und ging zum Flügel. Er setzte sich auf den Klavierstuhl und bedeutete uns mit einer müden Handbewegung, die Prozedur könne beginnen.

Die beiden spielten einige Lieder. Als ich sie aufforderte, die Probeaufnahme anzuhören, sah ich sie eine Weile leise, aber heftig miteinander diskutieren, und dann kam Fischer-Dieskau allein in die Regie. Richter wollte die Aufnahme gar nicht erst hören, so überzeugt war er, daß das Klavier den Sänger vollkommen übertönte. Wir mußten eigens einen Lautsprecher im Saal installieren, so daß er die Aufnahme wenigsten in Mono zu hören bekam. Am letzten Aufnahmetag kamen zu meiner Erleichterung Barenboim und Jacqueline du Pré ins Studio. Barenboim hatte in Salzburg ein Konzert zu geben.

Die Nachricht von Barbirollis Tod erreichte mich in Salzburg am Tag nach Barenboims Konzert. Für mich kam sie nicht gänzlich unerwartet, aber ich wußte, daß sie für Barenboim und Jacqueline du Pré ein großer Schock sein würde. Mein erster Gedanke war daher, mich mit den beiden in Verbindung zu setzen, um ihnen die Neuigkeit schonend beizubringen, doch leider mußte ich erfahren, daß sie gerade zehn Minuten vorher zum Flughafen abgefahren waren. Ich war traurig über Barbirollis Tod, tröstete mich aber mit dem Gedanken, daß er durch seine Schallplatten vor der Vergessenheit bewahrt werden und das Andenken an diesen warmherzigen, großen Menschen in den Herzen derer, die ihn gekannt hatten, fortleben würde.

Am selben Abend machte ich mich zum Salzburger Mozarteum auf, um »Die schöne Magelone« im Konzert mit Fischer-Dieskau und Richter zu hören. Auf den ersten Blick sah es so aus, als wäre der Deckel des Flügels auf der Bühne ganz geschlossen. Ein zweiter, genauerer Blick ergab, daß er geöffet war, allerdings nur etwa zehn Zentimeter. Als meine Frau und ich uns setzten, stellte ich fest, daß mir zur anderen Seite Richters Frau saß, die ich in München flüchtig kennengelernt hatte. Wir begrüßten einander und tauschten die üblichen Höflichkeitsfloskeln aus. Dann kamen Fischer-Dieskau und Richter auf die Bühne, verbeugten sich und begannen mit dem ersten Lied. Das Klavier spielt vier einleitende Takte im Forte, bevor der Sänger einsetzt. Schon in dieser Einleitung klang der Flügel trocken und wie weit entfernt. Als Fischer-Dieskau dann im fünften Takt einsetzte, wurde er von der Singstimme zugedeckt und war fast gar nicht mehr zu hören.

Frau Richter und ich sahen einander unglücklich an, aber da war nichts zu machen, zumindest war *ich* der Meinung. Frau Richter dagegen ganz und gar nicht. In weithin hörbarem Flüsterton sagte sie: »Gehen Sie auf die Bühne, und machen Sie den Deckel auf!« Ich glaubte, sie mache einen Scherz, einen besonderen, russischen Scherz. »Gehen Sie«, wiederholte sie. Ich schaute sie an und merkte, daß es ihr ernst war. Frau Richter wollte tatsächlich, daß ich mich mitten im Konzert an zehn anderen Zuhörern vorbei zum Mittelgang durchzwängte, nach vorn ging, auf das Podium kletterte, den Deckel öffnete und die lange Stütze aufstellte. Es war nicht nur möglich, sondern sogar höchstwahrscheinlich, daß Richter mit meiner Aktion nicht einverstanden sein, die große Stütze wieder einklappen und den Deckel auf die ursprüngliche Position senken würde. Immer noch eher belustigt als alarmiert, stellte ich mir vor, wie ich vor den Augen des Salzburger Publikums mit Richter um den Flügeldeckel kämpfte.

»So kann es nicht weitergehen«, flüsterte Frau Richter. »Sie *müssen* den Deckel aufmachen.« »Ich *kann* nicht. Unmöglich. Ich kann nicht mitten im Konzert auf die Bühne gehen.« Ich versuchte ganz leise zu sprechen, aber einige Leute hörten uns und warfen uns mißbilligende Blicke zu. »Sie müssen. Das Klavier ist überhaupt nicht zu hören. Mein Gott, ist das schrecklich.« Und dann sagte sie, jedes Wort einzeln buchstabierend, als ob sie es mit einem geistig Minderbemittelten zu tun hätte: »Gehen – Sie – nach – vorn – und – machen – Sie – den – Deckel – auf!« Ich schüttelte den Kopf und flüsterte: »Das ist unmöglich. Es wäre mehr als lächerlich.« Die ärgerlichen Blicke galten jetzt ausschließlich mir, und einige

Zuhörer zischten psst! Ich wagte mir gar nicht vorzustellen, was sie dachten. Die mildeste Version war wahrscheinlich: »Dieser Ignorant aus Indien weiß offensichtlich nicht einmal, daß man im Konzert ruhig zu sein hat.« Frau Richter sagte noch einmal: »Sie müssen!« Ich sagte: »Ich kann nicht.« Dann wieder sie: »Sie müssen«, und ich: »Ich kann nicht.« Unserem Gespräch war ohne Zweifel kein Erfolg beschieden, aber es dauerte dennoch während der ersten vier Lieder an. Als das fünfte Lied begann, sah das Publikum in unserer Umgebung aus, als wollte es mich lynchen. Mir kam es vor, als drehten sich die anderen Konzertbesucher immer nur dann um, wenn *ich* etwas sagte.

Frau Richter fand sich schließlich damit ab, daß ich mich nicht von der Stelle bewegte, und gab auf, konnte aber ein ärgerliches Murmeln in regelmäßigen Abständen nicht unterdrücken. Als die Pause kam, setzte sie mir erneut zu: »Jetzt können Sie auf die Bühne gehen und den Deckel aufmachen.« Aber ich blieb fest. »Wenn Sie das wollen, müssen Sie hinter die Bühne gehen und Ihren Mann darum bitten.« Ich verdrückte mich und verbrachte die ganze Pause in der Bar, stets in strategischer Nähe zur Herrentoilette, in die ich zu flüchten gedachte, sobald ich Frau Richter auf mich zusteuern sah, obwohl ich nicht sicher war, ob sie mir nicht auch dorthin folgen würde.

Als ich meinen Platz wieder einnahm, sah ich sofort, daß der Deckel nach wie vor nur einen kleinen Spalt geöffnet war. Die zweite Hälfte des Konzerts ging ohne weitere Zwischenfälle vorüber. Nach dem Konzert ging ich hinter die Bühne. Während ich mich mit Fischer-Dieskau unterhielt, sah ich aus den Augenwinkeln, wie Frau Richter temperamentvoll auf ihren Mann einredete. Richter sah jetzt aus, als wünschte er sich wirklich in die Steppen Zentralasiens.

Die nächste gemeinsame Aufnahme mit Fischer-Dieskau fand in Berlin statt. Davor galt es noch einen entschlossenen Versuch der deutschen Gesellschaft abzuwehren, mir die Aufnahme abzunehmen. Man glaubte zu Unrecht, ich käme nach Berlin, weil wir an ihrer bisherigen Arbeit mit Fischer-Dieskau Zweifel hätten. Diesmal standen Lieder von Mendelssohn auf dem Programm, der Pianist war Wolfgang Sawallisch.

Die erste Sitzung einer Aufnahme mit Fischer-Dieskau ist immer sehr anstrengend. Seine Stimme ist wegen ihres enormen dynamischen Umfangs, der den jedes anderen Sängers übertrifft, mit dem ich zu tun hatte, schwierig aufzunehmen. Kein Mikrofon ist diesem Umfang gewachsen, aus nächster Nähe ist er selbst für das Ohr zuviel. Wir mußten ihn also komprimieren. Auf den besten Aufnahmen mit Fischer-Dieskau ist diese Kompression minimal und fällt kaum auf, weil der Tonmeister die extremen Lautstärken rechtzeitig nachgeregelt hat.

Sobald aber die anfänglichen Hürden überwunden sind, geht es zügig voran. Dietrich Fischer-Dieskau arbeitet schnell. Er trifft gut vorbereitet zur Aufnahme ein, singt das Lied einmal durch und wiederholt dann Abschnitte, die seiner Meinung nach verbessert werden müssen. Nur ganz selten hält er es für notwendig, das Lied ein zweites Mal ganz durchzusingen. Bei den Aufnahmen von Mendelssohn kam er am Anfang der ersten Sitzung zum Abhören zwei- oder dreimal in die Regie. Als ein zufriedenstellender Klang erzielt war, begnügte er sich damit, die Aufnahmen über einen einzelnen Lautsprecher im Studio anzuhören. Gegen Ende der ersten Sitzung gab er auch das auf und hörte sich nur noch einige wenige Lieder an, die er für besonders problematisch hielt.

Das fünfte Lied, das er aufnahm, war das »Frühlingslied« op. 47 nach einem Text von Lenau. Nach der ersten Aufnahme sagte er, er wolle die erste Strophe und die zweite Hälfte der zweiten Strophe wiederholen. »Und die letzte Zeile des Lieds«, fügte ich hinzu, »das ›frühlingsmächtig eingedrungen‹, das wollen Sie doch sicher auch wiederholen.« Fischer-Dieskau war überrascht: »Wir hielten die letzte Zeile für gelungen.« Er fügte hinzu: »Ich wußte gar nicht, daß Sie so gut Deutsch sprechen.« Ich erwiderte, daß ich Deutsch zwar kaum sprechen, dafür aber selbst schwierige deutsche Texte fließend lesen könne. Als er die Aufnahme hörte, stimmte er mir zu, daß die letzte Zeile wiederholt werden müsse. Als wir das nächste Mal verschiedener Ansicht waren und ich anbot, ihm die Aufnahme vorzuspielen, sagte er hastig: »Nein nein, wir haben hier absolutes Vertrauen in Sie.«

Es war etwas Besonderes an diesen Sitzungen. Fischer-Dieskau war glücklich, daß ich trotz des beträchtlichen Aufwands an Zeit, Energie und Kosten selbst nach Berlin gekommen war. Für mich war es unser erstes großes gemeinsames Projekt. Beide spürten wir jene Erregung, die die erste Begegnung zwischen Künstler und Produzent stets begleitet.

Pro Sitzung nahmen wir eine Langspielplattenseite auf. Sänger und Begleiter verstanden einander perfekt. Ich hatte schon vorher gewußt, daß Sawallisch ein guter, einfühlsamer Begleiter war – er war schließlich auch ein großer Operndirigent –, doch hatte ich offen gestanden nicht mit einer derart virtuosen Beherrschung des Klaviers gerechnet. Der Klavierpart der Lieder ist teilweise so schwer wie die effektvollsten Virtuosenstücke Mendelssohns für Klavier allein, doch Sawallisch ließ sich dadurch nicht einschüchtern. Souverän meisterte er auch die schwierigsten Passagen. Während der ganzen Aufnahme spielte er insgesamt nicht mehr als ein halbes Dutzend falscher Noten. Ein flüchtiger Blick in die Partitur eines der Lieder zeigt, was für eine Leistung das ist.

Ich konnte nicht im Studio sein, wenn Fischer-Dieskau sang, aber ich sah ihn dennoch vor mir stehen, gespannt, fast wie zum Sprung bereit, die Augen nur gelegentlich auf die Noten gerichtet. Er sang ohne Mühe, und die einzige ungewöhnliche Bewegung war, daß er hin und wieder die zu Trichter geformten Hände hinter die Ohren legte, um anhand des zurückgeworfenen Schalls besser beurteilen zu können, wie seine Stimme für andere klang. Als meine Frau und ich im selben Jahr in unserem Garten ein Tränendes Herz blühen sahen, jede Blüte mit zwei zurückgebogenen Blütenblättern, sagten wir wie aus einem Mund: »Dietrich!«

Besonders angenehm an Fischer-Dieskaus Gesang ist auch die Diktion, seine sorgfältige Aussprache und Modulation nicht nur so offensichtlich expressiver und klangvoller Wörter wie »Narzissen«, »Hyazinthen«, »Lavendel« oder »Basilien« (aus dem »Alten Kirchenlied«), sondern auch von Wörtern wie »silbern« und »golden«, bei denen man die kostbaren Metalle förmlich glänzen sieht. Das Wort »Tanze« im »Hexenlied« tanzt wirklich, und die Wörter »seligen Traum« in »Auf Flügeln des Gesanges« vermitteln das schlaftrunkene Glück eines solchen Traumes.

Fischer-Dieskau widmet den Konsonanten große Aufmerksamkeit, doch noch bezeichnender ist, wie er die Vokale gestaltet. Je nach den Anforderungen des musikalischen Bogens zieht er sie in die Länge, verkürzt sie, bis sie fast nicht mehr zu hören sind, oder gibt ihnen die natürliche Länge.

Und was sind es für wunderbare Lieder! Die vier Tage mit den Sitzungen vergingen im Flug. Die letzten Lieder mußte ich einem Berliner Kollegen überlassen, da ich für eine Aufnahme mit Giulini in London gebraucht wurde. Als mein Taxi schon anfahren wollte, steckte Dietrich Fischer-Dieskau den Kopf zum Fenster herein und fragte, was ich von Brahms-Liedern hielte. »Und wenn Sie das Berliner Telefonbuch singen«, erwiderte ich, »wir nehmen es auf.« Damit war der Grundstein für das nächste große Projekt mit Fischer-Dieskau gelegt.

*

Meine erste Aufnahme mit Giulini war Beethovens Messe in C-dur, geschrieben in einer der fruchtbarsten schöpferischen Perioden, die je ein Komponist erlebt hat. Das Werk gehört der mittleren Schaffensperiode Beethovens an, aber eigentlich ist es höchst mißverständlich, Beethovens Werke jeweils einer frühen, mittleren oder späten Periode zuzuordnen.

Ich hatte die C-dur-Messe noch nie gehört und auch nie eine Partitur davon gesehen. Die »Missa Solemnis«, op. 123, kannte ich dagegen sehr gut. Ich hatte einige Male unter Klemperer im Chor mitgesungen und mich ausführlich mit der Partitur und Beethovens großartiger, eigenwilliger Vertonung des Textes beschäftigt. Da ich irgendwo gelesen hatte, die frühere Messe sei lediglich eine Vorstufe zur »Missa solemnis«, hatte ich mich nicht besonders motiviert gefühlt, sie kennenzulernen. Jetzt stellte ich zu meiner Freude fest, daß das Werk eine Menge schöner Stellen enthält. Die Vertonung des Textes ist hier nicht weniger autoritativ als in op. 123. Sie zeugt ebensosehr von der Ehrfurcht und von der Unwürdigkeit des Menschen angesichts der Macht und Majestät Gottes, des Schöpfers, des Allmächtigen oder »Brahma«, des Gottes der Hindu-Mythologie, jener »Gottheit«, von der in Beethovens »Heiligenstädter Testament« die Rede ist. Beethovens Gott ist ja nicht nur der christliche Gott, sondern *fons et origo* der ganzen Menschheit. Wie in der späteren »Missa solemnis« sind auch in der C-dur-Messe Schlüsselstellen besonders betont, so das »Christe eleison«, das »Et in terra pax«, das »Et incarnatus est«, das »Et expecto resurrectionem«, das »Benedictus«, das »Dona nobis pacem« und so weiter. Weniger bedeutsame Textstellen wie die Passagen über die Katholische Kirche, die Heiligen und die Apostel erhalten entsprechend weniger Raum. Im »Credo« der »Missa Solemnis« singen die starken Außenstimmen mit zunehmender Leidenschaft und aufsteigender Tonhöhe das Wort »Credo«, während der eigentliche Messetext in den Mittelstimmen dabei untergeht. In der C-dur-Messe verwendet Beethoven eine andere Technik. Die Musik durchmißt ergreifend schöne Harmonien und entlegene Tonarten, und der großartige Gesamteindruck der ineinander verwobenen Stimmen lenkt das Ohr vom Text ab. In beiden Werken steht der Text erst beim »Et expecto resurrectionem« wieder deutlich im Vordergrund. Beethoven selbst schreibt in einem Brief an seinen Verleger, er glaube, »daß ich den Text behandelt habe, wie er noch wenig behandelt worden«.

Unser Aufnahmeort war wieder All Saints in Tooting. Giulini fand sich klaglos mit der Akustik der Kirche ab. Erst als die Platte erschienen war, erfuhr ich von seinen Vorbehalten. Auf meine Frage, ob es ihm in der Kirche in Tooting gefallen habe, meinte er: »Das müßten eigentlich zwei Fragen sein. Erste Frage: Habe ich gern in Tooting dirigiert? Antwort: Ganz sicher nein. Zweite Frage: Gefällt mir die in Tooting aufgenommene Platte? Antwort: Ja.« Um das Problem zu veranschaulichen, sei erwähnt, daß die Solisten auf einem Podest vor dem Orchester standen, links von Giulini und leicht nach hinten versetzt, so daß er sie mit dem ausgestreckten Taktstock fast berühren konnte, wir aber trotzdem Probleme hatten, daß auch wirklich alle zusammen waren. Das »Qui tollis« im »Gloria« mußte mehrere Male wiederholt werden, bis wir eine brauchbare Aufnahme hatten. Ich sah, wie Giulini sich nach dem dritten vergeblichen Versuch den Solisten zuwandte und sie aus einer Entfernung von knapp einem Meter energisch dirigierte und das Orchester sich selbst überließ – und trotzdem mußte ich wieder anrufen, um den Solisten in der Kirche mitzuteilen, daß sie nicht mehr ganz zusammen waren. »Ich sehe, wie ihre Lippen sich bewegen«, meinte Giulini, »aber ich höre kaum, was sie singen.«

Zwar bekamen wir zuletzt doch noch eine gute Aufnahme, aber Giulini mußte dafür Qualen leiden. Kein Dirigent hat es gern, wenn er mitten im Fluß einer Stelle wie »Glorificamus te« durch das schrille Klingeln eines Telefons rüde unterbrochen wird. Jeder Dirigent reagiert darauf anders. Einige schreien wütend auf – »Warum haben Sie mich denn schon wieder unterbrochen?« –, andere murmeln unglücklich: »Ach nein!!« mit hörbarem doppeltem Ausrufungszeichen, wieder andere fragen mit eisiger Höflichkeit: »Und dürfte ich wohl erfahren, was diesmal falsch war?« Einmal hörte ich, wie einem Dirigenten ein kurzes deftiges Wort entfuhr, das er dann zu überspielen suchte, indem er lässig die Passage summte, die gerade auf ihrem Höhepunkt abgewürgt worden war. Giulini tat nichts von alledem. Er sagte nicht einmal etwas, aber jedesmal, wenn das Telefon ihn unterbrach, sah ich ihn zusammenzucken, als ob ihm jemand eine spitze Nadel ins Kreuz gestoßen hätte. Und wenn er nach dem Hörer langte, sah er aus wie der heilige Sebastian während seines Martyriums. Nachdem ich das einige Male miterlebt hatte, gab ich, noch in der ersten Sitzung, Anweisung, einen Wattebausch in die Telefonklingel zu stopfen, der den schrillen Klang wenigstens dämpfte. Giulini bedankte sich überschwenglich dafür.

Bei der ersten Aufnahme des »Credo«-Schlußteils fiel mir auf, daß der Solobassist Marius Rintzler eins der zwei in meiner Partitur gedruckten »Amen« ausließ. Als wir die Aufnahme anhörten, sagte ich zu ihm: »Marius, vergessen Sie bitte das erste ›Amen‹ in Takt soundsoviel nicht.« Er sah mich erstaunt an, wartete aber, bis wir die Aufnahme zu Ende gehört hatten, und fragte dann: »Was für ein ›Amen‹ meinen Sie?« Ich nahm seine Partitur, um ihm die Stelle zu zeigen, und stellte fest, daß das erste »Amen« darin fehlte. Dann schaute ich in Giulinis Partitur nach, aber auch dort war es nicht zu finden. Ich wartete einen geeigneten Augenblick ab und sagte dann zu Giulini, meines Erachtens müsste der Baß zwei »Amen« singen. Giulini, der gerade ein anderes Problem im Kopf hatte, sah geistesabwesend in meine Partitur und meinte, ich hätte wohl recht. Dann gingen alle in die Kirche zurück, und diesmal gelang eine perfekte Aufnahme der schwierigen Stelle. Ich war so froh, Giulini nicht noch mehrmals mit der Telefonklingel quälen zu müssen, daß ich das »Amen« ganz vergaß. Am nächsten Tag begab ich mich in die Royal Festival Hall, um die Messe im Konzert zu hören. Als ich dort eintraf, kamen mir der Reihe nach der Orchesterwart, der Leiter des Orchesterbüros und Wilhelm Pitz entgegen, und alle sagten: »Giulini will Sie dringend im Dirigentenzimmer sehen.« Im Dirigentenzimmer ging Giulini mit einer wahren Unglücksmiene auf und ab. Er sagte: »Bei der Generalprobe heute morgen fiel mir ein, was Sie über das ›Amen‹ des Bassisten im ›Credo‹ sagten. Sie hatten natürlich recht. Ich habe Rintzler dann gefragt, ob er das erste

›Amen‹ je gesungen habe, und er sagte nein. Was sollen wir jetzt tun? Wir können die Platte nicht ohne das ›Amen‹ veröffentlichen.« Ich bat ihn um einige Minuten, um das Problem zu lösen. Ungläubig sah er mir nach.

Darauf ging ich ins Solistenzimmer. Noch bevor Rintzler mir ebenfalls ausrichten konnte, Giulini wolle mich unbedingt sehen, fragte ich ihn, wann er am nächsten Tag abreisen müsse. »Gegen zwei«, erwiderte er. »Warten Sie hier«, sagte ich. Ich ging zum nächsten Telefon und rief die Studios an. Ob Studio 1 am nächsten Morgen frei sei? Leider nein, dafür aber Studio 2, das kleinere der beiden. Ich fragte nach dem Tonmeister, der die Messe ausgesteuert hatte. Er hatte einen freien Tag. »Dann belegen Sie Studio 2 für mich, und schicken Sie mir irgendeinen Tonmeister, der morgen früh da ist. Es geht um die C-dur-Messe von Beethoven.« »Aber ein Symphonieorchester und einen Chor bekommen Sie in Studio 2 nicht hinein.« »Will ich auch gar nicht«, sagte ich, »ich brauche nur Platz für einen Bassisten.« Ich kehrte zu Rintzler zurück. »Halten Sie sich bitte morgen früh um elf bereit. Ein Wagen holt sie am Hotel ab. Und üben Sie Ihr erstes ›Amen‹.« »Und komme ich von Tooting rechtzeitig zum Flugplatz?« »Nicht Tooting«, sagte ich, »Abbey Road.« Rintzler sah mich verdutzt an. »Lassen Sie mich nur machen«, meinte ich.

Dann kehrte ich zurück zu Giulini. »Geht in Ordnung«, sagte ich. Rintzler werde am nächsten Morgen in die Abbey Road Studios kommen. »Sie meinen die Kirche in Tooting?« unterbrach Giulini. »Nein, Abbey Road. Ich stelle ihn vor ein Mikrofon und lasse ihn so lange das erste ›Amen‹ singen, bis die Aufnahme zum zweiten ›Amen‹ paßt. Dann mische ich das mit dem, was wir schon aufgenommen haben.« Immer noch ungläubig, wollte Giulini wissen, ob die beiden Aufnahmen denn klanglich zusammenpassen würden. Wieder sagte ich: »Lassen Sie mich nur machen.« Und es kam genau so, wie ich vorausgesagt hatte – allerdings war in der Tat noch ein kleiner Unterschied zum zweiten, in der hallenden Akustik von Tooting aufgenommenen »Amen« zu hören. Als ich mich von Rintzler verabschiedete, meinte er, auch mir sei der feine Unterschied doch bestimmt aufgefallen. Ich lachte. »Marius, ich wette, irgend jemand wird Sie noch dafür loben, daß Sie die beiden ›Amen‹ verschieden gestaltet haben!« Auch hier kam es genau so, wie ich vorausgesagt hatte.

Das folgende Jahr, also 1971, begann großartig: »Così fan tutte« unter Klemperer. Die Besetzung umfaßte Margaret Price und Yvonne Minton als Schwestern, Lucia Popp als Kammermädchen, Luigi Alva und Geraint Evans als Liebhaber sowie Hans Sotin als Don Alfonso. Vier von ihnen hatten schon früher mit Klemperer zusammengearbeitet, Yvonne Minton und Luigi Alva, die ihn noch nicht kannten, kamen gut mit ihm zurecht. Ich hoffte, mit dieser Produktion eine Interpretation der Oper deutlich zu machen, von deren Richtigkeit ich fest überzeugt bin – daß nämlich Don

Alfonso nicht aus purer Teufelei beweisen will, daß »alle Frauen so sind«, nämlich wankelmütig, sondern viel spezieller und konkreter zeigen will, daß die Liebespaare falsch zusammengesetzt sind. Don Alfonso ist nämlich ganz der weise alte Philosoph – das Libretto macht das deutlich –, der die anderen zu überzeugen versucht, daß sie die Partner tauschen sollten. Es wäre lächerlich, wenn Fiordiligi, nachdem sie sich im Duett »Fra gli amplessi« Ferrando ergeben hat, zu Guglielmo zurückkehren würde.

In der Schlußszene der Oper stellte ich deshalb Don Alfonso und Despina als Anstifter der Intrige an das mittlere Mikrofon. Fiordiligi und Ferrando sollten links stehen, Dorabella und Guglielmo rechts. Bei der ersten Aufnahme sangen die vier letztgenannten Sänger wild durcheinander. Vor der zweiten Aufnahme kam es zu langen, im Flüsterton geführten Beratungen unter ihnen. Die zweite Aufnahme war zwar besser, aber noch nicht gut genug. »Warum schreit ihr euch eigentlich die Seele aus dem Leib?« fragte ich. »Die Dynamik geht doch von sotto voce bis forte.« Evans legte die Partitur vor mich hin und erklärte: »Sie sehen ja, wie die Partien der beiden Männer und der beiden Frauen ineinander verflochten sind. Außerdem ist das Tempo sehr schnell. Luigi und ich können nur zusammen singen, wenn wir einander hören, und dasselbe gilt für Margaret und Yvonne. Hören können wir uns aber nur, wenn wir uns über die Bühne anschreien. Haben Sie Erbarmen, Suvi. Man kann dem Schlag des Alten nicht immer gut folgen. Lassen Sie uns doch bitte näher beisammen stehen.« Ich bin nicht der Typ, der eine schöne Theorie oder eine ausgefallene Interpretation gegen praktische Überlegungen unbedingt durchsetzen will, und ließ deshalb, nach verschiedenen anderen vergeblichen Versuchen, Frauen und Männer jeweils nebeneinander stehen. »Hoffentlich denkt keiner beim Anhören der Aufnahme, wir wollten damit sagen, die Oper ende mit homosexueller Liebe und Inzest!« Ganz hatte ich allerdings meine Idee immer noch nicht aufgegeben.

Nach einigen weiteren Experimenten glaubte ich die Lösung gefunden zu haben. Warum sollten wir die Sänger nicht auf elektronischem Wege miteinander verbinden, indem wir die Ausgänge der entsprechenden Mikrofone miteinander koppelten? Leider wurden die Anschlüsse aber dann doch noch irgendwie verwechselt, und zu meinem Grimm war die Schlußkonstellation der beiden Paare wieder dieselbe wie am Anfang. Ob Mozart selbst dabei seine Hand im Spiel gehabt hat?

Nach der Aufnahme waren wir alle niedergeschlagen. Die Atmosphäre war freundschaftlich und kooperativ gewesen, Sänger und Produzent hatten sich verbunden gefühlt durch ihre Liebe und Achtung für Klemperer und durch das Bestreben, ihm nach Kräften bei der Realisierung seiner Vorstellungen zu helfen. Und jetzt hatten wir alle mit einem Mal das Gefühl, die Aufnahme sei vielleicht unsere letzte mit ihm gewesen.

16

Neuausgabe alter Aufnahmen

Zu diesem Zeitpunkt hatte ich seit ungefähr sechs Jahren zusätzlich zu meiner eigentlichen Arbeit noch eine andere Beschäftigung, und sie bereitete mir genausoviel Befriedigung wie die Produktion neuer Schallplatten: die Aufbereitung alter Aufnahmen aus den Archiven von EMI, in denen ein ganzer Schatz großer Einspielungen legendärer Musiker lagert. Diese Tätigkeit hatte sich eher zufällig ergeben. In den ersten vier Jahren, die ich bei EMI arbeitete, also bis zu Walter Legges Weggang, war im wöchentlichen Bericht regelmäßig die folgende Eintragung aufgetaucht: Furtwängler: »Tristan und Isolde« – Neuausgabe. Ein begleitender Kommentar hatte den schleppenden Fortgang des Projekts vermerkt; das vorgesehene Erscheinungsdatum verschob sich im Lauf der Zeit von Januar 1961 auf September 1964. Gelegentlich schrieb Legge ein wortgewaltiges Memorandum zur Sache, aber dennoch geschah nichts. Für gewöhnlich ärgerte ich mich über den Vermerk »Pendenz Abteilung Mr. Legge«. In diesem Fall handelte es sich jedoch um eine der bemerkenswertesten Aufnahmen von Walter Legge, und solange er sich nicht weiter darum bemühte, wäre es vermessen gewesen, wenn ich mich eingemischt hätte. Nach Legges Ausscheiden machte ich in unserer Abteilung Inventur. Als der nächste Tätigkeitsbericht erschien, rief ich einen Kollegen von der Hauptgeschäftsstelle an und fragte ihn, was es mit diesem Eintrag auf sich habe. Er lachte. »Warum willst du das wissen? Willst du das Problem etwa lösen?« Ich erwiderte, ich könnte es immerhin versuchen, aber dazu müßte ich erst wissen, worum es sich dabei handelte. Er erklärte, die Aufnahme sei bereits 1952 entstanden. Schneidemaschinen und -techniken hätten sich aber seither so wesentlich verbessert, daß man die Klangqualität der Aufnahme verbessern und sie erst dann neu herausgeben wolle. Das sei aber leichter gesagt als getan. Mein Kollege fürchtete, ich könnte mir die Finger verbrennen. »Tu's nicht, Suvi«, riet er. »Die Sache ist verschleppt worden, weil es sich um eine legendäre Aufnahme handelt, an die sich keiner ranwagt. Wenn die Neuausgabe eine Enttäuschung ist, bleibt das an dem hängen, der sie gemacht hat.« Na wenn schon, dachte ich, wenn Furtwänglers »Tristan« für alle eine heilige Kuh ist, für mich ist es eine Aufnahme wie jede andere. »Wetten, daß ich das Problem in zwei Monaten gelöst habe?« Mein Kollege lachte nur. »Ich gebe dir sechs Monate, und selbst dann wirst du nichts erreicht haben.« Es ergab sich aber, daß die Aufnahme schon in einem Monat für die Neuausgabe fertig war.

Da zwei der ursprünglich zwölf Plattenseiten sehr kurz waren, konnte ich die Aufnahme auf zehn Seiten reduzieren. Auf diese Weise wurde ich die unfreiwillig komische Unterteilung der zweiten Szene im dritten Akt los, die den Schluß und Isoldes Liebestod vorbereitet. Seite zwölf begann nämlich mit Isoldes »Ich bin's, ich bin's«, während Seite elf mit der Silbe »Ha« schloß. Diese Silbe war aber so abrupt abgeschnitten worden, daß sie auf der Platte mehr wie »Hick« klang – als hätte Kirsten Flagstad tapfer, aber vergeblich versucht, ein Aufstoßen zu unterdrücken.

Als das getan war, ließ ich Platten und Mastertapes synchron ablaufen und hörte abwechselnd in die Aufnahmen hinein. Natürlich war das Band besser als die Platte. Ich konzentrierte mich auf die Klangmischung und machte mir Notizen. Das Hauptproblem war die Balance zwischen Stimmen und Orchester. Zur Zeit der Einspielung hatte man geglaubt, das Opernpublikum wolle in erster Linie die Sänger hören, und deshalb hatte sich keiner besonders um den Orchesterpart gekümmert. Der Dirigent war lediglich dazu da, um für die Begleitung der Sänger zu sorgen, ob das nun ein einfaches Hum-ta-ta war wie bei Donizetti und Bellini oder auch beim frühen Verdi oder ob es sich um kontrapunktisch ineinander verwobene Melodiebögen und Leitmotive handelte wie bei Wagner. Die Sänger hatten daher ein deutliches Übergewicht, während das Orchester sehen konnte, wo es blieb. Ich beschloß, dieses Übergewicht zu vermindern, bis Sänger und Orchester gleich stark zu hören waren. Da die ursprüngliche Aufnahme im Prinzip hervorragend gelungen war, hatte ich dank meiner naturwissenschaftlichen Ausbildung die Lösung schnell gefunden. Der Umfang der menschlichen Stimme vom tiefen Baß zum hohen Sopran reicht ungefähr vom C zwei Oktaven unterhalb des eingestrichenen C bis knapp über das dreigestrichene C, umfaßt also in etwa die vier mittleren Oktaven des Klaviers. Physikalisch ausgedrückt, bewegt er sich zwischen 65 und 1046 Hertz. Um das Orchester stärker in den Vordergrund zu rücken, brauchte ich nur vorsichtig die über und unter den Gesangsstimmen gelegenen Frequenzen elektronisch zu verstärken. Vergegenwärtigt man sich, daß zum Beispiel eine Tuba bis 43 Hertz hinunterreicht und eine Piccoloflöte bis auf 4000 Hertz kommt – um nur zwei Instrumente herauszugreifen –, ist klar, daß sich mir hier ein weites Betätigungsfeld eröffnete. Ich experimentierte mit verschiedenen Klangmischungen, bis ich eine befriedigende Balance gefunden hatte, ohne daß dabei der spezifisch Furtwänglersche Klang verändert wurde. Dann ließ ich eine Probepressung zu Demonstrationszwecken herstellen. Mein Chef hörte sich einige ausgewählte Stellen an und sagte dann: »Hervorragend, bringen Sie die Platte heraus.« Ich rief meinen Kollegen an. »John, der ›Tristan‹ ist fertig, und ich habe erst vor einem Monat damit angefangen.« So kam es, daß das Projekt endlich aus dem wöchentlichen Bericht verschwand. Die Neuausgabe war ein voller Erfolg. Da es bei EMI damals nicht üblich war, Produzenten namentlich zu nennen, berichtete die Presse nur, daß den EMI-Technikern eine hervorragend aufbereitete Neuausgabe gelungen sei.

Die Arbeit hatte mir große Befriedigung verschafft, und bald kamen Anfragen von Kollegen und vom Vertrieb nach weiteren Neuausgaben alter Aufnahmen. Auf den »Tristan« folgten Kempes »Meistersinger«, gleichfalls eine großartige Einspielung. Diesmal war der Erfolg sogar noch größer. Der klangliche Unterschied zwischen der ursprünglichen Aufnahme und der Neuausgabe war verblüffend. Hatten die Berliner Philharmoniker bisher einen eher verschwommenen Untergrund zu den stimmgewaltigen Sängern geliefert, traten sie jetzt auf einmal als gleichberechtigte Partner neben die Sänger.

Auf die Wagner-Opern folgten Lieder, Orchesterwerke und weitere Opern. Die vielleicht spektakulärsten und schönsten Erfolge, die ich auf diesem Gebiet verbuchen konnte, waren drei großartige Einspielungen von Karajan. Als ich 1970 erfuhr, daß eine andere Plattenfirma den »Rosenkavalier« von Richard Strauss neu einspielen wolle, war mein erster Gedanke: Das könnten sie sich sparen. Ich konnte mir keine bessere Aufnahme vorstellen als die unter Herbert von Karajan mit Elisabeth Schwarzkopf, Christa Ludwig, Teresa Stich-Randall und Otto Edelmann in den Hauptrollen. Die Aufnahme war Ende 1956 entstanden. Es war eine Topbesetzung gewesen in der Blütezeit des Philharmonia Orchestra, und Karajan befand sich auf der Höhe seines Könnens. Die Aufnahmetechnik war damals noch im Stand der Unschuld – aufgenommen wurde mit Stereogeräten auf zwei Spuren –, und Tonmeister und Produzenten hatten noch nicht angefangen, über ihre Arbeit zu theoretisieren, was ja für jede Art künstlerischer Tätigkeit so fatal ist. Kurz gesagt, ich konnte mir nicht vorstellen, daß das Niveau dieses »Rosenkavalier« noch einmal erreicht, geschweige denn übertroffen werden konnte. Und da hatte ich spontan die Idee, diese Aufnahme technisch zu überarbeiten.

Ich begann mit dem üblichen ersten Schritt und verglich die erste Plattenseite mit dem entsprechenden Band. Wie zu erwarten war, klang das Band besser. Selbst wenn wir also nur das Band ohne weitere Manipulationen neu auf Platte übertragen hätten, hätte das Ergebnis jede andere damals erhältliche Aufnahme übertroffen. Als ich mit dem Vergleich fertig war, sah ich mir das Band genauer an. An einer Stelle hörte ich einen deutlichen Schnitt. Ich ließ das Band zurücklaufen, konnte an der Stelle aber kein Klebeband entdecken, das einen Schnitt angezeigt hätte. Ich bat den Tonmeister, das Band zu überprüfen und mir zu sagen, wie viele Schnitte auf Seite eins zu finden seien. Als er nur eine Schnittstelle fand, wußte ich sofort, daß ich eine Kopie vor mir hatte und nicht das originale Mastertape. So hervorragend die ausführenden Künstler waren, ich konnte einfach nicht glauben, daß sie diese nahezu vollkommene Aufnahme von fast einer halben Stunde mit nur einem einzigen Schnitt geschafft hatten. Ich forderte daher die ursprünglichen Bänder an, und nach einigem Suchen wurden sie auch gefunden.

Als ich mir das neue Band anhörte, wußte ich, daß ich jetzt das originale Mastertape vor mir hatte. Es hatte die übliche Anzahl von Schnitten. Ich verglich es daraufhin mit dem für die Pressung verwendeten Master; der Unterschied war verblüffend. Das Original hatte einen Schmelz, eine Brillanz und Wärme und natürliche Resonanz, neben der die Kopie sich, um es mit einem Lieblingswort von Legge, auszudrücken, wie eine »Travestie« anhörte.

Es kostete mich einige Zeit und einiges Herumstöbern in alten Akten, bis ich herausfinden konnte, warum das Original kopiert worden war. Wenn sich im »Rosenkavalier« der Vorhang zur ersten Szene hebt, liegen die Marschallin und Octavian noch nebeneinander auf dem Bett, auf dem sie sich soeben geliebt haben. Für die Aufnahme wurden Elisabeth Schwarzkopf und Christa Ludwig für diese Szene halb links und halb rechts von der Mitte postiert, eine höchst einleuchtende, ausgeglichene Position. Daran hatte sich aber offensichtlich jemand gestoßen und ausgerechnet, daß dieser Position auf der Bühne eine Entfernung von fast zehn Meter entsprach, die beiden somit in einem zehn Meter breiten Bett liegen müßten. Dieser Disput war Gegenstand eines erregten, aus der Sicht von 1970 äußerst törichten und grundlosen Briefwechsels geworden, der zum Beschluß geführt hatte, die ganze Seite mit verringerter Stereobreite zu kopieren.

Inzwischen hatten wir uns alle längst daran gewöhnt, daß Stereo bessere Aufnahmen ermöglicht, und die Positionen der Sänger wurden nicht mehr direkt mit der Bühne in Verbindung gebracht. Ich beschloß deshalb, der Neuauflage das originale Mastertape zugrunde zu legen. Ich bügelte einige ungeschickte Schnitte aus und gab die Bänder dann einem Techniker mit den Worten: »Wir wissen ja beide, was guter Klang ist. Machen Sie es mit dieser Aufnahme wie üblich. Die Bässe sollten etwas verstärkt werden, die Höhen ein wenig frisiert. Das ist alles. Wenn Sie es für nötig halten, lassen Sie eine Probepressung machen.« Nachdem ich die Probepressung gehört hatte, gab ich eine weitere, noch kürzere Anweisung: »Die Höhen brauchen noch etwas mehr – nicht 5000 Hertz.«

Die Neuausgabe war ein phänomenaler Erfolg. Obwohl uns die Konkurrenz das natürlich nicht glaubte, kam unsere Einspielung nur durch Zufall im Abstand von lediglich einem Monat zu der ihren heraus. Das Urteil lautete einhellig, daß die Neueinspielung zwar gut, die dreizehn Jahre alte Aufnahme aber ein Ereignis und in jeder Beziehung besser sei. Bei einer Party einige Monate später war auch der Produzent der Neueinspielung zugegen. Unser Gastgeber sagte bei der Vorstellung: »Sie kennen einander schon, nicht wahr? John Culshaw, Suvi Grubb.« Culshaw schüttelte mir mit einem freundlichen Lächeln die Hand und sagte: »Sie sind ein Dreckschwein.« Ich setzte eine Unschuldsmiene auf. »Was habe ich denn getan?« »Das wissen Sie ganz genau.« Unser Gastgeber hatte entsetzt zugehört, aber ich versicherte ihm: »Seien Sie unbesorgt. Wir sind immer noch gut Freund.« Später sah er dann auch, wie wir uns in einer Ecke friedlich miteinander unterhielten.

Die Konkurrenzeinspielung zu unserer Aufbereitung von Verdis »Falstaff« hatte ein ganz anderes Kaliber – sie kam von Karajan selbst. Unsere Stereoaufnahme von 1956 hatte sich über fünfzehn Jahre lang als beste Aufnahme dieser Oper im Katalog behauptet. Als 1976 alle Aufnahmen der Columbia auf das Label von His Master's Voice umgestellt wurden, hatte ich die Gelegenheit dazu benutzt, den »Falstaff« für eine Neuausgabe vorzubereiten. Zwei Jahre später traf ich Karajan in einem Berliner Restaurant. Ich trat an seinen Tisch, um ihn zu begrüßen. Im Laufe unseres Gesprächs äußerte ich die Hoffnung, daß er weder den »Rosenkavalier« noch den »Falstaff« neu einzuspielen gedenke. Nein, war die Antwort, daran denke er nicht. Er halte die Aufnahmen für so vollkommen wie in einer unvollkommenen Welt eben möglich. Einige Jahre später erfuhr ich, daß er den »Falstaff« doch ein zweites Mal aufnehmen wolle. Ich beschloß, mich unserer Aufnahme noch einmal anzunehmen, diesmal mit noch moderneren Geräten. Um diese Neuausgabe konkurrenzfähiger zu machen, versuchte ich mit Erfolg, die Oper auf vier statt wie bisher sechs Plattenseiten unterzubringen.

Wieder erschien unsere Aufnahme durch Zufall fast zur gleichen Zeit wie Karajans Neueinspielung. Diesmal war es bedeutend schwieriger, unvoreingenommen zu entscheiden, welche Aufnahme besser war. Der Zauberer hatte das fast Unmögliche fertiggebracht – er hatte zum zweiten Mal eine nahezu perfekte Einspielung geliefert. Selbst ich würde mich mit der Entscheidung schwertun, welche Aufnahme ich aus rein musikalischen Gründen behalten wollte, wenn es denn nur eine von beiden sein dürfte. Wie ich später erfuhr, war der Maestro allerdings über die zeitgleiche Ausgabe nicht besonders erbaut gewesen.

Die dritte große Einspielung von Karajan waren die Symphonien von Beethoven mit dem Philharmonia Orchestra aus den fünfziger Jahren. Für mich ist das immer noch die beste Einspielung dieser Werke mit Herbert von Karajan, ausgezeichnet durch geballte Intensität und Leidenschaftlichkeit des Gefühls ebenso wie durch sichere Gestaltung der musikalischen Architektur. Auch aufnahmetechnisch ist die Einspielung erstklassig und kann sich neben jeder späteren Version hören lassen. In der Exposition der »Eroica« zum Beispiel wird das erste Nebenthema nacheinander von Oboe, Klarinette, Flöte und ersten Geigen gespielt, während Celli und Bässe im Staccato ein Fragment des Hauptthemas spielen: Auf der Aufnahme ist jedes Detail glasklar zu hören, und, wichtiger noch, jedes Instrument hat dieselbe Intensität und Präsenz und die ihm eigentümliche Klangfarbe und Wärme. In keiner anderen mir bekannten Aufnahme klingt der Wechsel der Instrumente so lebendig und natürlich.

Nun handelte es sich aber um Monoaufnahmen, und im Vertrieb war man der festen Überzeugung, daß selbst eine glänzend aufbereitete Monoaufnahme der Beethoven-Symphonien Ende der siebziger Jahre auf dem Markt keine Chance mehr habe. Mit der gleichen Hartnäckigkeit sträubte ich mich aber dagegen, die Bänder mittels der üblichen Prozedur in »Pseudo-Stereo« umzuwandeln; dies hätte die diamantene Klarheit und Brillanz des Klanges unweigerlich zerstört. Ein auf diese Weise zu Demonstrationszwecken aufbereitetes Band der »Eroica« zeigte das deutlich. Ich experimentierte so lange, bis ich eine neue Methode gefunden hatte, Mono in Stereo umzuwandeln. Mit großer Genugtuung und sogar ein wenig belustigt las ich, daß in einer deutschen Besprechung der Neuausgabe die Stereobreite eigens positiv erwähnt wurde. Ganz offensichtlich hatte sich die neue Methode – die wir geheimhalten – bewährt.

*

Unter den aktuellen Neueinspielungen waren zwei weitere Aufnahmen mit Fischer-Dieskau. Sein Begleiter war zwar in der Regel Gerald Moore, aber er hatte über Jahre hinweg auch mit vielen anderen Pianisten Platten eingespielt. Seit ich sein Produzent war, hatte ich meinen Ehrgeiz darauf gerichtet, eine Platte mit ihm und Barenboim zu produzieren. Die beiden hatten mit großem Erfolg zusammen konzertiert und verstanden sich ungewöhnlich gut. Meine Gelegenheit kam 1971. Schubert-Lieder wären mir am liebsten gewesen, aber das war leider nicht möglich. Also entschieden wir uns für Mozart, in mancherlei Hinsicht sogar die bessere Wahl, da Fischer-Dieskau noch nie Mozart-Lieder aufgenommen hatte.

Die erste Sitzung war schrecklich – in zweieinhalb Stunden nahmen wir keine einzige Note auf. Wir versuchten alles, rückten das Klavier in jede erdenkliche Ecke und probten in den unmöglichsten Positionen. Wir stellten den Sänger mit dem Gesicht zum Klavier und in die Verlängerung der Tastatur, wir spielten sämtliche Aufstellungen durch, die in Studio 1 durchgespielt worden waren und dort funktioniert hatten, und dazu ganz neue, die wir noch nie versucht hatten. Kollegen des Tonmeisters, der Studioleiter und andere versuchten, mit Vorschlägen zu helfen, aber es war alles vergeblich. Das Klavier gab uns keinerlei Probleme auf – schon nach wenigen Minuten erklärte Barenboim, er sei mit dem Klang zufrieden. Aber wo wir Dietrich Fischer-Dieskau auch hinstellten, nie klang seine Stimme auf der Aufnahme im Piano und im Forte gleich natürlich. Entweder klang das Piano bis zum Mezzoforte gut und alles, was lauter war, häßlich und forciert, oder das Fortissimo klang voll und rund, während schon das Mezzopiano überhaupt nicht mehr zu hören war. Fischer-Dieskau und Barenboim fügten sich geduldig in das Unvermeidliche. Es ging also ohne Zornausbrüche ab, aber für uns vom Aufnahmeteam war es eine Qual. Am Ende der Sitzung bat ich Fischer-Dieskau, uns noch eine Stunde am Nachmittag zu bewilligen. Ich versprach, die Sitzung abzubrechen, wenn wir auch dann keinen Erfolg haben sollten. Er war einverstanden, und wir vertagten uns bis vier Uhr.

Ich hatte am frühen Nachmittag noch eine andere Aufnahmesitzung, ebenfalls für eine Singstimme, aber für Continuo-Begleitung aus Cello und Cembalo. Elly Ameling sang eine Arie aus der Bach-Kantate Nr. 147. Wir hatten die Kantate im King's College in Cambridge aufgenommen und die Arie aus Zeitmangel auslassen müssen. Jetzt mußte ich im Studio 1 in der Abbey Road die ganz andere Akustik von King's College nachstellen. Zu jedem anderen Zeitpunkt hätte ich das für eine gewaltige Aufgabe gehalten, aber nach den Erfahrungen vom Vormittag kam es mir jetzt wie eine Bagatelle vor. Wir begannen mit der Einrichtung, die wir am Vormittag mit Fischer-Dieskau zuletzt ausprobiert hatten, und seltsamerweise kam Elly Ameling damit auf Anhieb zurecht. Wir waren vor der Zeit fertig und konnten uns eine kleine Atempause gönnen.

Mit unveränderter Aufstellung begannen wir danach die Sitzung mit Fischer-Dieskau, und, merkwürdig genug, diesmal war die Balance plötzlich perfekt. Gesang und Klavier paßten genau zusammen, Fischer-Dieskaus Stimme wurde in ihrem ganzen Reichtum und Ausdruck ebenso getreu aufgezeichnet wie Barenboims nuancierte Farbgebung am Klavier. Die Götter, die uns am Morgen so ungnädig gewesen waren, hatten offenbar ein Einsehen gehabt.

Die Schwierigkeiten der ersten Sitzung wurden durch das, was nun folgte, mehr als wettgemacht. Ich werde diese Aufnahme immer als besonders befriedigend in Erinnerung behalten. Sie war der Beginn der Freundschaft zwischen Fischer-Dieskau und mir. Bis dahin war unser Verhältnis eher förmlich gewesen. Gegen Ende der zweiten Sitzung – wir hatten soeben »Abendempfindung« zum erstenmal aufgenommen – machte ich einige Anregungen, und er fragte danach: »Und was ist mit der letzten Strophe, Suvi?« Von da an nannten wir einander beim Vornamen.

Wer die eben erwähnte Platte jetzt sofort im Plattengeschäft kaufen will, muß auf eine Enttäuschung gefaßt sein, denn sie ist schon lange aus dem Katalog verschwunden. Aber ehe man nun auf die Banausen bei den Plattenfirmen schimpft, die nur am Gewinn interessiert sind und nicht an künstlerischen Werten, möchte ich kurz über die Geschichte der Platte berichten. Als ich das Projekt der Mozart-Lieder mit Fischer-Dieskau und Barenboim zum erstenmal intern zur Sprache brachte, ließ man mich nicht im Zweifel darüber, daß wir, wenn wir Glück hatten, gerade eben kostendeckend würden arbeiten können. Unsere Niederlassungen in England und Deutschland rechneten mit niedrigen Verkaufszahlen, die Franzosen waren der Ansicht, daß sie französische Lieder eventuell mit geringer Stückzahl verkauft hätten, Mozart aber aussichtslos sei, und die Amerikaner, mit dem vierten der großen Märkte, erklärten, daß sie bestenfalls einige tausend Platten verkaufen würden. Obwohl wir also wußten, daß wir uns aller Voraussicht nach auf ein Verlustgeschäft einließen, beschlossen wir, die Platte dennoch zu produzieren. Warum? Aus Prestigegründen – wir wollten einfach, daß es unsere Firma war, die Lieder mit Fischer-Dieskau aufnahm, die er noch nie zuvor auf Platte gesungen hatte, und wir wollten ihn zudem als erste zusammen mit Barenboim aufnehmen.

So entstand die Platte. Als sie erschien, war die Kritik begeistert, aber das Publikum verhielt sich gleichgültig. Es fanden sich nicht einmal genügend Käufer, daß es sich gelohnt hätte, die Platte weiterhin im Katalog zu führen – schon das allein kostet Geld. Nach zwei Jahren mußten wir sie aus dem Programm nehmen, und sie wird wahrscheinlich nie mehr erhältlich sein. Wer immer der Meinung ist, eine Plattenfirma kritisieren zu müssen, tut gut daran, sich diesen Fall vor Augen zu halten.

Nach den Liedern stand wieder eine Aufnahme in der Kirche von Tooting an. Mit Sheila Armstrong, Dame Janet Baker, Nicolai Gedda, dem John Alldis Choir und dem English Chamber Orchestra machten wir uns an die Aufgabe, das Mozart-Requiem aufzunehmen. Seit Barenboim das Werk 1967 im Konzert dirigiert hatte, hatte ich vorgehabt, es mit ihm auf Platte einzuspielen. Jetzt endlich war es soweit. Es gab keine Konzertaufführung vor der Aufnahme, aber Barenboim konnte den Mitwirkenden auch so in einer Probe seine Interpretation nahebringen. Barenboims Requiem ist dramatisch und aufwühlend, bisweilen geradezu explosiv. Das »Dies Irae« beispielsweise stürmt schrecklich wild daher. Da es sich aber in die Gesamtinterpretation einfügt, wird Mozarts Anweisungen dennoch keine Gewalt angetan.

17

Perlman im Studio

Bereits des öfteren hatte uns Barenboim von einem zweiten israelischen Geiger erzählt, der ebenfalls das Kaliber Zukermans habe. Er meinte, wir sollten unbedingt versuchen, ihn zu bekommen. Es kam mir zwar fast unmöglich vor, daß innerhalb einer Generation zwei Geiger der Weltklasse aus einem Land von der Größe Israels kommen konnten, aber die Erfahrung mit Zukerman hatte uns gezeigt, wie gefährlich es war, Barenboims Rat in solchen Dingen in den Wind zu schlagen. Ende 1970 kannte ich Perlman und seine Platten im übrigen selbst gut genug und wußte, was für ein außerordentlicher Geiger er war. Es war Barenboim, der Perlman riet, mit uns zusammenzuarbeiten, indem er ihn davon überzeugte, daß dies für ihn sowohl musikalisch wie vom Gesichtspunkt der Karriere aus betrachtet zum fraglichen Zeitpunkt nur von Vorteil sei. Perlman unterschrieb schließlich einen Vertrag für drei Jahre mit uns. Die Zusammenarbeit mit ihm stellte eine weitere Bereicherung meiner Produzententätigkeit dar.

Drei Tage nach dem Mozart-Requiem hieß ich, voller Vorfreude auf die musikalischen Genüsse, die meiner harrten, Itzhak Perlman in Studio 1 zu seiner ersten Platte willkommen. Da er zum erstenmal zu uns kam, hatte ich überlegt, was ich tun konnte, damit er sich bei uns wohlfühlte. Meine Vorsorge erwies sich dann freilich als großenteils unnötig, da mit Pinchas Zukerman und Daniel Barenboim zwei seiner engsten Freunde gleichfalls anwesend waren. Wir hatten uns drei Violinkonzerte von Bach vorgenommen. Perlman sollte das E-dur-Konzert spielen, Zukerman ein Konzert in g-moll und beide zusammen das Doppelkonzert in d-moll. Begleitet wurden sie vom English Chamber Orchestra unter Barenboim.

Wir begannen mit dem Konzert in g-moll, so daß Perlmans Auftritt erst in der zweiten Sitzung erforderlich war. Als er kam, brauchten wir nur ihn und Zukerman zu beiden Seiten des Dirigenten zu setzen und zu überprüfen, ob die Balance zwischen den Solisten und zwischen Solisten und Orchester ausgeglichen war. Das war in wenigen Minuten geschehen. Die beiden Geiger hörten sich eine Probeaufnahme an und erklärten sich mit dem Klang ihrer Instrumente zufrieden. Als wir ins Studio zurückgingen, nahmen sie mich allerdings einzeln beiseite und gestanden mir unter vier Augen, daß der jeweils andere ihrer Ansicht nach doch etwas zu sehr dominiere: »Es ist ja eigentlich nicht der Rede wert, aber ich wollte es Ihnen doch sagen ...« Sie drückten ihre Bedenken in fast genau den gleichen Worten aus. Ich wartete, bis sie wieder Platz genommen hatten, und sagte dann: »Sie sind beide der Ansicht, der andere sei zu laut. Ich nehme das für ein sicheres Zeichen, daß die Balance stimmt, und ich werde sie deshalb genau so lassen, wie sie ist. Grund zur Sorge besteht für mich erst dann, wenn einer von Ihnen sich nicht mehr beklagt.«

Den ersten Satz nahmen wir dreimal komplett auf. Verbesserungen einzelner Stellen waren nicht notwendig, der letzte Durchgang war fehlerlos. Auch den zweiten Satz nahmen wir dreimal auf, anschließend verbesserten wir noch einen kleinen Patzer. Den dritten Satz nahmen wir zweimal auf, dann wiederholten wir zwei fehlerhafte Stellen. Es war ein Genuß, die Solisten spielen zu hören. Nahtlos wechselten sie einander ab, es klang, als ob nur ein Musiker und ein Paar Hände spielten. Ohne die Hilfe der Partitur oder die Verteilung über die Stereokanäle hätte ich nicht sagen können, wer gerade spielte. Wie ich später erfuhr, konnten beim Erscheinen der Platte nicht einmal die Eltern der beiden feststellen, wer erste und wer zweite Geige spielte. Gutgelaunt präsidierte Barenboim, der »große alte Mann«, der er in der Hierarchie der EMI-Künstler bereits war, die ganze Prozedur.

Drei Wochen später kam in Kingsway Hall die erste große Bewährungsprobe meiner Zusammenarbeit mit Perlman. Perlman sollte mit dem Royal Philharmonic Orchestra unter der Leitung von Lawrence Foster das erste Violinkonzert von Paganini und die höchst wirkungsvolle »Carmen«-Fantasie von Sarasate aufnehmen. Der Ton, den Perlman auf seiner Stradivari erzeugt, ist rein, klar und süß. Die Geige hat allerdings eine Eigenheit: die G-Saite hat ungefähr das doppelte Klangvolumen der anderen Saiten. Um diesen Klang originalgetreu wiederzugeben, müssen die Mikrofone in einer ganz bestimmten Entfernung und einem noch genauer festgelegten Winkel zum Instrument aufgestellt werden. Entfernung und Winkel müssen vor jeder Sitzung neu bestimmt werden, auch am Nachmittag wieder, selbst wenn der Klang am Morgen perfekt war. Schon geringfügige Veränderungen der Luftfeuchtigkeit, der Temperatur oder der Haltung Perlmans auf seinem Stuhl konnten den Klang hörbar verschlechtern.

Auf der ersten Sitzung mußten Itzhak Perlman und ich zuerst eine gemeinsame Sprache finden, in der wir uns verständigen konnten. Das ist gar nicht so leicht, wie man vielleicht meinen könnte, denn klangliche Qualitäten lassen sich nur schwer mit Worten genau beschreiben. Das

Wort »Resonanz« etwa kann im Englischen laut Lexikon »Tonfülle« oder »Mitschwingen« bedeuten. Bei einer Aufnahme verstehen wir darunter das in einem Studio, einem Saal oder einer anderen Räumlichkeit erzeugte Mitschwingen. Die Resonanz kann zu gering oder zu groß sein. Im ersten Fall ist der Klang hart und scharf, im zweiten diffus und verschwommen. Das Klangbild kann höhenlastig oder baßlastig sein, und je nachdem klingen die hohen bzw. tiefen Frequenzen dumpf und undeutlich.

»Präsenz« ist die Tonqualität, die beim Hörer den Eindruck erweckt, der Künstler sei im Zimmer anwesend, obwohl er nur über ein Lautsprecherpaar zu hören ist. Präsenz wird natürlich am besten durch direkte Klangeinwirkung der Schallquelle gewonnen. Auf jener ersten Sitzung mußten Perlman und ich einander immer wieder erklären, was wir meinten. Es war das freilich nur der erste, noch zögernde Schritt zu dem vollkommenen Verständnis, das mittlerweile zwischen uns besteht.

Bereits bei den Aufnahmen zu dieser ersten Soloplatte mit Perlman war ich stets von neuem verblüfft über seine Virtuosität und seine Fähigkeit, selbst weniger tiefgründigen Stücken Poesie einzuhauchen – manche Wendungen gehen einem so unmittelbar zu Herzen, ein zwischen zwei Tönen angedeutetes Glissando etwa, ein überraschendes Pianissimo, ein perfekter Lagenwechsel über zwei Oktaven und mehr oder Flageolettöne, deren Intonation gleichfalls vollkommen ist und die klingen, wie man sich flötespielende Engel vorstellt.

Das Violinkonzert von Paganini sollte Perlmans erste Platte unter unserem Label sein. Kurz vor Erscheinen der Platte kamen unseren Vertriebsleuten allerdings plötzlich Bedenken. Sie fanden, das Paganini-Konzert allein habe nicht genügend Substanz für das Debüt eines so bedeutenden Geigers. Das war zwar nicht ganz von der Hand zu weisen, doch die Bedenken kamen für mich reichlich spät. Ich mußte Perlman schließlich überreden, von New York, wo er wohnte, noch einmal nach London zu kommen, um in drei Tagen zusätzlich Paganinis Capricen für Violine aufzunehmen. Keines der Studios stand für die ganzen drei Tage zur Verfügung. Am ersten Tag nahmen wir in Studio 1 die Capricen Nr. 1 bis 6 auf, außerdem machten wir zwei Probeläufe mit Nr. 12. An den nächsten beiden Tagen nahmen wir die restlichen achtzehn Capricen in Brent Town Hall auf, einem Saal, in dem man mit Leichtigkeit zwei Studios der Größe von Studio 1 hätte unterbringen können. Trotzdem möchte ich den sehen, der die drei in Studio 1 aufgenommenen Takte identifizieren könnte, die wir in die in Brent Hall aufgenommene Caprice Nr. 12 eingefügt haben!

Ich machte bei der Gelegenheit zum erstenmal Bekanntschaft mit Itzhak Perlmans außerordentlicher Kondition. Am späten Abend des 9. Januar traf er in London ein. Am zehnten nahm er von 6 Uhr abends bis Mitternacht auf, am elften von 14.30 bis 22 Uhr und am zwölften von 10 Uhr morgens bis 5 Uhr nachmittags. Während all dieser Sitzungen hatte er ohne Pause zu spielen, denn da die Capricen Solostücke sind, gab es keine Zwischenspiele des Orchesters oder Klaviers, während derer er sich hätte erholen können. Und die Capricen sind weiß Gott keine leichte Kost, sie sind teuflisch schwer. Doch Perlman spielte unverdrossen, bis er bei der letzten Caprice angelangt war, der seit je beliebten vierundzwanzigsten. Er spielte sie einmal durch, dann herrschte Stille im Saal. »Itzhak?« rief ich. Die Antwort war ein müdes Seufzen: »Ja? Jetzt soll ich mir das wohl auch noch anhören.« Der Master war zwei Tage später fertig. Fast hätte die Kassette, die ich nach New York schickte, Perlman auf dem Rückflug noch überholt.

Fünf Tage lang hatte ich in meinen wachen Stunden ununterbrochen Musik für Solo-Violine gehört. Kein Wunder, daß die Geige mich in der darauffolgenden Nacht im Schlaf heimsuchte. Um zwei Uhr morgens fuhr ich plötzlich im Bett hoch. Das »Spiel einer Geige umgaukelte mein Ohr«, um in leichter Abwandlung mit dem Grafen aus »Capriccio« zu sprechen. Ich lag eine Weile wach und wurde das Gefühl nicht los, daß fünf Zentimeter neben meinem Kopf eine Geige unablässig Triller, Arpeggios, Spiccatoläufe, Terzen- und Quintenläufe sowie Glissandi spielte. Ich vergrub den Kopf unter dem Kissen, um die Halluzination loszuwerden. Ich riß die Augen weit auf. Ich ging in Gedanken die schönsten Holzbläsersoli aus Mozarts Klavierkonzerten, dann die Einsätze des Blechs in den Bruckner-Symphonien durch. Ich versuchte mich sogar an einige der deftigeren, nicht jugendfreien Kinofilme zu erinnern, die ich gesehen hatte. Alles vergeblich. In schierer Verzweiflung sprang ich schließlich aus dem Bett, ging ins Wohnzimmer und schaltete den Plattenspieler ein. Ich drehte die Lautstärke so leise wie möglich, damit meine Frau nicht aufwachte, und hörte mir, den Kopf an den Lautsprecher gedrückt, A-cappella-Gesang an, bis ich die gespenstische Violine ausgetrieben hatte.

Zwei Tage später holte sie mich wieder ein. Perlman hatte sich die Kassette angehört und listete mir in einem 67minütigen transatlantischen Ferngespräch die Stellen auf, die er verbessert haben wollte. Da seine Noten keine Taktzahlen enthielten, mußten wir einander wiederholt Stellen vorsingen. Die Platte zeigt eindrucksvoll, wie Perlman noch vergleichsweise simplen Stücken einen Zauber entlockt. Bei manchen Geigern klingen die Capricen wie Etüden. Man höre sich dagegen die Caprice Nr. 5 bei Perlman an. Die Intonation der langen Tonleitern an Anfang und Ende ist perfekt, Crescendi und Decrescendi sind vollendet gestaltet, der Mittelteil ist atemberaubend schnell und doch wunderbar durchgeformt. Kaum zu glauben, daß Finger sich so schnell und präzise bewegen können.

Als die Platten erschienen, konnte ich noch aus einem weiteren Grund zufrieden sein. EMI hatte bisher immer darauf bestanden, daß die Produzenten anonym blieben. Begründet wurde das damit, daß eine Aufnahme ja nicht das Werk eines einzelnen sei, sondern eines Teams, zu dem auch der Direktor, die Buchhalter, Rechtsanwälte, Sekretärinnen und viele andere gehörten. Aber es ist natürlich absurd zu behaupten, der Beitrag des Produzenten zu einer Plattenaufnahme sei nicht bedeutender als der seiner Helfer. Vom Beginn der Aufnahmen bis zum Erscheinen der Platte trägt der Produzent und niemand anders die Verantwortung. In seiner Hand ruhen der Ruf der Interpreten und das Schicksal der Plattengesellschaft.

Der Verdacht drängt sich auf, daß der wirkliche Grund, die Produzenten in der Anonymität zu belassen, die Furcht der Plattenfirmen war, Produzenten könnten sich durch den Glanz ihres Ruhmes dazu verleiten lassen, ungebührliche Forderungen zu stellen, und Anspruch auf die Privilegien und Vergütungen der Chefetage erheben. Das Prinzip der Anonymität führte manchmal zu absurden Konsequenzen. In der Aufnahme der »Lustigen Witwe« wird der Assistent des Produzenten genannt, da er nicht bei EMI angestellt war, der Produzent Walter Legge dagegen nicht. Die Aufnahmen mit Perlman gehören zu den ersten Platten, auf denen EMI sich schließlich in das Unvermeidliche fügte und die Namen der Produzenten auf die Plattenhülle setzte.

Ich hatte übrigens schon viel früher Gelegenheit gehabt festzustellen, wie gut manche Plattensammler über Produzenten informiert sind. Das entsprechende Erlebnis hatte mich in allergrößte Verlegenheit gestürzt. Ich war nach Edinburgh gefahren, um in der Usher Hall ein Konzert mit Barenboim, Zubin Mehta und dem Israel Philharmonic Orchestra zu hören. Vor dem Konzert standen Mehta, Barenboim, Jacqueline du Pré, meine Frau und ich vor dem Dirigentenzimmer am Fuß der Treppe, die auf die Galerie führt. Ein junger Mann kam hereingestürzt, sah uns flüchtig an und rannte die Treppe hinauf, wobei er jeweils zwei Stufen auf einmal nahm. Auf dem Treppenabsatz hielt er abrupt inne, drehte sich um, sah uns erneut an und kam die Treppe wieder herunter, diesmal drei Stufen auf einmal. Als er uns erreicht hatte, drückte er mir ein aufgeschlagenes Programmheft in die Hand und sagte: »Ein Autogramm bitte.« Vollkommen perplex starrte ich ihn an. Von *mir* wollte er ein Autogramm? Vielleicht hielt er mich für den indischen Dirigenten Zubin Mehta – mit Daniel Barenboim war ich ja nun schwerlich zu verwechseln –, doch trug Mehta einen Frack, während ich im Straßenanzug war. Ich kam mir reichlich dumm vor, als ich auf die Musiker zeigte. »Sie wollen sicher ein Autogramm von einem der Künstler.« Aber er ließ sich nicht beirren. »Nein, ich möchte ein Autogramm von Ihnen. Sie sind doch Suvi Raj Grubb, der seine – er zeigte auf Barenboim – Beethoven-Konzerte mit Klemperer produziert hat? Bitte schreiben Sie, hier.« Er zeigte auf die Anzeige, die EMI ins Programm gesetzt hatte. Jacqueline du Pré, Barenboim und Mehta versuchten krampfhaft, das Lachen zu unterdrücken – ich muß in meiner Verlegenheit reichlich komisch gewirkt haben. Wie ein Hochstapler kam ich mir vor, als ich meine Unterschrift unter die Anzeige setzte. »Die Platten sind ausgezeichnet«, sagte der Mann, »vielen Dank.« Dann sprintete er wieder die Treppe hinauf. Mehta hatte das letzte Wort: »Sahib Grubb, hinter den Kulissen zu arbeiten und doch erkannt zu werden – das ist echter Ruhm.«

18

Die letzten Platten zweier großer Künstler

Zwei Aufnahmen des Jahres 1971 haben im Rückblick eine ganz besondere Bedeutung bekommen.

Otto Klemperer hatte bereits früher Mozarts Serenade in c-moll KV 388 für acht Blasinstrumente eingespielt. Ich fand das Gegenstück dazu, die Es-dur-Serenade KV 375 für dieselbe Besetzung, hervorragend für die zweite Plattenseite geeignet, und deshalb wurde die Aufnahme dieses Werkes für September auf den Terminkalender gesetzt. Klemperer hatte diese Serenade noch nie dirigiert, und er tat es auch vor der Aufnahme nicht in einem Konzert. Seine Konzentration in diesen Sitzungen war absolut. Die sonst üblichen Sticheleien und Scherze entfielen vollständig – Klemperers gesamte Energie galt der Musik.

Die Serenaden sind schwierig aufzunehmen. Die Probleme mit der Balance haben den üblichen Grund: Moderne Blasinstrumente unterscheiden sich von den zu Mozarts Zeit benutzten Instrumenten. Besonders deutlich wurde das im dritten Satz der Es-dur-Serenade, dem wunderbaren Adagio. In einer Sitzung machten wir gegen Ende einen Durchlauf dieses Satzes. Klemperer war mit der Balance im Studio – im Unterschied zur Aufnahme – sichtlich unzufrieden. Er hielt sich die Partitur vor die Augen, starrte hinein und schüttelte den Kopf. Ich schlug vor, die Aufnahmetechniker sollten ihm durch eine geringfügige Veränderung der Mikrofone helfen, die Balance herzustellen, die ihm vorschwebte. Aber das wollte Klemperer nicht. Bevor er ins Hotel zurückfuhr, sagte er, er werde sich am Abend die Partitur noch einmal anschauen. Am nächsten Tag klingelte mein Telefon bereits im Morgengrauen. Ohne Einleitung kam Klemperer sofort zur Sache: »Ich glaube, ich habe die Lösung für die Serenade gefunden. Wir haben heute viel Arbeit vor uns.« Er legte auf. Als meine Frau schläfrig fragte, wer das gewesen sei, antwortete ich genauso schläfrig: »Niemand. Mir träumte nur gerade, Klemperer habe zu mir gesprochen.«

Als Klemperer im Studio eintraf, zeigte er mir, daß und wie er die

Dynamik verändert hatte, um zu gewährleisten, daß jeweils die Instrumente, die das Thema zu spielen hatten, in einem zusammenhängenden Bogen deutlich zu hören waren, also die Hörner Takt acht bis fünfzehn, die erste Oboe sechzehn bis achtzehn und wieder zwei Takte ab vierzig, die erste Klarinette achtundvierzig bis vierundfünfzig und so weiter. Klemperer erklärte, warum er die Dynamik im Einzelfall geändert hatte, und sagte dann: »Ich spiele die Stellen jetzt, und Sie hören zu und sagen mir, ob sie so klingen, wie ich will.« Ich hatte lange genug mit Klemperer zusammengearbeitet, um mich dieser Aufgabe gewachsen zu fühlen. Klemperer spielte die ersten vier Stellen. Nach jeder Stelle langte er zum Telefon und fragte, ob sie jetzt so klinge, wie er es wünschte. Viermal bejahte ich. Bei der fünften Stelle war das Thema für mein Gefühl immer noch nicht deutlich genug zu hören. Ich sagte deshalb, daß ich mir hier nicht sicher sei. Klemperer erwiderte: »Ich komme und höre mir die Aufnahme selbst an.« Nach den ersten zwei Takten sagte er: »Nein, das ist nicht genug. Ich werde den anderen Stimmen sagen, sie sollen Piano statt Mezzofortepiano spielen. Hören Sie noch einmal zu.« Als das Telefon wieder klingelte und Klemperer fragte, ob das Gewünschte jetzt erreicht sei, sagte ich: »Jawohl, Herr Doktor.«

Nach den Sitzungen machten wir noch Pläne für die Aufnahme von Mozarts »Entführung aus dem Serail« im Januar 1973. Noch wußten wir nicht, daß die Bläserserenade Klemperers letzte Einspielung bleiben sollte.

*

Klemperer war es vergönnt, auf ein langes, erfülltes Leben zurückzublicken. Die verschiedenen Stadien seiner künstlerischen Entwicklung hatte er in einer umfangreichen Sammlung von Schallplatten dokumentieren können. Jacqueline du Pré stand dagegen erst an der Schwelle zur Reife, als sie im Dezember 1971 ihre letzte Platte einspielte.

Sie konnte selbst nicht sagen, wann genau sich die ersten, noch geheimnisvoll unbestimmten Zeichen eines allgemeinen Unwohlseins bemerkbar gemacht hatten. Danach waren gelegentlich deutlichere Symptome auszumachen – ein leichtes Kribbeln in den Fingerspitzen, ein, wie Jacqueline es ausdrückte, seltsam bleiernes Gefühl in Armen und Beinen, die Tatsache, daß ihre Hände den Befehlen des Gehirns nicht mehr zu gehorchen vermochten, und dazu oft eine Mattigkeit, die den letzten Rest Energie aus ihr sog. Zwar war keines dieser Symptome so gravierend oder behindernd, daß es Anlaß zu ernstlicher Sorge gegeben hätte, aber störend waren sie dennoch. Sieht man sich die Fotos von Jacqueline du Pré in der Kassette der Beethoven-Trios mit Barenboim und Zukerman sowie auf der Platte zum siebzigsten Geburtstag von Gerald Moore an, glaubt man kaum, daß sie damals schon mit den ersten Auswirkungen einer schweren Krankheit kämpfte. Anfang 1971 waren die Symptome allerdings so akut geworden, daß sie Jacqueline du Pré gelegentlich beim Spielen behinderten und sie einige Konzerte und Tourneen im Ausland absagen mußte. Auch ein mir besonders am Herzen liegendes Projekt, für das alle Vorbereitungen schon getroffen waren und von dem ich mir viel versprochen hatte, mußte geopfert werden – Schuberts »Forellenquintett« mit Perlman, Zukerman, Barenboim und einem geeigneten Kontrabassisten. Zunächst glaubte man allgemein, Jacqueline du Prés Beschwerden seien psychosomatischer Natur. Was immer sie selbst von dieser Annahme gehalten haben mag, sie behielt es für sich, ging brav in die Psychoanalyse und befolgte gewissenhaft die Anweisungen ihrer Ärzte.

Ihr Verhältnis zu meiner Frau und mir wurde damals noch enger. Jacqueline du Pré wohnte gleich um die Ecke und besuchte uns mindestens einmal pro Woche. Sie leistete dann meiner Frau beim Kochen in der Küche Gesellschaft, nippte an einem Glas mit trockenem Sherry, aß mit uns und redete über Musik und Literatur. Sie hatte entdeckt, daß sie für die Schönheiten des Wortes genauso empfänglich war wie für Musik. Als wir einmal Schuberts Streichquinett anhörten und ich sie fragte, welches Cello sie lieber spielen wollte, meinte sie in gespielter Verzweiflung: »Kann ich nicht beide spielen?« Barenboim kümmerte sich die ganze Zeit über fürsorglich um sie, und nur gelegentlich ließ er engen Freunden gegenüber durchblicken, unter welch ungeheurer Anspannung er stand.

In der Zeit zwischen Neujahr 1970, als die Beethoven-Trios aufgenommenen worden waren, und Ende 1971 spielte Jacqueline du Pré nur eine einzige Platte ein, und zwar das Cellokonzert von Dvořák mit Barenboim und dem Chicago Symphony Orchestra. Von Rechts wegen hätte eigentlich ich nach Chicago fliegen müssen, um die Platte zu produzieren, aber dann wurde sie einem Kollegen anvertraut. Als Grund gab man an, eine Aufnahme in Amerika sei aufreibend und anstrengend und die Gesellschaft wolle nicht riskieren, daß meine Gesundheit ernsthaft Schaden nehme – außerdem sei Chicago ein unsicheres Pflaster für jemanden mit dunkler Haut. Für mich waren das wenig stichhaltige Gründe. Ich war bitter enttäuscht, bei einer so wichtigen Aufnahme von zwei mir besonders nahestehenden Künstlern nicht dabeisein zu können.

Fast zwei Jahre nahm Jacqueline du Pré in London überhaupt keine Platten mehr auf. Als welch geradezu tragische Zeitverschwendung erscheint dies aus heutiger Sicht! Wir hätten wohl weitere zehn bis fünfzehn Platten produzieren können, denn sie arbeitete schnell. Ihre Intonation war fast makellos (für Streicher bei einer Aufnahme der zeitraubendste Faktor), ihr Ton fast immer wunderschön. Wenn sie mit den richtigen

Leuten arbeitete, konnte sie in einer Sitzung eine ganze Schallplattenseite fertigstellen. Hätte ich nur gewußt, was auf sie zukam! Doch ich hatte keinen Grund, anzunehmen, daß ihre Karriere schon bald ein vorzeitiges Ende nehmen würde.

Die Mitarbeiter in den Abbey-Road-Studios vermißten »Jacquie«, wie sie von allen genannt wurde, während dieser beiden Jahre. Wer mit ihr gearbeitet hatte, war voller Bewunderung für sie, denn sie war die ideale Künstlerin für Plattenaufnahmen: ohne Sonderwünsche, einsichtig und voller Verständnis für die Probleme anderer. Besonders die Techniker waren von ihr begeistert. Sie beklagte sich nie, selbst wenn es noch so lange dauerte, bis die richtige Klangbalance gefunden war, und diese war keineswegs leicht zu erreichen, denn Jacqueline du Pré spielte mit einer überaus reichen Skala von Dynamik und Tonfarben. Ich erinnere mich an die allzu kurze Spanne von sechs Jahren, die unsere Zusammenarbeit währte, als an eine Zeit unbeschwerten, heiteren Musizierens. Es gibt in der gesamten Musikszene kaum Künstlerinnen und Künstler, die von allen geliebt und geschätzt werden. Jacqueline du Pré ist eine von vielleicht drei mir bekannten, über die ich nie jemanden etwas Nachteiliges habe sagen hören.

Am 8. Dezember rief mich Barenboim an. Er fragte, ob Studio 1 am 10. und 11. Dezember frei sei, und bat, es für eine zweitägige Probeaufnahme zu reservieren. Dann erzählte er, Jacqueline habe vor zwei Tagen plötzlich das Cello aus dem Kasten geholt und angefangen zu spielen. »Es ist unglaublich«, sagte er. »Niemand käme auf die Idee, daß sie das Cello seit über fünf Monaten nicht angerührt hat. Es ist, als ob sie erst vor einigen Tagen zum letzten Mal gespielt hätte.« Barenboim wollte mir keine allzu großen Hoffnungen machen und auch Jacqueline nicht unter Druck setzen. Er sagte, sie würden einfach im Studio spielen, und falls alles gut ging, sollte eine Platte daraus werden. Vorgenommen hatten sie sich die Chopin-Sonate op. 65 und César Francks Violinsonate in der Bearbeitung für Cello. Ich reservierte das Studio für zwei Sitzungen an jedem der beiden Tage und fieberte ungeduldig dem 10. Dezember entgegen.

Jacqueline du Pré und Barenboim trafen pünktlich ein und spielten sich im Studio warm. Jacqueline spielte wie immer mit Temperament und vollkommener technischer Meisterschaft. Sie war damals erst fünfundzwanzig, und was Klemperer einmal über sie zu Barenboim gesagt hatte, stimmte in der Tat: »Sie ist ein Genie.«

Die beiden Sonaten waren im Nu eingespielt. Den dritten Satz von Chopin brauchten wir nur einmal aufzunehmen, und um die Mittagszeit des 11. Dezember war die ganze Platte fertig. In überschwenglicher Stimmung schlug Jacqueline vor, am Nachmittag gleich die schon vor langer Zeit in Aussicht genommenen Cellosonaten von Beethoven in Angriff zu nehmen. Barenboim und ich tauschten einen Blick aus. Sie sah müde aus, aber wir beschlossen dennoch, einen Versuch zu machen. Die beiden spielten den ersten Satz der Sonate op. 5 Nr. 1. Danach legte Jacqueline du Pré ihr Cello in den Kasten, klappte ihn zu und sagte: »Das ist alles für heute, tut mir leid.« Wir wußten damals noch nicht, daß es ihr letzter Auftritt in einem Plattenstudio war. Für ihre Platten gilt, was auf dem Grab Schuberts geschrieben steht: »Der Tod begrub hier einen reichen Besitz, aber noch schönere Hoffnungen.«

Jacqueline du Prés Krankheit erhielt 1973 schließlich ihren schrecklichen Namen. O nein, das nicht! dachte ich entsetzt, und allen, die sie kannten und liebten, muß es ebenso ergangen sein. Warum war Jacqueline du Pré eine so außergewöhnliche Künstlerin, und warum ist ihr Verlust für die Musik so schmerzlich? In erster Linie natürlich deshalb, weil sie ihr Instrument so vollkommen beherrschte. Das Cello ist ein schwieriges Instrument, und zwar nicht zuletzt, weil es so groß ist. Man braucht kräftige Muskeln und Finger, um es zu meistern und ihm einen schönen Ton zu entlocken. Bei Jacqueline du Pré hatte man unwillkürlich den Eindruck, das Cello sei ein Teil ihrer selbst, so leicht und mühelos ging sie damit um. Daß sie groß und kräftig war, trug zur Mühelosigkeit, mit der sie spielte, noch bei.

Sie vermochte ihrem Instrument eine erstaunliche Vielfalt von Farben und Nuancen zu entlocken und hatte einen untrüglichen Instinkt für den emotionalen Gehalt der Musik, die sie spielte. Außerdem war sie eine selbstlose Künstlerin und damit ein idealer Partner für Kammermusik. Oft hat sie mir erzählt, wie ungern sie übe, und ich hörte sie tatsächlich nie üben, wenn ich sie besuchte. Sie spielte, ja, aber nie Tonleitern, gebrochene Dreiklänge oder Etüden. (Es konnte im übrigen durchaus auch vorkommen, daß ich sie bei ganz anderen Beschäftigungen überraschte; so einmal zu meinem Entsetzen dabei, wie sie einen Nagel mit den Fingern geradehielt, um ihn dann mit kräftigen Hammerschlägen einzuschlagen!) Ich kann nicht einleuchtend erklären, warum ihr die schönsten Töne so mühelos gelangen. Aber wem wäre es je gelungen, Genie mit Worten zu erklären?

Bei den Aufnahmen für die letzte Platte von Jacqueline du Pré war ein Problem erneut in den Vordergrund getreten, das mich bereits seit längerem beschäftigte. Der Einsatz von Bändern gehört zu den bemerkenswertesten Fortschritten in der Entwicklung der Tonaufnahme. Das Klangspektrum konnte dadurch wesentlich ausgedehnt werden. Überdies kann man die bespielten Bänder schneiden und Abschnitte verschiedener Aufnahmen so zusammenkleben, daß man eine Aufnahme ohne Fehler und Mängel erhält. Eine noch größere Treue zur Wirklichkeit wurde mit der Einführung der Stereoaufnahme möglich. Für Stereoaufnahmen verwendete man ebenso wie für Monoaufnahmen ein 6,25 mm breites Kunststoffband, dessen eine Seite mit einem magnetisierbaren Material beschichtet war.

Wieder einige Zeit später wurde der Einsatz von Bändern erneut verfeinert. Damit wurden sogenannte Mehrspuraufnahmen möglich. Der Name sagt schon, was gemeint ist: An die Stelle des 6,25 mm breiten Bandes mit den zwei Spuren traten 12,65, 25,4 oder 50,8 mm breite Bänder mit vier, sechs, acht oder sogar beliebig vielen Spuren.

Warum mehr als zwei Spuren? Aus Gründen der Flexibilität und Ökonomie. Zeit im Studio kostet Geld. Mehrspuraufnahmen galten und gelten heute noch als probates Mittel, um so rasch wie möglich einen zufriedenstellenden Klang zu erhalten. Man nimmt dafür die verschiedenen Komponenten des Gesamtklanges einfach auf verschiedenen Spuren auf, zwei Spuren für Geigen, Bratschen und Celli, zwei für die Holzbläser, zwei für das Blech, je eine für die schwierig aufzunehmenden Hörner und Bässe, im Bedarfsfall je zwei für Pauken und Schlagzeug und für Sänger oder Instrumentalsolisten, und zwei für Akustik und Nachhall im Studio. Auf einem Sechzehnspur-System hat man dann immer noch zwei Spuren frei. Nach den Sitzungen kann man die verschiedenen Spuren in aller Ruhe und ohne Zeitdruck auf die zwei Spuren des 6,25-mm-Stereobandes »abmischen«, von dem die Plattenmatrize angefertigt wird. Mehrspuraufnahmen gelten deshalb als ein höchst willkommenes Mittel für flexible Aufnahmetechnik.

So perfekt die Theorie klingt, in der Praxis wimmelt es von Unzulänglichkeiten. Der Spielraum, den man sich verschafft zu haben glaubt, um die Lautstärke auf einer bestimmten Spur anheben oder reduzieren zu können, ist eng begrenzt. Der Grund dafür liegt auf der Hand: Auf keiner Spur kann nur das aufgenommen werden, was man aufnehmen will – jede Spur nimmt zwar den ihr zugedachten Klang klar und deutlich auf, dazu aber auch noch eine verwaschene, undeutliche Mischung der anderen Klangquellen im Studio. Auf den Spuren der Streicher etwa ist ein sauberer Streicherklang zu hören, vielleicht nicht schön, aber trennscharf. Auf denselben Spuren sind in der Regel aber auch undeutlich und verschwommen die anderen Gruppen des Orchesters zu hören, Holzbläser, Blechbläser, Pauken, Schlagzeug und was sonst noch gerade mitspielt. Will man an bestimmten Stellen mehr Streicher hören und dreht deshalb die Streicher lauter, wird auch der »Klangbrei« des übrigen Orchesters lauter, und ab einem gewissen Punkt wird daraus ein einziges Kuddelmuddel, und man hat das Gegenteil von dem erreicht, was man wollte. Insgesamt ist es also nicht leicht, durch Mehrspuraufnahmen eine befriedigende Mischung herzustellen. Die Methode steckt voller Tücken, und jeder Tonmeister oder Produzent, der sich darauf verläßt, das unausgewogene Klangbild einer Aufnahmesitzung später am Mischpult korrigieren zu können, fordert damit Schwierigkeiten heraus, die sich in der Regel dann auch in überreichem Maße einstellen. Nichts ist gefährlicher, als während einer Aufnahmesitzung zu sagen: »Das mischen wir später ab.«

Das soll nun natürlich nicht heißen, daß die Mehrspuraufnahme unter bestimmten Umständen nicht auch Vorteile bietet. Wie weiter unten ausgeführt, konnte ich mit ihrer Hilfe beispielsweise eine Opernaufnahme vor dem völligen Scheitern retten.

Nicht zu unterschätzen ist die Gefahr, daß bei Mehrspuraufnahmen die Sorglosigkeit der Regie sich auf die Künstler im Studio überträgt. Statt daß der Dirigent selbst um ein ausgewogenes Klangbild bemüht ist, fängt er an, sich auf das Mischpult des Aufnahmeteams zu verlassen, zunächst noch zögernd und nur bei wirklich schwierigen Stellen, dann bald überall, wo er sich nicht in der Lage oder bemüßigt fühlt, die richtige Balance selbst herzustellen. Hat er sich aber erst einmal daran gewöhnt, sich für die Klangbalance im Studio auf Außenstehende zu verlassen, kann er sich möglicherweise vor dem Konzertpublikum nicht schnell genug umstellen und diese Aufgabe selbst wieder in die Hand nehmen.

Der letzte Rest meines Vertrauens in die Mehrspuraufnahme als Hilfe, um Balanceprobleme zu lösen, ging verloren, als wir die von Jacqueline du Pré eingespielten Cellosonaten von Franck und Chopin auf zwei Spuren abmischten. Wir hatten sie auf vier Spuren aufgenommen. An einigen Stellen waren wir übereinstimmend der Meinung, das Cello sei zu leise. Sobald wir aber die Spuren, auf denen wir das Cello aufgenommen hatten, anhoben, begann das Klavier zu schwimmen. Barenboims klare Artikulation und sein kraftvoller Anschlag verloren an Kontur, als ob er vom Pedal übermäßigen Gebrauch gemacht hätte, um technische Mängel zu verdecken. War das schon schlimm genug, entstand dazu noch der Eindruck, als spielte er in einem Raum mit ganz anderer Akustik als die Cellistin. Schließlich bat ich den Tonmeister, die vier Spuren so zu belassen, wie sie in der Aufnahmesitzung bespielt worden waren, sie also nicht zu manipulieren. Das Ergebnis war ein vollkommen natürlicher Klang. Zwar war das Cello gelegentlich weniger gut zu hören, als man sich das vielleicht gewünscht hätte, und das Klavier wurde seltsamerweise seinerseits hin und wieder vom Cello zugedeckt, aber gegen den Klang und die Balance insgesamt war nichts einzuwenden. Ich habe jahrelang auf verlorenem Posten gegen die Mehrspuraufnahme gekämpft, wenn auch vielleicht nicht immer so entschieden, wie ich gekonnt hätte. Zurück ins Jahr 1971. Ende Dezember war ich in Berlin, um mit Zukerman und Barenboim die Gesamtaufnahme von Beethovens Violinsonaten in Angriff zu nehmen.

»Sonaten für Klavier und Violine« hatte der Komponist sie genannt, und Zukerman meinte verdrießlich, genauso klängen sie auch. In der wie üblich mit Arbeit vollgestopften ersten Sitzung waren der Tonmeister und ich um eine befriedigende Balance bemüht. Einmal mehr stellte das Klavier kein Problem dar. Nach zehn Minuten erklärte Barenboim, er sei zufrieden, und wir machten uns daran, Zukermans Geige mit dem Klavier abzustimmen. Dabei stießen wir auf unerwartete Schwierigkeiten. Nicht die geringste davon war, daß Zukerman, wie ich nach einer Stunde angestrengter Arbeit entdeckte, unter Präsenz und Resonanz etwas anderes verstand als der Tonmeister und ich. Barenboim leistete uns zunächst Gesellschaft und versuchte zu helfen, so gut er konnte, dann ging er in einen Nebenraum der Regie, um sich ein Glas Wasser zu holen. Ein Freudenschrei verkündete, daß er dort das Feldbett entdeckt hatte. Er steckte seinen Kopf noch einmal durch die Tür und sagte: »Das Klavier ist okay. Weckt mich, wenn ihr mit der Geige fertig seid.« So unglaublich es klingt, als ich fünf Minuten später nachschaute, war er bereits fest eingeschlafen.

Die Auseinandersetzung bewegte sich um die übliche Klage aller Geiger, die sich auf einer Aufnahme hören: »Ich weiß nicht, ich finde, meine Geige klingt doch ganz anders.« Natürlich klingt sie anders, sie befindet sich ja schließlich nur wenige Zentimeter von seinem Ohr entfernt. Zukerman sagte darüber hinaus: »Auf Ihrem Band klingt meine Geige rauh, im Studio ist das aber nicht der Fall.« »Ist es doch«, sagte der Tonmeister. »Mr. Zukerman, würden Sie mir bitte Ihre Geige einen Augenblick überlassen?« Verständlich, daß Zukerman seine Guarneri nicht so ohne weiteres herausrücken wollte, aber der Tonmeister nahm sie ihm einfach aus der Hand und spielte zuerst drei oder vier Akkorde mit einem Schwung, der selbst einen Zukerman hätte neidisch machen können, und dann die soeben aufgenommene Passage. Ich hatte ganz vergessen, daß er ausgebildeter Geiger war. »Das hört sich ja gut an!« entfuhr es Zukerman begeistert. »Spielen Sie es noch mal!« In diesem Augenblick erschien Barenboim gähnend im Studio. Als er die Geige in den Händen des Tonmeisters sah, sagte er zu Zukerman: »Hab' mir doch gedacht, daß nicht du das bist.«

Nach einiger Zeit war dann auch Zukerman zufriedengestellt, und wir konnten mit der Aufnahme anfangen. Da die beiden schon oft zusammengespielt hatten, kamen wir rasch voran. In drei Tagen nahmen wir fünf Sonaten auf. Die Sitzungen fanden in Berlin statt, weil Barenboim sechs Konzerte mit den Berliner Philharmonikern und Zukerman als Solisten dirigierte. Unser Tagespensum: von 11 bis 16 Uhr Aufnahme, von 16 bis 19.30 Uhr Pause, von 20 bis 22 Uhr Konzert und ab 22.30 Uhr bis in die frühen Morgenstunden Abendessen und Entspannen nach einem arbeitsreichen Tag.

Musiker brauchen nach einem Konzert oder einer Aufnahme eine Weile zum Abschalten. Keiner kann sich nach einem Konzert gleich ins Bett legen und einschlafen. Der Künstler ist während des Spiels aufs äußerste konzentriert und emotional angespannt. Man kann nicht mit letzter Hingabe etwa den langsamen Satz der Violinsonate in c-moll von Beethoven spielen und dann gleich zur Tagesordnung übergehen. Selbst ich als Produzent brauche nach der nervlichen und physischen Anspannung einer Sitzung Zeit zum Entspannen.

Als ich erneut, und wieder mit Barenboim, nach Berlin fuhr, war es, um Lieder mit Fischer-Dieskau aufzunehmen. Seit der Platte mit den Mozartaufnahmen der beiden hatte ich weitere Lieder mit dieser Besetzung im Auge gehabt. Fischer-Dieskau hatte Brahms-Lieder vorgeschlagen. In den Sitzungen lernte ich viel über Brahms. Ich war begeistert von der Vertonung von Heinrich Heines »Der Tod, das ist die kühle Nacht« und Rükkerts »Mit vierzig Jahren«, und »Feldeinsamkeit« war geradezu eine Offenbarung. Das Lied beginnt ruhig, in träumerischer Versunkenheit, wirkungsvoll heraufbeschworen durch die der Stimme unterlegten lieblichen Harmonien. Dann, plötzlich, die trostlosen Worte »mir ist, als ob ich längst gestorben bin« zu nüchternen Oktaven in der Klavierstimme. Fischer-Dieskau und Barenboim arbeiteten mit phänomenaler Geschwindigkeit. Die beiden Platten waren in drei Tagen fertig. Nächste Station war Paris.

Mit Seiji Ozawa hatte ich bereits 1971 zusammengearbeitet. Er hatte damals Perlman in den beiden Violinkonzerten von Wieniawski begleitet, und wir waren gut miteinander zurechtgekommen. Ozawa gehört zur modernen, mit dem Schallplattenstudio aufgewachsenen Musikergeneration. Er arbeitete schnell und ökonomisch und hatte absolutes Vertrauen zu mir. Er kannte jedes Detail der Partitur und wußte, wie er aus dem jeweiligen Stück und dem Orchester das Beste herausholen konnte. Der Orchesterpart der Wieniawski-Konzerte ist für einen Dirigenten keine große Herausforderung. Diesmal, in Paris, nahm ich Ozawa mit einem der großen Werke der Musikliteratur des zwanzigsten Jahrhunderts auf: Strawinskys »Feuervogel« in der ungekürzten Fassung von 1910. Ozawa dirigierte das Orchestre de Paris.

Beim Mittagessen nach der letzten Sitzung sagte Ozawa, daß er unsere Zusammenarbeit gern fortsetzen würde. Leider stand dem wieder einmal eine Exklusivklausel im Wege. Diesmal hing es damit zusammen, daß Ozawa Chefdirigent des Boston Symphony Orchestra war, das einen Exklusivvertrag mit einer anderen Plattenfirma geschlossen hatte. Glücklicherweise währen solche Verträge nicht ewig, weshalb auch nicht ganz verständlich ist, daß Plattenfirmen so stolz sind, wenn sie einmal einen für eine andere Firma arbeitenden Künstler unter Vertrag nehmen können. Manchmal habe ich den Verdacht, daß es den Direktoren dieser Firmen mehr darum geht, sich gegenseitig eins auszuwischen, als ihrer Firma einen wirklichen Vorteil zu verschaffen.

Vom Mittagessen fuhr ich geradewegs zum Flugplatz, um nach London zurückzufliegen. Zwei Stunden nach meiner Ankunft lag ich wieder im Royal Free Hospital. Wieder hatte ich ausschließlich mir die Schuld daran zuzuschreiben. Ich hatte mein Schicksal in der vorhergehenden Woche herausgefordert. Am Freitag hatte ich in London zwei Sitzungen mit Barenboim und dem English Chamber Orchestra von 14.30 bis 17.30 Uhr und von 18.30 bis 21.30 Uhr absolviert, in denen wir Klavierkonzerte von Mozart aufnahmen. Ich hatte bis Mitternacht gebraucht, um mich zu entspannen und ins Bett gehen zu können. Am nächsten Morgen war ich in aller Frühe nach Paris geflogen, um dort von 15 bis 18 Uhr eine »Feuervogel«-Sitzung zu leiten. Danach hatte ich drei Tage frei. Meine Frau und ich hatten ein Auto gemietet und uns in ein wunderbar ruhiges Hotel im Wald von Fontainebleau bei Barbizon zurückgezogen. Dann ging es wieder zurück nach Paris für eine Sitzung und ein Konzert am selben Abend. Ozawa und Oistrach spielten das Violinkonzert von Brahms – wie hätte ich das versäumen können? Am nächsten Tag fand die letzte »Feuervogel«-Sitzung statt.

Schmerzen hatte ich diesmal keine. In der ersten Woche hatte ich Mühe, die Augen offenzuhalten, dann, einigermaßen erholt, begann ich energisch auf meine Entlassung aus dem Krankenhaus zu dringen. Angesichts meiner bisherigen Krankengeschichte mußte ich freilich zur Sicherheit noch drei öde Wochen dort verbringen, um mich dann langsam wieder an das Aufstehen und die Rückkehr zum normalen Leben zu gewöhnen. Insgesamt war es diesmal weniger schlimm, als zu befürchten gewesen war. Das Ganze war mehr eine Unterbrechung der Arbeit, was natürlich auch ärgerlich war.

Vier Monate später war ich wieder an der Arbeit. Es galt, die Beethoven-Sonaten fertigzustellen. Zukerman wie Barenboim waren mit der Exposition des ersten Satzes von op. 30 Nr. 3, die wir in Berlin aufgenommen hatten, nicht ganz zufrieden, aber keiner der beiden sagte mir etwas davon. Sie glaubten sich mit der Aufnahme abfinden zu müssen, weil es natürlich lächerlich gewesen wäre, wegen vier Minuten Musik noch einmal nach Berlin zu fahren. Erst als wir uns zur ersten Sitzung in London trafen, bekam ich ihre Bedenken mit. Kein Problem, meinte ich, wenn sie wollten, könnten sie die drei Takte in London aufnehmen, und man würde sie dann in die Bänder aus Berlin einpassen. Zögern. Ob das denn klanglich passen würde. »Laßt mich nur machen«, sagte ich wieder einmal. Wir brauchten dann allerdings einige Zeit, bis wir den passenden Klang zusammen hatten. Wir mußten die Balance der beiden Instrumente nachstellen, die Klangqualität jedes Instrumentes für sich und die Stärke und Art der Raumresonanz der Instrumente einzeln und zusammen. Vor allem aber mußte gewährleistet sein, daß die Stereoabbildung exakt dieselbe war.

Endlich konnten wir mit Beethovens letzter Violinsonate, op. 96, beginnen. Die Sitzung fand am Morgen statt. Auf dem Weg ins Studio hörte ich Zukerman zu Barenboim sagen: »Übrigens, ich habe über den Anfang nachgedacht, Danny ...« »Nicht denken, Pinkie«, unterbrach ihn Barenboim, »einfach spielen.« Eilig schob er Zukerman vollends ins Studio und rief: »Suvi, Licht. Wir sind fertig.« Die rote Lampe ging an. Und Zukerman spielte den herrlichen Triller, mit dem op. 96 einsetzt, mit so spontaner Natürlichkeit und so unvermittelt, als hätte die Musik, die in diesem Augenblick hörbar wurde, schon vor einer ganzen Weile woanders begonnen und würde jetzt einfach fortgesetzt. Die ganze Sonate wurde in einem Durchgang aufgenommen. Auf einer späteren Sitzung wurden noch einige Verbesserungen angebracht. Die Aufnahme hat jene besondere Qualität des Musizierens, die sich einstellt, wenn ein spontaner Impuls das Spiel beflügelt.

19

Ein Klavier wird gestimmt

Die bei EMI übliche Methode, einem Künstler einen bestimmten Produzenten zuzuweisen, der diesen dann in allen Belangen betreut, ist zweckmäßig und insgesamt betrachtet von Vorteil. Der größte Nachteil ist, daß Musiker und Produzent sich unter Umständen so aneinander gewöhnen, daß die Inspiration und Begeisterung der ersten Begegnung verschwindet. Natürlich wird die Methode nicht streng eingehalten. Wenn ein von Produzent A betreuter Solist von einem Dirigenten begleitet wird, der Produzent B zugewiesen ist, übernimmt gewöhnlich Produzent A die Aufnahme, manchmal aber auch B oder sogar eine dritte Person. Auch wenn ein Produzent aus dem einen oder anderen Grund nicht verfügbar ist, übernimmt ein anderer die Aufnahme.

Ich war jetzt seit zwölf Jahren bei EMI und hatte mit fast allen wichtigen Künstlern der Firma gearbeitet, ferner mit den meisten von denen, die nur gelegentlich für uns aufnahmen. Es gab aber noch einige Lücken, die ich zu gegebener Zeit zu füllen hoffte. So hätte ich gern mit einigen der großen europäischen Orchester gearbeitet. Ich hätte auch gern einmal in Amerika aufgenommen, und ich hatte zwar viel Erfahrung mit Orchester-, Chor-, Klavier- und Kammermusik, doch leider noch nie ein Streichquartett aufgenommen. Den Reiz dieser Gattung auf die Platte zu bannen war ein Vergnügen, von dem ich mir wünschte, daß es mir eines Tages noch zuteil werden würde.

Einer der bei EMI unter Vertrag stehenden Künstler, mit dem ich noch keine Platte aufgenommen hatte, obwohl ich ihn gut kannte und wir uns stets freundlich grüßten, wenn wir uns begegneten, war André Previn. Ich war geradezu ein wenig neidisch auf den Produzenten, der mit ihm arbeiten durfte. Ich hatte Previn bei einem Essen kennengelernt, zu dem Barenboim eingeladen hatte und bei dem wir Tischnachbarn gewesen waren. Mein erster Eindruck war der eines nachdenklichen, gut informierten und anregenden Gesprächspartners, der im Unterschied zum mitteilsamen, extravertierten Previn, der später im Fernsehen auftrat, eher schüchtern war.

Previn war noch nicht lange in England, wo man ihn zum Chefdirigenten des London Symphony Orchestra ernannt hatte. Einige Zeit später hörte ich, daß er einen Vertrag mit uns abgeschlossen habe.

Die Gelegenheit zur ersten Einspielung mit ihm kam für mich völlig überraschend. Eines Abends erhielt ich zu Hause einen Anruf. Ob ich in drei Tagen frei sei? Ich bejahte und erfuhr daraufhin, daß Previn und das Yale Quartet Brahms' Quintett für Klavier und Streicher aufnehmen wollten. »Wow!« rief ich. »Previn?« Ich war fast sicher, daß der Anrufer sich versprochen hatte. »Previn«, war die bestimmte Antwort. Ich war nicht überrascht, zu hören, daß Previn auch Klavier spielte, denn ich hatte ihn in einem wunderbaren Konzert in der Royal Festival Hall mit Mozarts Klavierkonzert in c-moll gehört; er war gleichzeitig Solist und Dirigent gewesen. Aber das Brahms-Quintett war Kammermusik in Reinkultur und forderte einen ganzen Pianisten. Ich fragte mich, wann der vielbeschäftigte Previn überhaupt noch Zeit fand, Klavier zu üben.

Previn und das Yale Quartet hatten das Werk in einem Konzert im Rahmen des South Bank Festival gespielt. Es war ein solcher Erfolg gewesen, daß Previn das Quintett jetzt aufnehmen wollte. Sein Produzent war verreist, und deshalb war der Job bei mir gelandet. Meine Begeisterung erhielt allerdings einen starken Dämpfer, als ich feststellen mußte, daß die regulären Aufnahmesäle alle belegt waren. Frei war nur All Saints in Tooting, zwar hervorragend geeignet für Chormusik, aber wohl kaum für ein Klavierquintett. Da die Alternative freilich hieß, entweder Tooting oder gar nichts, überlegten wir, wie wir aus der Kirche klanglich das Beste herausholen konnten. Wir beschlossen, die Musiker ins Querschiff zu setzen, weil wir hofften, daß der Klang des Klaviers dort weniger unkontrolliert verschwimmen würde.

Als Previn in Begleitung der Mitglieder des Yale Quartet die Kirche betrat und mir guten Morgen wünschte, erschrak er über den Nachhall, den seine Worte in der Kirche verursachten, und sagte zu den Musikern des Quartetts: »Zusammenzusein dürfte hier kein Problem sein. Solange wir nicht mehr als einen Takt auseinander sind, wird es sich stets anhören, als seien wir zusammen.« Als wir alle Instrumente ausbalanciert hatten, gab es aber dann doch nur geringfügig mehr Widerhall als in einem regulären Studio. Bevor wir mit der Aufnahme begannen, bat ich die fünf Musiker, ihre Noten mit meiner Partitur zu vergleichen. Ich hatte eine revidierte Neuausgabe, die auf der Grundlage des Manuskripts und der Korrekturen des Komponisten in der ersten gedruckten Ausgabe erstellt worden war. Previn war überrascht. »Heißt das, daß Sie immer verschiedene Ausgaben überprüfen, um herauszufinden, was original ist und was nicht?« Ich sagte, das sei nicht nötig, aber man müsse sich doch wenigstens auf eine maßgebliche Ausgabe beziehen. Wir verglichen also unsere

Ausgaben und fanden eine Reihe unterschiedlicher Phrasierungsangaben und Bindebögen und sogar Noten. Dazu gehörte insbesondere auch ein unerklärliches und falsches Gis im Baß eines ganz normalen G-dur-Akkords im Klavier.

Schließlich war auch dieses Problem ausgeräumt. Um zehn Uhr morgens begannen wir mit der Aufnahme, und um sechs Uhr abends war sie fertig. Ich war verblüfft, mit welcher Mühelosigkeit Previn den schweren Klavierpart bewältigte, und begeistert über die Vielfalt und Tiefe seines musikalischen Ausdrucks. Hier spielte kein am Klavier dilettierender Dirigent, sondern ein Musiker, der, hätte er sich auf das Klavier konzentriert, dort eine ebenso steile Karriere gemacht hätte wie als Dirigent.

Bei der nächsten gemeinsamen Aufnahme griff Previn wieder zum gewohnten Taktstock, um Perlman im Violinkonzert von Mendelssohn und in Bruchs Violinkonzert Nr. 1 zu begleiten. Warum Perlman darauf bestand, daß wir bei letzterem die genaue Zahl nannten, wurde drei Jahre später klar. Die Platte war die erste in einer Reihe bemerkenswerter Einspielungen, die Perlman und Previn zusammen machten. Previn ist als Dirigent einer der besten Begleiter. Er ist außerdem ein angenehmer Arbeitskollege, was manchmal noch wichtiger ist als nur exzellentes Können.

In dieselbe Zeit fiel die Einspielung der drei Klavierkonzerte von Tschaikowskij durch meine beiden alten Bekannten Emil Gilels und Lorin Maazel. Ich kannte wie die meisten Musikliebhaber nur das erste Konzert. Als ich mich mit den beiden anderen vertraut machte, entdeckte ich zwar keine vernachlässigten Meisterwerke, aber eine Fülle schöner Musik. Noch zwei Tage vor der ersten Sitzung war unsicher, ob Gilels würde kommen können. Da das Orchester schon bestellt war, suchten wir fieberhaft nach Orchestermusik, die wir aufnehmen konnten, falls die Konzerte ausfallen mußten. An Möglichkeiten war natürlich kein Mangel, der vielseitig interessierte Maazel hatte ein großes Repertoire. Am vorletzten Tag rief ich Gilels in Moskau an, ohne damit zu rechnen, daß ich durchkommen würde. Gleich beim ersten Klingeln wurde abgenommen. »Ja?« Ich erkannte seine Stimme. »Emil, hier Suvi.« »Hallo, Suvi. Machen Sie's kurz, ich muß gleich zum Flughafen.« Ich stieß einen Seufzer der Erleichterung aus. »Gut. Dann also auf Wiedersehen bis bald.«

Da ich wußte, wie empfindlich Gilels in Bezug auf Anschlag und Mechanik des Klaviers war, hatte ich ein zweites Klavier ins Studio schaffen lassen, auf das er notfalls ausweichen konnte. Gilels traf eine Viertelstunde vor Beginn der Sitzung ein, probierte beide Klaviere aus, entschied sich für das neue und ließ dann eine kleine Bombe platzen: »Das Klavier ist auf 440 Hertz gestimmt. Es muß auf 444 Hertz hinaufgestimmt werden.«

Zuerst dachte ich, er mache Spaß. Wer einmal erlebt hat, wie ein Klavier, bei dem einige Saiten verstimmt sind, gestimmt wird, weiß, wie lange nur schon das dauern kann. Der Gedanken, alle Saiten hinaufstimmen zu müssen – und die meisten Töne haben drei Saiten –, machte mich ganz schwindlig. Zudem war ich überzeugt, daß das Klavier eine derartige Prozedur nicht ungestraft über sich ergehen lassen würde. Die Stimmwirbel, die die Saiten gespannt halten, konnten zwar geringe Veränderungen der Spannung nach oben oder unten verkraften. Bei der gewünschten Prozedur würden sie aber viel stärker als normal gespannt werden, und ich war sicher, daß ihnen das keinesfalls gut bekommen würde. Das Klavier würde die ungewohnt hohe Stimmung allmählich wieder verlieren, weil die Wirbel nachließen, allerdings nicht etwa gleichmäßig, sondern von Ton zu Ton verschieden.

Hätte ich weniger starke Nerven gehabt und wäre meine Haut heller, wäre ich jetzt wahrscheinlich kreidebleich geworden. Ein Großteil des Orchesters war bereits eingetroffen, desgleichen Maazel. Mit seiner Unterstützung versuchte ich Gilels von der Undurchführbarkeit seiner Bitte zu überzeugen, aber vergeblich. Er blieb hart. Ich bat also den Klavierstimmer, sich an die Arbeit zu machen. Als der Mann begriffen hatte, was von ihm erwartet wurde, noch dazu in der kürzest möglichen Zeit – wir sagten, in etwa einer Viertelstunde –, lief er rot an. Trotzdem setzte er sich mannhaft ans Klavier und begann. Das Orchester war inzwischen vollzählig versammelt. Ich mußte die Musiker um absolute Stille bitten, damit der Klavierstimmer nicht gestört wurde. Vor allem durfte kein einziger Ton gespielt werden, um sein Gehör für die Tonhöhe nicht durcheinanderzubringen.

In der Regie plauderte unterdessen ein gut aufgelegter Gilels angeregt mit den Technikern, ohne die verstohlenen Blicke zu beachten, die Maazel und ich alle paar Minuten auf die Uhr warfen, und als wäre ein derartiges Plauderstündchen, während dem sich im Nachbarraum ein Symphonicorchester die Beine in den Bauch steht und ein hektischer Klavierstimmer sich langsam tiefrot verfärbt, die normalste Sache der Welt. Nach einer langen Dreiviertelstunde kam der Klavierstimmer schweißgebadet in die Regie und teilte uns mit, er habe das Klavier jetzt so weit hinaufgestimmt, wie er meine verantworten zu können. Ob Mr. Gilels das Klavier ausprobieren wolle?

Wir gingen ins Studio. Gilels spielte einige Läufe und meinte ungerührt, die 444 Hertz seien noch nicht ganz erreicht und der Klavierstimmer möge das Klavier doch bitte noch weiter hinaufstimmen. Als dieser den Kopf schüttelte, wußte ich, daß ich eingreifen mußte. Gerade wollte ich mich an Gilels wenden, als Alan Civil, der Solohornist des New Philharmonia Orchestra, aufstand und das Problem löste. Mit fester Stimme sagte er: »Wenn das Klavier noch weiter hinaufgestimmt wird, sind die Hörner wahrscheinlich auf der ganzen Platte zu tief. Wird noch höher gestimmt, können wir mit Sicherheit nicht mehr für unsere Stimmung garantieren.« Gilels heftete den Blick auf ihn. Er wußte, daß Alan Civil einer der bedeutendsten Hornisten der Welt war, und sagte plötzlich mit einem entspannten Lächeln: »Also gut, fangen wir mit der Aufnahme an.« Mit einer Stunde Verspätung erklangen dann die mächtigen Anfangsakkorde von Tschaikowskijs Klavierkonzert Nr. 2, das wir als erstes einspielten. Ich konzentrierte mich die ganze Zeit wie wild auf die Intonation des Klaviers, aber moderne Flügel sind großartige Instrumente. Nur wenige Töne sackten im Verlauf der Aufnahme ab, und sonst gab es keine Probleme.

Die Schwierigkeiten mit dem Klavier und wie es gestimmt war sollten damit allerdings noch nicht aus der Welt geschafft sein. Wir beendeten das zweite Konzert und machten uns an das dritte. Als wir mit dem dritten fertig waren, hatten wir noch eine Stunde übrig. Gilels meinte, die Zeit reiche nicht für den ersten Satz von Nr. 1, aber wir könnten den langsamen, mit rund sieben Minuten kürzesten Satz noch schaffen. Wir begannen also mit dem lyrischen zweiten Satz. Als wir uns die erste Aufnahme anhörten, sah man Gilels deutlich an, daß er nicht glücklich war. Er hörte der Musik kaum zu und sah nicht in die Noten. Seine Stirn war gerunzelt, seine Gedanken waren woanders. Die zweite Aufnahme wollte er sich nicht einmal anhören. Weder Maazel noch ich wußten, was ihn bedrückte. Nach einigen Augenblicken sagte er: »Versuchen wir es noch mal.« Wir nahmen den Satz ein drittes Mal ganz auf. Diesmal hörte Gilels sich die Aufnahme an, allerdings nur zwei Minuten lang. Dann sagte er: »Der Klang des Klaviers gefällt mir nicht.« Ich war überrascht. Es war bereits die fünfte Sitzung. Bisher war er stets zufrieden gewesen, und jetzt sagte er plötzlich, das Klavier klinge nicht gut.

Ich nahm das Problem ernst, denn Gilels ist nicht der Mann, der Probleme sieht, wo keine sind. Ich dachte, er könnte nach der harten Arbeit am dritten Konzert müde sein, und schlug deshalb vor, das Orchester zu entlassen, was wir auch taten. Dann machten wir uns an das Problem mit dem Klavier. Wir gingen ins Studio, und Gilels spielte einen Teil des Satzes. Ich sagte, der Klang der Aufnahme sei fast identisch mit dem des Instruments im Studio. Maazel stimmte mir zu, aber Gilels war immer noch nicht glücklich. Ich wußte jetzt, was ihm zu schaffen machte. Es ging um das Instrument selbst. Er konnte darauf nicht genau den transparenten Klang erzeugen, den er für den langsamen Satz wollte.

Ohne an die Folgen zu denken, bat ich Gilels, dieselbe Passage auf dem anderen Klavier zu spielen. Gilels tat es, und auf seinem Gesicht breitete sich ein glückliches Lächeln aus. »Das ist es. Ich spiele den zweiten Satz nur auf diesem Klavier.« Ich dachte bei mir: So etwas verkürzt das Leben eines Plattenproduzenten um Jahre. Laut sagte ich: »Aber das Klavier ist auf 440 Hertz gestimmt, Emil, und weil es schon älter ist, wird es eine höhere Stimmung mit Sicherheit nicht verkraften.« Gilels ließ sich nicht beeindrucken. »In Rußland«, sagte er mit einem geheimnisvollen Lächeln, »haben wir Maschinen, mit denen man die Tonhöhe einer Einspielung verändern kann. Gibt es etwa so was im Westen nicht?« Über seine Schulter sah ich, wie Maazel ungläubig die Augenbrauen zusammenzog. »Natürlich haben wir sie«, sagte ich. Die Krise war überstanden.

Als Gilels gegangen war, fragte Maazel mich, ob wir die Tonhöhe wirklich verändern könnten. Ich nickte eifrig und erklärte ihm, man könne die Geschwindigkeit der Bandmaschine durch Verändern der Stromfrequenz geringfügig erhöhen oder verlangsamen, wodurch sich auch die Tonhöhe der Aufnahme verändere. Maazel sah mich zweifelnd an und fragte, ob er dann das Tempo verlangsamen müsse, um die erhöhte Bandgeschwindigkeit auszugleichen. Ich erwiderte rasch, daß er diese Änderung des Tempos vernachlässigen könne. Das Problem mit dem Klavier war gelöst, aber im stillen dachte ich: Was ist doch manchmal alles für »ein Schwindel«.

20

Ein Sänger wird Dirigent

Klemperer nahm 1972 keine Platten auf und reduzierte seine Konzertauftritte drastisch. Er dirigierte nur Werke, die er bereits auf Schallplatte eingespielt hatte, weigerte sich aber standhaft, sie noch einmal aufzunehmen. Der Plan, im Februar 1973 Mozarts »Entführung aus dem Serail« aufzunehmen, bestand jedoch noch immer. Mir lag an diesem Projekt genausoviel wie Klemperer. Die vorgesehene Besetzung, unter anderem Sotin als Osmin und Lucia Popp als Konstanze, war erstklassig. Um zu verhindern, daß der siebenundachtzigjährige Dirigent zu großen Belastungen ausgesetzt würde, hatte ich die Aufnahme auf zwölf Sitzungen verteilt.

Einige Wochen vor Beginn der Aufnahme sollte Klemperer in London zwei Konzerte dirigieren. Zwei Tage vor dem ersten rief mich seine Tochter an. Klemperer kam ans Telefon und sagte ruhig: »Ich glaube nicht, daß ich die Konzerte abhalten kann.« Ich hoffte schon, er werde als nächstes sagen, daß er jedoch die Platten aufnehmen könne, da fuhr er fort: »Und auch die geplante Aufnahme werde ich nicht mehr machen können.« Einige Augenblicke herrschte Schweigen. Wir wußten beide, daß dies das Ende seiner Karriere bedeutete. Dann sagte Klemperer betont energisch: »Aber jetzt erzählen Sie mir doch, was Sie getan haben, seit wir uns das letzte Mal gesehen haben.«

Erst als ich aufgelegt hatte, wurde mir die volle Tragweite von Klemperers Entscheidung bewußt. In Gedanken ließ ich die fast zwölf Jahre unserer Zusammenarbeit passieren. Ich hatte ihn 1954 zum erstenmal gesehen, als er mit forschem Schritt auf das Podium der Royal Festival Hall geeilt war, und war jahrelang einer der treuesten Besucher seiner Konzerte gewesen. Dann hatte ich drei Jahre unter ihm im Chor des Philharmonia Orchestra gesungen, und seit ich Mitarbeiter bei EMI war, war ich an allen seinen Plattenaufnahmen in irgendeiner Form beteiligt gewesen. Das war jetzt zu Ende. Ein Teil der Freude und Begeisterung für meine Arbeit, die mich stets begleitet hatten, wich von mir. Nie wieder würde ich ihm die Wiederholung einer Stelle abschwatzen können, mich mit ihm über Tempi streiten oder ihn zur Aufnahme eines Werkes überreden, das ich von ihm hören wollte, nie wieder würde ich sein vieldeutiges »So!« hören. Aber einmal hatte es ja doch kommen müssen. Klemperer war immerhin siebenundachtzig, und selbst sein aktiver Geist mußte sich schließlich dem Diktat eines zunehmend hinfälligen Körpers beugen. Bevor ich auflegte, hatte ich ihm noch versprochen, ihn in Zürich zu besuchen. Es sollte jedoch mein letztes Gespräch mit ihm bleiben.

Jetzt galt es, die zwölf durch die Absage der »Entführung« frei gewordenen Sitzungen anders zu verplanen. Nur mit viel Phantasie und angestrengtem Nachdenken sowie mit Hilfe eines Geistesblitzes gelang es mir, die Sitzungen schließlich mit drei verschiedenen Einspielungen zu füllen. Es handelte sich dabei um interessante Projekte und nicht um die übliche, langweilige Standardlösung der Plattenfirmen, die kurzfristig eine Sitzung füllen müssen: mit Rossini-Ouvertüren.

Das erste Projekt war relativ leicht zu bewerkstelligen. Anievas hatte bereits die Klavierkonzerte Nr. 1, 2 und 4 und die Paganini-Rhapsodie von Rachmaninow eingespielt. Um daraus eine Kassette zu machen, brauchte ich nur noch das dritte Konzert. Als Dirigenten lernte ich bei dieser Gelegenheit Aldo Ceccato kennen. Das Konzert war mir trotz extensiven Radiohörens noch unbekannt, und nach der Aufnahme stellte ich fest, daß es mir viel besser gefiel als das zweite.

Die zweite Platte war ein abenteuerlicheres Projekt, das zu seiner Verwirklichung einen großen Aufwand an Organisation und viele Telefonate erforderte. Die Idee war mir gekommen, als ich aus meiner Bibliothek zufällig die neben dem Mozart-Requiem stehende Partitur herauszogen hatte. Das Requiem ist seit je eines meiner Lieblingswerke, aber Mozarts andere unvollendete Messe, die Messe in c-moll, die zum Glück keiner fertiggeschrieben hat, liebe ich sogar noch mehr. Diese Messe ist einer der Gipfel in Mozarts Schaffen. Obwohl »Credo« und »Agnus Dei« großenteils fehlen, dauert das Werk noch ungefähr eine Stunde. Vollendet wäre es mindestens so lang wie Beethovens »Missa Solemnis«.

Man braucht dafür zwei Soprane mit viel musikalischem Einfühlungsvermögen. Die Sopranstimmen haben je eine anspruchsvolle Arie und zusammen ein anstrengendes Duett zu singen, außerdem sind sie an je einem Terzett und einem Quartett beteiligt. Tenor und Baß singen nur in Ensemblenummern. Lucia Popp sollte den einen Sopranpart singen, Werner Krenn, als Pedrillo in der »Entführung« vorgesehen, den Tenor und Hans Sotin den Baß. Wir brauchten also nur noch einen zweiten Sopran, einen geeigneten Chor und, natürlich, einen Dirigenten. Als Dirigent kam, wie mir von vornherein klar war, nur einer in Frage: Raymond Leppard, mit seinem sensiblen Gespür für Mozart, war der einzige mir bekannte Dirigent, der so kurzfristig mit den vielen Problemen der unfertigen Partitur zurechtkommen würde. Zwar wußte ich, daß er immer viel zu tun hatte, aber ich war mir sicher, daß ich ihn, wenn ich ihn fand, zu dieser Platte würde überreden können, es sei denn, der Termin fiele direkt mit einer anderen Verpflichtung zusammen.

Zuerst mußte ich ihn allerdings finden. Sein Agent war dabei keine Hilfe. Er erklärte meiner Sekretärin rundweg, er brauche mir gar nicht erst zu sagen, wo Leppard sei, denn ich könnte ihn ohnehin unmöglich dazu überreden, eine anderweitige Verpflichtung dafür aufzugeben. Ich bekam die Information dann allerdings zwei Sekunden später doch. Ich drohte nämlich, am nächsten Tag folgende Annonce in der *Times* aufzugeben: »Wer weiß, wo sich Raymond Leppard, zuletzt als Dirigent des BBC Northern Orchestra gesehen, gegenwärtig aufhält, möge diesen bitten, sich mit Suvi Raj Grubb in Verbindung zu setzen, um eine Angelegenheit zu beiderseitigem Vorteil zu besprechen.« Als ich Leppard schließlich erreichte, sagte er, daß er an dem betreffenden Tag bereits Proben habe. »Jammerschade, Ray«, sagte ich. »Dieser Mozart in c-moll hätte dir sicher großen Spaß gemacht. Außerdem kenne ich keinen, der dafür besser geeignet wäre.« Obwohl er die Antwort gekannt haben muß, fragte er: »Das Klavierkonzert oder die Messe?« »Glaubst du«, sagte ich vorwurfsvoll, »ich würde dich von den Fleischtöpfen Kopenhagens weglocken, um ein Klavierkonzert zu begleiten?« Die Antwort ließ nicht auf sich warten: »Du hast gewonnen, Suvi. Ich mache mich frei.«

Die Sängerin, die ich für den zweiten Sopranpart haben wollte, konnte schließlich auf einer weniger bekannten griechischen Insel ausfindig gemacht werden. Sie hatte den Part noch nie gesungen und meinte, ich sollte ihr doch bitte die Partitur schicken, damit sie sich die Arien anschauen könne. Zwei Tage später bekam sie die Partitur über einen Bekannten, dessen Bekannter einen Bekannten bei der griechischen Fluggesellschaft hatte. In überraschend kurzer Zeit traf die Antwort ein: Kiri te Kanawa würde sich freuen, an der Aufnahme teilzunehmen. Lucia Popp bekam am Tag vor ihrer geplanten Ankunft in London eine Virusinfektion, aber wir konnten an ihrer Stelle Ileana Cotrubas engagieren, die am vorhergehenden Abend in Covent Garden gesungen hatte.

Jetzt waren noch vier von den zwölf Sitzungen übrig. Zuerst fiel mir überhaupt nichts dazu ein. Ich begann mich schon mit dem Gedanken abzufinden, daß ich jetzt doch noch auf Musik würde ausweichen müssen, die man wenig elegant, aber zutreffend mit »schrumm, schrumm, schrummfidebumm« beschreiben könnte, und ließ im Geiste die Rossini-Spezialisten Revue passieren. Doch dann hatte ich einen Geistesblitz.

Als wir acht Monate zuvor in Berlin die Brahms-Lieder aufgenommen hatten, waren mir in Fischer-Dieskaus Arbeitszimmer Bücher über Instrumentation, über das Horn und andere Instrumente, über die Geschichte des Orchesters und die Entwicklung des Orchesterleiters zum heutigen modernen Dirigenten aufgefallen. Barenboim und ich hatten ihn damit aufgezogen und gefragt, ob er vorhabe, als Hornist oder Fagottist oder gar beides Karriere zu machen! Fischer-Dieskau hatte den Spott gutmütig über sich ergehen lassen. Doch dann hatte er erklärt, er sei zwar stimmlich immer noch gut in Form, aber einmal werde damit Schluß sein. Die Musik aber ganz aufzugeben, sei für ihn undenkbar. Für das Klavier, das einzige wirklich unabhängige Solo-Instrument, sei er zu alt. Am meisten Möglichkeiten scheine ihm die Tätigkeit als Dirigent zu bieten. Fischer-Dieskau kannte sich im Orchesterrepertoire in der Tat hervorragend aus und hatte für Orchestermusik schon immer eine besondere Vorliebe gehabt. Also arbeitete er nun angestrengt daran, sich die weiteren für einen Dirigenten notwendigen Fähigkeiten anzueignen. Für das größte Handicap hielt er die Tatsache, daß es ihm an konkreten Gelegenheiten zum Üben mangelte. Man kann ja in der Tat nicht gut die Berliner Philharmoniker für tägliche Proben anheuern. Ohne dabei an etwas Ernsthaftes zu denken, sagte ich im Scherz zu ihm: »Dieter, ich hoffe doch, daß ich deine erste Platte produziere, wenn du mal soweit bist.« Wir lachten alle, und Fischer-Dieskau meinte: »Da ist noch eine lange Zeit hin, wenn es überhaupt je dazu kommt.«

Doch so lange sollte es gar nicht mehr dauern, denn jetzt, nur ein gutes halbes Jahr später, erwog ich spontan die Möglichkeit, eine Platte mit Orchestermusik unter der Leitung von Dietrich Fischer-Dieskau aufzunehmen. Ohne das Pro und Contra abzuwägen, rief ich ihn in Berlin an und fragte, was er davon halte, in zwei Monaten als Dirigent auf Schallplatte zu debütieren. Es entstand eine kurze Pause, dann fragte er, welche Werke ich denn im Auge hätte. Ich hatte darüber noch nicht nachgedacht – zwischen der Idee und dem Telefongespräch waren nicht einmal zehn Minuten verstrichen –, sagte aber spontan: »Schubert – Fünfte und Achte.« Diesmal war die Pause länger. Dann sagte er: »Die Achte? Alle großen Dirigenten haben die Achte aufgenommen, Suvi, und alle anderen auch noch. Findest du wirklich ...?« »Dieter«, unterbrach ich ihn, »früher oder später mußt du auch ein so populäres Werk wie die ›Unvollendete‹ dirigieren. Ich finde, du solltest den Sprung ins kalte Wasser ruhig wagen. Überleg dir die Sache, und ruf mich in ein, zwei Tagen zurück.« Ich erklärte ihm noch, wie es zu der Gelegenheit gekommen war, und nannte ihm die genauen Termine der Sitzungen.

Dann mußte ich die Genehmigung für das Projekt einholen. Wir hatten einmal mehr eine jener unvermeidlichen Sitzungen, auf denen die Meinungen in zwei Lager gespalten sind. Die einen hielten die Idee für großartig, während die anderen geradezu eine Katastrophe befürchteten. Ich war über den Ausgang der Diskussion allerdings zu keinem Zeitpunkt im

Zweifel, denn im Grunde ist EMI eine recht risikofreudige Firma, obwohl wir finanziell vielleicht weniger gut gepolstert sind als ein Teil der Konkurrenz. Ich wurde beauftragt, mich sofort mit Fischer-Dieskau in Verbindung zu setzen und ihn zu fragen, was er von dieser Idee halte. In dem Augenblick steckte wie auf ein Stichwort hin meine Sekretärin den Kopf ins Zimmer und sagte, Fischer-Dieskau habe soeben sein Einverständnis kundgetan. Ich sollte ihn noch am selben Abend anrufen, um alles Nähere zu besprechen. Einen Augenblick lang sah es aus, als würde mein Chef explodieren, doch dann beschloß er, sich friedlich mit dem abgekarteten Spiel abzufinden.

Ich war selten aufgeregter gewesen vor einer Produktion als am Morgen vor Fischer-Dieskaus erster Sitzung. Dabei machte ich mir nicht etwa Sorgen, daß er der Aufgabe nicht gewachsen sein könnte. Er hätte nie zugesagt, wenn er nicht davon überzeugt gewesen wäre, daß er es schaffen konnte. Aber ich wollte nicht nur, daß er die Sitzungen so einigermaßen überstand und eine Platte dabei herauskam, sondern ich wollte zwei bemerkenswerte Aufnahmen haben. Nur wenige Interpreten hatten sich so eng und so lange mit Schubert-Liedern beschäftigt. Fischer-Dieskaus Schubert-Symphonien sollten so charakteristisch für ihn werden wie seine Schubert-Lieder.

Ich bin ganz sicher, daß man mir die Nervosität äußerlich nicht anmerkte, als Dietrich Fischer-Dieskau im Studio eintraf und ich ihn am Eingang begrüßte. Doch einmal mehr muß jene rätselhafte telepathische Kommunikation am Werk gewesen sein, denn einige Augenblicke später sah er mich an und sagte mit einem plötzlichen Lächeln: »Keine Sorge wegen der Aufnahme, Suvi – wenn die erste Sitzung nichts wird, fliege ich noch heute abend nach Berlin zurück.« Ich betonte beharrlich, ich sei überhaupt nicht beorgt – und jetzt, da es wirklich soweit war, war mir tatsächlich plötzlich wieder gelassen zumute. Ich stellte Fischer-Dieskau dem New Philharmonia Orchestra vor, und die Musiker begrüßten ihn mit dem langanhaltenden, begeisterten Applaus, den Orchester jenen Dirigenten vorbehalten, die sie respektieren.

Innerhalb einer Viertelstunde wurde mir bewußt, was es bedeutete, wenn das Orchester auf der Seite des Dirigenten steht. Dietrich Fischer-Dieskaus Schlagtechnik war nur gerade ausreichend. Wie hätte es auch anders sein können, hatte er doch vor dieser Sitzung noch nie als Dirigent vor einem Orchester gestanden. Wenn er geübt hatte, konnte er das nur im stillen Kämmerlein getan haben, vielleicht vor einem Spiegel. Seine Bewegungen waren manchmal unklar, und die Einsätze, die er den verschiedenen Stimmen des Orchesters gab, durchaus nicht immer präzise. Aber es spielte keine Rolle – das Orchester spürte, daß er eine klare Vorstellung von Schuberts Symphonie hatte, und er konnte den Musikern diese Vorstellung nahebringen. Der Konzertmeister Desmond Bradley agierte dabei als zuverlässige Stütze. Er vermittelte, wenn erforderlich, zwischen Fischer-Dieskau und dem Orchester, und alle folgten ihm willig. Als die Pause kam, wußte ich, daß hier eine ganz besondere Aufnahme der h-moll-Symphonie entstand. In den Worten des ersten Cellisten: »Er ließ uns das zweite Thema genau so spielen, wie er es gesungen hätte.« Dieses Urteil wurde noch am selben Abend bei mir zu Hause bestätigt.

Ich hatte von einer Aufnahme des ersten Satzes eine Probeplatte herstellen lassen, in erster Linie, um, wie meine Frau und ich es scherzhaft nennen, die Wirkung »am Fußvolk zu testen«. Meine Frau hat zwar keine musikalische Ausbildung, doch ist sie emotional ebenso spontan angesprochen wie ich. Ihre Reaktion auf Konzerte und Aufnahmen ist mir oft eine wertvolle Hilfe. Als wir die Probeplatte anhörten, klingelte es an der Haustür. Ein unerwarteter Besuch von Barenboim. Barenboim ist über musikalische Ereignisse aller Art immer hervorragend unterrichtet und wußte sofort, was wir hörten. Er hörte einige Augenblicke mit und sagte dann bewundernd: »Der alte Fuchs bringt sie dazu, genauso zu spielen, wie er singt.«

Nachdem er die dramatisch erregte »Unvollendete« so sicher bewältigt hatte, nahm Fischer-Dieskau zuversichtlich die Fünfte in Angriff. Diese ist vom Charakter her zwar leichter und sonniger, in Wirklichkeit aber schwerer zu realisieren. Problematisch sind insbesondere Balance, Rhythmus schneller Passagen und Intonation. Auch diese Probleme wurden freilich letztlich gelöst.

Leider verkaufte die Platte sich nicht so gut, wie ich gehofft hatte. Das Publikum ist sehr konservativ. Fischer-Dieskau kannte man als einen der größten Schubert-Sänger – aber Dirigent von Schubert-Symphonien? Die Plattenkäufer schienen nicht interessiert, und das trotz hervorragender Besprechungen. Ein Kritiker meinte sogar, Fischer-Dieskaus Aufnahme der »Unvollendeten« sei, verglichen mit den Aufnahmen von Karajan, Cantelli, Böhm, Giulini, Toscanini und Klemperer insgesamt die überzeugendste. Doch selbst das vermochte die Verkaufszahlen nicht in die Höhe zu treiben. Das Publikum scheint Plattenbesprechungen ebenso zu ignorieren wie die Anzeigen der Plattenfirmen.

Hat Kritik auf die Künstler und die an der Herstellung von Platten beteiligten Leute Einfluß? Mit Sicherheit keinen nennenswerten. Natürlich lesen wir die Besprechungen unserer Arbeit und sind je nachdem stolz oder deprimiert, aber doch nur vorübergehend. Jeder an der Herstellung einer Platte beteiligte Musiker, Produzent oder Tonmeister hat eine klare Vorstellung von der Qualität der geleisteten Arbeit, und keine Kritik von außen vermag an diesem sicheren Wissen zu rütteln. Wir wissen genau, wenn etwas schiefgegangen ist oder nicht hundertprozentig stimmt, wenn etwa die Inspiration gefehlt hat, wenn mangelndes Verständnis zu einer routinehaften Aufführung geführt hat oder das Klangbild nicht in Ordnung ist. In einer idealen Welt, in der Geld keine Rolle spielt, würden wir in all diesen Fällen die Platte einfach vernichten und noch einmal von vorn anfangen. Aber wir wissen auch, wann wir gute Arbeit geleistet haben, und dann kann uns keine Kritik etwas anhaben.

Manchmal treffen die Rezensenten mit ihrer Kritik auch so weit daneben, daß es geradezu lächerlich ist. Über eine von mir produzierte Platte hieß es zum Beispiel einmal: »eine erstklassige Zusammenstellung« (was nicht der Fall war), »eine hervorragende Darbietung« (was auch nicht der Fall war) und »eine superbe Aufnahme« (auch das stimmte nicht). In Wirklichkeit war es wahrscheinlich die schlechteste Platte, die ich je produziert habe, und ich hoffe inständig, nie wieder das Pech zu haben, an einer solchen Platte mitzuwirken. Von der Platte mit Werken von Monteverdi und Scarlatti unter Mitwirkung von Dame Janet Baker und Raymond Leppard dagegen hieß es dem Sinn nach ungefähr: »Meine Güte, was kann man über diese Platte schon sagen? Es ist wunderbare Musik, hervorragend gespielt und aufgenommen, aber ist das noch Monteverdi oder Scarlatti?« Die Antwort des Kritikers auf diese selbstgestellte Frage: »Ja, aber so, wie Leppard ihn sich vorstellt«, nicht so also, wie es nach seiner Auffassung hätte sein sollen. Nur zu oft verfällt ein Rezensent dem Fehler, gar nicht darauf zu hören, was der Interpret leistet, sondern ihm gleich vorzuwerfen, daß er nicht das getan hat, was er nach Meinung des Kritikers hätte tun müssen. Man kann nur noch höhnisch lächeln, wenn in einer Besprechung Wendungen wie »Wir, die wir Händel kennen« auftauchen oder – wie als Resümee einer Aufnahme der »Eroica« unter Toscanini geschehen – »Nein, so geht es wirklich nicht!«

Der Konservativismus der Plattenkäufer war auch für den vergleichsweise schlechten Absatz zweier Platten verantwortlich, die ich in dieser Zeit mit Barenboim aufnahm. Bis dahin hatte jede Platte von ihm die Verkaufsprognosen bei weitem übertroffen. In den letzten Monaten des Jahres 1972 hatte Barenboim mit dem Orchestre de Paris die Symphonie von Georges Bizet aufgenommen, und seine Zusammenarbeit mit diesem Orchester war zunehmend enger geworden. Gemeinsame Konzerte hatten großen Erfolg gehabt. Jetzt wollte er die »Carmen«-Suite, die »L'Arlésienne«-Suiten und »Jeux d'Enfants« einspielen. Künstlerisch war die Platte ein Erfolg, denn es gelang Barenboim, die für diese Musik genau richtige Mischung aus Eleganz und Hemmungslosigkeit zu vermitteln. Eine wertvolle Anregung war für uns Sir Thomas Beechams Einspielung derselben Stücke, die wir am Abend vor unserer Aufnahme gemeinsam hörten. Barenboim sagte danach nur: »Suvi Raj, vielleicht sollten wir besser die Koffer packen und nach London zurückfliegen.«

Seit Barenboim mit Jacqueline du Pré die Cellosonate von Chopin eingespielt hatte, war es mein Wunsch gewesen, mit ihm eine Chopin-Platte zu machen. Er hatte Chopin bereits im Konzert gespielt, und eines Tages sprach er davon, auch eine Chopin-Platte aufnehmen zu wollen. »Großartig!« konnte ich dazu nur sagen. Die Platte sollte bekannte Stücke enthalten: Barcarolle, Berceuse, Fantasie in f-moll, Polonaise-Fantasie op. 61, Variations Brillantes op. 12 und als Zugabe noch »Souvenir de Paganini«. In der ersten Sitzung brauchte ich ungewöhnlich lange für die Klangeinstellung. Barenboim fragte schließlich, was ich denn für Probleme hätte. Ich sagte, der Baß klinge einfach heller, als ich sonst von ihm gewohnt sei. Barenboim kam in die Regie, hörte sich aufmerksam eine Passage an, die wir aufgenommen hatten, und erklärte dann, der Klang stimme genau mit dem Klang im Studio überein. »Aber der Baß klingt bei dir sonst anders«, wandte ich ein. »Bei Beethoven ja«, erwiderte er, »aber bei Chopin reicht das völlig aus, um die mittleren und oberen Stimmen zu stützen. Wenn man den Baß bei Chopin zu dick aufträgt, klingt er wie zweitklassiger Brahms.« Als wir mit der Aufnahme begannen, wurde mir klar, wie recht er hatte. Chopin war ein großer harmonischer Neuerer, und wenn man den Baß zurückhaltend spielte, wurde die Struktur seiner Musik durchsichtig. Ich hatte noch nie einen solchen Chopin-Klang gehört. Die Musik begann richtig zu leuchten. Nur schade, daß nicht mehr Chopin-Liebhaber sich für die Platte interessierten. Die Aufnahme hätte ihnen Chopin von einer unerwarteten Seite nahegebracht. Aber nein. Barenboim? Für Mozart, Beethoven und Schubert – ja. Für Chopin? Lieber doch nicht.

21

»Don Giovanni« in drei Akten

Nachdem Klemperer die letzten geplanten Konzerte abgesagt und seinen Rückzug aus dem Konzertleben bekanntgegeben hatte, war zwar früher oder später damit zu rechnen gewesen, aber dennoch war ich zutiefst niedergeschlagen, als am Samstag morgen, den 7. Juli 1973, die Nachricht von seinem Tod eintraf. Ich hatte mich bereits damit abgefunden, daß die Zeit des gemeinsamen Musizierens vorbei war; jetzt mußte ich mit der Tatsache fertig werden, daß ich ihn nie mehr wiedersehen würde. Im Geist ließ ich, zuerst traurig, dann mit wachsender Dankbarkeit, einige Erinnerungen an Klemperer vorüberziehen. Als ich freilich zehn Tage später den Vorraum der Synagoge betrat, um ihm die letzte Ehre zu erweisen, brachte der Anblick des Sarges mich an den Rand meiner Fassung. Es war ein großer Sarg – Klemperer war von großer Statur gewesen –, und der Gedanke, daß er alles enthielt, was von Otto Klemperer noch übrig war, war mir unerträglich. Vor dem Sarg lagen prächtige Kränze, darunter jene des deutschen Bundespräsidenten, der Berliner Philharmoniker, der Wiener Philharmoniker, des Philharmonia Orchestra und von EMI. Unter den Trauergästen befand sich nur einer von seinen Kollegen: Rafael Kubelik. Otto Klemperer wurde nach einem schlichten Gottesdienst im ersten leeren Grab einer Gräberreihe zur Ruhe gelegt.

Sobald ich wieder in London war, hatte ich keine Zeit mehr, meinen trüben Gedanken nachzuhängen. Der Plan, Barenboims ersten Auftritt auf einer Opernbühne aufzunehmen, nahm meine ganze Energie in Anspruch. Als bekannt wurde, daß Barenboim auf dem Edinburgh Festival 1973 Mozarts »Don Giovanni« dirigieren wollte, zeigten sich viele Leute überrascht, dabei handelte es sich doch nur um die konsequente Ausdehnung seiner vielfältigen musikalischen Aktivitäten. Barenboim hatte Orchestermusik von Bach bis Webern dirigiert und außerdem so viele religiöse Werke, daß er einmal reumütig zu Pitz gesagt hatte: »Noch eine Messe, und ich werde wahrscheinlich von selbst katholisch.« Nur in der Oper hatte er sich bisher noch nicht versucht. Daß sein erster Schritt auf diesem Gebiet einer Oper von Mozart gelten sollte, war nur angemessen.

Barenboim wollte seine Einstudierung des »Don Giovanni« unbedingt auf Platte aufnehmen. Bei EMI waren nun einige Leute der Ansicht, er sollte die Oper lieber gar nicht erst dirigieren – eine irrelevante Meinung, da Barenboim eben dies zu tun im Begriff war. Andere meinten, wir sollten die Aufführung besser nicht aufnehmen – was das Problem auch nicht löste, denn Barenboim war entschlosen, sie aufzunehmen, und er hatte uns gebeten, ihm, falls wir nicht interessiert seien, zu erlauben, die Aufnahme einer anderen Plattenfirma anzubieten. Eine dritte Gruppe stimmte der Aufnahme zwar zu, war aber mit einigem Recht der Ansicht, daß man sie erst machen sollte, wenn die Oper im zweiten Jahr lief. Unter Berücksichtigung aller Argumente dafür und dagegen wurde schließlich beschlossen, daß Barenboims Operndebüt unter dem Label erfolgen sollte, mit dem sein Name seit über sechs Jahren verbunden war. Mein Chef und ich einigten uns während eines Gesprächs in meiner Wohnung. Meine Frau war ebenfalls dabei – als stille, aber einflußreiche Beobachterin.

Einige der Sängerinnen und Sänger, die Barenboim ausgewählt hatte, kannte ich bereits von früheren Aufnahmen her, andere waren mir ganz unbekannt. Roger Soyer sollte den Don Giovanni singen, Geraint Evans den Leporello, Luigi Alva den Don Ottavio, Alberto Rinaldi den Masetto und Peter Lagger den Komtur. Bei den Frauen sangen Antigone Sgourda die Donna Anna, Heather Harper die Donna Elvira und Helen Donath die Zerlina. Als Orchester war das English Chamber Orchestra vorgesehen. Wir wollten die Oper zwischen zwei Aufführungsblöcken in Edinburgh aufnehmen, verteilt auf zehn Sitzungen innerhalb einer Woche. Die Aufführung dauerte ungefähr 185 Minuten, wir mußten im Schnitt also 18 Minuten pro Sitzung aufnehmen. Das ist wesentlich mehr, als man bei Opernaufnahmen gewöhnlich schafft, zugleich aber deutlich weniger als das, was Barenboim und ich im allgemeinen schafften. Ich rechnete damit, daß die Aufnahme problemlos über die Bühne gehen würde. Sänger und Orchester hatten intensiv geprobt und würden nach drei kompletten Vorstellungen bestens eingespielt zu den Sitzungen kommen. Als ich den Aufnahme- und Produktionsplan erstellte, ahnte ich noch nicht, was mich erwartete. Es sollte die technisch und organisatorisch komplizierteste Aufnahme werden, die ich je zu bewältigen hatte.

Die Partitur studierte ich liegend im mittlerweile schon vertrauten Royal Free Hospital – nichts Ernstes diesmal, nur eine Vorsichtsmaßnahme: Ich sollte nach der schmerzhaften Entfernung dreier Weisheitszähne noch einige Zeit beobachtet werden. Ich machte mir Notizen und strich Passagen an, auf die ich bei der Aufnahme besonders achten mußte. Beispielsweise mußten Holzbläser und Violinen in den Takten 129 bis 140 der

Ouvertüre gleich stark präsent sein. Am Anfang des Duetts »Fuggi, crudele« machte ich einen Kreis um das »sf« der ersten Geigen und das kontrastierende »sfp« der zweiten Geigen und Bratschen. Über die zwanzig Takte langen Achtelläufe der zweiten Geigen in derselben Nummer schrieb ich: »Muß auf der Platte genauso deutlich zu hören sein wie die Solostimme.« Und so weiter bis zum Duett »O statua gentilissima«, wo ich eintrug: »Violinen die ganze Nummer im Auge behalten.« Außerdem unterstrich ich das »p« in Don Giovannis »Bizzarra è inver«, denn wenn Don Giovanni an dieser Stelle nicht leise singt, deckt er den eine Oktave tiefer singenden Leporello zu.

Den Aufnahmeplan zu erstellen bereitete keinerlei Schwierigkeiten. Die Sänger hielten sich die ganze Zeit über in Edinburgh auf und standen zu meiner Freude für alle Sitzungen zur Verfügung. Ich brauchte nur noch dafür zu sorgen, daß beispielsweise Donna Elvira nicht abends noch eine Arie zu singen hatte, wenn sie schon am Nachmittag mit »Mi tradì« drangewesen war. Ich war mit meinem Terminplan äußerst zufrieden. Wie hätte ich auch wissen sollen, daß er bereits nach anderthalb Sitzungen vollkommen wertlos sein würde.

Gespannt begab ich mich am Premierenabend in die Oper. Ich wurde nicht enttäuscht. Die Aufführung erfüllte alle meine Erwartungen. Das drohend lastende Andante der Ouvertüre mit den unruhigen Synkopen und Sforzandi legte die Grundstimmung der Inszenierung fest. Barenboim hatte gut geprobt; schon an jenem ersten Abend hatte man das Gefühl, einem gut aufeinander eingespielten Ensemble zuzuhören. Wir brauchten nur noch eine gute Balance im Studio, dann stand einer zügigen Aufnahme nichts mehr im Weg.

Zwei Tage später hörte ich mir die Oper noch einmal an. Diesmal wollte ich mich ganz dem Genuß der Musik überlassen. Der erste Akt ging gut über die Bühne, obwohl ich das leicht irritierende Gefühl hatte, Don Giovanni sei nicht in bester Form. Der Vorhang zum zweiten Akt war kaum aufgegangen, als ich abrupt aus meiner Zufriedenheit gerissen wurde: Sobald Roger Soyer in einer höheren Lage sang, bekam seine Stimme eine Schärfe, die sie, wie ich sehr gut wußte, sonst nicht hatte. Die Veränderung war nur gering, aber sie war da, zum erstenmal deutlich hörbar im hohen D in »Eh via buffone«. Mir war klar, daß Soyer nicht nur nicht in Form war, sondern daß mit seiner Stimme etwas nicht in Ordnung war. Als erfahrener Profi überstand Soyer den zweiten Akt erfolgreich, und es gelang ihm, die Indisposition zu kaschieren. Für mich klang es jedoch mehr und mehr, als laboriere er an einer Halsentzündung herum. Als ich ihn nach der Vorstellung in seinem Zimmer hinter der Bühne aufsuchte, gurgelte er mit einem Gurgelwasser. Ich erkundigte mich nach seinem Hals. Er räusperte sich einige Male und meinte dann, am nächsten Morgen werde es bestimmt vorbei sein. Er schien nicht übermäßig besorgt, und ich war beruhigt. Sänger wissen gewöhnlich, was sie sich zumuten können.

Die erste Sitzung begann am nächsten Tag um halb drei. Aufnahmeort war die Aula des George Watson College. Dort waren schon andere große Werke aufgenommen worden, und ich rechnete deshalb nicht mit Schwierigkeiten, die Balance für die Aufnahme einer Mozartoper herzustellen. Niemand hatte mir freilich gesagt, daß der Saal gerade frisch gestrichen wurde und deshalb zur Hälfte mit Eisengerüsten vollgestellt war. Die Folge dieser unregelmäßig verteilten Gerüste war eine völlig unberechenbare Akustik. Einmal deckten die Holzbläser die Hörner und Trompeten vollkommen zu, dann wieder waren sie auf einmal selbst nicht mehr zu hören. Zur ersten Sitzung hatte ich nur den Chor, Zerlina und Masetto bestellt. Mit ihnen wollte ich die mir ideal erscheinende Balance für die Oper herstellen: Sänger und Orchester sollten gleich stark präsent und gleichermaßen deutlich zu hören sein. Bei Mozart gibt es keine nichtssagenden Floskeln in der Begleitung. Das Orchester ist an der dramatischen Handlung aktiv beteiligt. Ein gutes Beispiel dafür ist die Eröffnungsszene. Man braucht die dämmrig erleuchtete Bühne gar nicht zu sehen, um zu wissen, daß hier trübe Machenschaften im Gange sind: Die verstohlene Unisono-Figur der Streicher im Piano macht das hinreichend klar. Wenn dann Donna Anna und Don Giovanni auf die Bühne stürzen, unterstreichen die Forteschläge der Violinen auf die Eins und die Drei der entsprechenden Takte und das unmittelbar darauffolgende Piano die Gewalt des Geschehens auf der Bühne. Oder ein anderes Beispiel: Wenn Don Giovanni zu Beginn des ersten Finales Zerlina sieht, stimmt das Orchester, noch bevor er etwas sagen kann, eine verführerische, werbende Weise an, und man versteht, daß die arme Zerlina sich hinter den Büschen zu verstecken sucht, um diesem Anschlag auf ihre Gefühle zu entrinnen.

Wir versuchten an diesem Nachmittag alles, und wir erreichten auch alles, nur nicht das, was ich wollte. Es war schlicht hoffnungslos, zu versuchen, die Sänger auszusteuern, und ich stellte dieses Unterfangen deshalb in der ersten Hälfte der Sitzung noch zurück. Die Sänger ließen geduldig alles über sich ergehen, desgleichen Barenboim. Aber in der zweiten Hälfte der Sitzung kam es zwischen ihm und mir plötzlich zu einem heftigen Wortwechsel über die Hörner: Barenboim wollte sie rechts vom Orchester haben, ich links. Ich befürchtete, die Hörner könnten, wenn sie rechts säßen, auch von den Mikrofonen der Holzbläser und, gefährlicher noch, von den fünf Mikrofonen der Sänger aufgenommen werden. Unsere Auseinandersetzung artete rasch in einen hitzigen Streit aus. Nach fünf Minuten stellten wir fest, daß wir uns allein in der Regie befanden. Die anderen hatten den Raum offenbar fluchtartig verlassen. »Was machen wir jetzt?« fragte Barenboim. In diesem Augenblick steckte ein Tontechniker den

Kopf zur Tür herein und sagte mit ängstlicher Stimme: »Mr. Barenboim, Miss du Pré möchte Sie sprechen.« Und zu mir gewandt: »Mrs. Grubb möchte Sie sprechen.« Wir verließen den Regieraum und sahen die beiden Frauen draußen beieinander sitzen. Als wir näherkamen, sagten sie: »Die anderen dachten schon, ihr würdet handgreiflich.« Als wir überrascht sagten, das könne doch gar nicht sein, baten die beiden uns sehr nachdrücklich darum, freundschaftliche Auseinandersetzungen dieser Art das nächste Mal doch unter vier Augen auszutragen.

Am Ende der ersten Sitzung hatten wir dann endlich einen zufriedenstellenden Klang zuwege gebracht, und ich tröstete mich damit, daß es besser war, in der ersten Sitzung Pech zu haben statt später. Zur zweiten Sitzung trat die volle Besetzung an. Wir machten uns daran, Leporello, Donna Anna, Don Giovanni und den Komtur für die erste Szene auszusteuern. Wir brauchten die Nummern nicht zu proben, denn die Oper war ja innerhalb der vier vorhergehenden Tage dreimal aufgeführt worden. Bevor wir mit der Aufnahme anfingen, sagte ich noch zu Barenboim am Telefon, ich hätte den Eindruck, daß Soyer nur mit halber Kraft sänge. Barenboim erwiderte, Soyer werde bei der Aufnahme schon mit voller Kraft singen. Wir fingen an. Als Soyer »Donna folle!« gesungen hatte, seine ersten Worte, war mir sofort klar, daß seine Stimme schwer beeinträchtigt war. Wenige Sekunden später merkte das auch Barenboim und brach ab. Ich ging in den Saal, wo die anderen Sänger Soyer bereits besorgt umringten.

Soyer hatte eine schwere Kehlkopfentzündung. Er merkte selbst erst jetzt, wie schlimm es um ihn stand. Es war unmöglich, an diesem Abend noch etwas mit ihm aufzunehmen – ich befürchtete vielmehr, daß er sogar die ganze nächste Woche ausfallen würde, sagte aber nichts. Es wurde beschlossen, ihn ausruhen zu lassen und eine andere Szene einzuschieben. Wir nahmen die Arien Masettos und Zerlinas und den Chor auf. Dann sagte Soyer, der höchst unglücklich darüber war, daß er den Terminplan umgeschmissen hatte, er wolle noch einen Versuch machen, diesmal eine Stelle im Finale des zweiten Aktes, kurz nachdem Leporello das Standbild des Komturs gesehen hat. Barenboim sagte, er werde auch dann weiterdirigieren, wenn Soyer aufhöre, zu singen. Nach den ersten paar Takten sang Soyer nur noch halblaut, und wir kämpften uns mehr recht als schlecht bis zum letzten Abgang Don Giovannis durch.

Sobald die Stelle zu Ende war, überredeten wir Soyer, ins Hotel zurückzukehren, und veranlaßten, daß die Organisatoren des Festivals einen Arzt zu ihm schickten. Darauf machten wir einen zweiten Versuch mit den Arien Zerlinas und Masettos und dem Chor und ließen es dann dabei bewenden. Für mich war der Tag mörderisch anstrengend gewesen. Auf der Rückfahrt ins Hotel sagte Evans, der bei mir im Auto saß, es sei verblüffend, wie ruhig ich während der ersten beiden Sitzungen gewesen sei. »Wie konnten Sie so ruhig bleiben, wo doch alles schiefging, was schiefgehen konnte? Sind Sie vielleicht einer von denen, die äußerlich ruhig bleiben, während sie innerlich schon kochen?« Ich erwiderte, ich hätte als junger Mann zwei einander ergänzende Lektionen gelernt. Erstens: Wenn alles schiefzugehen droht, ist entscheidend, daß die mit der Leitung beauftragte Person einen kühlen Kopf behält. Zweitens: Es ist zwecklos, gegen etwas zu kämpfen, was man doch nicht ändern kann. »Tatsache war heute, daß Roger nicht singen konnte. Daran konnte keiner etwas ändern. Wenn ich händeringend durch die Gegend gerannt wäre und die Götter zu Hilfe gerufen hätte, hätte ich mich nur lächerlich gemacht und doch nichts erreicht. Ich habe einmal ein Huhn gesehen, das mit abgehacktem Kopf durch die Gegend gerannt ist. Ich kann Ihnen sagen, daß dieser Anblick zwar schauerlich, aber zugleich auch lächerlich ist. Ich habe nicht das geringste Verlangen, es dem Huhn gleichzutun! Wenn wir morgen immer noch keinen Don Giovanni haben, muß ich mir überlegen, wie ich das Beste aus der Situation mache. Jedenfalls hoffe ich, daß ich weiterhin die Ruhe bewahren werde.«

Der Arzt entschied, daß Soyer eine Woche lang auf keinen Fall singen dürfe. Als ich mich mit Barenboim vor der Nachmittagssitzung zu einer Besprechung traf, hatte ich bereits einen Schlachtplan entworfen. Die Aufnahme noch in dieser Woche in Edinburgh fertigzustellen war ausgeschlossen, weil keiner von uns nach Ende des Festivals noch bleiben konnte. Nun hatte ich ausgerechnet, daß Don Giovanni während der Hälfte der Oper nicht singt. Diese Hälfte der Musik konnten wir also ohne ihn aufnehmen. Für die Aufnahme der anderen Hälfte mußten wir die Besetzung allerdings später noch einmal zusammentrommeln.

In der dritten Sitzung begannen wir mit unproblematischen Abschnitten: Leporellos Register-Arie von »Guardate questo non picciol libro« des vorhergehenden Rezitativs an, Donna Elviras Rezitativ »In quali eccessi«, ihre Arie »Mi tradì« und die kürzere Arie »Ah fuggi« sowie das Duett von Donna Anna und Don Ottavio nach dem Tod des Komturs – alles in allem gut zwanzig Minuten Musik. Anschließend nahmen wir die Solo-Arien der anderen Sänger und das Sextett auf, jeweils in sich abgeschlossene Nummern. Dann begannen wir Teile einzelner Nummern aufzunehmen. Das war zwar riskant, aber wir mußten es versuchen und konnten nur hoffen, daß die Teile paßten, wenn sie später an den entsprechenden Stellen eingefügt wurden. Dazu gehörten der Schluß der Oper, nachdem Don Giovanni zur Hölle gefahren ist, ein siebenminütiges schwieriges Stück für Orchester und sechs Sänger, sowie die beiden Trios der drei Masken im Finale des ersten Aktes.

Als das geschafft war, setzte ich ein Treffen der Sänger in meinem Hotel an, um zu besprechen, wann der »Don Giovanni« fertiggestellt werden konnte, und lud sie anschließend zum Essen ein. Ich war auf große terminliche Schierigkeiten gefaßt, weil ich nicht daran gedacht hatte, daß die Konzerttermine zwischen Weihnachten und Neujahr allgemein lockerer gestreut liegen. In der Tat waren aber alle Beteiligten vom 26. Dezember bis zum 1. Januar frei, und so legten wir die Aufnahmen für den »Don Giovanni« auf diese Tage. Am Weihnachtstag würden die Mitwirkenden zwar noch über zwei Kontinente verstreut sein – Alva in New York, Antigone Sgourda in Athen, Lagger in Berlin und Rinaldi in Mailand –, aber das war kein großes Hindernis. Die Aufnahme sollte in London gemacht werden, da es zu kompliziert gewesen wäre, die ganze Technik noch einmal nach Edinburgh zu verfrachten. Irgend jemand fragte mich, ob es nicht schwierig sei, in London dasselbe Klangbild zu erzeugen wie in Edinburgh. Ich gab meine übliche Antwort: »Lassen Sie mich nur machen.«

Ich atmete schon erleichtert auf und sah den »Don Giovanni« so gut wie unter Dach und Fach, aber die Parzen oder die Furien oder was auch immer wollten noch nicht von mir ablassen. Keine Vorahnung davon trübte allerdings meine gute Laune, als wir uns nach dem Essen zu einer Séance mit Rinaldi versammelten. Rinaldi glaubte allen Ernstes, daß Geister mit uns kommunizieren und uns wertvolle Ratschläge erteilen könnten. Wir ließen einen Teil der Tanzfläche freiräumen und einen runden Tisch in die Mitte stellen. Dann nahmen wir zu acht mit ernsten Mienen um den Tisch Platz und legten die Handflächen auf die Tischplatte.

Rinaldi rief zuerst den Geist Mozarts. Als durch ein dreimaliges energisches, ja geradezu unwirsches Klopfzeichen zur Genüge gesichert war, daß Mozart anwesend war, fragte Rinaldi ihn, ob er mit dem zur Hälfte eingespielten »Don Giovanni« zufrieden sei. Die heftige Bewegung des Tisches stellte klar, daß Mozart selbst es nicht hätte besser machen können.

An diesem Punkt sprachen sich die Gläubigen in der Runde dafür aus, daß meine Frau und ich uns vom Tisch entfernen sollten, da unsere zu offensichtlich geäußerte Skepsis die anwesenden Geister einschüchterte. Ich sagte, für mich sei noch gar nicht bewiesen, daß überhaupt Geister anwesend seien und daß sie, und nicht menschliche Aktivitäten, den Tisch in Bewegung versetzten. Gefragt, was für einen Beweis ich verlangte, antwortete ich, sie sollten den Geist meiner verstorbenen Mutter beschwören. Wenn sie von ihm den Vornamen meiner Mutter erführen – der von allen Anwesenden nur mir und meiner Frau bekannt war –, sei ich bereit, an das Tischrücken zu glauben. Sie versuchten ihr Bestes. Als jemand bemerkte: »Vielleicht ist es ein indischer Name, den hier keiner kennt«, sagte ich zum offensichtlichen Vergnügen Barenboims, der meine Antwort kommen sah, daß meine Mutter ihnen den Namen ja persönlich mitteilen und schon wissen werde, wie man ihn buchstabiert, selbst wenn es ein noch so komplizierter indischer Name wäre. »Es ist aber ein ganz einfacher englischer Name«, fügte ich hinzu. Als wir die Sitzung in den frühen Morgenstunden beendeten, wußte immer noch keiner von den anderen, daß meine Mutter Jane geheißen hatte.

Ich kehrte nach London zurück, um Rohan Kanhai und Garfield Sobers zu sehen. Beide spielten zum letztenmal für ihr Land in England, und jeder erzielte über 150 Läufe. Am Abend rief mich Gerald Moore aufgeregt an: »Suvi, hast du je ein so famoses Spiel gesehen? Wahrscheinlich warst du Glückspilz sogar mit dabei.« Ich gestand, daß dem so war, und rief dann in Los Angeles an, um Zubin Mehta, einem weiteren Kricketenthusiasten, eine Zusammenfassung des Spiels durchzugeben. Barbirolli fehlte mir jetzt, aber in welchen paradiesischen Gefilden auch immer er weilen mochte, ich war überzeugt, daß er das Spiel von dort verfolgt hatte.

Schließlich war alles für die Aufnahme der zweiten Hälfte des »Don Giovanni« vorbereitet. In Edinburgh hatten wir auf zwei Spuren aufgenommen, aber ich hielt es für riskant, mich auch in London auf zwei Spuren zu beschränken, weil ich dann auf dem Band keinen Platz mehr für Änderungen hatte. Wenn die räumliche Position eines Sängers auf den beiden Aufnahmen auch nur geringfügig verschieden war, würde es an der Schnittstelle eine unangenehme Verschiebung geben, und auch der Klang mußte natürlich beide Male genau derselbe sein. Um mir also etwas mehr Spielraum zu verschaffen, beschloß ich, in London auf acht Spuren aufzunehmen. Ich hatte in meinen Plänen alle vorhersehbaren Eventualitäten berücksichtigt.

Was ich nicht vorhersehen konnte, geschah am Vormittag des Heiligen Abend. Der Agent von Helen Donath rief mich an und teilte mir mit, die Sängerin sei an einer schweren Halsentzündung erkrankt und habe bis Neujahr Singverbot. Sie sei darüber untröstlich, habe sich in ihr Landhaus zurückgezogen, wo sie telefonisch nicht erreichbar sei, und bitte mich und Barenboim inständig, ihr zu verzeihen. Einen kurzen Augenblick zog ich in Erwägung, den Ausfall durch die Verpflichtung einer anderen Zerlina aufzufangen, verwarf den Gedanken allerdings sofort wieder, einfach weil er gar nicht durchführbar war. Wir mußten die noch ausstehenden Teile der Oper in drei Tagen aufnehmen, da alle Sänger London am 31. Dezember verlassen mußten, um anderen Verpflichtungen nachzukommen. Es war völlig ausgeschlossen, noch einmal von vorn anzufangen und den ganzen »Don Giovanni« in drei Tagen aufzunehmen. Außerdem hätte sich eine neue Zerlina erst mit dem Aufführungsstil vertraut machen müssen, während die anderen Sänger ihn schon kannten, und dafür hatten wir erst recht keine Zeit.

Ich überschlug, was wir bisher mit Zerlina aufgenommen hatten. Es waren zwei Arien, einige längere Rezitative, den Chor der Bauern und Bäuerinnen, Sextett und Schlußszene zusammen mit fünf anderen Sängern und ein langes Rezitativ und Duett mit Leporello. Das letztgenannte Duett hatte Mozart für die Erstaufführung der Oper in Wien komponiert. Offenbar war er der Meinung gewesen, er müsse dem Wiener Publikum mit einer zusätzlichen buffonesken Einlage schmeicheln. Diese Nummern machten insgesamt die Hälfte der bereits aufgenommenen Musik aus.

Dann überlegte ich, welche anderen Möglichkeiten es gab. Am einfachsten wäre es gewesen, die Teile ohne Zerlina jetzt und die Teile mit ihr zu einem späteren Zeitpunkt aufzunehmen. Der Nachteil dabei war, daß wir dann alle Sänger noch einmal zusammentrommeln mußten, da sie im Finale des ersten Aktes mit Zerlina zusammen auftreten. Ich dachte an die Kosten und schreckte zurück. Dann fiel mir plötzlich die Lösung ein: Wir würden einfach alles aufnehmen und Zerlina später dazumischen. Zwar war mir bei dem Gedanken an das komplexe erste Finale nicht besonders wohl, aber ich sprach mir selbst Mut zu mit den Worten, die der Konzertmeister des Orchesters der Mailänder Scala zu Furtwängler gesagt haben soll, weil er dessen zittrigen Schlag für Nervosität hielt: »Coraggio maestro.«

Ich rief Barenboim an, um ihm die schlechte Nachricht mitzuteilen. Er hatte zunächst denselben Gedanken wie ich: eine neue Zerlina zu finden. Ich erklärte ihm, warum ich diese Lösung bereits verworfen hätte, und fügte hinzu, es wäre außerdem ohnehin unmöglich, in zwei Tagen einen Ersatz zu finden, schließlich sei Weihnachten. Darauf überlegten wir, ob wir die Sitzungen absagen sollten. Aber dafür war es auch zu spät, wir mußten sie durchziehen. »Danny«, sagte ich, »laß uns doch *alles* aufnehmen, auch die Szenen mit Zerlina, und wenn sie wieder singen kann, mischen wir sie dazu.« Genaueres würde ich ihm am ersten Weihnachtsfeiertag, an dem wir zum Essen verabredet waren, anhand der Partitur erklären.

Das Wort »dazumischen« sagt recht deutlich, worum es dabei geht: Eine oder mehrere fehlende Stimmen werden auf ein Band aufgenommen, auf dem sich bereits die anderen Stimmen oder Instrumente oder das Orchester befinden. Auf einem Mehrspurband läßt man bei der Aufnahme die erforderliche Anzahl von Spuren frei und verteilt die aufgenommenen Stimmen auf die übrigen Spuren. Später wird die fehlende Stimme auf der noch freien Spur aufgenommen. Barenboim verstand das Prinzip dessen, was ich ihm vorschlug, konnte sich aber fast nicht vorstellen, daß es wirklich durchführbar sein konnte. »Suvi«, faßte er seine Zweifel zusammen, »willst du damit sagen, daß Alberto sowohl ›Faccia dica quel che vuole‹ als auch ›Parla, forte‹ ohne Zerlinas Antworten singen soll?« Ich sagte, genau darauf laufe es hinaus. Darauf meinte er: »Das glaube ich erst, wenn ich es höre.«

Wir versammelten uns zur ersten Sitzung. Als die Sänger merkten, daß keine Zerlina da war, breitete sich Bestürzung unter ihnen aus. Schließlich waren alle Mitwirkenden auf der Bühne, und ich erklärte ausführlich, was wir zu tun gedachten. Als ich fertig war, sagten drei Sänger zu meiner großen Erleichterung, sie hätten mit dieser Aufnahmemethode schon Erfahrung, und ein Teil ihrer Sicherheit übertrug sich auf die anderen. Wir nahmen gleich die schwierigste Nummer in Angriff: das Finale des ersten Aktes. Ich wollte es auf Band haben, ehe ein anderer Sänger Gürtelrose, Mumps oder eine Schleimbeutelentzündung am Knie bekommen konnte. Der schwierigste Teil des Finales, der Wortwechsel zwischen Zerlina und Masetto sowie Zerlina und Don Giovanni gleich am Anfang der Szene, machte uns überraschenderweise keine großen Probleme. Rinaldi, der schon solche Aufnahmen gemacht hatte, und Soyer, der keine Erfahrung damit hatte, meisterten ihre schwierige Aufgabe gleichermaßen mit viel Phantasie und Geschick. Beide mußten sich ohne die Hilfe der verbindenden Einwürfe von Zerlina in die Szene hineinversetzen und die untere Stimme ohne ihren Sopran singen. Als die erste Sitzung zu Ende war, hatten wir – natürlich abgesehen von Zerlina – das ganze Finale des ersten Aktes aufgenommen.

Froh, wenigstens das geschafft zu haben, ließ ich meinen Blick zufrieden und gutgelaunt über die Sänger schweifen. Zum Schluß blieben meine Augen aus purem Zufall an Soyer hängen. Die Wirkung war verblüffend. »Nein, Suvi«, rief er. Und noch einmal kläglich: »Bitte nicht.« Ich sah ihn erstaunt an, denn ich hatte keine Ahnung, wovon er redete. Evans und Alva begannen zu lachen, und Soyer sagte noch einmal: »Bitte nicht, Suvi. Du wirst mich doch jetzt nicht bitten, das ›La ci darem‹ ohne Zerlina zu singen. Das ist unmöglich, völlig unmöglich!« Er wandte sich an Barenboim und überschüttete ihn mit einem leidenschaftlichen Wortschwall auf französisch. Es gelang mir, ihn zu unterbrechen: »Roger, wie um alles in der Welt kommst du auf die Idee, ich wolle dich jetzt auffordern, ›La ci darem‹ zu singen?« »Du hast mich so eigenartig angeschaut«, sagte er, »so, wie sagt man doch gleich, *spéculatif*?« Ich sagte, daß ich im Augenblick nur dankbar sei, ein so hervorragendes Team von Sängern zu haben, und etwas anderes sei in meinen Augen nicht zu lesen. »Also kein ›La ci darem‹?« »Nein«, sagte ich fest. »Dafür und für die Rezitative mit Zerlina müssen Alberto, Geraint und du irgendwann nächstes Jahr noch einmal antreten.«

Die Oper wurde im Mai 1974 endgültig fertiggestellt. Zuerst nahmen wir »La ci darem« auf, dann die Rezitative mit Zerlina. Bevor wir die anderen Sänger entließen und das Orchester nach Hause schickten, fragte Barenboim noch: »Bist du sicher, daß wir alles aufgenommen haben? Die Aufnahmen waren so zerstückelt, daß ich den Überblick verloren habe.«

Ich versicherte ihm, wir hätten alles aufgenommen. »Ganz sicher?« Ich bejahte noch einmal – ich war mir absolut sicher. Dann gingen wir daran, Zerlina für das Finale des ersten Aktes aufzunehmen. Wir stellten hinter Barenboim und Helen Donath zwei kleine Lautsprecher auf, damit sie von Sängern und Orchester den Einsatz übernehmen konnten. Ich wies Helen Donath an, Barenboims Schlag genau zu folgen. Helen Donath war eine erfahrene Sängerin, aber sie ließ sich – was ganz natürlich war – dazu verleiten, zu warten, bis sie ihren Einsatz *hörte*, und kam so bei allen Einsätzen um eine Kleinigkeit zu spät. Wir schalteten deshalb ihren Lautsprecher ab, und sie sang das ganze lange Finale nur nach Barenboims Schlag, ohne eine einzige Note des Orchesters oder der Sänger zu hören. Sowohl Helen Donath als auch Barenboim vollbrachten eine Meisterleistung. Nachdem wir die richtige Methode gefunden hatten, wurden wir mit den Aufnahmen in überraschend kurzer Zeit fertig.

Nach der letzten Sitzung zog ich Bilanz: Im August 1973 hatte ich in Edinburgh etwa die Hälfte der Oper auf zwei Spuren aufgenommen, im Dezember 1973 in Kingsway Hall drei Viertel der anderen Hälfte auf acht Spuren, und jetzt, ebenfalls auf acht Spuren, das restliche Achtel der Oper. Zu den Aufnahmen auf acht Spuren mischten wir im Mai 1974 auf zwei Spuren die Stimme Zerlinas. Dann mußten die einzelnen Teile so zusammengefügt werden, daß man die Schnitte nicht hörte. Ich mußte verschiedene Klangbilder aufeinander abstimmen und einen Master erstellen, der sich anhörte wie eine einzige, durchgehende Aufführung der Oper. Ich ahnte, daß mir eine mörderisch schwere Aufgabe bevorstand, und ich sollte recht behalten.

Am Rezitativ, das Leporellos Registerarie vorausgeht, läßt sich zeigen, mit welchen Problemen ich fertig werden mußte. Die Arie hatten wir in Edinburgh aufgenommen. Da Evans einen Einstieg brauchte, hatten wir einen Teil des vorausgehenden Rezitativs mit aufgenommen, allerdings nicht das ganze. Don Giovanni singt in dem Rezitativ ja auch mit, und Soyer war in Edinburgh außer Gefecht gewesen. In London nahmen wir dann das ganze Rezitativ bis zum ersten Takt der Arie auf. Die musikalisch wie technisch geeignetste Stelle, um von der Londoner Aufnahme zur Edinburgher Aufnahme zu springen, war das »s« des Wortes »testimon« im vorletzten Takt des Rezitativs. In dem Sekundenbruchteil, in dem Evans das »s« sang, mußten wir die Achtspur-Aufnahme ausblenden, die Zweispur-Aufnahme einblenden und die Klänge so abstimmen, daß der Übergang nicht mehr zu hören war.

Schon beim ersten Mal schien alles perfekt zu klappen. Als wir uns den Master dann aber anhörten, mußten wir unwillkürlich lachen. Es klang an der Schnittstelle, als habe Leporello abrupt seine Stellung geändert. Er schien plötzlich weiter links und vorn zu stehen, als hätte er wie ein aufgescheuchtes Kaninchen einen Sprung schräg nach vorn gemacht. Wir brauchten über anderthalb Stunden, bis die Stelle so klang, als beuge Leporello sich lediglich vertraulich zu Elvira vor. Während wir noch mit dem Problem zugange waren, bemerkte einer der Tontechniker: »Und der ganze Aufwand für ein Detail, das nicht einmal einer von tausend hört.« Der Techniker war noch jung. Er war erst kurz zuvor in die Firma eingetreten und hatte Talent. Ich nahm mir deshalb Zeit, ihm zu erklären, warum wir das machten. Wenn eine Stelle nicht stimme und verbessert werden könne, dann müßten wir das tun. Es sei gefährlich, bei der Arbeit zu denken, den Fehler würde ohnehin keiner bemerken. Diese Haltung könne leicht einreißen und sich auf andere Bereiche der Arbeit ausdehnen. »Außerdem«, fügte ich hinzu, »mache ich Schallplatten nicht für andere. Ich mache sie zu meinem eigenen Vergnügen, und wenn ich merke, daß die Aufnahme einen Fehler hat, schmälert das mein Vergnügen ganz erheblich.« Als ich ausgeredet hatte, sagte der Tonmeister zu seinem jüngeren Kollegen: »Ende der ersten und, wie ich hoffe, letzten Lektion zu diesem Thema. Ich möchte dich nie wieder so etwas sagen hören.«

Als wir endlich mit allem fertig waren, erinnerte ich mich mit einiger Bitterkeit an eine Bemerkung, die ein Bekannter einige Tage zuvor gemacht hatte: »Du wirst doch nicht behaupten wollen, wenn du den ganzen Tag Musik hörst und dich mit Leuten wie Barenboim und Giulini unterhältst, sei das Arbeit. Das ist doch der reinste Genuß.« Die Wahrheit sieht anders aus: Auf jeden Tag, den man mit einem großen Künstler arbeitet, kommen zwanzig Tage, an denen man mit seinem Agenten verhandelt oder sich mit Kollegen herumstreitet. Und den ganzen Tag Musik zu hören, ohne daß die Konzentration dabei nachläßt, ist Knochenarbeit. Ich bin völlig ausgelaugt, wenn ich sechs Stunden ununterbrochen Musik gehört habe.

22

Ragtimes von Scott Joplin
Janet Baker singt Schumann
Leider kein Streichquartett

Die Zahl der Platten, die Perlman einspielte, steigerte sich 1974 beträchtlich. Perlman begann das Jahr mit einem untadeligen Bach und beendete es mit der ersten einer ganzen Reihe von ausgefallenen Einspielungen. Nach dem Bach übersprang er zunächst zweieinhalb Jahrhunderte und landete im frühen zwanzigsten Jahrhundert bei Strawinsky. Mit dem italienischen Pianisten Bruno Canino spielte er das »Duo Concertant«, Strawinskys einzige originale Komposition für Violine und Klavier, sowie zwei Bearbeitungen anderer Werke von Strawinsky für dieselbe Besetzung. Auf der Rückseite der Plattenhülle war auf einem Foto von 1966 neben Strawinsky ein noch sehr junger, pausbäckiger Perlman zu sehen.

Kurz vor Erscheinen dieser Platte verblüffte Perlman mich durch eine Demonstration seines scharfen Gehörs. Meine Kollegen sind bisweilen ungehalten darüber, mit welcher Sorgfalt ich jede Klage von ihm über eine nicht ganz einwandfreie Note oder Passage prüfe. Mir macht das nichts aus, denn Perlman hat immer recht, wenn er etwas anders haben will. Es mag sich um einen winzigen Kratzer handeln, ein kaum merkliches Nachlassen der Tonintensität oder eine leichte Trübung der Intonation – sobald er mich auf die entsprechende Stelle aufmerksam gemacht hat, höre ich den Fehler ebenfalls und muß ihn verbessern.

Ich hatte eine Kassette mit dem Master der Strawinsky-Aufnahme nach New York geschickt. Zwei Tage später bekam ich eine dringende Mitteilung von Perlman: In einem Takt fehle eine Note. Ich hörte mir das Band an, hatte an dem in Frage stehenden Takt aber nichts auszusetzen. Ich zog den Cheftonmeister hinzu, aber auch er konnte keinen Fehler entdecken. Ich rief Perlman an und fragte ihn, was genau fehle. »Eine zweiunddreißigstel Note«, sagte er. Wieder hörten der Tonmeister und ich das Band ab. Nach einer halben Stunde angestrengten Hörens hatten wir den Fehler jedoch immer noch nicht gefunden. Dann ließen wir das Band mit halber Geschwindigkeit laufen. Die schnellste Note dauerte jetzt eine Achtelsekunde, wir mußten also hören, wo die monierte Note fehlte. Auch so dauerte es noch einige Zeit, bis wir sie gefunden hatten. Sie fehlte in einem schnellen Aufwärtslauf. Die Tüchtigkeit meiner Mitarbeiter bei EMI kann man daran ermessen, daß es nur zwei Minuten dauerte, bis die fehlende Note eingefügt war.

Einmal mehr entsprach der kommerzielle Erfolg leider nicht dem künstlerischen. Perlman hält die Strawinsky-Aufnahme für eine seiner besten Platten, und ich schließe mich diesem Urteil an. Es sind selten gespielte Stücke, und Perlman und Canino spielen sie virtuos und einfühlsam. Trotzdem brachte das Schallplattenpublikum kein Interesse dafür auf.

Perlmans nächste Platte war das Dvořák-Violinkonzert mit Barenboim und dem London Philharmonic Orchestra. Wir mußten dafür wieder einmal nach Tooting umziehen.

Die letzte Platte, die Perlman in diesem Jahr einspielte, war ungewöhnlich und fiel auch aus dem Rahmen meiner sonstigen Arbeit. Viele Instrumentalsolisten interessieren sich nur für Musik, die für ihr Instrument geschrieben wurde, und kennen auch gar nichts anderes. Nicht so Perlman: Sein Interesse gilt nicht nur der sogenannten klassischen Musik, sondern der Musik der verschiedensten Sparten, und er kennt auch Musiker dieser anderen Sparten. Eines Abends standen wir plaudernd auf dem Vorplatz vor dem Studiogebäude, da das Auto, das Perlman von Abbey Road zum Hotel zurückbringen sollte, noch nicht gekommen war. Nach einigen Minuten bog ein Rolls-Royce durch das Tor, in dem – so sah es wenigstens aus – ein Fahrer in Uniform und Schirmmütze saß. Perlman und ich gingen dem Auto entgegen, und der Fahrer hielt an. Ich war überrascht, daß statt des gewohnten Volvos ein Rolls-Royce gekommen war, und fragte den Fahrer sicherheitshalber, ob er wirklich gekommen sei, um Mr. Perlman abzuholen. Der Fahrer verneinte höflich, fuhr dann weiter, parkte den Wagen und stieg aus. Als er die Treppen zum Studio hinaufstieg, fiel aus dem Studio Licht auf sein Gesicht. Perlman faßte mich am Arm. »Suvi, das ist Elton John.«

Perlman interessiert sich auch für Volksmusik, amerikanische Countrymusic, traditionelle Tanzmusik, Rock 'n' Roll und Avantgarde-Jazz. Wenn er einen neuen Musikstil hört, hat er dessen Eigenart in kürzester Zeit erfaßt und verinnerlicht. Seit etwa einem Jahr hatte er nun schon davon gesprochen, daß er eine Platte mit Ragtimes von Scott Joplin aufnehmen wolle. Der Name Joplin war sogar mir bekannt, ich hatte allerdings noch nie ein Stück von ihm gehört. Immer, wenn Perlman das Thema anschnitt, gab ich deshalb vage zustimmende Laute von mir, ohne den Plan weiter ernst zu nehmen. Perlman aber *war* es ernst. Er hatte bereits mit André Previn gesprochen, der ihn am Klavier begleiten sollte. Auch Previn hatte stets irgend etwas gebrummt, ohne wirklich zu glauben, daß aus dem Plan je etwas werden würde.

Mitte des Jahres rückte Perlman mit Aufnahmeterminen an, die er schon mit Previn abgesprochen hatte. Mir wurde plötzlich klar, daß da in der Tat eine Joplin-Platte im Entstehen begriffen war. Wir legten die Aufnahme auf Dezember, und den ganzen Sommer und frühen Herbst über schob ich das Projekt vor mir her. Schließlich war ja noch viel Zeit. Dann war es plötzlich November. In einem knappen Monat sollte ich eine Platte mit Stücken aufnehmen, die ich noch gar nicht kannte und von denen ich keine Noten hatte. Perlman sprach mir von der anderen Seite des Atlantiks gut zu: »Keine Sorge, das ist alles ganz einfach. Ich arrangiere die Ragtimes für Geige und Klavier und bringe die Noten mit.« Previn, ein phänomenaler Vom-Blatt-Spieler, war einverstanden: »Solange ich die Noten am Abend vorher bekomme, habe ich keine Bedenken.« Aber *ich* machte mir Sorgen. Ich beschaffte mir sämtliche Joplin-Platten, die ich auftreiben konnte, und hörte zwei Tage lang nur noch Joplin. Ich bin nicht sicher, ob dies mein Verständnis für diese Art von Musik wesentlich vertiefte, aber wenigstens wußte ich danach, wie sie klingt.

Perlman traf in London ein, diesmal *mit* seinem Gepäck. (Es ist geradezu unheimlich, mit welcher Regelmäßigkeit sein Gepäck von irgendwelchen Gepäckträgern in exotische, vom eigentlichen Bestimmungsort weit entfernte Länder verfrachtet wird – wenn Perlman mich gleich nach seiner Ankunft im Hotel anruft, lasse ich ihn schon gar nicht mehr ausreden. »Ich weiß, Itzhak, du brauchst einen Schlafanzug, zweimal Unterwäsche, ein Hemd, einen Rasierapparat, eine Zahnbürste und Zahnpasta.«) Endlich hielt ich die Noten in der Hand. Ein Satz Fotokopien ging gleich an Previn ab, dann warf ich einen ersten Blick hinein. Armer André, war mein erster Gedanke. Perlman hatte die Stücke nach einem höchst simplen Muster bearbeitet: Die Geige spielte die Melodie, das Klavier die Begleitakkorde, zumeist Tonika und Dominante, in einem einfachen Zweier- oder Dreierrhythmus.

Als Previn am nächsten Morgen ins Studio kam, fragte er mich als erstes: »Hast du die Noten gesehen?« Und als ich bejahte: »Natürlich mache ich mit, wenn Itzhak unbedingt will. Aber versuche ihm doch bitte das ganze Projekt auszureden, Suvi – das kann nicht gutgehen.« Insgeheim stimmte ich Previn zu. Joplin-Fans würden fragen, wer denn überhaupt Perlman sei, und Perlman-Fans würden schlicht nicht wissen, wer Joplin ist.

Perlman traf in blendender Laune im Studio ein. Die beiden probten das erste Stück, dann machten wir eine Aufnahme. Danach forderte ich sie auf, in die Regie zu kommen und die Balance zu beurteilen. Beide hielten sie für ausgezeichnet. Das Stück selbst klang banal. Die Melodie war schön, aber der Klavierpart stumpfsinnig. Previn sah Perlman flehend an. »Itzhak, lassen wir es doch, und spielen wir statt dessen Brahms-Sonaten.« Aber Perlman blieb hart: »Diese Platte wird ein Erfolg, und ich brauche das Geld, weil ich die Küche meiner Wohnung in New York neu einrichten und streichen will.« Previn zuckte die Schultern. Bevor er Perlman ins Studio zurück folgte, konnte ich ihn noch kurz unter vier Augen sprechen: »André, mach doch um Gottes willen etwas mit dem Klavierpart. Improvisiere, spiel ein paar Verzierungen.« Previn zögerte. »Das hat er wahrscheinlich nicht gern – aber ich versuche es, wir merken dann ja, was passiert.«

Sie begannen wieder zu proben. Am Ende einer Phrase spielte Previn statt des ausgehaltenen Akkords in den Noten einen kleinen Lauf auf und ab. Perlman war wie elektrisiert. »Spiel das noch mal! Das klingt ja toll.« Previn sah ihn überrascht an. »Du hast nichts dagegen?« »Dagegen? Ich hätte dir genau diesen Lauf in die Noten geschrieben, wenn er mir eingefallen wäre.« Previns Laune besserte sich. Anschließend demonstrierte er uns, was für ein ausgezeichneter Jazz-Pianist er ist. Der Rest des Tages war schieres Vergnügen.

Als die Platte fertig war, konnten wir zufrieden sein: Wir hatten eine originelle und frische Aufnahme gemacht. Trotzdem glaubte ich immer noch nicht, daß die Platte sich gut verkaufen würde. Aber wieder zeigte uns das Publikum, wie unberechenbar es ist. Die Platte ging weg wie warme Semmeln, und ein Jahr nach ihrem Erscheinen hätte Perlman vom Erlös die Wände seiner Küche mit chinesischer Seide tapezieren können.

Es folgte ein wenig ergiebiges Jahr. In zwölf Monaten produzierte ich nur sechs Platten und die halbe Seite einer allerdings hervorragenden Orchesterplatte mit Previn. Es gab dafür keinen speziellen Grund, weder Krankheit noch eine längere Arbeitspause, obwohl Überanstrengung mich erneut zwang, fünf Tage im Krankenhaus zu verbringen. Auch für meine beiden wichtigsten Künstler, Barenboim und Perlman, war es, was ihre Aufnahmetätigkeit betraf, ein mageres Jahr.

Jahrelang hatte ich alle Hände voll zu tun gehabt und war kaum zum Nachdenken gekommen. Jetzt ertappte ich mich wiederholt dabei, wie ich über meine bisherige Arbeit nachdachte. Ich überlegte beispielsweise, auf welche meiner bisher produzierten Platten ich am meisten stolz war – also nicht, welche Platten ich für die besten hielt, sondern welche mir die größte Befriedigung verschafft hatten. Dazu gehörten natürlich die großen Gesamtaufnahmen: zwölf Platten mit den Klaviersonaten von Beethoven und zwölf Platten mit den Klavierkonzerten von Mozart, je fünf Platten mit den Klavierkonzerten, den Klaviertrios und den Violinsonaten von

Beethoven sowie die drei großen italienischen Opern Mozarts. An alle Aufnahmen hatte ich schöne Erinnerungen. Es waren gelungene Einspielungen, was in erster Linie natürlich das Verdienst der beteiligten Künstler war, in gewisser Hinsicht aber auch meines. Stolz war ich natürlich auch auf viele einzelne Platten: auf Mozarts Klavierkonzerte mit Annie Fischer, wunderbar ausgewogene Interpretationen, die Efrem Kurtz einfühlsam begleitet, auf die Chopin-Etüden, die Anievas so virtuos und mit so viel Musikalität eingespielt hatte, die Quintette für Klavier und Bläser von Mozart und Beethoven mit dem Melos-Ensemble, die Aufnahmen des King's College Choir unter Willcocks, Pollinis Chopin und die Mozart- und Mendelssohn-Lieder von Fischer-Dieskau, um nur die wenigen Platten zu nennen, die mir spontan einfallen.

Meine Aufnahmetätigkeit hatte mich mit einer Fülle von Werken in Berührung gebracht, von elisabethanischen Madrigalen und Bach-Motetten für A-cappella-Chor bis zu Bartók und Schönberg, von Stücken für Solo-Violine und Solo-Cembalo bis zu Busonis Klavierkonzert, von Liedern bis zu Bruckner-Messen. Meine Gedanken kehrten jedoch immer wieder zu der einen Lücke meines Repertoires zurück – dem Streichquartett.

Wäre es möglich, einige Takte Musik in meinem Herzen zu verewigen, dann müßten es die ersten vier Takte aus Beethovens Streichquartett op. 131 sein, das Thema der Eröffnungsfuge. Wäre dann noch Platz, würde ich als zweite Stelle ohne lange zu überlegen die vier Stimmen der Takte neun und zehn des langsamen Satzes aus Schuberts Quartett »Der Tod und das Mädchen« auswählen, jene bewegende Stelle, an der das Es-dur aus Takt neun in ein »falsches« B-dur mit einem G anstelle der Quinte F moduliert.

Und hätte ich diese beiden Stellen ausgewählt, wäre mein Verlangen erst richtig geweckt, und ich würde weitere nehmen, um sie, wenn nicht im Innersten meines Herzens, so doch in dessen Nähe aufzubewahren – den zweiten Satz aus Haydns Quartett op. 77 Nr. 2 mit der unwiderstehlichen Mischung aus Posse, Komödie und Zärtlichkeit, der Überschrift zufolge ein Menuett, in Wirklichkeit aber ein Scherzo, den langsamen Satz aus Mozarts Quartett KV 428 mit den unglaublichen, chromatisch schwebenden Harmonien, die ihrer Zeit so weit voraus eilen und nichts weniger denn Wagners »Tristan und Isolde« vorwegnehmen, und, ebenfalls von Mozart, den Anfang der Reprise des langsamen Satzes aus seinem letzten Quartett. Nicht fehlen dürfte ferner der dritte Satz aus Brahms' a-moll-Quartett, einer jener von herbstlicher Melancholie erfüllten Sätze, wie sie für Brahms so charakteristisch sind. Ich könnte die Aufzählung noch seitenlang fortsetzen.

Doch die Liste der über vierhundertfünfundzwanzig Schallplatten, die ich produziert habe, enthält kein einziges Werk für zwei Geigen, Bratsche und Cello. Ich habe Klavierquintette aufgenommen, ein Oktett, an dem ein Streichquartett beteiligt war, Klarinette mit Streichquartett und sogar ein Streichquartett mit Orchester und Klavier. Aber ein »echtes« Streichquartett fehlt auf der Liste.

Am nächsten kam ich der Verwirklichung meines Wunsches 1966. Damals hatte das Drolc-Quartett, bestehend aus Mitgliedern der Berliner Philharmoniker unter Leitung des Konzertmeisters, mit uns in London Kontakt aufgenommen. Das Quartett stand mit unserer deutschen Tochtergesellschaft Electrola unter Vertrag und hatte schon viele Platten eingespielt, darunter die für mich bisher unerreicht beste Aufnahme von Beethovens erstem Rasumowsky-Quartett. Das Drolc-Quartett wollte jetzt in die internationale Abteilung überwechseln. Ich war begeistert, als ich beauftragt wurde, mit den Musikern über Möglichkeiten der Zusammenarbeit zu sprechen. Das Quartett bot uns das gesamte klassische Repertoire an und, wie Drolc halb im Spaß hinzufügte, jedes Quartett, das Walton noch schreiben würde. Es sah aus, als stünde einer Einigung nichts mehr im Wege. Die Musiker stellten nur eine Bedingung: Wenn wir Beethoven-Quartette wollten, müsse es eine Gesamtaufnahme sein. Sie waren nicht bereit, ein einzelnes Quartett oder einen Teil der Quartette aufzunehmen. Ich sah mich schon am Ziel eines meiner sehnlichsten Wünsche und schwebte einige Tage im siebten Himmel. Aber ich war zu lange im Geschäft, um dem Frieden zu trauen, und stand mit den Füßen bald wieder fest auf dem Boden. Meine Befürchtungen bestätigten sich denn auch prompt. Die Leute vom Vertrieb und mein unmittelbarer Vorgesetzter wollten nämlich genau das, wozu das Drolc-Quartett nicht bereit war. Damit war das Projekt gestorben. Ein kleiner Trost war, daß Drolc mich persönlich anrief und sich dafür bedankte, daß ich mich so energisch für sie eingesetzt hätte. Ich war so taktvoll, ihn nicht zu fragen, woher er die Information hatte.

Ich habe bis heute keine Platte mit Streichquartetten produziert, obwohl ich der Erfüllung meines Wunsches 1978 noch einmal sehr nahe kam. An einem kalten Januarmorgen klingelte das Telefon. Ich meldete mich erwartungsvoll, hörte am anderen Ende aber nur ein schweres Schnaufen und dann einen pfeifenden Atem. Ich wollte schon wieder auflegen, da ertönte ein Krächzen, aus dem ich mit einiger Mühe meinen Namen heraushörte. Jetzt erkannte ich die Stimme. Sie gehörte einem meiner Kollegen. Besorgt erkundigte ich mich, was denn los sei. Er sagte, er sei mit einem leichten Kratzen im Hals zu Bett gegangen und mit einer ausgewachsenen Grippe aufgewacht. »Du klingst wie des Teufels Großmutter«, sagte ich. Im folgenden mühsamen Gespräch stellte sich heraus, daß mein Kollege an diesem Tag zwei Sitzungen hatte, eine morgens und eine nachmittags, aber nicht imstande war, sie selbst durchzuführen. Er fragte, ob ich frei sei und ihn vertreten könne. Ich sagte ja, und mein Herz tat einen Sprung, als er hinzufügte, es gehe um eine Aufnahme mit dem Medici-Quartett. Meiner Begeisterung wurde allerdings ein Dämpfer aufgesetzt, denn er fuhr fort: »Ihr nehmt die beiden letzten Sätze von Haydns Quartett op. 64 Nr. 5 auf, und wenn alles gut läuft und ihr noch Zeit habt, könnt ihr gleich mit dem ersten Satz des Smetana anfangen.« Ich stimmte zu und freute mich jetzt doch. Schließlich waren ein halbes und ein viertel Quartett besser als gar keins. Es blieb dann freilich bei diesem einen Abstecher. Und leider sieht es ganz danach aus, als sollte es mein einziger bleiben.

Ungefähr um dieselbe Zeit schloß Barenboim seine Gesamteinspielung von Mozarts Klavierkonzerten ab. Als letztes nahmen wir KV 37 auf. Als die Sitzung zu Ende war, klappte Barenboim die Partitur schwungvoll zu und sagte zu mir: »Suvi Raj, das war's.« Dieser Augenblick ist auf einem Foto festgehalten, das im Textheft der Kassette abgebildet ist. Unsere beiden zufriedenen Gesichter bedürfen keiner weiteren Erklärung. Barenboim hatte eine große Leistung vollbracht. Ähnlich wie von seinen Beethoven-Sonaten geht auch von den Mozart-Konzerten eine jugendliche Frische und Spontaneität aus.

Meine nächste Aufnahme mit Barenboim war eine Platte mit Liedern. Sie hat eine verwickelte Geschichte. Zu den Höhepunkten des South Bank Festival 1968 gehörte ein Liederabend mit Janet Baker und Barenboim, auf dem unter anderem Schumanns »Liederkreis« op. 39 erklang. Die Probe dazu sollte am Tag vor dem Konzert im Aufführungssaal stattfinden. Eine Woche vorher hatte Barenboim eine glänzende Idee: Die Probe sollte in Studio 1 abgehalten werden und wie eine Aufnahmesitzung ablaufen. Wurde aus der Aufnahme nichts, war es nicht weiter schlimm, war sie gut, hatten wir die Hälfte einer Platte eingespielt. Die Sitzung grenzte an ein Wunder. Janet Baker und Barenboim spielten die Lieder einmal durch, und wir stellten währenddessen eine ausgewogene Balance her. Dann spielten sie den Zyklus noch einmal, und wir nahmen ihn auf. Die Konzentration war ebenso groß wie in einem Konzertsaal. Wir mußten im ganzen Zyklus höchstens ein halbes Dutzend Stellen verbessern. Viele der Lieder, darunter das dichte, stimmungsvolle »Die Stille«, »Im Walde« und das bewegte »Frühlingsnacht«, waren perfekt und brauchten überhaupt nicht geschnitten zu werden. Die ganze Aufnahme dauerte zweieinhalb Stunden. Wir waren mit dem Ergebnis und mit uns selbst sehr zufrieden. Zu diesem Liederzyklus schien uns nur ein anderer Zyklus zu passen, nämlich Schumanns »Frauenliebe und -leben«, Lieder, die Janet Baker auf den Leib geschrieben waren. Einstimmig beschlossen wir deshalb, diesen Zyklus so bald wie möglich folgen zu lassen.

Etwa zwei Jahre lang rief ich Janet Baker und Barenboim in regelmäßigen Abständen an, um einen Termin auszumachen. Beiden war sehr an der Fertigstellung der Platte gelegen, aber irgendwie brachten wir es nicht fertig, uns auf einen Termin zu einigen. Schließlich gab ich auf. Es sah so aus, als sollte die Aufnahme das Schicksal so vieler anderer hervorragender Aufnahmen teilen und auf ewig in unseren Magazinen schlummern, eine Aussicht, die mich um so betrüblicher stimmte, als ich mir die Bänder nach zwei Jahren noch einmal anhörte und sie immer noch ganz ausgezeichnet fand. In den folgenden dreieinhalb Jahren war es dann Janet Baker, die bei mir anzufragen pflegte, wann wir die Platte mit den Schumann-Liedern fertig machen wollten. Ich sagte darauf nur: »Janet, sobald Sie und Danny sich auf einen Termin einigen können, geben Sie mir Bescheid. Ich mache Ihnen Studio 1 frei, und wenn Karajan, Giulini und der Erzengel Gabriel an diesem Tag dort aufnehmen wollen. Nur in die Terminsuche mische ich mich nicht mehr ein.« Und wenn Barenboim nach der Schumann-Platte fragte, sagte ich vorwurfsvoll: »Was denn, Danny? Es liegt ganz bei dir und Janet, ob und wann die Platte fertig wird.«

Ich fiel fast um vor Überraschung, als mir Anfang 1975, also sechseinhalb Jahre später, mitgeteilt wurde, Janet Baker und Daniel Barenboim wollten am 4. und 5. Juli Schumanns Liederzyklus »Frauenliebe und -leben« aufnehmen. Um sicherzugehen, daß es sich hier um kein Mißverständnis handelte, fragte ich, ob wirklich 1975 gemeint sei, und erhielt die bestätigende Antwort, die Aufnahme sei tatsächlich für dieses Jahr geplant. Auch den zweiten Liederzyklus schafften wir in einer einzigen Sitzung, und wie damals mußten wir kaum korrigieren. Die Aufnahme wirkt so spontan wie ein Konzert. Sie strahlt die ganze Spontaneität aus, die Schumanns reiches Schaffen im Jahre 1840 auszeichnet.

Als Janet Baker »Du Ring an meinem Finger« zu Ende gesungen hatte, entstand eine kurze Pause. Schließlich fragte sie: »Was ist, Suvi?« Und als ich zögerte, fügte sie hinzu: »Sind Sie mit einer Stelle nicht zufrieden?« In gespielter Verzweiflung sagte ich: »Nein, es war alles wunderbar. Ich habe nur gerade überlegt, mit welchem Vorwand ich euch dazu bringen könnte, das Lied noch einmal zu spielen. Ich möchte einfach noch einmal das dreimalige, so unerwartete As auf der letzten Silbe von ›Ringelein‹ hören.« Die beiden berieten sich flüsternd, dann kam Barenboims Stimme über die Sprechanlage: »Suvi, wir machen die erste Zeile und den Schluß noch mal, weil wir glauben, daß wir einige Stellen noch verbessern können.« Mir zuliebe wiederholten sie dann das ganze Lied. Ein besonders gutes Beispiel für ihre Arbeitsweise war die Aufnahme des letzten Liedes, des aufwühlenden »Nun hast du mir den ersten Schmerz getan«. Sie fingen an, riefen nach sieben Takten beide zur gleichen Zeit »nein« und brachen ab. Janet Baker räusperte sich einige Male, Barenboim spielte zweimal das Sforzando in Takt zwei, und dann fingen sie, ohne daß ein Wort gewechselt wurde, wieder an. Sie spielten das Lied ganz durch, anschließend spielte Barenboim das zarte Adagio-Nachspiel. Wieder entstand eine kurze Pause. Dann sagte ich: »Ende der Sitzung. Kommt zum Kaffee in die Regie.« Wir brauchten die Aufnahme gar nicht erst anzuhören. Sie war schlicht vollkommen.

23

Grace Bumbry, Geoffrey Parsons, Kenneth Montgomery

Ungefähr vier Monate später stand eine weitere Platte mit Liedern auf dem Programm. Diesmal sang Grace Bumbry. Ich hatte sie als Altistin in Frühbeck de Burgos' Einspielung des Mozart-Requiems kennengelernt. Es fiel mir zunächst schwer, die zwar außerordentlich attraktive, in ihrem Wesen aber eher zurückhaltende und ruhige Sängerin mit der ausschweifend erotischen Venus in Verbindung zu bringen, als die ich sie von Bildern aus Wieland Wagners Bayreuther Aufführung des »Tannhäusers« her kannte. Sobald sie jedoch zu singen begann, war sofort klar, daß kein Tannhäuser dem Werben einer solchen Venus zu widerstehen vermocht hätte.

Grace Bumbrys Begleiter Geoffrey Parsons war ein alter Bekannter. Wir hatten uns vor vierzehn Jahren kennengelernt. Parsons hatte damals Christa Ludwig bei Aufnahmen von Schubert-Liedern begleitet. Die Einspielung war noch von Legge begonnen worden, und ich hatte die Platte fertiggestellt.

Parsons und ich waren in den Jahren danach wiederholt zusammengekommen. Wir hatten gemeinsame Ausflüge nach Ostberlin gemacht, von denen wir schwerbeladen mit Noten zurückkamen, die dort unglaublich billig waren. Ein anderes Mal hatte ich Parsons bei einer Plattenaufnahme in arge Verlegenheit gebracht, freilich ohne es zu wollen. Der Vorfall ist zwischen uns längst zum Gegenstand scherzhafter Anspielungen geworden, hatte bei Parsons allerdings gemischte Gefühle zurückgelassen. Wir waren mit dem zweiten »Elisabeth-Schwarzkopf-Liederbuch« fast fertig gewesen. Nur noch eine Sitzung stand aus. Da es unser letzter Abend in Berlin war, feierten Parsons und ich ausgiebig. Wir redeten bis spät in die Nacht und konsumierten dabei große Mengen exzellenten Burgunders, den wir im Hotel aufgetrieben hatten. Als wir um zwei Uhr morgens die letzte Flasche bestellten, meinte der Nachtportier: »Wenn Sie vorhaben, unser Weinlager heute nacht leerzutrinken, geben Sie lieber gleich auf. Wir haben von dem Burgunder noch zwei Kisten da.«

Am nächsten Morgen waren wir beide nicht in bester Verfassung. Ich hatte zum Glück keine anstrengende Arbeit vor mir. Parsons mußte zwar spielen, aber es waren lediglich zwei leichte Lieder. »Geoffrey«, sagte ich, »du bist wahrscheinlich froh, daß du heute nicht den ›Feuerreiter‹ spielen mußt.« Er nickte: »Wenn der ›Feuerreiter‹ drangewesen wäre, hätte ich um Mitternacht im Bett gelegen, also drei Stunden und zwei Flaschen früher.« Wir brauchten für die zwei Lieder eine Stunde, dann waren wir fertig.

Ich hatte die ganze Sitzung über ein ungutes Gefühl wegen dieser Platte gehabt, und plötzlich wußte ich, warum. Ich sagte zu Elisabeth Schwarzkopf und Walter Legge: »Ich finde, die Platte enthält zu viele ruhige, langsame Lieder. Irgendwie fehlt der Schwung, fehlt ein wirklich dramatisches Stück.« Legge sah sich die Liste der Lieder an. »Vollkommen richtig. Aber das haben wir gleich.« Er griff nach dem nächstliegenden Notenband, zufällig Band I der Schubert-Lieder, schlug ihn irgendwo auf und legte ihn vor Elisabeth Schwarzkopf auf den Tisch. »Da hast du dein dramatisches Lied.« Parsons, der über Elisabeth Schwarzkopfs Schulter in die Noten sah, verfärbte sich zu einem interessanten Grün, und Elisabeth Schwarzkopf rief: »Aber Walter, ich habe den ›Erlkönig‹ doch noch gar nie gesungen.« »Dann ist jetzt die beste Gelegenheit dazu.« Noch immer zweifelnd verließ Elisabeth Schwarzkopf die Regie, gefolgt von Parsons. Als Parsons an mir vorbeikam, stieß er zwischen zusammengebissenen Zähnen hervor: »Das werde ich dir eines Tages heimzahlen.«

Die beiden probten einige Minuten und machten dann eine Aufnahme. Parsons muß Blut und Wasser geschwitzt haben, spielte aber fehlerlos. Als er in die Regie kam, um die Aufnahme zu hören, sah er recht mitgenommen aus. Erst Legges anerkennendes Lob heiterte ihn etwas auf. Wir hörten uns die Aufnahme an, und plötzlich rief Elisabeth Schwarzkopf: »Ich fühle mich in dieser Tonart nicht wohl – in welchen Tonarten haben wir das Lied denn noch?« In Legges Noten stand es in a-moll, zu hoch für ihre Stimme, in meinen, mit »New Delhi, 24. Juli 1953« überschriebenen Noten in e-moll, und das war zu tief. Außerdem hatte ich noch Noten in Reserve, in denen das Lied im originalen g-moll notiert war, der Tonart, in der wir das Lied soeben aufgenommen hatten. Elisabeth Schwarzkopf lächelte Parsons gewinnend an und sagte schmeichelnd: »Geoffrey, Sie können doch transponieren, nicht wahr?« Parsons schluckte leer und sagte dann mit Leichenbittermiene: »Aber natürlich.« Die beiden probten und nahmen dann noch einmal auf. Sie wiederholten das Lied mehrere

Endlich hat das Klavier die richtige Tonhöhe: Emil Gilels und Lorin Maazel bei der Aufnahme der Klavierkonzerte von Peter Tschaikowskij.

»Die Holzbläser waren eine Winzigkeit zu spät.« Lorin Maazel und Sviatoslav Richter bei den Aufnahmen zum Klavierkonzert Nr. 5 von Serge Prokofieff.

»In weiteren sechs Jahren.« Daniel Barenboims Antwort auf meine Frage, wann Janet Baker und er vorhätten, die nächste gemeinsame Platte aufzunehmen.

Mit Itzhak Perlman und Pinchas Zukerman bei den Aufnahmen der Duos für 2 Violinen von Béla Bartók.

Dietrich Fischer-Dieskau dirigiert Schuberts »Unvollendete«.
Hier mit Desmond Bradley, dem Konzertmeister
des New Philharmonia Orchestra.

»Warum schreit ihr euch eigentlich die Seele aus dem Leib?«
Bei den Aufnahmen von »Così fan tutte« unter der Leitung von Otto Klemperer: Yvonne Minton, Margaret Price, Luigi Alva (hinten), Lucia Popp, Geraint Evans (vorn). Nicht auf dem Bild: Hans Sotin.

Seine letzte Aufnahme: Otto Klemperer studiert die Partitur von Wolfgang Amadeus Mozarts Bläserserenade KV 375.

Bei der Aufnahme der Messe c-moll von Wolfgang Amadeus Mozart: Um deutlich zu machen, was ich meine, singe ich Ileana Cotrubas und Kiri te Kanawa eine Stelle vor.

Erfreuliches Wiedersehen mit Nicolai Gedda bei den Aufnahmen des Mozart-Requiems.

»Sam, Takt 110 ist wirklich in Ordnung.« Zu Samuel Sanders bei der Aufnahme für Itzhak Perlmans Platte mit beliebten Zugaben.

»Beim ›Ecco il birbo‹ geht Don Giovanni von der Mitte hinten nach vorn zu Mikro 3.« Die Solisten in Barenboims Einstudierung von »Don Giovanni« – ohne Zerlina.

Mit André Previn und Itzhak Perlman in Pittsburgh.

Carlo Maria Giulini. Ich bitte ihn gerade um eine Verstärkung der Geigen und Bratschen im Credo von Beethovens Messe C-dur.

»Die Sänger hinter mich – dort drüben?«
Mstislav Rostropovich dirigiert »Lady Macbeth« mit dem London Philharmonic Orchestra.

Wir hören uns die Aufnahme von »Lady Macbeth von Mzensk« an: Galina Vishnevskaya, Dimiter Petkov, Nicolai Gedda.

Vladimir Ashkenazy, Lynn Harrell und Itzhak Perlman: zweite Einspielung der Klaviertrios von Ludwig van Beethoven.

Brahms-Doppelkonzert in Amsterdam mit Bernard Haitink, Mstislav Rostropovich, Itzhak Perlman und dem Concertgebouw-Orchester.

Male. Parsons spielte jedesmal fehlerlos. Ich habe wenige Pianisten erlebt, die in dieser Situation zu einer ähnlichen technischen Glanzleistung imstande gewesen wären.

Einige Monate danach kam Parsons ins Abbey-Road-Studio, um die Platte mit Christa Ludwig zu Ende aufzunehmen. Ich begrüßte ihn am Eingang: »Geoffrey, du siehst blendend aus.« Er lächelte. »Es geht mir gut, und ich bin in Frühlingsstimmung. Außerdem stehen heute nur zwei einfache Schubert-Lieder auf dem Programm.« »Das, lieber Geoffrey, ist ein Irrtum«, sagte ich genüßlich. »Mach dich auf das Schlimmste gefaßt: Christa möchte einen Teil des ›Erlkönigs‹ wiederholen.« »Nein!« rief Parsons entsetzt aus. »Ich dachte, ein Blitz schlägt nie zweimal an derselben Stelle ein. Was habe ich dir getan, Suvi, daß du mich so verfolgst?« Aber ich hatte ihn nur aufgezogen. Christa Ludwig wollte lediglich einen Takt wiederholen. Sie wollte den Vorhalt auf dem Wort »Arm« betont singen statt unbetont.

Als Parsons zur ersten Sitzung mit Grace Bumbry eintraf, sagte er, einen Fuß noch im Auto: »Wenn du mir nicht auf der Stelle schriftlich zusicherst, daß ich heute den ›Erlkönig‹ nicht spielen muß, weder in a- noch in g-, noch, falls überhaupt möglich, in b-moll, fahre ich sofort wieder nach Hause.« Ich konnte ihn beruhigen: »Nein, nein, kein ›Erlkönig‹ heute, nur ›Gretchen‹.« Er lachte. »Wenn's weiter nichts ist, das ist ein Kinderspiel.«

Grace Bumbry wollte Lieder von Schubert und Brahms aufnehmen. Mit der Liste der Schubert-Lieder war sie zufrieden, nur das »Ave Maria« strichen wir beide sofort. »Und was ist mit der ›Jungen Nonne‹?« fragte ich. »Christa hat sie immer nur ›diese komische Nonne‹ genannt.« »Warten Sie ab, bis Sie mich das Lied singen hören«, sagte Grace Bumbry nur. Mit den Brahms-Liedern war sie weniger glücklich. »Ich bin so gut gelaunt, und diese Lieder sind so furchtbar düster.« Ich hatte selbst schon gedacht, daß, wer immer die Auswahl für die Platte getroffen hatte, dies in einer depressiven Stimmung getan haben mußte, und mir deshalb vorgenommen, wenigstens einige davon durch fröhlichere zu ersetzen. Wir vertagten das Problem zunächst und begannen mit Schubert. Der Vortrag der »Jungen Nonne« war eine Glanzleistung. Grace Bumbry sang das Lied zweimal und wiederholte dann noch eine Stelle, an der ihre Stimme nicht ganz lupenrein gewesen war. Darauf sagte ich: »Bravo, Grace, und danke, daß Sie darauf bestanden haben, das Lied zu singen.« Nach dem letzten verklärten »Alleluja« stand sie mit geschlossenen Augen und leuchtendem Gesicht da, die Hand auf dem Herzen, ein Bild der Verklärung. Dann öffnete sie ein Auge, blinzelte mir zu und grinste breit.

Als sie zu einer Pause in die Regie kam, fragte ich: »Haben Sie schon viel Schumann gesungen?« Ein wenig erstaunt antwortete sie: »Nicht gerade viel, aber ich mag Schumann sehr gern.« Dann ging ihr ein Licht auf. »Natürlich, das ist die Lösung! Aber können wir einfach Schumann aufnehmen, wenn Brahms bestellt war?« »Können wir«, sagte ich fest. »Lassen Sie mich nur machen.« Die nächsten zehn Minuten verbrachten wir glücklich damit, Schumann-Lieder auszuwählen, die für Grace Bumbrys Stimme und ihre momentane ausgelassene Stimmung geeignet waren. Sie meisterte die Lieder mit der souveränen Sicherheit, die sie sich durch ihre langjährigen Auftritte im dramatischen Opernfach erworben hatte. Die Aufnahme von »Widmung« war eine besondere Meisterleistung: Sie sang das Lied einmal, sagte, die Tonart liege ihrer Stimme nicht, und sang es noch einmal in der neuen Tonart – und fertig.

Ich war stolz auf die Platte. Zu meiner Empörung und Wut erfuhr ich dann allerdings, daß von den zu EMI gehörenden Plattenfirmen nur die deutsche die Platte herausbringen wollte. In den Vereinigten Staaten hat es noch nie einen Markt für das Kunstlied gegeben, zumindest wird das immer wieder gesagt. Als ich dann auf einer Besprechung einmal fragte, warum die mir gegenübersitzenden Damen und Herren vom Vertrieb diesen Markt nicht hätten schaffen können, wo sie doch so erfolgreiche Verkaufsstrategen seien, bekam ich keine zufriedenstellende Antwort, sondern handelte mir lediglich ärgerliche Blicke ein.

Ich arbeitete zu diesem Zeitpunkt seit fünfzehn Jahren bei EMI, und in der Organisation der Plattenabteilung hatte sich in diesen Jahren viel verändert. Wie schon weiter oben erwähnt, hatten längst Verwaltungsexperten den Produzenten, oder richtiger, Programmdirektoren, systematisch und gezielt die Macht aus den Händen genommen. Immer mehr Leute teilten sich jetzt Kompetenzen, mit Ausnahme des obersten Chefs, der wie ein Despot herrschte. Solche Verhältnisse sind natürlich irgendwie absurd, denn ohne Produzenten kann eine Plattenfirma schließlich nicht existieren. Trotzdem hatten wir, die wir doch im Studio absolute Autorität ausübten, außerhalb des Studios immer weniger zu sagen. Dagegen wurde die Abteilung überschwemmt von einer Schar von Buchhaltern, Sekretärinnen, Anwälten, PR-Leuten, Vertriebsexperten, Repertoire-Spezialisten und anderen, die wir Produzenten, ehrlich gesagt, als überflüssigen Troß betrachteten.

Wenn diese Reorganisation zu größerer Effizienz und Produktivität geführt hätte, wäre das ja höchst willkommen gewesen. Doch das Gegenteil war der Fall. Die Aufteilung der Arbeit in engere Zuständigkeitsbereiche bewirkte, daß oft die linke Hand nicht wußte, was die rechte tat. Das hatte mitunter bizarre Folgen. Ein klassisches Beispiel ist eine Plattenhülle, der zufolge auf der einen Seite der Platte das »Klavierkonzert B-dur KV 238« und auf der anderen Seite das »Klavierkonzert B-dur KV 328« von Mozart zu hören ist. Jeder Produzent, der sich bei Mozart einigermaßen auskennt (und wer das nicht tut, sollte den Beruf besser gleich aufgeben), hätte den Fehler sofort gemerkt, wenn man ihm ein Muster der Hülle gezeigt hätte. Allerdings sind einige Plattenhüllen heute direkt Sammlerstücke, etwa die Hülle einer Platte mit reiner Streichermusik, auf der die Bournemouth Sinfonietta vollzählig mit Oboen, Hörnern, Fagott, Trompeten und Pauken abgebildet ist, oder jene mit einem Bild des Pittsburgh Symphony Orchestra, auf deren zugehöriger Platte das Chicago Symphony Orchestra unter Previn zu hören ist.

So ärgerlich solche Sachen waren, eine andere Entwicklung hatte weitaus gefährlichere Folgen: die immer stärkere Einmischung der Verwaltung in Repertoire-Fragen. Natürlich hatte jemand vom Vertrieb das Recht, zu sagen, seiner Meinung nach lasse sich eine Platte, auf der X Schubert spiele, in Deutschland nicht verkaufen. Meinetwegen durfte man auch noch sagen, X lasse sich in Deutschland überhaupt nicht verkaufen. Was die Vertriebsleute aber gefälligst zu unterlassen hatten und wozu sie auch, außer in den seltensten Fällen, gar nicht qualifiziert sind, sind Bemerkungen wie, X könne nicht Schubert spielen oder Y solle lieber Chopin spielen. Unvergeßlich blieb mir die Bemerkung eines Mannes aus dem Vertrieb, der sagte, die Schumann-Fantasie sei ein Haufen Schrott. Leider werden solche Entgleisungen immer häufiger.

Barenboims Karriere ist ein Beweis dafür, wie gut das alte System funktioniert hatte. Unser Ziel war gewesen, innerhalb von drei Jahren eine Platte mit Sonaten von Beethoven, eine Gesamtaufnahme der Klavierkonzerte von Mozart, einige andere Sonaten und Konzerte und hin und wieder eine Platte mit Barenboim als Dirigent zu produzieren. Daraus waren dann in neun Jahren über hundert Platten geworden, von denen höchstens zehn kommerziell nicht erfolgreich waren. Die anderen neunzig Platten glichen das aber mehr als aus, so daß wir insgesamt gut an Barenboim verdienten, und er an uns. Die Liste der von Barenboim aufgenommenen Platten war gleichsam natürlich gewachsen, denn der Würgegriff des neuen Systems war damals noch nicht so wirksam wie heute, da fast gewaltsam versucht wird, die Entwicklung in eine bestimmte, meist unannehmbare Richtung zu zwingen, wodurch man sie eher behindert und erstickt.

Mir persönlich hat das neue System nicht allzu viel anhaben können, denn die meisten meiner Künstler waren stark genug, zu sagen: »Gut, wenn Sie an diesen Stücken ohnehin nicht interessiert sind, haben Sie ja sicher nichts dagegen, daß ich sie anderswo einspiele.« Oder wie ich immer wieder zu meinen Kollegen sage: »Es gibt Künstler, die haben wir in der Hand, und es gibt Künstler, die haben uns in der Hand.« Um die Platte mit Grace Bumbry durchzusetzen, mußte ich mich sozusagen seitwärts bewegen wie eine Krabbe. Dies tat ich auch sonst öfter, und so kam ich an den Hindernissen vorbei.

In England hatte ich bisher nur wenige Platten außerhalb von London aufgenommen. 1975 begann ich mit der Bournemouth Sinfonietta aufzunehmen, was zu einer engen Freundschaft mit dem Chefdirigenten Kenneth Montgomery führte. Wir spielten vier erstklassige Platten ein, mit Werken, die ich noch nicht kannte. Auf der ersten Platte waren fünf Symphonien, vier von Thomas Arne und eine von Samuel Wesley. Arne war mir natürlich als Komponist des Liedes »Rule, Britannia« bekannt, das in Indien als Zeichen des britischen Imperialismus allerdings wenig beliebt war, und ich wußte außerdem, daß er das gewöhnlich ihm zugeschriebene »The lass with the delicate air« eben nicht komponiert hatte. Daß er auch Symphonien geschrieben hatte, war mir neu. Von Nr. 1 in C-dur und Nr. 4 in c-moll, konnte ich mir die Partitur im voraus beschaffen. Es ist witzige, temperamentvolle Musik. Ich hoffte daher, daß Kenneth Montgomery, den ich in Kürze kennenlernen sollte, etwas von Beechams magischer Ausstrahlung hatte, die man für solche Musik meiner Meinung nach brauchte. Was Wesley betraf, erwähnte jedes Nachschlagewerk, das ich konsultierte, daß er als junger Mann auf den Kopf gefallen sei und eine Gehirnerschütterung mit bleibenden Folgen davongetragen habe. Ich schaute mir die Partitur seiner Symphonie an und fand, Wesley habe nach seinem Unfall so einfallsreiche und originelle Musik geschrieben, daß einige andere Komponisten von einem Sturz auf den Kopf möglicherweise nur hätten profitieren können.

Montgomery entpuppte sich als heiterer, lebhafter Mensch. In der ersten Sitzung stellte ich zu meiner Freude fest, daß er Beecham in mehr als nur einer Hinsicht ähnlich war. Seit Beecham hatte ich keinen Dirigenten gehört, der schnelle Musik so präzise artikulierte und dabei noch Zeit fand, einzelne Details mit Charme und Witz zu gestalten. Montgomery spürte instinktiv, welche Stimme die wichtigste war. Auf der Platte hört man das daran, wie er die Hörner und die Streicher behandelt, insbesondere die Bratschen, an denen sich gewöhnlich zeigt, ob ein Dirigent die Balance der Streicher im Griff hat. Die Bratschen haben bei Montgomery immer die richtige Lautstärke, ob sie nun führend spielen oder nur eine Stimme im Gesamtklang sind.

Montgomery nahm zum erstenmal auf, aber das schien ihn durchaus nicht übermäßig nervös zu machen. Er fand sich sogar mit der eigenartigen Akustik der Guildhall in Southampton klaglos ab. In der Guildhall sind die Holzbläser am Dirigentenpult oft gar nicht zu hören, weil sie von den Streichern vor ihnen und den Hörnern und dem Blech hinter ihnen zugedeckt werden. Ein Dirigent braucht gute Nerven und ein sicheres Urteil, wenn er sich beim Dirigieren allein nach dem Klangbild richten muß, das er über Lautsprecher im Abhörraum gehört hat. Montgomery bewältigte dieses Problem mit spielender Leichtigkeit. Ich mochte ihn auf

Anhieb, und dasselbe galt für das Orchester. Die Musiker musizierten wie die Musiker aller Spitzenorchester mit spürbarer Freude, und ich konnte im Verlauf der Aufnahmen eine ganze Reihe neuer Freundschaften schließen. Abschließend sei eines traurigen Ereignisses gedacht, aufgrund dessen ich die Symphonien von Arne nicht ohne Tränen in den Augen hören kann: Ich muß dabei immer an die junge, temperamentvolle Oboistin Judy Bass denken, die kaum zwei Jahre später so tragisch ums Leben kam.

Die erste Platte mit Montgomery war zugleich eine der ersten von mir produzierten Platten in Quadrophonie. Die Quadrophonie blieb eine kurzlebige Modeerscheinung, der professionelle Plattenmacher – Produzenten und Tonmeister – keine Träne nachweinten. Sie beruhte auf einem Trugschluß, der so offenkundig ist, daß man am Verstand der Menschheit verzweifeln möchte. In einem Konzertsaal, so hatte man argumentiert, erreiche der Klang den Hörer von vorn und von hinten, und wenn man ihn auf zwei zusätzlichen Kanälen über hinter dem Hörer aufgestellte Lautsprecher übertrage, werde man eine noch größere Klangtreue erzielen. Soweit die Theorie. In der Praxis ging sie natürlich nicht auf.

Zum einen basiert sie auf der Annahme, man könne den Gesamtklang in eine von vorn und eine von hinten kommende Komponente aufspalten. Das ist nicht der Fall, denn von hinten und seitlich kommt eine diffuse, unberechenbare Mischung des Klangs von vorn. Zum zweiten waren dafür vier Kanäle nötig, und die konnte man auf der konventionellen Schallplatte nicht unterbringen, denn diese hat lediglich zwei Informationsträger: die horizontale und die vertikale Rillenauslenkung. Man mußte also von vornherein einen Kompromiß schließen. Der linke vordere und der linke hintere Kanal wurden zu einem Kanal verbunden, dasselbe geschah mit den beiden rechten Kanälen. Damit war im Grunde alles wieder beim alten, wenn auch nicht ganz. Der Klang war nämlich eher schlechter geworden, da die Koppelung des vorderen mit dem hinteren Kanal unerwartete Nebenwirkungen wie die Verengung der Stereobreite und die Trübung der Brillanz und Klarheit des Klanges zur Folge hatte. Für echte Quadrophonie hätte man vier getrennte Kanäle auf einem Band unterbringen müssen. Aber wie sollten wir ein Publikum, das noch kaum bereit war, Kassetten zu kaufen, dazu überreden, das aufwendige Gerät anzuschaffen, mit dem man diese Bänder hätte anhören können? Und in wie vielen Wohnungen war man schon in der Lage, die dazu erforderlichen vier Lautsprecher gleicher Größe und Qualität im Wohnzimmer unterzubringen? Die Quadrophonie war eine Totgeburt, aber es dauerte lange, bis sie aus dem Gespräch war. Ich erkannte von Anfang an, daß das Ganze nur ein gigantischer Schwindel war, und versuchte auch, jedermann davon zu überzeugen. Als die Vertriebe der Plattenfirmen aber unbedingt Aufnahmen in Quadrophonie haben wollten, weil sie sich davon bessere Verkaufszahlen erhofften, fügte ich mich in mein Schicksal und produzierte ebenfalls solche Platten. Ich sorgte allerdings dafür, daß der normale Stereoklang durch die Quadrophonie so wenig wie möglich beeinträchtigt wurde, indem ich dem von vorn kommenden Klang nur so viel des von hinten kommenden Klanges beimischte, wie notwendig war, um die Platten für die Bezeichnung »aufgenommen in Quadrophonie« des Trades Description Act zu qualifizieren.

Bei der ganzen Diskussion um die Quadrophonie hat man übrigens stets eines übersehen: Der Klang, der zu Hause aus den Lautsprechern kommt, schallt dort genauso wie im Konzertsaal oder Studio von den seitlichen und hinteren Wänden zurück, und dadurch entsteht die gewünschte Quadrophonie praktisch von selbst.

Einen knappen Monat nach der ersten Aufnahme mit Montgomery fuhr ich erneut nach Southampton. Zunächst stand eine Platte mit reiner Streichermusik auf dem Programm. Wenig später folgten zwei Platten, die für mich einige Überraschungen enthielten. Die erste Platte umfaßte ausgewählte Stücke von Händel. Ich überflog die vom Vertrieb zusammengestellte Liste und sah, daß es sich um die übliche Mischung handelte: Ouvertüre und Pastorale aus dem »Messias«, die »Ankunft der Königin von Saba« aus dem Oratorium »Salomo«, Teile aus der »Wassermusik« und den »Trauermarsch«. Dann stutzte ich plötzlich. Neben den genannten Stücken waren zu meinem Entsetzen einzelne Sätze vorgesehen, die man offenbar willkürlich aus verschiedenen Concerti grossi sowie Streich- und Oboenkonzerten gerissen hatte. Die Auswahl schien keinen anderen Grund zu haben als den, daß irgend jemand an den Melodien Gefallen gefunden hatte. Montgomery und ich machten entschlossen gegen diese Willkür Front und konnten durchsetzen, daß die Instrumentalsätze durch Opernnummern ersetzt wurden, die den Zusammenhang weniger schmerzlich vermissen ließen. Die zweite Platte enthielt Symphonien des »Londoner Bach«, Johann Christian, dessen Musik der Musik Mozarts so verblüffend ähnlich ist.

24

Ein musikalischer Spatz, zwei verstimmte Serpents und der Abgang eines Genies

Das folgende Jahr begann mit einer ungewöhnlichen Platte, an die sich im Rückblick ein wenig traurige Erinnerungen knüpfen, und schloß mit zwei Platten, von denen die erste noch etwas ungewöhnlicher war und die zweite mit für mich mehr als nur wehmütigen Erinnerungen verknüpft ist.

Die erste Platte des Jahres galt einem neuen Werk, und zwar der »Introduction and Passacaglia« für Klavier und Orchester von Richard Yardumian, einem amerikanischen Komponisten armenischer Abstammung. Der Pianist war John Ogdon. Es war die letzte Platte, die er vor seiner Erkrankung noch einspielen konnte. Begleitet wurde Ogdon vom Bournemouth Symphony Orchestra unter der Leitung des Chefdirigenten Paavo Berglund. Das außergewöhnliche Werk von Yardumian enthält viele originelle Stellen. Schwierigkeiten machte uns besonders das Übergewicht von Blech, Hörnern, Pauken und Schlagzeug in der Partitur. Die Streicher gingen immer wieder unter, und das Klavier war nur zu hören, wenn man sozusagen den Kopf unter den Deckel des Flügels steckte. Nach einigen erfolglosen Versuchen, eine ausgewogene Balance zwischen Klavier und Orchester herzustellen, sagte ich frustriert zum Tonmeister: »Häng das verflixte Mikrofon doch mal in den Flügel, egal, was dabei herauskommt.« Er tat, wie geheißen, und installierte das Mikrofon ungefähr über dem eingestrichenen C. Der Flügel klang daraufhin wie das Klavier in einer Spelunke in New Orleans, aber, wie Ogdon ungewohnt heftig bemerkte: »Wenigstens hört man das verdammte Ding jetzt.«

Berglund bemühte sich nach Kräften, seinen insgesamt fünfzig Streichern wenigstens ab und zu Gehör zu verschaffen. Sie plagten sich redlich, aber wie sie sich auch anstrengten, sie hätten ihren Part genausogut bloß mimen können: Sowohl im Studio wie in der Regie war nur das Schmettern des Blechs und der Hörner und das Rasseln des Schlagzeugs zu hören. In der Regie ging es zu und her wie auf dem Ankunftsbahnsteig in Waterloo Station zur Hauptverkehrszeit, denn der Komponist war mit einem großen Anhang von Verwandten zugegen. »Das hat so keinen Sinn – bring um Himmels willen mehr Streicher rein«, bedrängte ich den Tonmeister von der einen Seite, während der Komponist von der anderen Seite begeistert sagte: »Das klingt ja prima – können wir noch mehr Blech haben?« Es war alles ziemlich absurd. Trotzdem verwendeten Ogdon, Berglund und das Orchester sowie der Tonmeister und ich viel Zeit und Sorgfalt darauf, das Beste aus dem Stück herauszuholen. Um dem Werk den letzten Schliff zu geben, holte ich mir sogar noch eine Viertelstunde von der dritten Sitzung, die bereits für das Klavierkonzert von Glasunow reserviert war, das auf der zweiten Plattenseite vorgesehen war und von einem Kollegen produziert werden sollte. Als ich fertig war, überließ ich das Feld meinem Kollegen. Kaum zwei Sekunden später kam er mir nachgestürzt. »Wer sind die ganzen Leute in der Regie?« Ich blieb stehen. »Der Komponist und seine Familie.« »Das ist ja fürchterlich, man kann sich überhaupt nicht mehr bewegen. Muß ich sie dabehalten?« »Da es sich nicht um Glasunow und seine Familie handelt, dürfen Sie sie wohl ruhig vor die Tür setzen.« Nach diesen Worten machte ich mich schleunigst aus dem Staub.

Für mich folgten Aufnahmen mit Itzhak Perlman. Den Anfang machte Henri Vieuxtemps' Violinkonzert Nr. 4 in Paris. Als ich das Palais des Congrès in Paris betrat, waren Perlman, Barenboim und das Orchestre de Paris gerade mitten in der Generalprobe. Einen Augenblick später drehte Barenboim sich zum Auditorium um und fragte: »Ist Suvi da?« Ich hob die Hand. »Hier.« »Es ist so dunkel, daß ich dich in deinem dunklen Anzug kaum sehen kann. Ist das Blech für Itzhak wirklich zu laut?« »Nein.« Perlman brummte verdrossen. Für ihn ist jede Orchesterbegleitung zu laut, die über ein Mezzopiano hinausgeht.

Vieuxtemps scheint sich bei der Komposition seines Werkes nicht ganz im klaren gewesen zu sein, ob er ein Violinkonzert oder eine Symphonie schreiben wollte. Auf jeden Einsatz der Solo-Violine folgen ausgedehnte Orchestertuttis. Wenn Perlman neu einsetzt, erinnert man sich dann stets erfreut, daß es sich um ein Violinkonzert handelt. Es ist hinreißend, mit welch müheloser Brillanz Perlman das Scherzo spielt. Fasziniert verfolgte ich, wie seine Finger über das Griffbrett rasten. Genauso beeindrukkend war es, ihm im zweiten Satz zuzusehen. Perlman macht weder übertriebene Bewegungen, noch zieht er schmachtende Grimassen. Sein Gesicht bleibt so unbewegt, als läse er gerade den täglichen Börsenbericht – aber seine Geige verströmt einen innigen, melodischen Gesang.

Nach dieser Einspielung kehrten wir nach London zurück, um eine Platte mit Werken von Max Bruch aufzunehmen: das Violinkonzert Nr. 2 und die »Schottische Fantasie«, beides Werke, die ich noch nicht kannte. Als Perlman zu spielen begann, wurde mir klar, warum er auf meine Frage nach dem Charakter des zweiten Konzertes gesagt hatte: »Wart ab, bis du mich das Stück spielen hörst.« Die Einspielung gehört zu meinen Lieblingsplatten von Perlman.

Es folgte eine Aufnahme von Vivaldis »Vier Jahreszeiten«. Soviel ich weiß – ich bin allerdings kein Vivaldi-Experte –, gibt es mindestens zwei Dutzend weiterer Konzerte von Vivaldi, die genau so schön sind wie diese vier, aber allein die Tatsache, daß sie einen eigenen Namen haben, hat sie zu den bekanntesten Werken der ganzen Epoche gemacht. Immerhin verdienen die »Vier Jahreszeiten« diese Popularität, denn es ist meisterhafte Programmusik, und das schon zu Beginn des achtzehnten Jahrhunderts. Perlman spielte Geige und dirigierte zugleich das Orchester. Es war sein erster Abstecher in diesen Bereich, und er zeigte dabei unerwartetes Talent. Natürlich war ihm die rückhaltlose Unterstützung der Streicher des London Philharmonic Orchestra und ihres Konzertmeisters Rodney Friend sicher. Diese Vivaldi-Aufnahme wurde Perlmans meistverkaufte Platte, dicht gefolgt von seiner Einspielung des Violinkonzerts in D-dur von Beethoven. Es ist ein Maßstab für die Qualität von Perlmans Platten, daß zwei der absoluten Bestseller solche mit Werken sind, die zu den meistaufgenommenen gehören (zur Zeit gibt es auf dem Markt etwa vierzig Aufnahmen der »Vier Jahreszeiten« von Vivaldi und zwanzig des Violinkonzerts von Beethoven). Die dritte und letzte Platte enthielt eine zweite Sammlung von Kreisler-Stücken. Höhepunkt war für mich Kreislers Bearbeitung von Tartinis »Teufelstrillersonate«. Die Triller sind wirklich teuflisch, und Perlman demonstrierte geradezu exemplarisch, wie zwei Hände auf einer Geige makellos perfekte Doppeltriller und Akkorde hervorbringen können. Als wir uns etwas später im Abhörraum den Master anhörten, trat hinter uns Giulini ein. Er hörte eine Weile zu und sagte dann kopfschüttelnd: »Das ist wirklich unglaublich.« Perlman war gerührt. »Ich spiele natürlich nicht allein. Ich spiele nur die Oberstimme, Pinkie Zukerman spielt den Rest.« Giulini schwankte für einen kurzen Augenblick, ob er diese aberwitzige Idee für bare Münze nehmen sollte, dann sagte er lachend: »Selbst dafür ist es noch wunderschön, Itzhak.«

Ich war bei EMI nach wie vor die erste Adresse für neu unter Vertrag genommene Pianisten. In diesem Jahr arbeitete ich mit vier Pianisten, mit dreien davon zum erstenmal. Agustin Anievas kannte ich bereits. Er nahm die zwei Serien von Impromptus auf, die Schubert in seinem letzten Lebensjahr komponiert hat. Für mich – natürlich nicht nur für mich – gehören diese Impromptus zum Bewegendsten, was je geschrieben wurde.

Es gibt Musik, die alle Menschen tief bewegt, zum Beispiel der langsame Satz aus Schuberts Streichquintett in C-dur, op. 163. Ein anderes Beispiel ist, ebenfalls von Schubert, der langsame Satz aus der B-dur-Sonate: die ungewöhnliche Tonart cis-moll, die zusammenhanglose, geradezu wirre Begleitung des Hauptthemas, das unentschiedene Schweben zwischen der Haupttonart und verschiedenen anderen Tonarten, besonders E-dur – das alles beschwört eine geheimnisvolle, unwirkliche Welt. In der Reprise des Satzes kommt dann jener magische Moment, eine der größten Stellen der Musikliteratur, wenn statt des erwarteten E-dur-Akkordes ein gänzlich unerwarteter und unvorbereiteter c-moll-Akkord erklingt. Worauf beruht die tiefe Wirkung gerade dieses Akkords?

Wohl die meisten Musikliebhaber würden sich auf eine kurze Liste von vielleicht einem Dutzend Stücke einigen können, die sie alle gleichermaßen bewegen. Daneben hat natürlich jeder noch eine eigene Liste mit persönlichen Lieblingswerken. Meine persönliche Liste würde Werke unterschiedlichster Provenienz enthalten. Zu finden wäre darauf das Madrigal »When David heard that Absalom was slain« von Thomas Tomkins, das ich nicht zu oft hintereinander hören darf, weil Davids verzweifelter Schrei »O my son, Absalom, would God I had died for thee« mich jedesmal zutiefst erschüttert. Ein Stück ganz anderen Charakters, auf das ich ebenfalls nicht verzichten möchte, wäre Francisco Tarregas »Recuerdos de la Alhambra« (Erinnerungen an die Alhambra), das in mir ein unerklärliches, schmerzliches Verlangen weckt. Verlangen wonach? – Ich weiß es nicht. Die Liste enthielte weiter den langsamen Satz aus Beethovens drittem »Rasumowsky-Quartett«, der eine so abgrundtiefe Verzweiflung ausdrückt, daß sie selbst das unbekümmerte C-dur-Thema nicht zu lindern vermag, sowie das Menuett aus Schuberts a-moll-Quartett in seiner tiefen, hoffnungslosen Melancholie. Solche Musik macht mich nicht selbst traurig und verzweifelt, im Gegenteil. Sie befreit mich von diesen Gefühlen und tröstet mich, indem sie mir sagt: Du bist nicht allein. Jemand anders – Beethoven, Schubert, Mozart oder wer auch immer – hat diese Verzweiflung oder auch Melancholie durchlebt. Gerade darin liegt für mich die Macht der Musik wie die aller Kunst: daß sie mir ermöglicht, die Gefühle eines anderen zu teilen. Der Künstler reicht mir gleichsam die Hand und sagt: »Verzweifle nicht, ich bin bei dir. Auch ich habe diese Erfahrung schon gemacht.« Jeder Mensch ist eine Insel, eingeschlossen in die Einsamkeit seiner Gedanken, aus der es kein Entkommen gibt. Nur die große Kunst, vor allem aber die Musik, dringt bis zu diesem innersten Kern des Menschen.

Ganz oben auf meiner Liste stünde Schuberts Impromptu f-moll. Ich kann zwar den musikalischen Aufbau dieses Stückes analysieren, die Abfolge der Tonarten erkennen und so weiter, aber ich kann nicht erklären, warum mir der Mittelteil, in dem die linke Hand über und unter der harmonisch wechselnden Begleitung der rechten aus zwei Themenfragmenten einen Dialog aufbaut, so zu Herzen geht. Meiner Frau geht es beim Hören dieses Stückes genauso wie mir, und als Barenboim es einmal im Konzert spielte, sagte Perlman zu mir: »Dieses f-moll-Impromptu ...« Dann brach er ab, unsicher, wie er fortfahren sollte, und setzte prosaisch hinzu: »Ein tolles Stück, nicht wahr?« Er sagte damit mehr als mit vielen Worten. Ich bin überzeugt, daß eine Sindhi sprechende Hinduistin aus Nordwestindien, ein Christ aus dem zweieinhalbtausend Kilometer entfernten Südindien und ein Jude aus dem noch viel ferneren Amerika deshalb gleich empfinden, weil die Musik sie in gleicher Weise in ihrem Innersten berührt. Anievas, sonst kein Freund theatralischer Gesten, war nach der Aufnahme des f-moll-Impromptus so von der Musik überwältigt, daß er einfach sitzen blieb und kaum zuhörte, als wir das Band noch einmal abspielten.

Die Zusammenarbeit mit dem ersten der drei neuen Pianisten ergab sich durch Zufall. Ich arbeitete eines Abends im Garten, als mein Nachbar mir eine dringende Nachricht überbrachte: Ein Kollege sei nicht zur Aufnahme erschienen, und der Künstler werde ungeduldig. Eilig kratzte ich mir die Erde von den Fingernägeln und wechselte in ein Paar saubere Hosen. In Studio Nr. 1 begrüßte mich Garrick Ohlsson, der »Variationen und Fuge über ein Thema von Händel« in B-dur von Johannes Brahms aufnehmen sollte. Ich hatte ihn schon immer bewundert und freute mich, jetzt mit ihm arbeiten zu können.

Ohlsson nahm später noch vier weitere bemerkenswerte Platten auf, bei denen ich der verantwortliche Produzent war: zwei Chopin-Nocturnes, die Sonate in D-dur D 850 und zwei Scherzi von Schubert sowie das erste Klavierkonzert in d-moll von Johannes Brahms.

Beim Klavierkonzert begleitete ihn das London Philharmonic Orchestra unter der Leitung von Klaus Tennstedt. Es wurde eine grandiose Einspielung. Schon bei den Proben merkte ich, daß im wahrsten Sinn des Wortes ein Konzert für Klavier gegen Orchester bevorstand. Tennstedt war zu keinerlei Konzessionen an den Pianisten bereit. Ohlsson mußte kämpfen, wenn er sich behaupten wollte. Den ersten Satz nahmen wir in einem Durchgang auf. Dann kam Tennstedt in die Regie marschiert. In einer Hand hielt er ein Handtuch, mit dem er sich den Schweiß aus dem Gesicht wischte, in der anderen eine offene Bierflasche, um die Flüssigkeit aufzufüllen, die er in Strömen vergossen hatte. Als er mein begeistertes Gesicht sah, legte er mir den Arm um die Schulter und sagte aufgekratzt: »Wir machen gute Musik, wie?« Ohlsson, der aussah, als htte er soeben den Mount Everest ohne Sauerstoffmaske bestiegen, ließ sich erschöpft in einen Sessel fallen. Wir hörten uns die Aufnahme an. Ich sah, daß Ohlsson immer besorgter dreinblickte. Trotz seiner geradezu heroischen Anstrengungen war er nicht in der Lage gewesen, sich gegenüber der Klangorgie des Orchesters zu behaupten. Als ich mit ihm allein war, sagte ich: »Garrick, wir haben Sie auf zwei getrennten Spuren aufgenommen. Keine Sorge, ich garantiere Ihnen, daß Sie nicht untergehen.« Als er wieder ins Studio zurück mußte, sah er erleichtert aus.

Die Aufnahme ging ohne Pannen voran. Zum Schluß hatten wir noch eine ganze Sitzung für den letzten Satz. Ich rechnete nicht mehr mit Schwierigkeiten und erwartete, daß wir in zwei Stunden fertig sein würden. Doch ein kleines Ding von der Größe eines Tennisballs machte uns dann fast die ganze Aufnahme kaputt! Als Orchester und Pianist den letzten Satz probten, hörte ich in kurzen Abständen ein seltsames Piepen und Zirpen. Ich hielt einen wackligen Stuhl oder das Podium des Dirigenten für die Ursache und machte mir eine Notiz, um nicht zu vergessen, daß ich vor der Aufnahme für Abhilfe sorgen mußte. Als die Probe zu Ende war, hatte ich das Geräusch vergessen und sagte: »Fertig zur Aufnahme?« Darauf Tennstedt: »Hören Sie den Vogel im Studio?« Ich fluchte leise. Dann sagte ich laut: »Komme sofort.«

Ein kleiner Spatz hatte sich durch eine Öffnung in der Decke ins Studio verirrt und begrüßte mich mit lebhaftem Zwitschern. Als ich in die Hände klatschte, flog er auf eine andere Deckenverstrebung und zwitscherte wieder, gleichsam, als wollte er sagen: »Und wie hat dir das gefallen?« Ich überlegte, was wir tun konnten, aber mir fiel nichts ein. Es war unmöglich, den Vogel zu fangen. Die Decke des Studios ist über zwölf Meter hoch, und die sie stützenden Metallverstrebungen sind nur vom Dach her zugänglich. Würde sich aber jemand dem Vogel über das Dach bis auf zwei Meter nähern, würde er ganz einfach auf die nächste Strebe flattern, und das konnte die ganze Sitzung lang so weiter gehen. Außerdem würde ich dann das Studio evakuieren müssen, denn bei dem Gedanken, daß jemand in der Höhe über dünne Verstrebungen kletterte, unter denen ein ganzes Orchester saß, war mir nicht gerade wohl. Der Spatz schien mir Recht zu geben, denn er zwitscherte zustimmend. Die Orchestermitglieder kicherten.

Ohne daß ich recht überzeugt gewesen wäre, damit Erfolg zu haben, versuchte ich etwas anderes. Ich sah zur Decke hinauf und schrie, so laut ich konnte. Der Vogel brach in aufgeregtes Zwitschern aus und flog dann schmollend in eine entfernte Ecke. Mit angehaltenem Atem warteten wir etwa eine Minute. Alles blieb still. Unter den Bravo-Rufen des Orchesters und des Dirigenten kehrte ich in die Regie zurück. Das rote Licht ging an, der Lärm im Studio erstarb. Ohlsson begann mit dem Anfangsthema. Als er beim letzten Takt anlangte, war laut und deutlich ein Zwitschern zu hören. Es klang, als ob der Spatz applaudieren wollte. Der Spatz zwitscherte genau im Tempo und an einer durchaus passenden Stelle. Im

Studio und in der Regie brach alles in schallendes Gelächter aus. Natürlich war die Aufnahme verpatzt. Wir fingen noch einmal an. Diesmal fühlte der Spatz sich verpflichtet, einen eigenständigen Beitrag beizusteuern; er zwitscherte im vierten Takt. Wieder lachten alle, und die Aufnahme mußte erneut abgebrochen werden. Wir versuchten es noch dreimal, kamen aber nie über den Einsatz des Solisten hinaus. Ich machte mir langsam Sorgen. Das erste Mal, vielleicht auch noch das zweite Mal war es zu komisch gewesen, zu sehen, wie Tennstedt die Arme hob, um dem Orchester den Einsatz zu geben, nur um sie wieder fallen zu lassen und in Lachen auszubrechen. Beim fünften Mal war es nicht mehr komisch, sondern lächerlich. Und dann geschah, was ich schon befürchtet hatte. Tennstedt verlor die Geduld. Er warf den Taktstock auf das Pult und verließ das Podium. »Unmöglich! Wie sollen wir so spielen? Unmöglich!« Ich war bereits im Studio. Ich stellte die Ruhe im Orchester wieder her und sagte: »Ich habe nach einem Luftgewehr geschickt. Es wird in Kürze jemand damit hier sein. Der Vogel ist in zehn Minuten tot.«

Auf meine Worte folgte versteinertes Schweigen, gefolgt von empörten Rufen einzelner Orchestermitglieder. »Das können Sie nicht tun!« »Bitte nicht.« »Es muß doch eine andere Möglichkeit geben.« Ein schuldbewußt aussehender Tennstedt trat zu mir und zeigte zur Decke. »Sie können den armen kleinen Vogel doch nicht einfach umbringen.« Als in diesem Augenblick der Spatz, der einige Minuten nichts von sich hatte hören lassen, wieder zu zwitschern anfing, schmolzen die Herzen der Musiker endgültig dahin. Ein einmütiges »Oh!« folgte auf den dritten Schlag nach dem zweiten Zwitschern. Ich ließ ein paar Minuten verstreichen. Dann sagte ich: »Wir haben zwei Möglichkeiten. Entweder ich lasse den Vogel erschießen, oder Sie beachten ihn einfach nicht. In diesem Fall könnten wir den Satz zweimal durchspielen und hoffen, daß der Spatz an verschiedenen Stellen piepst. Die Passagen, bei denen er beide Male an derselben Stelle gestört hat, müssen wir dann noch einmal aufnehmen. Die Entscheidung liegt bei Ihnen.« Alle versprachen, den Vogel nicht mehr zu beachten, und ich kehrte in die Regie zurück. Auch der Spatz ließ ein zustimmendes Zwitschern vernehmen. »Danke gleichfalls, du kleiner Halunke«, murmelte ich leise. »Du hast mich zwanzig Minuten Aufnahmezeit gekostet, das macht 400 Pfund.«

Als ich in die Regie kam, fragte der Tonmeister mich erstaunt, wie es mir in so kurzer Zeit gelungen sei, ein Luftgewehr und jemanden, der es zielsicher bedienen könne, aufzutreiben. »Was für ein Luftgewehr?« fragte ich. »Sie meinen, es war alles nur Bluff?« »Sie glauben doch wohl nicht, daß ich einen harmlosen kleinen Spatz umbringen lassen wollte!«

Heroisch überstanden Dirigent, Orchester und Solist die häufigen Einwürfe des Vogels. Wir nahmen den Satz zweimal ganz auf. In meine Partitur trug ich zusätzlich zu meinen sonstigen Eintragungen ein neues Zeichen ein: »zw« für zwitschern. Der Spatz war entschieden musikalisch. Besonders gut gefiel ihm das zweite Thema des letzten Satzes. Sowohl beim ersten Auftauchen dieses Themas wie in der Reprise kam sein Zwitschern in beiden Aufnahmen peinlich genau auf Schlag vier. Wie mußten beide Stellen mehrere Male wiederholen, bis ich von jeder eine Version ohne Zwitschern hatte – oder zu haben glaubte. Als das Band fertig geschnitten und gemischt wurde, blieb an der Stelle, wo das zweite Thema zum erstenmal erklingt, auf dem vierten Schlag ein leises, aber unmißverständliches Zwitschern übrig, gegen das ich machtlos war. Der »kleine Halunke« hatte das letzte Wort behalten.

Auf Ohlsson folgte zwei Wochen später als nächster Pianist Daniel Adni. Er spielte Stücke, die ich noch nie gehört hatte, obwohl der Komponist, Felix Mendelssohn, mir natürlich nicht unbekannt war. Ich kannte einen Großteil der Klaviermusik von Mendelssohn, nicht aber seine »Sechs Präludien und Fugen« op. 35. Beim Durchblättern der Partitur überkam mich ein Gefühl der Dankbarkeit: Das Repertoire an klassischer Musik ist so unerschöpflich, daß ich, selbst wenn ich den Rest meines Lebens nur noch Musik hören würde, gleichsam nur eine Handvoll Wasser aus einem Ozean geschöpft hätte.

Ich sprach darüber einmal auf einer Aufnahmesitzung mit André Previn. Ich erzählte ihm, daß ich erst vor kurzem ein bedeutendes Werk eines großen Komponisten zum ersten Mal gehört hätte, obwohl ich überzeugt gewesen sei, die Musik gerade dieses Komponisten ohne größere Lücken zu kennen. Ich hatte damals das Autoradio eingeschaltet, das bei mir immer auf *Radio Three* eingestellt ist, und die letzten Takte eines Satzes gehört, der offensichtlich zu einem Streichquartett gehörte. Im letzten Takt hatte das Cello auf eins und zwei einen Oktavsprung, dann wiederholte die Geige dasselbe Motiv allein auf drei und vier. Ein komischer Effekt, dachte ich, eigentlich charakteristisch für Beethoven. Aber ich kannte jeden Satz der siebzehn Beethoven-Quartette auswendig, und dieser war nicht darunter. Obwohl das kurze Stück, das ich gehört hatte, nicht ausgesprochen nach Haydn geklungen hatte, glaubte ich dann, es mit einem Frühwerk dieses Meisters zu tun zu haben. Zwar kannte ich auch alle Haydn-Quartette ab op. 20, aber nicht so gründlich wie die Beethoven-Quartette. („Du kennst wirklich alle Haydn-Quartette?« unterbrach mich Previn an dieser Stelle meiner Schilderung. »Es gibt doch so viele.« Ich nickte. Previn sagte: »Suvi, du überraschst mich immer wieder.«) Aus der im Radio auf das Satzende folgenden Stille schloß ich, daß das Quartett noch nicht zu Ende war, und tatsächlich folgte ein weiterer Satz, offensichtlich der langsame. Ich konzentrierte mich jetzt ganz auf die Musik. Ich war vollkommen durcheinander. Das war kein Frühwerk. Der großartige Satz trug die Handschrift des reifen Meisters. Aber welcher Meister konnte es sein? Die Modulation von C-dur nach d-moll in den ersten Takten klang nach Schubert, und das einige Takte später folgende spielerische Gegenthema war ebenfalls charakteristisch für Schubert. Aber auch von Schubert kannte ich alle Quartette. Nun wollte ich unbedingt wissen, wer dieses Quartett komponiert hatte. Als ich beim Studio ankam, parkte ich auf dem Vorplatz und hörte das Stück im Auto zu Ende. Streckenweise klang es wie früher Beethoven. Mit der Ansage, die dann folgte, hatte ich jedoch nicht gerechnet: »Streichquartett F-dur KV 590 von Wolfgang Amadeus Mozart.« KV 590? Nicht einmal die Köchel-Nummer war mir bekannt. Wenn Legge mich an jenem Abend vor sechzehn Jahren aufgefordert hätte, das erste Thema aus Mozarts letztem Quartett zu singen, hätte ich ohne zu zögern das beschwingte B-dur-Thema des Quartetts KV 589 angestimmt! Es war ein wunderbares Erlebnis, im neunundfünfzigsten Jahr meines Lebens ein wichtiges Werk von Mozart zu entdecken. Was für Überraschungen mochte die Zukunft noch bringen? Die Platte, die ich zu der Zeit gerade mit Previn aufnahm, trug den Titel »Music Night No. 2«. Die Aufnahme machte uns einen Heidenspaß. Wir begannen mit der Ouvertüre zu Glinkas »Ruslan und Ludmilla«. Für Previn mußte die Ouvertüre so schnell gehen, wie das London Symphony Orchestra sie nur spielen konnte, mit anderen Worten, so schnell wie überhaupt möglich. Previn probte sie in einem für mein Gefühl geradezu halsbrecherischen Tempo. Bei der Aufnahme nahm er sie dann noch schneller. Weitere Titel waren Debussys »Prélude à l'après-midi d'un faune« (Nachmittag eines Fauns), Butterworths hübsches, stimmungsvolles Stück »The Banks of Green Willow«, drei Tänze aus Manuel de Fallas »Dreispitz«, die die Gerüche und Klänge Spaniens so lebendig beschwören, sowie den bekannten »Kaiserwalzer« von Johann Strauß, der sich völlig unerwartet als das schwierigste der ausgewählten Stücke herausstellte.

Die Zeit, die uns Strauß kostete, brachte uns in Schwierigkeiten. Der Rest der Sitzung reichte gerade noch aus, um das letzte Stück der Platte einmal durchzuspielen, ein Stück, ohne das die Platte nur die Hälfte wert gewesen wäre: Samuel Barbers bekanntes »Adagio«. Wir erwogen kurz, die Zeit zu überziehen, verwarfen den Gedanken aber wieder. »Wir vertrauen einander«, meinte Previn. »Ich spiele das Stück einmal durch. Da wir keine Zeit haben, die Aufnahme anzuhören, sagst du mir, was ich verbessern muß, und dann wiederholen wir die entsprechenden Stellen. Fangen wir an!« In der nächsten Viertelstunde war ich so konzentriert, daß ich auch nicht aufgesehen hätte, wenn eine Huri aus dem Paradies einen halben Meter vor mir einen Bauchtanz aufgeführt hätte. Sobald die Aufnahme fertig war, rief Previn mich an: »Laß das Licht an.« Er wiederholte genau die Stelle, um die auch ich ihn gebeten hätte. Nach dieser ersten Begegnung mit Previn auf dem Dirigentenpult beneidete ich seinen regulären Produzenten noch mehr als bisher.

Der letzte Pianist, den ich in diesem Jahr aufnahm, war Christoph Eschenbach. Er spielte drei der Namens-Sonaten von Beethoven, und zwar die »Pathétique«, die »Mondscheinsonate« und die »Hammerklaviersonate«, dazu eine Namens-Sonate im weiteren Sinn, nämlich die Sonate op. 26 mit dem »Trauermarsch«. Eschenbach ist ganz der erfahrene Profi, mit dem man hervorragend arbeiten kann. Er ist freilich ein in sich gekehrter Mensch, und es ist daher nicht ganz leicht, ihn wirklich kennenzulernen. Erst am Ende der letzten Sitzung ging er einmal ein wenig aus sich heraus. Ich fragte ihn scherzhaft, warum er nicht auch noch die Sonate op. 90 aufnehme, wo sich doch Beethoven selbst zu den beiden Sätzen so deutlich geäußert habe. Als der Widmungsträger Graf Lichnowsky Beethoven nämlich nach dem Programm der Sonate fragte, hatte dieser lauthals gelacht und geantwortet: »Erster Satz: Kampf zwischen Kopf und Herz; zweiter Satz: Konversation mit der Geliebten.« Eschenbach lächelte zum ersten Mal in meiner Gegenwart, hielt einen imaginären Telefonhörer ans Ohr und sagte: »Hallo Herz, hier Kopf. Zeit für einen kleinen Kampf?«

Ende des Jahres stand dann die bereits erwähnte ungewöhnliche Platte an. Sie enthielt Musik eines bekannten Komponisten, nämlich Georg Friedrich Händel. Unter der Leitung von Charles Mackerras spielte das London Symphony Orchestra zwei »Concerti a due cori« und eines der meistaufgeführten Werke dieses Komponisten: die »Feuerwerksmusik«. Letztere sollte allerdings nicht in der üblichen Besetzung mit Streichern eingespielt werden, sondern nur mit Bläsern und Pauken. Mackerras hatte die Partitur eigens für diese Aufnahme bearbeitet. Als Besetzung waren vorgesehen 26 Oboen, 14 Fagotte, 4 Kontrafagotte, 2 Serpents, 9 Hörner, 9 Trompeten, 3 mal 3 Pauken und 6 Trommeln. Ich weiß zwar nicht, weshalb man ausgerechnet mir diesen Job übertragen hatte, betrachtete die Arbeit aber als willkommene Abwechslung und Herausforderung. Außerdem versprach ich mir davon einigen Spaß. Als ich die Partitur sah, versuchte ich mir vorzustellen, wie die Besetzung klingen mochte. Wie klangen 26 Oboen? Oder 14 Fagotte? Ich hatte noch nie 14 Fagotte auf einmal gehört. Und wenn ich mir erst vorzustellen versuchte, wie alle vierzig Instrumente zusammen klingen mochten, kam ich ganz durcheinander. Auch auf die vier Kontrafagotte und die beiden Serpents war ich gespannt. Serpents? Die gab es doch gar nicht mehr, woher also Serpent-Spieler bekommen? Wie sahen Serpents überhaupt aus? Ich stellte mir ein Instrument vor, wie Hoffnung es gezeichnet haben könnte, ein Instrument, das sich windet und krümmt, während der Spieler es immer wieder fest packen muß, um zu verhindern, daß es ihm aus der Hand glitscht und in einer Ritze in der Wand des Studios verschwindet.

Dann wandte ich mich praktischen Fragen zu. Wo sollten wir 26 Oboisten auftreiben? Das London Symphony Orchestra hatte wahrscheinlich vier bis sechs feste Oboisten. Wenn auch die anderen vier großen Londoner Orchester ihre Oboisten beisteuerten, konnten wir gerade hinkommen. Allerdings stellte ich fest, daß das London Philharmonic Orchestra am Abend der Aufnahme ein Konzert gab. Da ich den Dirigenten kannte, rief ich ihn kurzerhand an. »Danny, was dirigierst du am 19. Dezember? Vielleicht viermal hintereinander Mozarts ›Kleine Nachtmusik‹?« »Nein«, antwortete Daniel Barenboim, »›Romeo und Julia‹ von Berlioz.«

Wie enorm das musikalische Potential Londons ist, läßt sich daran ermessen, daß wir ein Orchester in der geforderten Zusammensetzung auf die Beine stellen konnten, ohne das Musikleben der Stadt dadurch lahmzulegen. Mackerras hatte die »Feuerwerksmusik« schon einmal 1959 aufgenommen. Damals hatte die Sitzung erst nach elf Uhr nachts beginnen können, weil die Mitwirkenden vor der Aufnahme noch Konzertverpflichtungen nachkommen mußten. Diesmal begann die Sitzung abends um sieben.

In unserem Studio in der Abbey Road waren an diesem Abend einige der renommiertesten Bläser Londons versammelt, darunter viele alte Bekannte.

Mackerras begann zu proben, und jetzt hörte ich endlich den Klang, den ich mir erfolglos vorzustellen versucht hatte. Es dauerte nicht lange, und mein Ohr hatte sich an die 26 Oboen statt der gleichen Zahl Geigen gewöhnt. Mein erster Gedanke war: Musik dieser Lautstärke muß bei der Uraufführung wirklich auf beiden Seiten der Themse gut zu hören gewesen sein. Mackerras hörte sich eine Probeaufnahme an und war mit dem Ergebnis sehr zufrieden. Ich brachte einen Punkt zur Sprache, der mir schon während der Probe Kopfzerbrechen bereitet hatte: »Charlie, die Intonation der tiefen Stimmen ist nicht sauber.« Er lachte. »Hast du je sauber gestimmte Serpents gehört?« »Ich habe überhaupt noch nie ein Serpent gehört.« Als die neun Hörner, neun Trompeten und Pauken mit voller Kraft loslegten, war das ein überwältigendes Hörerlebnis, aber auch ein Höllenspektakel. Charles Mackerras wußte, wie er bekam, was er wollte. Ingesamt waren es zwei denkwürdige Sitzungen, an denen alle ihren Spaß hatten.

Die letzte Platte des Jahres entstand, wie es sich gehört, an den beiden letzten Dezembertagen. Für mich und den daran beteiligten Künstler Daniel Barenboim war es ein trauriger Anlaß. Zwar wußten wir es noch nicht sicher, aber wir hatten beide die böse Vorahnung, daß diese Platte womöglich die letzte war, die Barenboim in England für EMI einspielte – sie ist es bis zum Zeitpunkt, da ich diese Zeilen schreibe, also acht Jahre später, geblieben. Zugleich ist sie eine der besten, die Barenboim je gemacht hat, und damit eine der besten Platten überhaupt. Barenboim dirigierte Mozarts Serenade für 13 Blasinstrumente KV 361, eines der bedeutendsten Werke in Mozarts Schaffen.

Ich habe mich oft gefragt, warum Mozart so viel Genialität auf Serenaden, Divertimenti und ähnliche Werke verwendete, wo er doch genau wußte, daß sie nur als Hintergrundmusik zu geselligen Anlässen gespielt wurden. Vielleicht konnte er eben nicht anders. Oder er sah einen Klemperer unter den Geladenen. Als ich Klemperer die Probepressung seiner Einspielung der Serenade c-moll KV 388 nach Zürich brachte, wollte er sie zum kalten Buffet auflegen, zu dem er einige Freunde geladen hatte. Klemperers Tochter war schockiert. »Jetzt, zum Essen, während die Leute reden?« Klemperer nickte. »Dafür hat Mozart die Serenade doch geschrieben.« Ich legte die Platte also auf. In der Folgezeit bemerkte ich, daß Klemperer immer wieder geistesabwesend vor sich hin starrte, weil er, wie ich selbst, der Musik und nicht dem Gespräch zuhörte. Plötzlich rief er gebieterisch: »Ruhe!« Wenn Klemperer die Stimme erhob, hätte er ein angreifendes Nashorn zum Stehen bringen können. »Hört euch das an«, sagte er in die entstehende Stille, und wir hörten uns schweigend die Wiederkehr des Hauptthemas in der Reprise des zweiten Satzes an. Als die Stelle vorbei war, sagte Klemperer: »Jetzt könnt ihr wieder sprechen.« Kurz darauf kam eine andere meiner Lieblingsstellen. Mit klagendem, bittersüßem Ton eröffnet die zweite Oboe das Trio des Menuetts, in der Bezeichnung Mozarts ein Kanon »al rovescio«, ein Umkehrungs-Kanon. Unwillkürlich sahen Klemperer und ich uns in geheimem Einverständnis an. Diesmal brüllte Klemperer nicht nach Ruhe, sondern lächelte mir nur zu.

So schön die Arbeit mit Barenboim auch diesmal war, stärker war für uns beide doch ein Gefühl der Trauer: Wir würden, zumindest auf absehbare Zeit, keine Platten mehr zusammen machen. Wir sind beide zukunftsorientierte Menschen, aber als wir an diesem Abend in meiner Wohnung Silvester feierten, überließen wir uns ganz der Nostalgie. Wir redeten nicht über wichtige gemeinsame Erlebnisse oder die Platten, die wir in den vergangenen Jahren zusammen aufgenommen hatten. Das Gespräch drehte sich vielmehr um private, scheinbar nebensächliche Erinnerungen, etwa jene an das kleine italienische Restaurant in einer Seitenstraße des Kurfürstendammes, in dem wir gemeinsam gegessen hatten. Zu dritt mit meiner Frau sprachen wir über das, was uns gerade in den Sinn kam, über den unverwechselbaren Geschmack von Mangos, über *kulfi,* ein indisches Speiseeis, und anderes. Immer wieder fielen uns einzelne Episoden ein.

Barenboim hatte mich beispielsweise einmal an einem Junimorgen angerufen und gefragt, ob ich mit ihm zum Einkaufen gehen wolle. Ich sagte, ich müsse ohnehin einkaufen und außerdem müsse ich mir bei der Automobile Association einen internationalen Führerschein für den bevorstehenden Spanienurlaub besorgen. Als wir uns trafen, sagte Barenboim: »Ein internationaler Führerschein ist also ein halbes Jahr gültig?« »Ein ganzes Jahr«, sagte ich. Daraufhin er: »Dann gilt dein letzter Führerschein noch bis zum 23. November dieses Jahres.« Verblüfft sah ich ihn an. Barenboim fuhr fort: »Letztes Jahr am 24. November haben wir gemeinsam ein Geburtstagsgeschenk für Jacquie gekauft, und am selben Tag sind wir zur Automobile Association am Leicester Square gegangen, um für dich einen internationalen Führerschein zu holen. Er müßte also noch fünf Monate gültig sein. Also, was willst du einkaufen?« Noch immer ganz geplättet, sagte ich: »Sandalen.« »Suvi Raj, du spinnst. Du fährst nach Spanien und willst dir in London Sandalen kaufen! Laß es. Ich brauche Noten. Laß uns in das nächste Musikgeschäft gehen und uns amüsieren. Wo essen wir danach?«

Ich habe oft genug Beispiele von Barenboims legendärem Gedächtnis erlebt. In musikalischen Kreisen wohlbekannt ist die Geschichte von Zubin Mehta, der Barenboim auf der anderen Seite des Globus anrief und ihn fragte: »Was habe ich an dem und dem Tag nächstes Jahr vor? Ich habe meinen Terminkalender verlegt.« Auch wenn diese Geschichte eine Anekdote ist, ist sie doch ihrem Kern nach wahr.

Ich hatte Barenboims Bruch mit EMI bereits seit einiger Zeit kommen sehen. Niemand bei EMI und auch niemand in einer anderen Plattenfirma hatte je Erfahrungen mit einem so überquellenden musikalischen Talent wie Barenboim gemacht, und es herrschte deshalb beträchtliche Unsicherheit, wie man damit umgehen sollte. Innerhalb unserer Firma war die Meinung in zwei extreme Lager gespalten: Die einen hielten Barenboim für ein Genie, dem innerhalb vernünftiger Grenzen absolute Freiheit zugestanden werden müsse, die anderen erklärten, daß, von einigen Spezialgebieten abgesehen, nicht alle Platten von ihm überall gleich erfolgreich seien und er sich deshalb auf das Repertoire beschränken solle, das am besten ging. Natürlich konnte man sich aber dann nicht darauf einigen, was zu diesem Repertoire nun gehören sollte. Die Amerikaner wollten Chorwerke von Barenboim, da sich diese in ihrem Land am besten verkauften, aber um Himmels willen keine Klavierplatten. Die Deutschen wollten eigentlich nur Klaviermusik, denn die Klavierkonzerte von Mozart waren in Deutschland über 100 000mal verkauft worden. Den Amerikanern zuliebe waren sie bereit, eine begrenzte Zahl von Messen abzunehmen. Die Japaner lehnten Orchesterwerke kategorisch ab. Als ihnen aber die Bizet-Symphonie mit dem Orchestre de Paris angeboten wurde, schüttelten sie heftig den Kopf (was in Japan »ja« bedeutet!) und veranschlagten höhere Verkaufszahlen als die anderen Länder zusammen.

Ich war der einzige Produzent bei EMI, der Barenboims vielfältige Aktivitäten aus eigenem Erleben kannte. Wo immer ich mit Barenboim aufkreuzte, pflegten mir Vertreter einer anderen Plattenfirma zu begegnen. Diese Firma war eine gefährliche Konkurrentin, nicht weil sie bessere Platten machte, sondern weil sie die Tochtergesellschaft eines riesigen Industriekonzerns mit viel Geld war, dem es egal war, ob die Plattenabteilung Gewinn einbrachte oder nicht. Dieser Umstand verschaffte der Firma bei Verhandlungen mit Künstlern natürlich einen großen Marktvorteil.

Als der Vertrag mit Barenboim zur Verlängerung anstand, brachen die Differenzen in bezug auf das Repertoire, das er einspielen sollte, offen aus. Barenboim wollte es verständlicherweise ausdehnen. Er wollte mit dem Orchestre de Paris, dessen Leiter er war, französische Opern von Debussy, Ravel, Berlioz und anderen einspielen, und er wollte Platten mit anderen großen Orchestern der Welt aufnehmen. EMI dagegen wünschte seine Aktivitäten auf die Komponisten zu beschränken, mit denen er sich auf dem Plattenmarkt einen Namen gemacht hatte – Beethoven, Schubert, Mozart und Schumann. Barenboim sollte in erster Linie Klaviermusik aufnehmen und nur gelegentlich eine Orchesterplatte machen. Die Verhandlungen zogen sich hin, und eine Zeitlang wußte niemand, wie es weitergehen würde. Die Entscheidung kam, als die geplante Einspielung von Berlioz' »Romeo und Julia« mit dem Orchestre de Paris immer wieder verschoben, schließlich auf einen bestimmten Termin festgesetzt und dann endgültig abgesetzt wurde. Das alles trug nicht zur Verbesserung der Stimmung bei. In dieser Situation trat die bereits erwähnte Plattenfirma mit einem Angebot an Barenboim heran, das nur ein Narr abgelehnt hätte. Sie schlug damit zwei Fliegen mit einer Klappe: Sie verpflichtete einen großen Künstler und konnte obendrein noch einer Rivalin eins auswischen. So kam es, daß Barenboim EMI auf unbestimmte Zeit verließ.

Ich war niedergeschlagen. Ich hatte Klemperer in seinen letzten Jahren im Studio betreut und dasselbe für Barenboim in seinen ersten Jahren getan. Was blieb mir jetzt? Aber dann schöpfte ich Hoffnung. Noch gab es Itzhak Perlman, und bisher hatten sich früher oder später immer wieder neue Herausforderungen aufgetan, die meiner Begeisterung für meine Arbeit Auftrieb gaben. Es war nicht einzusehen, weshalb das nicht auch in Zukunft der Fall sein sollte. Und in der Tat: Es standen neue, aufregende Projekte unmittelbar bevor.

25

Perlman und Previn in Pittsburgh

Mitte 1976 wäre zum zweiten Mal Gelegenheit gewesen, eine Platte in den Staaten zu produzieren. Perlman und das Chicago Symphony Orchestra unter der Leitung von Carlo Maria Giulini sollten das Violinkonzert von Brahms einspielen. Dafür war eigentlich ich zuständig. Einige Monate vor dem Aufnahmetermin wurde ich zu einer Besprechung mit meinem Chef und einem Kollegen gebeten. Ich wußte im voraus, was Gegenstand unserer Besprechung sein sollte. Als ich das Zimmer betrat, registrierte ich nicht ohne Schadenfreude die Nervosität der beiden anderen. Nach einigen einleitenden Floskeln kam mein Chef zur Sache. »Was das Brahms-Violinkonzert in Chicago anbelangt, so bin ich – sind wir – nach reiflicher Überlegung zu der Überzeugung gelangt ...« Ich unterbrach ihn: »Sie wollen, daß er geht«, und zeigte auf meinen Kollegen. »Also gut, einverstanden.« Offensichtlich hatte er mir nicht zugehört, denn er fuhr fort: »... daß im großen und ganzen ...« Wieder unterbrach ich ihn: »Ich habe doch gesagt: einverstanden – und wenn das alles ist, kann ich ja jetzt gehen.« Ich ging, und die beiden Herren starrten mir entgeistert nach.

Aber die Zeit sorgt am Ende oft doch noch für ausgleichende Gerechtigkeit. Im Januar 1977 sollte Perlman in Pittsburgh eine Aufnahme mit Previn einspielen, der künstlerischer Direktor des dortigen Symphonieorchesters geworden war. Ich hatte bereits beschlossen, diese Platte unter allen Umständen selbst zu produzieren, mir aber noch nicht ernsthaft überlegt, wie ich das durchsetzen könnte. Glücklicherweise brauchte ich gar nicht darüber nachzudenken. Eines Morgens, Ende November, suchte mich der Kollege auf, der mich in Chicago vertreten hatte. Er kam ohne Umschweife zur Sache: Er sehe nicht ein, warum er mitten im Winter in die Staaten fliegen solle, um Perlman aufzunehmen, für den ja ohnehin ich zuständig sei. Ich zuckte nicht mit der Wimper. Hatte ich ihn denn damals gebeten, nach Chicago zu fliegen?

So kam es, daß ich am Montag, den 10. Januar 1977, in New York eintraf. Ich hatte vor meiner Abreise nervös verfolgt, wie das Thermometer innerhalb von einer Woche auf minus 12 Grad Celsius fiel, und war deshalb erstaunt, daß in New York ganz unerwartet Tauwetter herrschte. Die Stadt selbst gefiel mir sofort. Nur am ersten Tag überkam mich plötzlich ein komisches Gefühl. Als ich nach dem Abendessen in mein Hotel zurückkehrte, sah ich auf die Uhr. Es war elf. Entsetzt dachte ich: Was um Himmels willen hast du um vier Uhr morgens Greenwich-Zeit in New York auf der Straße zu suchen?

Am nächsten Tag aß ich bei Perlman zu Mittag. Ich hatte vierzehn der sechzehn Platten produziert, die er in den sechs Jahren seiner Zusammenarbeit mit EMI für uns eingespielt hatte. In dieser Zeit hatte sich eine herzliche Freundschaft zwischen uns entwickelt. Jetzt stand ich am Anfang einer noch engeren Beziehung zu ihm und seiner Familie.

Perlman ist ein häuslicher Mensch. Sobald er von zu Hause weg ist, wird er unruhig und nervös. Auf die meisten seiner längeren Auslandsreisen nimmt er deshalb seine Familie mit, oder wenigstens einen Teil davon. Einmal kam er allein nach Europa. Ich versuchte ihn zu einer Verlängerung seines Aufenthaltes um vier Tage zu überreden, damit er noch eine Platte mit Haitink und dem Concertgebouw-Orchester aufnehmen konnte. Perlman sträubte sich dagegen, er wollte unbedingt nach New York zurück. Als ich ihn bedrängte, sagte er: »Suvi, willst du wirklich zwei Violinkonzerte mit mir aufnehmen, wo ich doch fast drei Wochen nicht mehr zu Hause war?« Ich sagte sofort: »Nein, Itzhak, das will ich nicht.« Als er das nächste Mal kam und wir die beiden Konzerte aufnahmen, hatte er seine Frau und seine drei Kinder dabei.

Perlman ist aber auch ein geselliger Mensch und ein höchst witziger Unterhalter. Er liebt gutes Essen und weiß zu diesem Thema alles. Zugleich macht er sich über seine Eßleidenschaft selbst lustig. Er ist auch ein exzellenter Koch. Ich sah ihm einmal zu, wie er Spaghetti Bolognese zubereitete. Als er das Hackfleisch im siedend heißen Olivenöl umrührte, standen mir die Haare zu Berge – ein Tropfen auf seine Finger, und er hätte zwei Wochen lang nicht spielen können. Als ich ihm das sagte, antwortete er ungerührt: »Keine Sorge, es geht schon nichts schief.«

Er hat einen deftigen Humor. Er macht respektlose Witze über Juden und über die zahlreichen »Volksgruppen«, wie Schwarze, Mexikaner, Indianer, Araber und andere in Ermangelung eines besseren Begriffes genannt werden. Er erzählt sogar dreckige Witze, Witze mit haarsträubenden Pointen und Witze mit raffinierten Wortspielen. Er ist ein hervorragender Mime und kann die Sprechweise eines Taxifahrers aus Brooklyn, eines englischen Gentleman, einer jüdischen Großmutter oder, auch das, eines indischen Plattenproduzenten perfekt imitieren. Nichts von dem, was ihm begegnet, ist vor seiner scharfen Zunge sicher. Besonders komisch ist es, wenn er sich eine seiner Krücken angelt, die Lippen an eines der Löcher legt, die der Länge nach in die Krücke gebohrt sind, die anderen Löcher mit den Fingern zudeckt und eine Melodie darauf spielt, als wäre die Krücke eine riesige Flöte.

Perlmans Persönlichkeit strahlt von einem musikalischen Zentrum aus, das den innersten Kern des Menschen Perlman ausmacht. Ein Beispiel seiner Qualitäten als Musiker ist seine Interpretation des ersten Satzes aus dem Violinkonzert D-dur op. 61 von Ludwig van Beethoven, dem Gipfel aller Literatur für Violine und Orchester. Der Solist hat gewaltige Aufgaben zu bewältigen. Das Orchestervorspiel dauert über drei Minuten. Das gesamte Material des ersten Satzes wird hier vorgestellt und ausführlich entwickelt. Wenn die Solo-Violine einsetzt, bleibt nichts grundsätzlich Neues mehr zu sagen, sie beginnt daher mit einfachen Oktaven. Die meisten Geiger erliegen der Versuchung, laut und energisch einzusetzen, als wollten sie sagen: Hier bin ich, die Hauptperson. Was bisher war, sollte nur meinen Einsatz ankündigen, denn jetzt geht es erst richtig los. Perlman dagegen spielt, wie nur wenige andere, bescheiden und zurückhaltend. Er hat es gar nicht nötig, laut zu verkünden, daß er die Hauptperson ist. Er setzt ein, bleibt, wie von Beethoven verlangt, die ersten beiden Takte über im Piano, spielt die Sforzandi der im dritten Takt folgenden hohen Noten mit leichtem Nachdruck, und geht bei den absteigenden Terzen wieder ins Piano zurück. Das folgende Crescendo ist gleichmäßig über die nächsten vier Takte verteilt. Dann, wenn diese »Einleitungsfloskeln« erledigt sind, erklingt ganz schlicht das erste Thema des Satzes – Beethoven schreibt »dolce« vor. Um Perlmans Kunst in ihrer Vollkommenheit würdigen zu können, höre man sich an einer späteren Stelle den gleichfalls mit der Anweisung »dolce« versehenen Triller auf dem E an, der sich über fast fünf Takte erstreckt, bevor dann die zweite Hälfte des Hauptthemas erklingt, gefolgt von Skalen und gebrochenen Dreiklängen. Das Konzert ist überreich an schönen Stellen, und Perlmans Einspielung ist eine der großen Interpretationen unserer Zeit. Als ich ihn damals in New York besuchte, war die erste seiner zwei Einspielungen des Violinkonzerts von Beethoven freilich noch über vier Monate entfernt. Zunächst wollten wir das Violinkonzert von Goldmark aufnehmen.

Ich sah den Aufnahmen in Pittsburgh mit großer Spannung entgegen. Zuerst mußte ich mir freilich noch einmal die Vorschriften einprägen, die für die Arbeit in Amerika gelten und die sich beträchtlich von dem unterscheiden, was ich gewohnt war. In Großbritannien haben die Musiker in einer dreistündigen Sitzung das Recht auf eine Viertelstunde Pause. In Amerika muß man *pro Stunde* zwanzig Minuten Pause machen. Das bedeutet im Klartext nichts anderes, als daß man in Großbritannien pro Sitzung zweidreiviertel Stunden arbeiten kann, in Amerika dagegen nur zwei Stunden. Eine andere, ebenfalls streng befolgte Vorschrift gleicht diesen einseitigen Vorteil allerdings wieder aus: Die effektiv aufgenommene Zeit, im Unterschied zu der für Proben und Probeaufnahmen verwendeten Zeit, darf in Großbritannien in einer dreistündigen Sitzung nicht mehr als zwanzig Minuten betragen. In Amerika dagegen kann man, wenn man es klug anstellt, in den zur Verfügung stehenden zwei Stunden zwei Stunden Musik aufnehmen. (Lange nach meinem ersten Besuch in Amerika nahm ich mit dem Boston Symphony Orchestra Strawinskys »Feuervogel« in der ungekürzten Fassung von 1910 in einer einzigen Sitzung auf. Tom Morris, der Manager des Orchesters, war von seinem Orchester und dem Dirigenten so überzeugt, daß er zu mir sagte: »Wenn Sie das Werk nicht in einer Sitzung schaffen, Suvi, bekommen Sie eine Sitzung gratis!«)

Die 20-Minuten-Regelung in Großbritannien läßt keine Ausnahme zu. Ist die insgesamt aufgenommene Musik länger als zwanzig Minuten pro Sitzung, muß dem Orchester eine zusätzliche Sitzung bezahlt werden, auch wenn die Zeit nur um eine halbe Minute überzogen wird. So geschehen, als ich mit Previn und dem London Symphony Orchestra die 13. Symphonie von Schostakowitsch aufnahm. Gegen Ende der dritten und letzten Sitzung merkte ich plötzlich, daß die Symphonie in unserer Einspielung 61 Minuten dauerte. Ich addierte die Zahlen ein zweites Mal und kam auf dasselbe Ergebnis. Dann überstürzten sich meine Gedanken. Ich überlegte, ob ich Previn bitten sollte, den letzten Satz noch einmal aufzunehmen und dabei eine Minute und fünfunddreißig Sekunden einzusparen. Previn hätte mich wahrscheinlich nur entsetzt und völlig ungläubig angeschaut. Dann erwog ich, das Band so schnell laufen zu lassen, daß die Symphonie gerade eine Stunde dauerte, oder einfach zu behaupten, die Symphonie dauere sechzig Minuten. Ich dachte noch an ein, zwei andere Möglichkeiten, auf die ich nicht näher eingehen möchte, um andere nicht auf schlechte Gedanken zu bringen. Zuletzt verwarf ich sie alle, und das Orchester wurde, um die neunzig Sekunden Überlänge abzudecken, für eine ganze weitere Sitzung bezahlt.

Die in Amerika geforderten zwanzig Minuten Pause pro Stunde können beliebig auf die Stunde verteilt werden. Man darf nur nicht länger als eine Stunde am Stück arbeiten, eine vernünftige Regelung, da die Konzentration, mit der ein amerikanisches Orchester arbeitet, sich ohnehin nicht viel länger halten ließe. Als ich zum erstenmal in den Staaten aufnahm, ertönte zu Beginn der zweiten Sitzung für die 2. Symphonie von Sibelius plötzlich ein störender Brummton. Als Previn die Regie anrief und fragte, ob wir zur Aufnahme bereit seien, sagte ich, wir müßten zuerst ein plötzlich aufgetauchtes Brummen lokalisieren und eliminieren. Previn sagte, das Brummen sei im Saal ebenfalls zu hören. Ich war erleichtert, denn das bedeutete, daß es eine äußere Ursache hatte und damit leichter zu beseitigen war als ein Brummen in der Leitung. Einige Zeit würden wir allerdings so oder so verlieren. Um Aufnahmezeit zu sparen, entschied ich, die für die Beseitigung des Brummens benötigte Zeit zur Pause der ersten Stunde zu schlagen. Ich bat Previn, eine zehnminütige Pause anzusagen. »Aber es ist doch erst drei nach zehn, Suvi, und wir haben noch nichts getan.« »Bitte, André«, beharrte ich, »zehn Minuten Pause.« Previn ist der vernünftigen Ansicht, daß, wer seinem Produzenten vertraut, keinen Streit anfängt, wenn Not am Mann ist, und daß, wer seinem Produzenten nicht traut, besser keine Platten mit ihm macht. »Zehn Minuten Pause«, sagte er deshalb zum Orchester. Dann kam er in die Regie. »Jetzt erklär mir aber mal, was die Pause soll.« Ich erklärte ihm meine Rechnung. »Raffiniert«, war sein Kommentar. »Vermutlich ein Ergebnis der höheren Mathematik, die du in deiner Jugend getrieben hast!«

Bei einer späteren Aufnahme in den Staaten – das Philadelphia Orchestra sollte »Eine Alpensinfonie« von Richard Strauss aufnehmen – störte wieder ein Brummton. Auch diesmal dirigierte Previn. Ich fragte die Tontechniker, wie lange sie brauchen würden, um die Störung zu beheben. Einer meinte zehn Minuten, ein anderer fünfzehn. Ich bat Previn deshalb um zwölfeinhalb Minuten Pause. Previn, der sich nie anmerken läßt, was er denkt, schluckte leer und gab dann bekannt: »Pause – zwölfeinhalb Minuten.« Die Musiker lachten und wiederholten auf dem Weg in die Pause immer wieder ungläubig: »Zwölfein*halb* Minuten!« Previn kam in die Regie. »Warum ausgerechnet zwölfein*halb* Minuten?« Ich sagte: »Tut mir leid, André, das ist mir spontan eingefallen, als die in der Technik meinten, die Unterbrechung würde zehn bis fünfzehn Minuten dauern.« Später sagte ein Orchestermitglied zu mir: »Daß ich das noch erleben durfte! Noch nie in den zwanzig Jahren, die ich im Orchester spiele, habe ich eine Pause von zwölfeinhalb Minuten gehabt!« Die disziplinarischen Vorschriften zum Ablauf einer Sitzung sind in Amerika außergewöhnlich streng. Gleich am Anfang fiel mir hinter der Bühne der Heinz Hall, dem nach einem Industriellen benannten Zuhause des Pittsburgh Symphony Orchestra, eine Liste mit Geboten und Verboten auf, die das Verhalten der Orchestermusiker regelten. Die Musiker wurden darin angehalten, sich stets mit ungeteilter Aufmerksamkeit und nach bestem Vermögen der zu spielenden Musik zu widmen. Im einzelnen war ihnen untersagt, etwas zum Lesen oder Getränke und Essen mit auf die Bühne zu nehmen, sich zu unterhalten, andere Musiker vom Spielen abzulenken, zu rauchen, zu spät zu kommen oder die Arbeit nachlässig oder undiszipliniert zu tun. Als ich den letzten Paragraphen las, verschlug es mir die Sprache. Dort hieß es, jede Verletzung obengenannter Gebote habe die sofortige Entlassung aus dem Orchester zur Folge. Ich fragte Seymour Rosen, damals Manager des Orchesters, wie es möglich sei, so drakonische Vorschriften bei den Orchestermitgliedern durchzusetzen. Rosen zeigte auf eine junge

Bratschistin. »Sehen Sie die junge Frau dort? Auf unserer Warteliste stehen drei weitere tüchtige Bratschisten, die alle auf diesen Platz wollen. Das ist eine scharfe Konkurrenz, und das ist es auch, was ganz sicher einen wesentlichen Einfluß auf die Disziplin des Orchesters hat. Außerdem gibt es solche Vorschriften doch überall, Suvi. Man muß überall pünktlich zur Arbeit erscheinen und sich während der Arbeitszeit auf die Arbeit konzentrieren. Man kann nicht essen und trinken und trotzdem konzentriert arbeiten. Die Vorschriften sind ganz normal. Im übrigen habe ich noch nie erlebt, daß jemand wegen Verletzung einer Vorschrift hätte gemaßregelt werden müssen.«

Als ich diese Art von Organisation in Aktion erlebte, wirkte die Atmosphäre natürlich und entspannt. Ich hatte durchaus nicht den Eindruck, daß die Musiker etwas gegen ihren Willen taten. Eine Viertelstunde vor der Sitzung erfolgte eine Zeitdurchsage, weitere Durchsagen folgten zehn und fünf Minuten vor Sitzungsbeginn. Zwei Minuten vor Sitzungsbeginn war außerhalb des Künstlerzimmers nichts mehr zu hören. Auf dem Bildschirm sah ich, daß die Musiker vollzählig auf der Bühne versammelt waren. Über den Lautsprecher kam bereits das vertraute A der Oboe.

Der Vertreter der Gewerkschaft kam in die Regie, um die Uhren zu vergleichen. Eine Minute vor Sitzungsbeginn herrschte im Saal vollkommene Stille. Die Musiker hatten gestimmt und waren bereit. Sie warteten nur noch auf das Zeichen, mit dem der Gewerkschafter die Sitzung zu der mit mir vereinbarten Zeit eröffnen würde. (Previn war einmal einige Sekunden zu früh dran. Er wollte schon den Taktstock aufnehmen, da legte ihm der Gewerkschafter, der gemerkt hatte, was er vorhatte, die Hand auf den Arm und sagte: »Noch zwanzig Sekunden.«) Die Konzentration während der Sitzungen war absolut. Wenn Previn einmal abbrach, um eine bestimmte Stelle zu erklären, herrschte Stille. Aber diese Disziplin war nicht von oben verordnet. Sie entsprang einfach der Einsicht der Mitwirkenden, daß sie ihre Arbeit so am besten und effektivsten vollbringen konnten.

Wenn ich an die Verhältnisse in London dachte, mußte ich unwillkürlich lächeln. Auch unser System funktioniert insgesamt gut, aber manchmal habe ich mir schon gewünscht, die Musikergewerkschaft würde über die Erfüllung der Pflichten ihrer Mitglieder mit demselben Eifer wachen wie über die Einhaltung ihrer Rechte. Zum Beispiel die Pünktlichkeit: In London fängt eine Sitzung selten pünktlich an. Die viertelstündige Pause zieht sich immer in die Länge, und nach jeder Sitzungsunterbrechung kostet es Energie, das Orchester wieder zusammenzutrommeln. Einmal hatte ich nach einer Sitzung das Gefühl, ich müßte etwas tun, um die Pünktlichkeit zu verbessern. Nicht weil die Zeit für das Werk, das wir gerade aufnahmen, knapp geworden wäre, sondern weil die darauffolgende Aufnahme sehr knapp geplant war. Ich bat daher unsere Verwaltung, dem Orchesterbüro ausrichten zu lassen, ich sei mit der Pünktlichkeit des Orchesters nicht zufrieden. Zu meiner großen Belustigung sah ich, wie der Leiter des Orchesterbüros während der folgenden Sitzungen an der Tür zum Studio stand und zu den hereinkommenden Spielern sagte: »Beeilt euch, es wird Zeit. EMI hat sich über uns beklagt, und wir wollen doch Mr. Grubb nicht verärgern.« Insgesamt war das Orchester allerdings überaus pünktlich, und die Aufnahme, deretwegen ich mir Sorgen gemacht hatte, ging problemlos in etwas weniger als drei Sitzungen über die Bühne.

Nach diesem längeren Exkurs aber jetzt zurück zu meinem ersten Aufenthalt in Amerika. Es war vorgesehen, die 2. Symphonie von Sibelius und das Violinkonzert von Goldmark sowie die »Zigeunerweisen« von Sarasate mit Itzhak Perlman als Solisten aufzunehmen. Die einzige Strapaze war das Wetter. Die Temperatur schwankte zwischen minus 23 Grad – es war damit rund zwanzig Grad kälter als die kälteste Temperatur, die ich je erlebt hatte – und minus 9 Grad Celsius an einem besonders milden Tag, was mir wie eine Hitzewelle vorkam.

Für das Violinkonzert wollten wir Perlman seitlich zum Orchester setzen, vor die ersten Geigen, damit sein Mikrofon möglichst wenig vom Orchester aufnahm. Als ich in den Saal kam, sah ich ihn aufgelöst vor seinem Stuhl stehen und diesen mit tiefem Mißtrauen anstarren. »Das kann nicht gutgehen, Suvi«, sagte er düster. »Warum tust du mir das an?« »Itzhak, ich verspreche dir, daß wir den Stuhl anders hinstellen, wenn es nicht geht. Vertrau mir.« »Aber es kann nicht gutgehen«, beharrte er, »ich weiß es.« Ich fragte, warum er denn davon so fest überzeugt sei. »Weil ich so André nicht sehe und er mich nicht. Wir haben keinen Kontakt zueinander und werden ständig auseinander sein.« »Setz dich einen Augenblick hin, Itzhak«, mischte Previn sich ein. Und als Perlman dies widerwillig getan hatte: »Jetzt klemm die Geige unters Kinn.« Previn stieg zum Dirigentenpult hinauf, nahm den Taktstock, breitete die Arme aus und sah Perlman von der Seite an. »Wo ist das Problem? Wir haben doch hervorragenden Kontakt.« Perlman blieb skeptisch: »Ich finde immer noch, es wäre besser, wenn ich mich umdrehen und dem Orchester gegenübersitzen würde.« »Itzhak«, sagte Previn schmeichelnd, »Suvi sagt dir doch auch nicht, wie man am besten Geige spielt. Warum überläßt du es nicht ihm, wie er dich am besten aufnimmt?« Ich versprach Perlman noch einmal, daß wir ihn sofort anders setzen würden, wenn es so nicht klappen sollte. Es folgte eine zehnminütige Probe. Nach der Probe meinte Perlman über das Mikrofon: »Suvi, hmmm ...?«, was zwischen uns beiden alles bedeuten konnte, angefangen von »Was hältst du davon?« bis »Wie geht es dir?« Ich sagte: »Fertig für eine Probeaufnahme. Bitte vom Feinsten.«

Orchester und Solist spielten die Exposition. Dann kamen Previn und

Perlman in die Regie, um die Aufnahme anzuhören. Während des Orchestervorspiels sah Previn mich nur einmal kurz an, und ich wußte, daß er mit dem Orchesterklang zufrieden war. Das Orchester wurde leiser, und dann setzte mit himmlisch süßem Ton, der ihr fulminantes Volumen nicht ahnen ließ, Perlmans Stradivari mit dem Hauptthema ein. Einmal mehr zeigte Perlman hier, was er kann. Goldmark hat reizende, ungekünstelte Musik geschrieben, aber wenn Perlman spielt, meint man, ein großes Werk zu hören.

Perlmans Kopf war während des Vorspiels auf die Brust gesunken. Als die Violine einsetzte, fuhr er hoch. Zehn Sekunden lang lauschte er bewegungslos. Ich saß direkt hinter ihm und hatte die absurde Vorstellung, zu sehen, daß seine Ohren sich wie die eines wachsamen Schäferhundes in alle Richtungen drehten, um so viel wie möglich vom Klang aufzunehmen. Dann warf er einen Blick in die Partitur und stöhnte laut über einen Ton, der nicht »absolut perfekt« war – auch dieses Stöhnen diente der internen Verständigung mit mir. Perlman gab durch keinerlei Regung zu erkennen, ob er den Klang für »schrecklich« hielt, für »entsetzlich« oder – höchstes Lob aus seinem Mund – »nicht übel«. Dann wandten wir uns der Musik und der Interpretation zu. »André, bei C sind die Hörner zu laut. Bist du das, oder sind wir es?« »Das sind wir, Suvi, aber könntest du es bitte ausgleichen? Es hat mich so viel Mühe gekostet, den Hörnern ihre Hemmungen zu nehmen, daß ich sie jetzt ungern wieder zurückpfeife.« »Du hast völlig recht.« Ich sah den Tonmeister an. »Gehört? Hörnermikrofon etwas näher, damit der Klang kompakter wird.« Dann sagte Perlman zu Previn: »André, kannst du mir bei F mehr Zeit geben? Ich gehe da im Tempo etwas zurück.« Darauf ich: »Er möchte nur seine G-Saite auskosten.« An einer besonders schönen Stelle entfuhr mir ein bewundernder Ausruf, und Perlman bewegte wie Groucho Marx aufgeregt die Augenbrauen auf und ab und grinste dazu mit engelhafter Unschuld. An einer anderen Stelle sagte Previn vorwurfsvoll: »Itzhak«, und Perlman flüsterte: »Entschuldigung« – und so weiter, mit der üblichen Mischung aus Ernst und Flachs.

Während das alles vonstatten ging, war ich zugleich gespannt, wie Perlman den Klang seiner Geige beurteilen würde. Zwar war ich selbst damit zufrieden, aber wie bereits gesagt, habe ich es schon lange aufgegeben, dahinterzukommen, wie Geiger den Klang ihrer Geigen hören und beurteilen. Als die Aufnahme zu Ende war, drehte Perlman sich um und sagte: »Klingt echt gut.« Ich sagte: »Tu nicht so überrascht, Itzhak.« Ich konnte regelrecht spüren, wie erleichtert das Aufnahmeteam war. Perlman war mit dem Klang seiner Geige zufrieden, und damit war die erste und in mancherlei Hinsicht schwierigste Hürde genommen. Dann sagte ich: »Itzhak, ich finde, du bist etwas zu laut. Ich meine, wir sollten dich etwas zurücknehmen.« »Nein«, antwortete er sofort ganz hastig. »Ich werde mich der Dynamik anpassen. Ich brauche jetzt keine Angst mehr zu haben, daß ich untergehe, und kann deshalb wirklich piani-ssi-ssi-ssi-ssi-mo spielen.«

Meine ersten Aufnahmen in Amerika gingen ungewöhnlich problemlos und glatt über die Bühne. Previn freute sich, daß wir über den großen Teich gekommen waren, um das Orchester aufzunehmen, dessen neuer Leiter er war. Das Orchester, überglücklich, wieder einmal einer Batterie Aufnahmemikrofone gegenüberzusitzen, war mit Feuereifer bei der Sache, und Perlman schließlich war in Hochform. Man hört es den Aufnahmen an.

Previn gestaltete den Orchesterpart liebevoll und überzeugend. Dirigenten, die so gut begleiten wie er, sind rar; sie lassen sich an den Fingern einer Hand abzählen. Einen Solisten einfühlsam, aber nicht passiv zu begleiten, den eigenen Stil dem des Solisten anzupassen und doch genügend Individualität zu bewahren, um umgekehrt die Spielweise des Solisten zu beeinflussen, sich erforderlichenfalls durchzusetzen, ohne stur zu sein, die ganze Zeit über Orchester und Balance im Auge zu behalten und stets flexibel zu reagieren, da kein Solist, der diesen Namen verdient, dieselbe Passage zweimal gleich spielt – dazu braucht es mehr als einen guten Dirigenten. Previn versteckt seine enormen Fähigkeiten hinter einem lockeren Umgangston. Ich würde jedem, der eine erstklassige, von gutem Geschmack, musikalischem Gespür, Virtuosität und Sensibilität geprägte Einspielung zu schätzen weiß, empfehlen, diese Platte anzuhören.

Auch mit den amerikanischen Regeln kam ich hervorragend zurecht. Eine genaue Einteilung der zur Verfügung stehenden Zeit war für mich ohnehin unerläßlich. An der ersten Sitzung in Pittsburgh war ein Bratschist des Orchesters der Vertreter der Gewerkschaft. Er merkte bereits im Lauf der ersten Stunde, daß ich es mit der Aufnahmezeit sehr genau nahm, noch genauer aber mit den Pausen, und daß ich nicht die geringste Absicht hatte, einige Extrasekunden Aufnahmezeit herauszuschinden. Nach der Sitzung sagte er zu mir: »Wir werden keine Probleme miteinander haben.« Dasselbe hörte ich später von den Gewerkschaftern der Orchester in Philadelphia und Boston.

Perlman reiste nach dem Goldmark-Konzert ab. Jetzt brauchten wir nicht mehr auf einen Solisten Rücksicht zu nehmen, und ich sagte deshalb zum Tonmeister: »Fertig für Sibelius. Und bitte Ton, was das Zeug hält.« In weniger als zwei Sitzungen waren wir damit durch, und die Technik begann abzubauen. Ich lächelte grimmig bei dem Gedanken, daß man mich bisher vor dem »Streß«, den Aufnahmen in Amerika angeblich mit sich bringen, hatte bewahren wollen.

Als ich den Korridor entlangging, sah ich die junge Bratschistin mit dem Rücken an der Wand auf dem Boden hocken. Ich grüßte, und sie grüßte zurück und sagte: »Sie sind doch vom Aufnahmeteam, nicht wahr? Was machen Sie denn genau?« Ich sagte, ich sei der Produzent. »Dann müssen Sie Suvi sein. Hi, Suvi.« »Hi«, sagte ich. »Hat Ihnen die Aufnahme Spaß gemacht?« Sie nickte eifrig. »Die letzte Aufnahme des Orchesters liegt schon sechs Jahre zurück, und damals war ich noch nicht dabei. Ich hatte also keinerlei Aufnahmeerfahrung. Die, die schon einmal dabei waren, wollten uns Neulingen Angst machen. Sie malten uns aus, wie es bei Aufnahmesitzungen zugeht, wie dauernd einer die Geduld verliert und jeder den anderen anbrüllt. Aber es war überhaupt nicht so, im Gegenteil, es hat Spaß gemacht. Wenn Aufnahmen immer so sind, kommen Sie bitte bald wieder.« Mir war warm ums Herz, als ich Pittsburgh verließ, und vielleicht war das der Grund, weshalb in New York wieder Tauwetter herrschte.

26

Marshall Minor in Cambridge Ernesto Halffter in Madrid

Auf die Anfang 1977 in Pittsburgh aufgenommenen Platten folgten im selben Jahr zahlreiche weitere Einspielungen, und zwar mit Werken von Palestrina, Händel, Johann Christian Bach, Mozart, Haydn, Brahms, Liszt, Chopin, Malcolm Arnold, Joaquín Rodrigo und Serge Prokofieff. Von Joaquín Rodrigo nahmen wir das bekannte Werk »Concierto de Aranjuez« auf und die weniger bekannte, meines Erachtens aber interessantere »Fantasia para un gentilhombre«. Solist war Angel Romero aus der berühmten Familie der Gitarrenvirtuosen, André Previn dirigierte das London Symphony Orchestra. Da das Werk vor der Aufnahme nicht konzertant aufgeführt wurde, standen wir im Studio alle einer neuen Aufgabe gegenüber. Dies galt vor allem für mich, denn Previn und Romero hatten die Werke wenigstens schon gespielt, wenn auch nicht miteinander. Ich war wahrscheinlich einer der wenigen Menschen in Europa, die das Rodrigo-Konzert noch nie gehört hatten.

Auch hatte ich noch nie eine Gitarre aufgenommen, dafür freilich Vilayat Khans Sitar auf einer Soloplatte sowie zusammen mit Bismillah Khans Shanai. Diese Platten und eine Soloplatte von Bismillah sind, nebenbei bemerkt, die einzigen drei Platten mit indischer Musik, die ich je produziert habe. Die beiden indischen Musiker waren zu einem Konzert nach London gekommen, und wir hatten beschlossen, die Gelegenheit zu nutzen und eine Platte mit Duos aufzunehmen. Der Tonmeister war fasziniert vom Klang der beiden exotischen Instrumente. Es gelang uns, den unterschiedlichen Klang von Sitar und Shanai sehr getreu wiederzugeben. Die beiden Musiker waren von der Aufnahme begeistert und fragten mich, ob sie nicht jeder noch eine Soloplatte aufnehmen könnten. Da wir noch einen der beiden für die Aufnahme vorgesehenen Tage übrig hatten, stimmte ich zu. Die Platten erschienen in Großbritannien und Indien. Drei Monate später traf ein Beschwerdebrief unserer Niederlassung in

Indien ein, in dem man uns bat, so etwas nie wieder zu tun. Es habe sich herumgesprochen, daß man in London mit modernsten Geräten, einem von indischer Musik faszinierten Tonmeister und einem obendrein indischen Produzenten hervorragende Platten machen könne, und eine Reihe indischer Musiker hätten bereits angefragt, ob sie nicht auch in London aufnehmen könnten.

Doch zurück zu Rodrigos »Concierto«. Eine Gitarre mit einem ausgewachsenen Symphonieorchester zusammen aufzunehmen ist eine fast unlösbare Aufgabe. Wir standen vor dem Problem, wie wir den zarten Charakter des Instruments bewahren und zugleich gewährleisten konnten, daß es bei lauten Stellen nicht vom Orchester zugedeckt wurde. Leichter wäre gewesen, die Gitarre einfach auf die Lautstärke eines Klaviers hochzufahren oder sie elektrisch zu verstärken, wie man es von Pop-Platten kennt. Als Romero einmal beim Anhören einer Probeaufnahme mißmutig bemerkte: »Die anderen sind ja viel lauter als ich«, erwiderte ich kurzangebunden: »Sehen Sie sich doch mal um, Angel, wenn Sie wieder im Studio sind. Sie werden feststellen, daß die anderen in der Überzahl sind.« Wir mußten Angel einige Male umsetzen, bis wir endlich, nach mancherlei Experimenten und mit Hilfe des erfahrenen Previn, eine musikalisch akzeptable und praktikable Lösung gefunden hatten.

Dann begannen wir mit der Aufnahme. Romeros Virtuosität und musikalische Sensibilität waren verblüffend. Wir brauchten allerdings einige Zeit, um uns daran zu gewöhnen, daß er sich überall einmischte. So fragte er den Tonmeister beispielsweise, ob er die von ihm ausgewählten Mikrofone wirklich für die besten halte. Mir erklärte er, daß man auf der Gitarre mit den Fingern von einer Note zur anderen nach oben oder unten rutsche und es deshalb so klinge, als würde der Ton nicht klar angeschlagen – was sich nun wirklich von selbst erklärt. Wenn er stimmen wollte, bat er das Orchester selbst lautstark um Ruhe, statt dies, wie es eigentlich üblich ist, dem Dirigenten zu überlassen. Den Fotografen wies er dauernd darauf hin, von wo er die besten Bilder machen könne, und wenn er vor Previn nicht einigen Respekt gehabt hätte, hätte er ihm wahrscheinlich gesagt, wie man dirigiert. Irgendwie konnte man ihm aber trotz allem nicht böse sein, denn sein Überschwang entsprang lediglich dem dringenden Bedürfnis, überall dabei zu sein und mitzureden, wo etwas los war.

Von Haydn nahmen wir die »Sieben letzten Worte unseres Erlösers am Kreuze« in der originalen Fassung für Orchester auf. Das Werk besteht aus einer Einleitung und sieben herrlichen langsamen Sätzen von tiefem Ernst, von denen der letzte – »Vater, ich befehle meinen Geist in deine Hände!« – in einen erschütternden Epilog übergeht, der darstellt, wie »die Erde erbebte und die Felsen zerrissen«. Haydn trifft den Charakter der Jesus-Worte sehr genau: die Verzückung über das Paradies, das Mitleid mit seiner Mutter in »Weib, siehe, das ist dein Sohn!«, die Verzweiflung in »Mein Gott, mein Gott, warum hast du mich verlassen?«, die Qual in »Mich dürstet!« und das Hinnehmen des Todes im letzten Satz. Meine Freude über diese Aufgabe war um so größer, als das Werk von der bekannten Academy of St Martin-in-the-Fields unter ihrem Gründer und Chefdirigenten Neville Marriner eingespielt werden sollte. Ich hatte beharrlich auf eine Gelegenheit gewartet, mit diesem einzigartigen Ensemble arbeiten zu dürfen. Ich wußte, daß der Produzent, der sie sonst betreute, früher oder später einmal ausfallen mußte. Jetzt also war es soweit. Marriner und ich waren einander schon länger bekannt, und auch im Orchester sah ich viele alte Bekannte. Ich war gerührt, als Marriner mich dem Orchester vorstellte und dabei sagte, daß es auch für das Orchester eine große Freude sei, mit mir zusammenzuarbeiten. Die Platte wird in meiner Erinnerung immer einen besonderen Platz einnehmen.

Ungefähr zur Jahresmitte fiel ein anderer Produzent aus, und ich fuhr zum zweitenmal zu Aufnahmen ins King's College nach Cambridge. Der Produzent hatte mich eines Morgens angerufen und gefragt, ob ich frei sei und Lust hätte, am folgenden Sonntag in Cambridge je eine Platte mit Palestrina und österlicher Musik aufzunehmen. Ich war frei, und was die Lust betraf, gab ich zur Antwort: »Stell keine dummen Fragen.«

Leiter des King's College Choir war inzwischen Philip Ledger. Er war mir bereits als Cembalist bekannt, aber noch nicht als Dirigent. Auf dem Programm standen Palestrinas Weihnachtsmesse »Hodie Christus natus est« und sechs Motetten, dazu Kirchenlieder wie »When I survey the wondrous cross«, Hymnen, darunter »Drop, drop, slow tears« von Orlando Gibbons, und Motetten von Orlando di Lasso, John Taverner, Thomas Morley und Christóbal Morales.

Cambridge war wie immer malerisch und die Arbeit dort so angenehm, daß ich geradezu Schuldgefühle hatte, die Sitzungen als Arbeit zu betrachten. Ledger hatte dem Chor seinen eigenen Stil aufgeprägt, und er übte seine Autorität mit gelassener Selbstverständlichkeit aus. Die Arbeit mit den Jungen machte viel Spaß. Es war besonders lustig, zu sehen, wie aus den adretten, wohlerzogenen Knaben mit den Engelsgesichtern, die sie für den Gottesdienst aufsetzten, wieder die Racker wurden, die alle Kinder in Wirklichkeit sind. Sie wurden straff geführt, ihre Konzentration bei den Proben und Aufnahmen war beeindruckend. Sobald es eine Pause gab, liefen sie selbstverständlich in alle Richtungen auseinander, doch sobald der Ruf »Chor versammeln« ertönte, war sofort jeder in wenigen Sekunden wieder auf seinem Platz. Sie waren reizend und überraschend respektlos. Einmal monierte ich bei Ledger, in einer Hymne werde von einem Teil des Soprans das »H« nicht deutlich genug ausgesprochen. Als Ledger den Kindern daraufhin sagte: »Mr. Grubb sagt, einige von euch singen das ›H‹ nicht deutlich genug«, rief wütend ein schrilles Stimmchen aus dem Chor: »So'n Quatsch!« Ledger warf dem Jungen einen warnenden Blick zu.

Besonders gern kamen die Jungen in die Regie. Die Apparaturen dort faszinierten sie, und sie hätten stundenlang zuhören können, wie die Bänder vorwärts oder rückwärts gespult wurden und die Musik sich in ein unverständliches Geschnatter verwandelte. Immer wenn Ledger in die Regie kam, um eine Aufnahme anzuhören, erlaubte er einigen Jungen, mit ihm zu kommen.

Bei jeder Sitzung war ein Sopran in Reserve da, für den Fall, daß einer ausfiel. Einmal war es ein Junge namens Marshall Minor. Als der Chor sich nach der Pause wieder in der Kapelle versammelte, kam er in die Regie geschlendert und fragte mich: »Bitte, Sir, kann ich ein wenig hierbleiben? Mr. Ledger meint, er hätte nichts dagegen, wenn es Ihnen recht ist, Sir.« Natürlich war er willkommen. Fasziniert sah er sich die Apparaturen an, dann näherte er sich vorsichtig der Bandmaschine. Der dort beschäftigte Techniker fragte ihn, ob er die Maschine bedienen wolle. »Au ja, bitte.« Der Junge glühte vor Stolz. Für die nächsten beiden Aufnahmen drückte er auf ein Zeichen des Technikers hin jeweils den Start- und den Aufnahmeknopf und setzte so die Bänder in Bewegung.

Dann spazierte er zum Mischpult weiter und sah dem Tonmeister eine Weile zu. Als der ihn schließlich fragte, ob er das Mischpult bedienen wolle, war Marshall Minor im siebten Himmel. In den nächsten fünf Minuten sagte er unter Anleitung des Tonmeisters die Nummern der Aufnahmen an, schaltete das rote Licht in der Kapelle ein und blendete die Mikrofone ein und aus. Als Ledger mit einigen Jungen in die Regie kam, zog Marshall Minor sich in eine Ecke zurück. Er war in diesem Augenblick wahrscheinlich der glücklichste Junge im ganzen Königreich. Das Band wurde eingeschaltet, und die Stimme des Tonmeisters sagte Take 42 an. Als Take 42 zu Ende war, ertönte plötzlich eine hohe Stimme: »Take dreiundvierzig.« Der Ausdruck auf Philip Ledgers Gesicht war unbeschreiblich. Ledger wußte zunächst nicht, ob ihn jemand auf den Arm nehmen wollte oder ob die Stimme tatsächlich vom Band gekommen war. Er sah sich um und sagte dann mit einer Stimme, die Schlimmes befürchten ließ: »Wer hat das gesagt?« »Ich, Sir«, piepste Marshall Minor. Ledger sah ihn drohend an. »Marshall, hast du die Techniker bei der Arbeit gestört?« Daraufhin meldeten wir uns energisch zu Wort. Im Gegenteil, sagten wir, der Junge habe sich äußerst nützlich gemacht, er habe den Technikern bei der Arbeit geholfen und für gute Laune gesorgt. Ledger sah uns zweifelnd an, und als der Chor sich wieder in der Kapelle versammelte, nahm er Marshall Minor mit. Dem machte es freilich nichts mehr aus, für diesmal bloß zuhören zu müssen.

Als nächstes Projekt folgte ein ungewöhnliches Bühnenwerk. Aufnahmeort war Madrid. Ich hatte die Stadt zum erstenmal 1965 besucht, um Lieder mit einer neuen spanischen Sopranistin aufzunehmen, aus denen dann allerdings nichts geworden war. Bei der Gelegenheit hatte ich mich in Spanien verliebt und das Land seitdem wiederholt besucht.

Bei dem Werk, das diesmal anstand, handelte es sich um »Atlantida«, eine Mischung aus Kantate und Oper von riesigen Dimensionen, die der Komponist Manuel de Falla unvollendet hinterlassen hat. Der zeitgenössische spanische Komponist Ernesto Halffter hatte das Werk in enger Zusammenarbeit mit Frühbeck de Burgos fertiggestellt, und dieser sollte es jetzt mit dem Orchester und den Sängern der spanischen Nationaloper einspielen. Ich sah der Aufnahme mit großer Freude entgegen, denn die Arbeit mit Frühbeck de Burgos war bisher stets harmonisch verlaufen. Ich flog zu vorbereitenden Gesprächen mit dem Dirigenten nach Madrid und schloß daran mein schon zur Routine gewordenes Besichtigungsprogramm an, darunter den üblichen kurzen Besuch im Prado, für den ich mir auf jeder Reise einen anderen Maler vornehme. Diesmal war es Murillo.

Ich holte mir die Partitur von »Atlantida« ab oder zumindest das, was davon fertig war. Ich war nicht weiter beunruhigt, als ich erfuhr, daß Halffter noch am Schluß der beiden Akte arbeitete. Ich versprach Frühbeck de Burgos, ihm in Kürze einen vorläufigen Aufnahmeplan zu schicken, und flog nach London zurück. Im Handgepäck hatte ich ein fettes, kochfertig zubereitetes spanisches Hühnchen, da meine Frau am Telefon gesagt hatte, es sei kein Fleisch mehr im Haus. Das Huhn wurde leider vom Zoll in Heathrow beschlagnahmt.

Die Aufnahme sollte an einem Montag morgen im Teatro Real beginnen. Das war für uns sehr günstig, denn da man in Spanien am Sonntag nicht arbeiten darf, mußten wir schon am Samstag aufbauen und hatten so den Sonntag für Besichtigungen frei. Die spanische Tochtergesellschaft von EMI stellte uns ein riesiges Auto zur Verfügung, in das wir alle hineinpaßten. Wir fuhren gemeinsam nach Toledo.

»Atlantida« war für Orchester, Chor und Solisten völlig neu. Auch für den Dirigenten und mich war es neu, aber wir hatten uns so gründlich wie möglich vorbereitet. Trotz unserer Anstrengungen kamen wir jedoch nur mühsam voran. Es kam zu den unvermeidlichen Zwischenfällen, und in der letzten Sitzung verlor der Tenor seine Stimme. Wir beschlossen, die Orchesterbegleitung in Madrid aufzunehmen und seine Stimme später dazuzumischen. Ein anderes Mal drohte der Chor mit Streik, aber auch dieses Problem konnte gelöst werden.

Für einen weiteren, freilich eher erheiternden Zwischenfall sorgte die spanische Polizei. Nachdem sie uns zunächst erlaubt hatte, den Bus der Techniker auf dem breiten Gehweg direkt vor dem Teatro Real abzustellen, verlangte sie plötzlich, daß er weggefahren werde. Die Anlieger hatten sich empört darüber beschwert, daß ein Fahrzeug mit britischem Kennzeichen das Parkverbot mißachten dürfe, während es für sie keine Ausnahme gebe. Ich klagte mein Leid Frühbeck de Burgos, stieß aber damit auf Granit. »Die Anlieger haben recht«, sagte er. »Gebt uns Gibraltar zurück, und ihr könnt euren Bus auf der Bühne des Teatro Real parken, wann immer ihr wollt.«

Die vielen Ablenkungen hielten mich so in Atem, daß ich erst am vorletzten Tag feststellte, daß meine Partitur mitten im zweiten Finale mit einer nicht aufgelösten Dissonanz abbrach. Ich fragte Frühbeck de Burgos, ob er den Schluß habe. Er verneinte, meinte aber tröstend, Halffter arbeite daran. »Rafael«, sagte ich verzweifelt, »wir müssen diesen Teil morgen nachmittag aufnehmen und wissen noch nicht einmal, wie lang und wie schwer er ist.« Frühbeck de Burgos versprach, Halffter aufzutreiben. Am späten Nachmittag tauchte Halffter endlich auf. »Wie lang ist das Finale noch?« fragte ich. »Nicht lang«, war die hochmütige Antwort. »Wie viele Seiten?« »Vielleicht zehn.« »Noch zehn Seiten!« »Keine Sorge. Rafael und Sie bekommen die fertige Partitur morgen früh.« »Schön«, sagte ich, »und woher weiß das Orchester, was es spielen soll?« »Wie bitte?« fragte Halffter. Frühbeck de Burgos schlug verzweifelt die Hände über dem Kopf zusammen. Meine weiteren Worte gingen in einem rasanten Wortwechsel auf spanisch unter. Frühbeck de Burgos gewann. Er bestellte ein Team von Kopisten, die in Schichtarbeit die Orchesterstimmen herausschreiben sollten. Pünktlich eine Stunde vor Sitzungsbeginn hatte ich meine Partitur in der Hand.

Das Ganze hatte dann noch ein lustiges Nachspiel. Ein Jahr später nahm ich mit Perlman eine Platte mit spanischer Musik auf. Über die Sprechanlage kündigte er mir die nächste Nummer an: »Suvi, als nächstes spiele ich einen modernen Komponisten, von dem du bestimmt noch nie gehört hast.« Ich fragte nach dem Namen. »Ernesto Halffter.« Perlman wollte mir den Namen buchstabieren, aber ich unterbrach ihn: »Ich habe nicht nur schon von ihm gehört, ich habe sogar schon mit ihm gearbeitet.« Perlman war sprachlos. »Komm ins Studio und laß mich die Hand schütteln, die die Hand Ernesto Halffters geschüttelt hat! Du hast nicht zufällig auch schon mit Brahms gearbeitet – B-r-a-h-m-s?«

Im selben Jahr nahm ich mit Horaccio Gutierrez die Sonate in h-moll von Liszt auf. Gutierrez stand in dem Ruf, ein ausgezeichneter Pianist zu sein, mit hoher musikalischer Sensibilität begabt, zugleich aber schwierig im Umgang. Wir verstanden uns jedoch auf Anhieb. Ich war mittlerweile einer der dienstältesten Plattenproduzenten. Jeder Künstler, der zu mir kam, hatte schon von mir gehört, und das verschaffte mir einen Anfangsvorteil.

Im Studio brauchte Gutierrez fast zwei Stunden der ersten Sitzung, um sich einzuspielen. Er spielte alle möglichen Stücke: Bach, Mozart, das d-moll-Konzert von Brahms, Chopin, Prokofieff und dazwischen immer wieder Teile der Liszt-Sonate. Den massigen Körper über die Tasten gebeugt, die Augen meist geschlossen, spielte er rasende Läufe und Arpeggios, donnernde Akkorde und zart hingehauchte Melodien im Pianissimo. Dann nahm er die Sonate in einem Durchgang auf. Ich habe selten eine so beeindruckende Vorstellung erlebt.

Nach einer kurzen Pause hörten wir uns die Aufnahme an. Sie enthielt keinen einzigen Fehler im Sinn falscher Noten oder ähnlich grober Patzer. Drei oder vier Abschnitte hätten vielleicht noch klarer sein können, doch bei den meisten Pianisten wäre ich mit dem, was ich hatte, zufrieden gewesen. Ich wußte jedoch, daß Gutierrez die Stellen noch besser spielen konnte. Während der Aufnahme hatte ich mit einem Teil meiner Aufmerksamkeit auf rhythmische Ungenauigkeiten, unnatürliche Phrasierungen, unklare Läufe und falsche Noten geachtet; die Liszt-Sonate enthält Tausende und Abertausende von Noten, von Akkorden, die, wie im Anfangsthema, im Abstand von drei Sekunden aufeinander folgen können, aber auch in kaskadenartigen Läufen mit bis zu zwanzig Noten pro Sekunde. Meine Hauptaufmerksamkeit hatte freilich dem wichtigsten Aspekt der Interpretation gegolten: der musikalischen Gestaltung. Wurde sie der Absicht des Stückes gerecht? War die Abfolge logisch, und, vor allem, vermochte die Musik das Gefühl des Hörers anzusprechen?

Nach wenig mehr als einem Jahr trennte EMI sich bereits wieder von Gutierrez und ebenso von Ohlsson und Adni; zwei von ihnen wurden, wie einst auch Pollini, dafür bezahlt, daß sie Platten zu denen wir uns vertraglich verpflichtet hatten, gar nicht erst einspielten. Der Gipfel dieser schnöden Behandlung war, daß zwei Schubert-Platten, die Ohlsson und Adni eingespielt hatten, in Großbritannien nie erschienen. Ich schimpfte und tobte, wie ich es schon wiederholt getan hatte, und gab einmal mehr deutlich zu verstehen, daß die Leute vom Vertrieb meiner Meinung nach nur tatenlos herumsäßen und warteten, daß die Platten sich von selbst verkauften, und wenn dies nicht der Fall sei, einfach rieten, den Künstler abzustoßen. Mein Chef protestierte: Ich hätte kein Recht, die Leute zu kritisieren, die sich für die Firma im allgemeinen und meine Künstler im besonderen einsetzten. Ich schnaubte nur verächtlich: »Sie werden doch nicht behaupten wollen, unsere Vertreter gäben sich besonders Mühe, zum Beispiel die Platten von Perlman zu verkaufen. Als ich neulich einen von ihnen anrief, um ihm mitzuteilen, daß Perlman und Zukerman uns die 48 Bartók-Duos angeboten hatten, war die Antwort nur ein entsetztes: ›Um Gottes willen! Bartók!‹ Zwei der großen Geiger unserer Zeit bieten uns an, ein selten eingespieltes Werk eines der führenden Komponisten unseres Jahrhunderts aufzunehmen, und Ihren Vertretern fällt nichts Besseres dazu ein, als die Hände über dem Kopf zusammenzuschlagen. Wie können Sie da erwarten, daß ich sie ernst nehme?« Aber wie ich auch redete, ich konnte meine drei Pianisten nicht retten. Nur mir selbst konnte ich durch meinen Ausbruch etwas Erleichterung verschaffen. Ich hatte nämlich allmählich das unangenehme Gefühl, daß es für einen Pianisten fast schon das Todesurteil bedeutete, mich als Produzenten zu haben.

Im Dezember hatte ich noch zwei Aufnahmen zu betreuen. Auf den ersten Blick schienen beide nicht besonders bedeutsam. Die eine Platte sollte zwei Symphonien enthalten, die andere zwei Cellokonzerte. Von den drei mitwirkenden Künstlern waren zwei alte Bekannte, der dritte war neu. Beide Aufnahmen sollten aber weitreichende Folgen für mich haben: Sie markieren den Beginn einer engen Zusammenarbeit mit Künstlern, die meine Arbeit in den nächsten Jahren bereichern und meiner Begeisterung für die Musik neuen Auftrieb geben sollten.

Bei den beiden Symphonien handelte es sich um Serge Prokofieffs Erste, die sogenannte »Klassische«, sowie seine Siebte. André Previn dirigierte das London Symphony Orchestra. Ich hatte jetzt acht Platten mit Previn produziert, auf denen er als Dirigent symphonischer Werke, als Begleiter von vier Violinkonzerten und als Pianist in Liedern, Ragtimes und einem großen Werk der Kammermusik, dem Brahms-Quintett, zu hören war. Im November hatte ich überdies im Autoradio eine mitreißende, von Previn dirigierte Aufführung der Ouvertüre »Le Corsaire« von Berlioz gehört. Daß ich jetzt die Symphonien von Prokofieff aufnehmen durfte, freute mich daher doppelt.

Während der Sitzungen beeindruckte mich einmal mehr, wie genau Previn die Partitur jeweils kennt. Wie üblich spielte er sein Talent selbstironisch herunter. Was uns besonders verband, war aber jener für meine Arbeit überaus wichtige Aspekt – die gemeinsame Begeisterung und die Freude an der Musik. Ich schwor mir deshalb, eines Tages Previns regulärer Produzent zu werden, selbst wenn ich, um dieses Ziel zu erreichen, seinem bisherigen Produzenten eins würde überziehen müssen. Glücklicherweise war es dann aber nicht nötig, solch drastische Schritte zu unternehmen.

27

Rostropovich und »Lady Macbeth von Mzensk«

Der andere Künstler platzte, seinem Temperament entsprechend, in mein Leben wie eine Bombe. Das mag übertrieben klingen, aber Rostropovich wird man nun mal mit nüchternen Worten nicht gerecht. Schon allein seine Körpergröße ist imponierend, und sein Temperament übertrifft diese noch um ein Vielfaches. Er hat eine Unmenge von Freunden – und Feinden. Ich kannte ihn damals noch nicht persönlich, hatte aber von Kollegen und anderen Musikern gehört, wer ihn näher kenne, sei von ihm begeistert, wer jedoch nur flüchtig mit ihm bekannt sei, betrachte ihn meist mit Feindseligkeit oder Mißtrauen. Auf jeden Fall läßt Rostropovich niemanden gleichgültig.

Ich hatte ihn in Konzerten Cello spielen gehört – und wie er spielte! –, stand seinen Abstechern ins Dirigentenfach zunächst aber offen gesagt eher skeptisch gegenüber. Als eine Kassette mit den von ihm dirigierten Tschaikowskij-Symphonien herauskam, wurde ein öffentlicher Empfang gegeben, und ich hätte zum erstenmal Gelegenheit gehabt, Rostropovich persönlich kennenzulernen. Um dem Kollegen, der die Platten produziert hatte, nicht die Schau zu stehlen, hielt ich mich aber möglichst im Hintergrund. Aus Neugier hörte ich mir dann die Aufnahme an. Man mag andere Vorstellungen haben, wie Tschaikowskijs Musik gespielt werden sollte, als Rostropovich, aber als Dirigent war er zweifellos gut.

Einige Monate später verließ der Produzent, der Rostropovich bisher betreut hatte, die Firma, und ein Nachfolger war ihm noch nicht zugewiesen worden, als bereits ein neues Projekt ins Haus stand: Rostropovich sollte gefilmt werden, wie er mit dem London Symphony Orchestra unter Giulini die Cellokonzerte von Dvořák und Saint-Saëns spielte. Da ich gerade als einziger Produzent frei war, wurde mir der musikalische Teil der Produktion übertragen. Ich hatte noch nie in einem Filmstudio gearbeitet und bat den Regisseur daher um eine Viertelstunde, um mich auf die Akustik einstellen zu können. Er gestattete es nur widerwillig und murmelte etwas von »verlorener Zeit«. Dann trafen die Künstler ein.

Giulini begrüßte mich herzlich und stellte mich Rostropovich vor. Ich skizzierte kurz, wie ich mir den Ablauf der Aufnahme vorstellte, und Rostropovich nickte immer wieder und sagte: »Gut, gut.« Die Sitzung begann, und nach einer knappen Viertelstunde waren wir zur Aufnahme bereit. Klappen schlugen, jemand brüllte: »Fertig zur Aufnahme, Saint-Saëns Take 1!«, und dann begannen die Kameras und Bandmaschinen zu laufen.

Den ersten Satz nahmen wir am Stück auf. Als der Regisseur abbrach, war ich mit dem bisher Aufgenommenen sehr zufrieden. Wir mußten zwei Stellen verbessern, ansonsten hatten Rostropovich, Giulini und das Orchester perfekte Arbeit geleistet. Bevor wir uns die Aufnahme anhörten, sagte ich, wir müßten nur zwei Stellen wiederholen. Rostropovich sagte seinerseits, er sei mit zwei Stellen nicht zufrieden. Als die erste Stelle kam, stoppte ich das Band und erklärte, was ich für nicht gelungen hielt. Rostropovich sagte, er habe dieselbe Stelle gemeint, und setzte, mit dem Finger auf mich zeigend, zu Giulini gewandt hinzu: »Er ist sehr gut.« Dasselbe wiederholte sich bei der zweiten Stelle. Diesmal sagte Rostropovich zu Giulini: »Er ist phantastisch. Kennst du ihn schon lang?« Ich wurde rot, und Giulini erwiderte lachend: »Slawa, ich kenne ihn seit über zwanzig Jahren.«

Wenig später erfuhren wir, daß die Aufnahme aufgrund einer falschen Kameraeinstellung nicht verwendet werden könne. Ich hätte den Kameraleuten am liebsten eigenhändig den Hals umgedreht. Giulini seufzte, und Rostropovich explodierte. Er tobte und raste und sagte den Filmleuten überdeutlich, was er von ihnen im allgemeinen und im besonderen hielt. Dann wandte er sich an mich: »Von jetzt an übernehmen Sie die Leitung.« Das tat ich denn auch unauffällig. Ich hatte schon öfter Sitzungen geleitet, ohne daß es danach ausgesehen hatte.

Ich verfolgte Rostropovichs Arbeit sehr aufmerksam. Er ist ein phänomenaler Cellist. Wir mußten kaum einmal eine Stelle wiederholen, weil er einen Fehler gemacht hatte. Seine Kondition war immens. Mitten in der letzten Sitzung – er hatte bereits zweimal den letzten Satz und in der Sitzung am Morgen die beiden ersten Sätze des Dvořák gespielt – besaß er immer noch genügend Kraft für ein halbes Dutzend Kniebeugen, um, wie er sagte, »den Kreislauf in Schwung zu bringen«.

Einmal brach ich gleich nach Beginn einer Aufnahme ab und begab mich ins Studio, um herauszufinden, warum Rostropovichs Cello nur noch verschwommen zu hören war. Ich erklärte ihm, warum ich abgebrochen hatte, und er zeigte auf sein Mikrofon. Man hatte es einen halben Meter vom Cello weggeschoben; außerdem zeigte es jetzt in die Richtung der Kontrabässe auf der anderen Seite des Dirigenten. Dort aber, wo es bisher gestanden hatte, hatte man eine Kamera plaziert. Ich befahl dem Kameramann barsch, seine Kamera sofort zu entfernen, andernfalls ich sie irgendwohin schieben würde, und ließ das Mikrofon wieder an der ursprünglichen Stelle aufstellen.

Die Arbeit mit Rostropovich bereitete mir viel Freude. Nach der letzten Sitzung suchte ich ihn mit aufrichtigem Bedauern in der Garderobe auf, um mich zu verabschieden. Sein Agent befand sich gerade bei ihm. »Auf Wiedersehen, Maestro«, begann ich, »es war wirklich ...« Er unterbrach mich: »Ich muß Sie sprechen. Sie wissen, daß mein Produzent EMI verlassen hat. Keiner weiß, wer sein Amt übernehmen soll. Mir wäre es lieb, wenn ab jetzt Sie meine Platten machen würden. Was halten Sie davon?« Mein Herz tat einen Sprung. In der kurzen Zeit, die wir einander kannten, hatte sich bereits eine Art Einvernehmen zwischen uns entwickelt. Die Aussicht, mit Rostropovich zu arbeiten, begeisterte mich. Ich anwortete also, daß ich seinen Vorschlag mit Freuden annähme, daß die Entscheidung allerdings vom Leiter der Abteilung getroffen werden müsse. Rostropovich wandte sich an seinen Agenten: »Wir nehmen einfach in den Vertrag auf, daß ich mit ihm arbeite.« Er versprach mir, so bald wie möglich mit meinem Chef zu sprechen.

»So bald wie möglich« hätte bei den meisten in ein oder zwei Wochen geheißen. Nicht so bei Rostropovich. Um neun am nächsten Morgen erhielt ich im Studio einen Anruf. Ich solle doch bitte sofort zu meinem Chef kommen, es sei dringend. Von diesem erfuhr ich, daß Rostropovich in aller Herrgottsfrühe angerufen hatte. Mein Chef warnte mich vor Rostropovichs Temperament und vor den Strapazen der Arbeit mit ihm. Ich sagte, ich sei selbst kein stilles Wasser und anstrengend seien alle Künstler. Wir einigten uns darauf, daß ich Rostropovichs nächste, für April vorgesehene Platte produzieren und dann entscheiden sollte, ob ich mich der weiteren Zusammenarbeit gewachsen fühlte. Auf dem Rückweg in mein Büro überlegte ich, welches Cellokonzert Rostropovich wohl im April spielen würde. Was dann eingespielt wurde, war aber kein Konzert, sondern eine Oper.

Man teilte mir mit, es handle sich um »Katerina Ismailowa« von Schostakowitsch. Die Besetzung stand bereits fest. Auf der Liste entdeckte ich zu meiner Freude zwei bekannte Namen. Galina Vishnevskaya, Rostropovichs Frau, sollte die Titelpartie singen, und ich freute mich darauf, mit dieser mitreißenden Sängerin zu arbeiten. Katerinas Liebhaber Sergej sang ein alter Bekannter, nämlich Nicolai Gedda, den Schwiegervater der bulgarische Baß Dimiter Petkov. Katerinas Rivalinnen waren Taru Valjakka und Birgit Finnilä, letztere ebenfalls eine alte Bekannte. Dazu kamen weitere exotisch klingende Namen: Leonard Mroz, Aage Haugland und Alexander Malta, ferner John Noble, Leslie Fyson und Edgar Fleet. Den Orchesterpart sollte das London Philharmonic Orchestra übernehmen. Als ich mich mit der Tatsache abgefunden hatte, daß die Sänger aus etwa einem halben Dutzend Länder kamen, wandte ich mich mit bösen Vorahnungen dem Aufnahmeplan zu, den noch mein Vorgänger aufgestellt hatte. Meine Befürchtungen waren nur zu berechtigt. Allerdings waren die Schwierigkeiten diesmal anders gelagert als sonst. Die zwei Hauptakteure Galina Vishnevskaya und Nicolai Gedda konnten die ganze Zeit über in London sein, Petkov, der die dritte Hauptrolle sang, fast die ganze Zeit. Von den Sängern der Nebenrollen dagegen kamen die meisten nur gerade zu ihren Aufnahmeterminen nach London. Der »alte Zwangsarbeiter« etwa, der nur in der letzten Szene der Oper auftritt, konnte, wie ich beim Überfliegen der Liste feststellte, nur zur ersten Sitzung kommen!

Die Personen der Handlung erweckten auf Anhieb mein Interesse. Der Kaufmann, sein Sohn, seine Frau und Sergej schienen noch am ehesten Charaktere im Rahmen des Üblichen, desgleichen Arbeiter, Sergeant, Wächter und Priester. Deutlicher in Richtung Thriller wiesen dagegen der Anarchist sowie männliche und weibliche Zwangsarbeiter und Polizisten. Um eine Vorstellung von der Oper zu bekommen, hörte ich mir über Weihnachten eine russische Aufnahme an. Das Werk ist spannend und hat wirkungsvolle dramatische Höhepunkte. Augenblicke höchster Erregung und Dramatik wechseln ab mit Passagen von großer lyrischer Schönheit. Die Musik hält sich durchweg auf hohem Niveau und zieht den Hörer zwingend in ihren Bann. Ich hätte gern gewußt, was Stalin an der ersten Fassung so erregte, daß er in der *Prawda* einen heftigen Angriff darauf drucken ließ. Die Oper war daraufhin vom Spielplan verschwunden und für ein Vierteljahrhundert in Vergessenheit geraten. Als sie wieder aus der Versenkung auftauchte, war sie überarbeitet worden und hatte einen anderen Titel.

Ende Februar rief ich Rostropovich in Washington an, um ihm mitzuteilen, daß der Videofilm fertig sei und so schnell wie möglich von ihm abgesegnet werden müsse. Wohin ich ihm die Kassette mit der Musik schicken solle? Er meinte, die Sache mit der Kassette sei undurchführbar, und fragte, ob ich mit der Musik zufrieden sei. Nicht nur zufrieden, antwortete ich, sogar hochzufrieden. Ich hatte drei anstrengende Tage damit verbracht, die besten Musikaufnahmen Bildfolgen zu unterlegen, die oft aus anderen Aufnahmen stammten, da man beim Schneiden des Films wenig Rücksicht auf die Musik genommen hatte. Rostropovich beauftragte mich, den Film in seinem Namen abzusegnen. Dann wandten wir uns dem nächsten Projekt zu. »Jetzt zu ›Katerina Ismailowa‹ ...«, begann ich, aber er unterbrach mich: »Wir nehmen nicht ›Katerina Ismailowa‹ auf, sondern ›Lady Macbeth von Mzensk‹.« Ich war begeistert. Es bedeutete, daß er die ursprüngliche Fassung der Oper aufnehmen wollte, und diese war noch nie eingespielt worden. Eine Erstaufnahme ist natürlich besonders reizvoll. Als ich fragte, wo ich eine Partitur bekommen könne, holte mich Rostropovich unsanft auf den Boden der Realität zurück. Er habe bisher selbst noch keine auftreiben können, werde aber bald eine haben und es mich dann wissen lassen. Also wieder einmal ein Himmelfahrtskommando! Aber so schlimm wie »Atlantida« konnte es gar nicht werden. Immerhin hatte Schostakowitsch die Partitur ja selbst vollendet, und daher brauchte keiner seiner Schüler noch letzte Hand daran zu legen, während wir schon aufnahmen.

Zwei größere Rollen, beide für Tenor, waren noch nicht besetzt. Ich fragte Rostropovich, ob er schon bestimmte Sänger im Auge habe. Er verneinte, hatte aber präzise Vorstellungen, wie die Stimmen klingen sollten. Katerinas Mann brauche eine angenehme Stimme mit viel Schmelz, aber nicht zu laut. »Also kein Heldentenor?« »Nein!« Rostropovich brüllte das Nein so heftig, daß es auch ohne Telefon in London zu hören gewesen wäre. Der andere Tenor müsse mit der Stimme schauspielern können. »Ich weiß genau die richtigen Sänger für die beiden Rollen«, sagte ich. »Lassen Sie mich nur machen, Maestro.« Er fragte nicht einmal, an wen ich dachte. »Einverstanden. Bis bald.« Ich bat meine Sekretärin, Werner Krenn für die erste und Robert Tear für die zweite Partie zu engagieren, nachdem ich mich vergewissert hatte, daß beide in russischer Sprache singen konnten.

Es wurde März, und ich begann mir allmählich Sorgen zu machen. Es dauerte nur noch einen Monat bis zur Aufnahme, und noch immer war keine Partitur greifbar. Inzwischen hatte ich jedoch einiges über die Geschichte der Oper in Erfahrung gebracht. Als man sie in Rußland verboten hatte, hatte man offenbar von allen ausländischen Opernhäusern und Verlagen die Partituren zurückgefordert. Trotzdem war ich überzeugt, daß irgendwo im Westen noch eine Partitur vorhanden sein mußte. Sicher hatte doch wenigstens der Verlag, der die Partitur damals veröffentlicht hatte, ein Exemplar zurückbehalten. Ein dreifacher Vorstoß von mir, einer unserer europäischen Tochtergesellschaften und Rostropovich selbst blieb allerdings erfolglos. Auch Anfragen bei Opernhäusern, Rundfunkanstalten und Konzertagenturen führten zu nichts. Es sah aus, als müßten wir doch notgedrungen auf die spätere Fassung der Oper zurückgreifen. Aber ich hatte nicht mit Rostropovichs Entschlossenheit gerechnet. In der zweiten Märzhälfte, zwei Wochen vor der ersten Sitzung, rief er mich triumphierend aus Washington an: »Ich habe sie!« Rostropovich hatte in der Library of Congress in Washington eine Partitur aufgespürt, die nach einer Aufführung der Oper von Mitropoulos dort gelandet war. Die Library of Congress lag nur wenige Kilometer von seinem Hotel entfernt. »Stellen Sie sich vor, sie war schon immer so nahe! Ich hätte nur die Hand auszustrecken brauchen, und ich hätte sie gehabt!«

Wir wandten uns rasch praktischen Details zu. Rostropovich hatte die gefundene Partitur mit Noten aus einer anderen Quelle (die er mir nie verriet) verglichen und daraus eine Partitur erstellt, die seiner Meinung nach der originalen »Lady Macbeth von Mzensk« entsprach. Ich fragte nach den Stimmen für Orchester und Chor und nach den Noten für die Sänger. »Ist alles da«, sagte er. Er werde die Stimmen mit einer vollständigen Partitur für mich mitbringen. Die Aussicht, die Partitur wenige Tage vor der Aufnahme zum erstenmal zu sehen, störte mich nicht weiter. Ich wußte ja bereits in etwa, wie die Musik klang.

Eine Woche vor Aufnahmebeginn traf Rostropovich mit seiner Frau in London ein. Um zehn Uhr morgens suchte ich die beiden in ihrer Wohnung auf. Im Wohnzimmer war es eiskalt, aber von irgendwoher kamen in unregelmäßigen Abständen Stöße heißer Luft. Heizkörper waren keine zu sehen. Ich ging der Sache nach und stieß in der Küche auf die Quelle der Wärme – es war der Kochherd. Sämtliche Platten, der Backofen sowie der Grill waren voll aufgedreht, die Platten glühend rot. Ich wunderte mich nur, daß die Sicherung nicht durchgebrannt war. Ich machte Rostropovich auf die Feuergefahr aufmerksam, und er schaltete daraufhin zwei Platten aus. Wieder im Wohnzimmer, kamen wir zum eigentlichen Zweck meines Besuchs. »Maestro ...« Er unterbrach mich: »Ich heiße Slawa – und das ist Galina.« Er zeigte auf die ausgesprochen reizvolle Frau, die soeben verschlafen gähnend und mit zerzausten Haaren ins Zimmer gekommen war. »Suvi«, sagte ich. Wir schüttelten einander die Hände und machten uns an die Arbeit.

Rostropovich hat eine bewundernswerte Eigenschaft: Er fügt sich in das Unvermeidliche. Er war zwar nicht gerade angetan von der kunterbunten Reihenfolge des Aufnahmeplans, da sie aber unvermeidlich war, wußte er sich damit abzufinden. Dann kam der große Augenblick. »Die Partitur«, verkündete er stolz und hielt mehrere Tragetaschen aus dem Duty-free-Shop in die Höhe. Dann legte er eine nach der anderen vor mich hin. »Akt I, Akt II, Akt III und Akt IV. Akt II ist besonders lang. Ich glaube, ein Teil davon ist noch bei Akt IV.« In jeder Tasche waren Stöße von Fotokopien der handschriftlichen Partitur – offensichtlich waren die Blätter nicht nach den Seitennummern geordnet. Ich sah mir einen Stoß genauer an und stöhnte. Es würde mir nichts anderes übrigbleiben, als die Partitur in der noch verbleibenden Woche gründlich durchzugehen, denn diesen Wust während der Sitzung vom Blatt zu lesen war völlig ausgeschlossen.

Als ich ein heraushängendes Blatt etwas unvorsichtig in eins der Bündel zurückstopfen wollte, riß die Schnur, die das Bündel zusammengehalten hatte. Die Tasche platzte, und die Seiten des dritten Aktes ergossen sich über den Boden. Die nächsten zehn Minuten verbrachten Rostropovich und ich auf allen vieren auf dem Boden, um die Blätter wieder einzusammeln und zu einem sauberen Stapel aufzuschichten. Damit war die Reihenfolge der Blätter des dritten Aktes endgültig im Eimer. Während all das geschah, sagte Galina Vishnevskaya seelenruhig, sie sei, was die zeitliche Einteilung ihrer großen Auftritte betreffe, mit dem Aufnahmeplan sehr zufrieden. Ich drückte Rostropovich noch einen Probenplan in die Hand und sagte, ich hätte den Russischlehrer von Covent Garden für sämtliche Proben und Sitzungen engagiert. Dann schwankte ich mit drei Tragetaschen behängt aus der Wohnung. Die geplatzte Tasche hatte ich mir unter den Arm geklemmt.

Ich ging in mein Büro und lud meine Last auf dem Tisch meiner Sekretärin ab. »Champagner aus dem Duty-free-Shop?« »Nein«, erwiderte ich, »die Partitur.« Sie warf einen kurzen Blick in die Tüten und sagte dann: »Ich kündige. Diesen Salat sortiere ich Ihnen nicht.« Als ich das Büro einige Minuten später verließ, hockte sie schon auf dem Boden und verteilte die Blätter auf vier stetig wachsende Haufen. Zwei Tage später war die Partitur säuberlich in fünf Bündel sortiert; der überlange zweite Akt bestand aus zwei Bündeln.

Ich begann, die Partitur durchzuarbeiten. Handlung und musikalischen Ablauf kannte ich bereits. Jetzt ging es darum, sich mit der Instrumentierung vertraut zu machen. Die Partitur sah großes Orchester vor: dreizehn Holzbläser, vier Hörner, neun Blechbläser, Pauken, große Trommel und Schlagzeug, dazu die Streicher – insgesamt über neunzig Musiker. Besonders originell fand ich die Blaskapelle aus vier Kornetts, zwei Trompeten, sechs Hörnern und zwei Tuben, die an einigen Stellen zum Orchester tritt. Zum Glück setzt Schostakowitsch das volle Orchester sparsam ein. Meist spielen nur kleine, kammermusikalische Besetzungen. Typisch ist die Instrumentierung der Eröffnungsszene, in der Katerina über die Leere ihres Lebens im Haus der Ismailows klagt: Oboen, Englischhorn, Klarinetten, Fagott und Streicher, dazu treten gelegentlich mit weichen Akkorden die Hörner. Ich war mir bewußt, daß jene Stellen, an denen der Komponist die vereinten Kräfte des Orchesters, des Chors und der Solisten entfesselt, besonders heikel waren: Hier hieß es für den Dirigenten ebenso wie für das Aufnahmeteam, besonders auf die Balance zu achten.

Rostropovich arbeitete wie besessen. Ihm war ebenso wie Galina Vishnevskaya einige Wochen vor Beginn der Aufnahmen die russische Staatsbürgerschaft aberkannt worden, und die beiden waren darüber sehr traurig. Immer wenn sie davon sprachen, was es für sie bedeutete, standen ihnen die Tränen in den Augen. Auch hatten sie Schostakowitsch persönlich gekannt. Sie wußten, welches Leid diese Oper über ihn gebracht hatte, und wollten zeigen, um was für ein bedeutendes Werk es sich in Wirklichkeit handelte. Ich war entschlossen, alles in meiner Macht Stehende zu tun, um ihnen dabei zu helfen.

Während der Woche, in der Rostropovich mit den Sängern und dem

Chor probte, ging eine Flut von Telefonaten zwischen uns hin und her. Er hatte meinen Vorschlag für die Besetzung des heruntergekommenen Flegels angenommen, war jetzt aber doch etwas ängstlich, wie »dieser Engländer« mit dem schwierigen Part, den Schostakowitsch für die Rolle geschrieben hatte, und mit der russischen Sprache zurechtkommen würde. Kaum hatte Robert Tear die Wohnung dann verlassen, wählte Rostropovich meine Nummer: »Suvinka, er ist phantastisch!« Als Chor hatte ich die Ambrosian Singers von John McCarthy verpflichtet, und um den machte ich mir gar keine Sorgen. Anderthalb Stunden später hatte ich denn auch einen vor Freude übersprudelnden Rostropovich am Telefon: »Der Chor ist ausgezeichnet, Suvinka!« »Und ihr Russisch?« »Auch ausgezeichnet – ausgezeichnet. Jetzt kommen Nicolai und Galina dran.« Die erste Sitzung fand am Morgen des 1. April statt. Über Studio Nr. 1 lag erwartungsvolle Spannung. Rostropovich kam eine Stunde vor Sitzungsbeginn, um noch einige Einzelheiten mit mir zu besprechen. Er und Galina Vishnevskaya waren nicht sicher, ob die übliche Aufstellung von Chor, Orchester und Sängern wirklich günstig war. Sie befürchteten, die Sänger könnten dadurch zu weit vom Dirigenten entfernt sein. Ich versprach, die Aufstellung zu ändern, wenn sie nach der ersten Sitzung immer noch Bedenken hätten.

Dann sprachen wir über unsere Klangvorstellung. Wir waren uns darüber einig, daß die Musik nicht warm und romantisch klingen sollte, sondern scharf, hart und transparent. »Kein Rachmaninow«, sagte ich, und Rostropovich nickend zustimmend: »Genau – kein Rachmaninow.« Meine nächste Frage bezog sich auf die zusätzliche Blaskapelle: Sollte sie mit dem übrigen Orchester verschmelzen oder als eigenständiger Klangkörper zu hören sein? Rostropovichs Antwort verschlug mir die Sprache. »Wissen Sie, was vögeln ist?« Ich war von Künstlern zwar einige Überraschungen gewohnt, aber das übertraf doch alles, was mir bisher begegnet war. Mir fiel der Setzer der *Times* ein, der einst in eine langweilige Rede des Innenministers die Bemerkung eingefügt hatte: »Ich hätte jetzt Lust, zu vögeln.« Mir kam schon das Kichern hoch, aber ich hielt mich zurück und nickte nur. Daraufhin schlug Rostropovich die Partitur des ersten Aktes auf, blätterte, bis er die Stelle gefunden hatte, und sagte: »An dieser Stelle vögeln Sergej und Katerina. Und hier setzt die Blaskapelle ein. Sehen Sie.« Er zeigte auf die Stimme der ersten Posaune. Die erste Posaune hat dort eine rhythmische Passage mit vielen Halbtonglissandi zu spielen, die immer drängender werden und bis zu einem über vier Takte ausgehaltenen hohen A ansteigen; darauf folgt ein Takt Generalpause, dann steigt die Posaune allein in unsicheren Halbtonschritten abwärts, bis sie abrupt mit einem dumpfen Schlag endet. Plötzlich konnte ich mir vorstellen, wie das in der Aufführung klang: in der Tat eine höchst realistische Darstellung des – Vögelns. Ich konnte mir auch vorstellen, was Stalin in seiner Loge über dem Blech gehört haben mußte. »›Rosenkavalier‹ läßt grüßen«, sagte ich. Rostropovich machte eine wegwerfende Handbewegung. »Der ist doch für Kinder. Das hier ist das Wahre, echt russisch.«

Am ersten Tag nahmen wir die beiden Szenen im vierten Akt auf, in denen der alte Zwangsarbeiter auftritt. Die Aufnahmen gelangen hervorragend. In der nächsten Sitzung holten wir die Sänger von der Bühne und stellten sie hinter Rostropovich auf, damit sie besseren Kontakt zu ihm hatten. Der Orchesterpart war komplex, aber Rostropovich wußte jederzeit genau, was er wollte. Zuerst probte er mit den Streichern allein, dann mit Holzbläsern und Schlagzeug, dann mit dem ganzen Orchester. Im letzten Durchgang vor der Aufnahme kamen noch die Sänger dazu. Immer wieder diskutierten wir Probleme der Balance und wie wir Abhilfe schaffen konnten. Wenn Sänger und Dirigent nach solchen Besprechungen ins Studio zurückkehrten, ließ Rostropovich eine Stelle spielen und fragte dann: »Suvinka, können Sie die Baßklarinette jetzt hören?« Ich antwortete meist: »Slawa, bitte sagen Sie den Posaunen, sie sollen weniger geben. Sie übertönen nicht nur die Baßklarinette, sondern auch alle anderen.« »Ausgeschlossen, Suvinka, sonst klingt es doch wie die Band einer Mädchenschule.« (Ich weiß zwar nicht, ob überhaupt und, wenn ja, wo Rostropovich Erfahrungen mit Mädchenschulen gemacht hat, aber das war für ihn das Schlimmste.) Wir mußten also die mit voller Lautstärke blasenden Posaunen und Tuben irgendwie auf der Aufnahme unterbringen, ohne daß Klarinetten und Sänger in dem Getöse untergingen. Insgesamt gelang uns das, glaube ich, recht gut.

Rostropovich probte wie ein Besessener, doch während der eigentlichen Aufnahmen war er ein dreimal Besessener. Jeden freien Augenblick setzte er für die Oper ein. Er probte vor den Sitzungen, während der Pausen und in der Zeit zwischen den Sitzungen, und das alles mit einer Diät von gekochtem Fisch und Gemüse, denn es war russische Fastenzeit, und Rostropovich wie auch Galina hielten sie streng ein – kein Fleisch, keine Milch und keine Milchprodukte. Rostropovich steckte mit seiner Begeisterung Orchester, Sänger, Chor und Aufnahmeteam an. Alle hatten das Gefühl, an etwas ganz Besonderem mitzuwirken. Wir wußten, daß unsere Aufnahme auf Jahre hinaus Maßstäbe setzen würde, und sie sollte dieser Bedeutung deshalb gerecht werden. Ich werde diese Sitzungen nie vergessen. Besonders stolz bin ich für mein Teil, daß sie so unglaublich glatt über die Bühne gingen. Es gab keinerlei Streit, und keiner der Mitwirkenden fiel aus. Ein Produzent kann von so etwas nur träumen: Der Aufnahmeplan lief ab wie am Schnürchen.

Ich erinnere mich heute noch an viele Einzelheiten. Ich höre noch die dramatische Intensität, mit der Galina Vishnevskaya ihre Rolle erfüllte, den Überdruß und die Resignation, die leidenschaftliche Hingabe an den Geliebten, die berechnende Grausamkeit und die abgrundtiefe Verzweiflung, die sie allein mit ihrer Stimme ausdrückte. Und dann das Wunder Nicolai Gedda. Sechzehn Jahre zuvor hatte ich ihn zum erstenmal im Plattenstudio gehört. »Nicolai«, sagte ich, »es ist unglaublich, wie Ihre Stimme von Mal zu Mal besser wird!« Auch der Rest der Besetzung wies keine Schwachstellen auf.

An eine dieser wunderbaren Sitzungen kann ich mich noch besonders gut erinnern. Mir läuft noch immer ein Schauer über den Rücken, wenn ich daran denke. Es war am Nachmittag des 20. April. Am Anfang des vierten Aktes sieht man Katerina Ismailowa und ihren Geliebten Sergej zusammen mit einer Gruppe von anderen, ebenfalls zur Zwangsarbeit Verurteilten auf dem langen Marsch in die Gefangenschaft. Sergej, für den Katerina ihren Schwiegervater umgebracht hat und dem sie geholfen hat, ihren Mann zu töten, bändelt mit einem Mädchen namens Sonjetka an. Gebrochenen Herzens und getrieben vom Spott der Mitgefangenen, stößt Katerina Sonjetka in einen Fluß und folgt ihr selbst nach. Die anderen Gefangenen sind entsetzt, können den beiden aber nicht helfen, und sie werden vom Wasser fortgerissen. Das letzte, was man von Sonjetka hört, sind in der Partitur drei Kreuze, die Schostakowitsch auf die oberste Linie des Notensystems für ihre Stimme gesetzt hat. Rostropovich und ich hatten über die Stelle gesprochen. Er war überzeugt, daß Schostakowitsch an dieser Stelle nicht drei schön gesungene F's haben wollte. »Das sind Schreie, Suvinka, Schreie in höchster Todesnot.«

Wir wollten die Stelle nach der Pause aufnehmen. Als Rostropovich aus dem Künstlerzimmer, in dem er noch geprobt hatte, ins Studio kam, sah er besorgt aus. Er könne sich nicht vorstellen, sagte er, daß Birgit Finnilä imstande sei, so zu schreien, wie Sonjetka seiner Meinung nach schreien müsse. »Was sollen wir tun?« Ich sagte: »Lassen Sie mich nur machen, Slawa.« Ich suchte McCarthy auf. Der sagte seinerseits: »Lassen Sie mich nur machen, Suvi.« Fünf Minuten später war er wieder da: Linda Richardson, eine Sängerin aus dem Chor, sei bereit, es zu versuchen. Ich bat ihn, Linda Richardson ins Künstlerzimmer zu schicken, damit sie die Stelle dort mit Rostropovich besprechen könne. Rostropovich erklärte ihr, worum es ging, und sie nickte und sagte, sie werde genau das machen, was er wolle. Dann kam sie zu mir und rieb Daumen und Zeigefinger aneinander. »Extrageld?« »Natürlich«, sagte ich. »Viel?« »Es sind doch nur drei Schreie.« »Aber wenn ich so singe, wie er will, werde ich danach über eine Woche nicht singen können. Also?« Ich nickte. »Abgemacht.«

Rostropovich hatte Birgit Finnilä unterdessen mitgeteilt, daß nicht sie, sondern Linda Richardson die Stelle singen werde. Daraufhin kam Birgit Finnilä wutentbrannt zu mir in die Regie gestürzt und wollte wissen, warum eine andere Sängerin drei Takte ihres Parts singen sollte. Ein F bereite ihr keinerlei Mühe, sie betrachte es als Demütigung, diese drei Noten an eine andere Sängerin abgeben zu müssen. Ich wartete, bis sie fertig war, und sagte dann: »Birgit, Rostropovich will an dieser Stelle kein gesungenes F, sondern drei Schreie aus vollem Hals. Wenn Sie so schreien, wie er es sich vorstellt, können Sie vierzehn Tage lang nicht mehr singen.« Darauf fiel sie mir um den Hals und küßte mich auf beide Wangen. »Danke, Suvi, daß Sie so an mich gedacht haben.«

Die Stelle umfaßte genau zwanzig Takte. Die Stelle davor hatten wir in derselben Sitzung bereits aufgenommen und die Schlußszene mit dem alten Zwangsarbeiter sogar in der ersten Sitzung. Die beteiligten Sänger waren Galina Vishnevskaya, die wir für bestimmte Geräusche brauchten, Linda Richardson, der Sergeant und der Chor. Ich zeigte Linda Richardson die drei Positionen, von denen aus sie schreien sollte: das erste Mal, laut Partitur in vierfachem Forte, aus etwa zweieinhalb Meter Entfernung direkt ins Mikrofon, das zweite Mal ein einfaches Forte mit der Anweisung: »Sonjetka schreit sehr laut, aber von fern«, von weiter weg und seitlich am Mikrofon vorbei, aber immer noch in dessen Richtung, und das dritte Mal im Piano noch einen halben Meter weiter entfernt und vom Mikrofon abgewandt. Es sollten die Schreie einer ertrinkenden Frau sein, die von der reißenden Strömung fortgetragen wird, und sie mußten sich deshalb logischerweise entfernen. Allerdings sollte dem Hörer auch noch beim dritten Schrei das Blut in den Adern erstarren. Linda Richardson zwinkerte mir selbstbewußt zu: »Lassen Sie mich nur machen.« Ich sagte zu Rostropovich, ich wolle die Schreie nicht proben, entweder klappe es beim erstenmal oder überhaupt nicht. Ich bat das Orchester um absolute Konzentration und sagte, wir könnten diese zwanzig Takte nur einmal aufnehmen, weil Linda Richardson, wenn sie so schreie, wie es an dieser Stelle erforderlich sei, keine Stimme für einen zweiten Versuch mehr haben würde.

Als alles vorbereitet war, kehrte ich in die Regie zurück. Dort meinte der Tonmeister: »Daß wir nur eine Aufnahme machen können, haben Sie wahrscheinlich nur gesagt, damit das Orchester sich zusammenreißt.« Doch ich antwortete, es sei mir ernst gewesen. Wahrscheinlich glaubte er mir nicht, aber auch er arbeitete jetzt besonders konzentriert. »Achtung«, gab ich ins Studio durch. Das Gemurmel verstummte, die Bandmaschinen liefen an, und das rote Licht leuchtete auf. Zuerst kamen sechs Takte Harfe und Pauken zu einem Wirbel auf der großen Trommel, alles im Pianissimo. Darauf folgte ein angestrengtes Keuchen: Katerina stößt Sonjetka ins Wasser. Dann, auf Schlag vier des sechsten Taktes, der erste Schrei. Zwar hatte ich mich auf einiges gefaßt gemacht, aber als dieser Schrei namenlosen Entsetzens aus dem Lautsprecher gellte, erstarrte sogar mir das

Blut in den Adern. Dann brach das volle Orchester los. Das entsetzte »Großer Gott! Was ist da los?« der anderen Gefangenen war kaum zu hören. Dann ein gebieterisches »Bleibt stehen!« des Sergeanten und darauf der zweite Schrei, eine Mischung aus verzweifeltem Flehen und dem Wissen, daß keine Hilfe möglich ist. Zwei Takte später der letzte Schrei, entfernt, aber unmißverständlich das letzte keuchende Ringen um Atem vor dem Ertrinken. Auf den barschen Befehl des Sergeanten: »Beide sind ertrunken! Stellt euch auf!« folgt die Schlußszene, und Rostropovich brach ab, da wir sie ja schon aufgenommen hatten.

Die Szene hatte uns alle geschafft. Selten habe ich ein erfahrenes Aufnahmeteam so erschüttert erlebt wie damals. Mein Telefon klingelte. Es war Rostropovich. »Und?« »Ich glaube, das war's, Slawa.« Er stimmte mir zu. Dann kamen alle in die Regie, Rostropovich voraus. Er strahlte mich an, erdrückte mich fast in einer Umarmung und tanzte buchstäblich mit mir durch das Zimmer. Dann setzten wir uns, um die Aufnahme anzuhören. Als der erste Schrei ertönte, fuhr Birgit Finnilä, die neben mir saß, zusammen. Dann sah sie mich an, dankbar, daß ich ihr das erspart hatte. Ich trat zu Linda Richardson und umarmte sie. »Das haben Sie ganz phantastisch gemacht.« »Und jetzt?« fragte Rostropovich. »Akt I, Ziffer 39.« Es spricht für Rostropovichs Fähigkeiten als Dirigent, daß die drei Wochen vorher aufgenommene Schlußszene nahtlos paßte, als sie an diese Szene angeschlossen wurde. Tempo, Intensität und Balance waren exakt gleich.

Nach der letzten Sitzung ließ Rostropovich kistenweise Champagner, Whisky, Gin und Bier ins Studio schaffen und lud alle noch anwesenden Sänger, das ganze London Philharmonic Orchestra einschließlich der Blaskapelle, den Ambrosian Chorus und die Techniker ein, den erfolgreichen Abschluß der »Lady Macbeth von Mzensk« zu feiern. Auf Galina Vishnevskayas Gesicht erschien schon bald ein seliger, wenn auch etwas glasiger Blick höchsten Glücks, und sie schien von da an mehr zu schweben als zu gehen. Rostropovich verpaßte jedem, der auf Armeslänge in seine Nähe kam, einen lauten Kuß auf beide Wangen. Dann trank er auf Schostakowitsch, auf die Library of Congress in Washington, auf EMI dafür, daß die Firma ihm die Möglichkeit gegeben hatte, die Oper in der Fassung aufzunehmen, die der wirklichen Absicht des Komponisten entsprach, auf die Sänger, auf das Orchester und den Chor und auf die Technik. Die Stimmung war bereits fortgeschritten, als er sagte: »Jetzt kommt der letzte Toast, den ich stehend ausbringe. »Auf meinen lieben Freund Suvinka und ...« Er sah sich suchend um. »Wo ist Chandruschka?« (Das war der Kosename für meine Frau.) Als er sie gefunden hatte, legte er uns die Arme um die Schultern. »Auf Suvinka und Chandruschka.« Und im stolzen Bewußtsein, an einer historischen Aufnahme teilgenommen zu haben, betranken wir uns alle glorreich.

28

Legendäre Orchester

Meine erste Reise nach Amerika schien, was Reisen über den Atlantik betraf, eine Hemmschwelle beseitigt zu haben. Im Verlauf des Jahres 1978 nahm ich in drei großen amerikanischen Städten auf. Im Januar flog ich nach New York, um mit Itzhak Perlman und Pinchas Zukerman die Bartók-Duos für zwei Violinen aufzunehmen. Es war meine erste Aufnahme in dieser Stadt, in die ich später noch so oft zurückkehren sollte. Auch ein weniger angenehmes Erlebnis hatte dabei Premiere. Zum erstenmal wollte ein Flugzeug, in dem ich saß, partout nicht an seinem Bestimmungsort ankommen. Kennedy Airport war wegen Schneetreibens geschlossen, und unser Flug wurde deshalb nach Washington umgeleitet. Meine amerikanischen Kollegen verloren mich aus den Augen und verbrachten eine hektische Nacht damit, mich zu suchen.

Auf die Aufnahme in New York folgte eine ruhige Woche in Berlin. Der unvergleichliche Fischer-Dieskau und der nicht weniger unvergleichliche Barenboim wollten eine drei Platten umfassende Kassette mit sämtlichen Mahler-Liedern für Männerstimme einspielen. Der Reichtum dieser Lieder ist unermeßlich: Der Bogen spannt sich von der naiv unschuldigen Freude von »Aus der Jugendzeit« und der längeren Lieder aus »Des Knaben Wunderhorn« bis zu den letzten Rückert-Liedern. Beispielhaft für die Qualität der Aufnahme ist das geheimnisvolle »Wo die schönen Trompeten blasen«: Barenboims Gestaltung der großen melodischen Linie, sein wunderbar nuancierter Anschlag und sein Farbenreichtum sind beeindrukkend. Man braucht gar keine echten Trompeten, man meint regelrecht zu hören, wie sie leise in der Ferne spielen.

Die Aufnahme entstand unter keineswegs idealen Bedingungen. Wir mußten immer wieder unterbrechen, sei es, um einen Gartenliebhaber zu bestechen, seinen Rasen zu einer anderen Zeit zu mähen, oder etwa, um abzuwarten, bis die Müllmänner sämtliche Mülleimer in der unmittelbaren Nachbarschaft geleert hatten, und einmal auch, um einem Brummen nachzugehen, das aus dem Nichts auftauchte und ebenso überraschend plötzlich wieder verschwand. Dieses Brummen hätte beinahe zu einer Katastrophe geführt. Als ich wieder in London war, entdeckte ich, daß gleichzeitig mit dem Ende des Brummens auch die beiden Kanäle der Stimme abhanden gekommen waren. Vom Rest der Aufnahme dieses Tages – einer ganzen Plattenseite – waren nur die beiden Klavierspuren erhalten geblieben, auf denen Fischer-Dieskaus Stimme ganz leise zu hören war. Daß ich die Seite dennoch retten konnte, betrachte ich als eine meiner größten aufnahmetechnischen Leistungen; ich »verbrauchte« dafür sechs Tonmeister.

Die Sitzungen beanspruchten nur einen Teil des Tages. Der Rest war für Barenboim, meine Frau und mich Freizeit. Barenboim wohnte in einem Apartmenthotel und überredete uns, in die unter ihm gelegene Wohnung zu ziehen. Wir verbrachten eine herrliche Zeit mit Einkaufen, Kochen, Plattenhören und privaten Klavierkonzerten von Barenboim. Es war eine äußerst angenehme und überaus kultivierte Woche.

Barenboim setzte sich oft aus purer Lust am Spielen ans Klavier. Meine Frau und ich wohnten dann sozusagen einem Hauskonzert bei, das ein großer Pianist nur für uns beide gab. Er belebte das Konzert mit Kommentaren, während er spielte, sei es, daß er uns auf eine Besonderheit der Musik aufmerksam machte oder verzweifelt stöhnte, wenn seine Finger bei einer schwierigen Passage nicht so wollten wie er. Bei anderen Gelegenheiten spielte er schweigend, in die Musik versunken, ohne an sein zweiköpfiges Publikum zu denken.

Ich war kaum nach London zurückgekehrt, da erfuhr ich, daß ich schon drei Wochen später auf der Fahrt zu Aufnahmen mit einem der bedeutendsten Orchester der Welt wieder durch Berlin kommen sollte.

Es würde mir auf eine entsprechende Frage wirklich schwerfallen, zu sagen, welchem Orchester ich vor allen anderen den Vorzug gäbe, aber wenn ich mich entscheiden müßte, würde ich wohl die Dresdner Staatskapelle als das insgesamt beste bezeichnen. Ausschlaggebend dafür: der einzigartige Streicherklang dieses Orchesters, Intonation und Zusammenklang der Holzbläser, die ganz besondere Klangfarbe von Hörnern und Blech und der Instinkt der Musiker für die interne Ausgewogenheit. Bevor ich hinfuhr, hatte ich bereits eine Vorstellung von der Qualität dieses Orchesters. Auf alten 78er-Platten hatte ich unter anderem die Vierte Symphonie von Brahms unter der Leitung von Karl Böhm gehört. In Zusammenarbeit mit einer ostdeutschen Plattenfirma sollten wir zwei Platten mit dem Orchester einspielen. Als Dirigent war Paavo Berglund vorgesehen. Obwohl eigentlich ich für Berglund zuständig war, hatte es zunächst geheißen, die Ostdeutschen wollten ihren eigenen Produzenten und ihren eigenen Tonmeister schicken. Berglund hatte allerdings anderes vor. Er hatte trocken erklärt, er werde nicht nach Dresden kommen, sofern nicht sein eigener Produzent die Aufnahme leite. Ich war darüber natürlich hocherfreut. Außerdem waren die Stücke, die gespielt werden sollten, ganz nach meinem Geschmack: der komplette Zyklus der sechs Symphonischen Dichtungen »Má Vlast« (Mein Vaterland) von Friedrich Smetana sowie das »Scherzo Capriccioso« und die »Slawische Rhapsodie Nr. 3« von Antonín Dvořák.

Das Visum für die Reise nach Ostdeutschland wurde in Rekordzeit ausgestellt. Die Grenzüberquerung am Checkpoint Charlie war lächerlich einfach, denn ich war Gast der Regierung und deshalb Prominenz. Fahrer und Begleitung, die mich in Ostberlin erwarteten, waren reizend, und auf dem Weg nach Dresden holten wir noch Berglund und seine Frau ab.

Am nächsten Morgen holte uns der sympathische Tonmeister mit seinem Wagen ab, um uns zur St.-Lukas-Kirche zu bringen, in der das Orchester aufnahm. Ich saß neben dem Fahrer. Bevor er den Motor anließ, erklärte er mir in gebrochenem Englisch, was ich tun müsse, damit wir sicher zu unserem Bestimmungsort gelangten. »Wenn ich sage helfen, machen Sie so.« Er zeigte auf mich und führte mir mit den Händen vor, was ich zu tun hatte. »Ziehen?« fragte ich. »Ja, ja, ziehen.« Er deutete auf das Kupplungspedal und demonstrierte mir, worum es ging. Wenn er das Pedal drückte, blieb es manchmal in der heruntergedrückten Position hängen, so daß der Wagen im Leerlauf fuhr. »Das Pedal ist kaputt«, erklärte er und lachte laut.

Der Wagen, ein Wartburg, setzte sich unter einer Folge heftiger Explosionen in Bewegung. Als ich zum vierten Mal unter das Armaturenbrett tauchte, um auf den verzweifelten Ruf »Helfen« hin das Pedal zu lösen, fragte Berglund vom Rücksitz besorgt, ob mir etwas fehle. »Nein, Sir«, erwiderte ich, »es geht mir bestens. Ich sorge nur dafür, daß wir heil ans Ziel kommen.« Vor der Kirche angelangt, bremste der Tonmeister und sah mich triumphierend an. »So einfach ist das.« Ich tastete nach einer Beule an meinem Kopf und sagte: »Ja, ja – so einfach.« Als wir den Wagen das nächste Mal benutzten, war er glücklicherweise repariert.

Die Musiker der Dresdner Staatskapelle waren gerührt, als ich ihnen sagte, wie stolz ich sei, mit ihnen arbeiten zu dürfen. Während der ersten zwanzig Minuten der Probe blieb ich in der Kirche und schwelgte im herrlichen Klang des Orchesters. Zuerst erklang der erste Satz von Smetanas »Vyšehrad«. Der Satz beginnt mit einer ausgedehnten, freien Passage für zwei Harfen. Dann übernehmen die Holzbläser das Thema, Trompeten und Pauken schließen sich an, und ganz zum Schluß fallen die Streicher ein. Der Einsatz der Streicher war hinreißend. Schon beim ersten Durchgang war die Phrasierung perfekt: vier Takte lang mezzoforte und in jedem Takt crescendo und wieder decrescendo, mit einem Sforzando in der Mitte des dritten Takts. Allein vom Anhören des Orchesters hätte ich die korrekten dynamischen Zeichen in die leere Partitur eintragen können. Noch ganz erfüllt von der Musik ging ich in die Regie.

Die Vorschriften, die die Arbeit des Orchesters regelten, unterschieden sich, wie ich kurz vor der zweiten Sitzung erfahren sollte, beträchtlich von den in Großbritannien, Westeuropa oder den USA gültigen. Wir hatten in der Sitzung am Morgen hauptsächlich »Vyšehrad« geprobt und anschließend einen Probedurchgang gemacht. Kurz vor der Sitzung am Abend suchte mich eine Abordnung des Orchesters auf. »Wir haben ein Problem«, begann der Sprecher.

Es mußte sich um ein ernstes Problem handeln, denn die Musiker sahen bedrückt aus. Der Sprecher räusperte sich und fragte: »Haben Sie heute morgen etwas aufgenommen?« Ich bejahte, sagte aber, daß es sich nur um Probeaufnahmen gehandelt habe. »In diesem Fall werden wir für den Morgen nicht bezahlt«, sagte der Sprecher mit der melancholischen Befriedigung eines Menschen, dessen schlimmste Befürchtungen sich bestätigt haben. Entsetzt schaute ich ihn an. »Was? Sie haben doch eine ganze Sitzung lang gespielt.« Geduldig erklärte er mir, daß das Orchester nur für die in einer Sitzung tatsächlich gemachten Aufnahmen bezahlt werde. Wenn an diesem Morgen also nichts aufgenommen worden sei, gebe es auch kein Geld. Mein Beschluß war sofort gefaßt. »Lassen Sie mich nur machen.« Ich begab mich auf die Suche nach Berglund. »Paavo, wir nehmen heute abend einmal komplett ›Vyšehrad‹ auf und machen einige Verbesserungen. Dann gibt es eine Pause, und wir hören uns die Aufnahme an und gehen zum nächsten Stück weiter.« Ich erklärte ihm den Grund. Auch Berglund war entsetzt und stimmte sofort zu. Nachdem wir uns die Aufnahme angehört hatten, gab ich über Lautsprecher bekannt: »Nummer 2, ›Vltava‹.« Ein befriedigtes Murmeln lief durch die Reihen der Musiker, und der Sprecher der Abordnung legte mir dankbar die Hand auf die Schulter.

Am Tag vor meiner Abreise suchte mich der Orchesterrat auf und bat mich eindringlich, weitere von mir betreute Künstler – es fielen die Namen Previn und Barenboim – dazu zu überreden, nach Dresden zu kommen und mit dem Orchester aufzunehmen. Ich versprach, mein Bestes zu tun, und konnte auch tatsächlich eine Aufnahme des Brahms-Requiems mit Previn in Dresden in die Wege leiten, aber zur allgemeinen Enttäuschung verhinderten Umstände, gegen die wir machtlos waren, daß aus dem Plan etwas wurde.

Chronologisch gesehen lagen zwischen Dresden und meinem nächsten Besuch in den USA die Aufnahmen von »Lady Macbeth«, und während der Opernaufnahme produzierte ich zudem mit Itzhak Perlman und dem Pianisten Samuel Sanders eine Platte mit »Zugaben« und ein Album mit spanischer Musik. Sanders gehört zu jener exklusiven Klasse von Spitzenpianisten, die ihre Kräfte fast ausschließlich in den Dienst der Aufgabe stellen, andere Künstler im Konzert zu begleiten.

Hinter seinem eher unscheinbaren Äußeren und einer fast stets kummervollen Miene verbergen sich bei Sanders musikalische Sensibilität und eine superbe Technik, außerdem Witz und Humor. Sanders hat viel Aufnahmeerfahrung, obwohl man das nicht vermuten würde, wenn man ihm bei der Arbeit zusieht. Der kleinste Patzer, und er hörte auf, während Perlman und ich gleichzeitig auf ihn einredeten: »Sam, der Takt ist in Ordnung, keine Sorge!« »Bitte spiel doch weiter, wir brauchen die nächsten fünfzehn Takte.« Die beiden spielten weiter. Nach einer Weile hörte Sanders erneut auf, drehte sich vage in die Richtung, in der er hinter zwei Mauern und einem Gang mich vermutete, und sagte etwas, von dem ich kein Wort verstand. »Sam, bitte sprich ins Mikrofon, in das am Klavier.« Sanders spähte suchend um sich. Perlman zeigte mit dem Bogen auf das weniger als einen Meter von Sanders entfernte Mikrofon. »Das da, Sam.« »Suvi, Takt 38, gleich nach dem ersten Akkord ...« Und wieder verlor sich seine Stimme, weil er sich langsam in die Richtung zurückdrehte, in der, wie er wußte, ich saß, obwohl er mich nicht sehen konnte, also genau der Richtung entgegengesetzt, in die er sprechen sollte.

Ich habe Sanders mit Perlman und auch mit Perlman und Zukerman aufgenommen. Wie alle großen Begleiter stellt er sich perfekt auf den Künstler ein, mit dem er jeweils spielt. Die Begleitung der meisten Kreisler-Stücke ist nicht besonders anspruchsvoll, aber bei Stücken wie Debussys »En Bateau«, de Fallas »Suite populaire espagnole« und den Stücken von Pablo de Sarasate auf der zweiten Seite des Albums mit spanischer Musik trägt das Klavier entscheidend zu Charakter und Stimmung der Musik bei. Und Sanders trifft den richtigen Charakter unfehlbar.

Auf dem Programm der bereits erwähnten Amerikareise standen unter anderem zwei Platten mit Previn und dem Pittsburgh Symphony Orchestra. Die erste Platte sollte zwei Haydn-Symphonien enthalten, und zwar Nr. 94 »Mit dem Paukenschlag« und Nr. 104, die letzte der Londoner Symphonien. Previn ist ein großer Haydn-Verehrer und Haydn-Dirigent und versteht es, einen sicheren Kurs zwischen Skylla und Charybdis einer Haydn-Interpretation zu steuern, was soviel heißt wie zwischen Schwulst und Pedanterie. Wie schon bei meinem ersten Besuch war ich fasziniert vom strahlenden Klang der Pittsburgher Streicher.

Das Jahr war bisher wunderbar verlaufen: Dresdner Staatskapelle, London Philharmonic Orchestra und Pittsburgh Symphony Orchestra. Ein weiteres Weltorchester sollte noch folgen.

Mit der zweiten Aufnahme in Pittsburgh erfüllte sich mir ein langgehegter Wunsch. Seit ich 1962 als Assistent von Walter Legge bei der Einspielung der Vierten Symphonie von Gustav Mahler mit Otto Klemperer und Elisabeth Schwarzkopf mitgewirkt hatte, hatte ich mir gewünscht, einmal selbst eine Platte dieser Lieblingssymphonie von Mahler produzieren zu können. Sechzehn Jahre später ging dieser Wunsch nun in Erfüllung. Das Sopransolo sang Elly Ameling. Ihre klare, reine Stimme paßt ideal zum schlichten Text des letzten Satzes. Sie sang so hervorragend, daß wir für den ganzen Satz nicht einmal eine halbe Sitzung brauchten. Als ich Previn beim Dirigieren zusah, fragte ich mich erneut, auf welch geheimnisvolle Weise ein Dirigent sein Orchester dazu bringt, genau das zu spielen, was er will. Previn verzichtete, wie immer, auf ausladende Bewegungen und theatralische Gesten und machte nur wenig Worte. Und wie von selbst entfaltete sich der warme, betörende Klang der Symphonie. Auch zwischen Previn und mir waren nicht viele Worte nötig. Mit jedem neuen Projekt vertiefte sich unser gegenseitiges Verständnis. Ich brauchte nur aufzusehen, und er sagte schon: »Ja, ich weiß. Ich werde die Hörner bitten, leiser zu spielen.« Als er bei einer anderen Gelegenheit mich ansah, konnte ich ihm die Frage am Gesicht ablesen. »Gefällt mir gut«, sagte ich. »Nicht zu sentimental?« »Auf keinen Fall. Ich finde es so genau richtig.« Nach der Aufnahme gingen wir zu meiner Frau ins Hotel. Ich wollte drei eisgekühlte Biere bestellen. »Tut mir leid, Sir«, war die Antwort, »heute ist Wahltag. Ich darf keinen Alkohol ausschenken, bis die Wahl zu Ende ist.« Ich habe die den Alkoholausschank regelnden Gesetze in Großbritannien immer für absurd gehalten, aber offenbar gibt es in anderen Ländern ähnlich lächerliche Vorschriften.

Am Abend flogen wir nach Los Angeles. (Sobald das Flugzeug aufgestiegen war, hätten wir anfangen dürfen, uns sinnlos zu betrinken, wenn wir dazu Lust gehabt hätten.) In Los Angeles bereiteten die Kollegen unserer amerikanischen Zentrale uns einen geradezu fürstlichen Empfang.

Auf dem Rückweg nach New York unterbrachen wir die Reise für drei Tage in Phoenix, um von dort aus den Grand Canyon zu besichtigen. Als ich im Hotel das Anmeldeformular ausfüllte, sah der Zimmerpage, ein etwa fünfzehnjähriger Junge, zufällig meine Adresse. Hörbar sog er die Luft ein. »Ist das wirklich die Abbey Road in London, England?« Ich nickte. »Die Abbey Road der Beatles?« »Ja. Wenn du dir das nächste Mal die Plattenhülle anschaust, dann achte auf das Tor neben den Studios. Da geht's zu uns rein.« Der junge Bursche wurde ganz aufgeregt und rief einen Kollegen aus der Lobby. »Mensch, hier ist jemand, der in der Abbey Road wohnt, gleich neben den Beatles.« Und zum Angestellten an der Rezeption: »Toll, nicht?« Er schüttelte mir überschwenglich die Hand, tat das gleiche bei meiner Frau und hüpfte dann um uns herum wie ein Welpe, der seinem eigenen Schwanz nachjagt. Für die Zeit unseres Aufenthalts in Phoenix waren wir für ihn Könige.

In New York produzierte ich zwei weitere Platten. Itzhak Perlman und

Samuel Sanders nahmen das dritte Kreisler-Album auf. Perlman schlug dafür den Titel »Letzte Reste vom Boden des Fasses« vor (inzwischen hat er jedoch eine Liste mit Stücken für eine vierte Kreisler-Platte vorgelegt). Auf der anderen Platte spielten die beiden zusammen mit Pinchas Zukerman Werke von Moritz Moszkowski und Dimitri Schostakowitsch ein.

Im selben Jahr flog ich noch ein drittes Mal nach Amerika, auch diesmal aus einem ganz besonderen Anlaß: Ich durfte das Philadelphia Orchestra aufnehmen, jenen fast schon legendären Klangkörper, von dem ich zum erstenmal Bach, Weber, Beethoven und Schubert gehört hatte. Stolz erzählte ich den Musikern, wie gut ich mich an die Black-Label-Platte mit Webers »Aufforderung zum Tanz« und Bachs »Toccata und Fuge in d-moll« und an die Red-Label-Platte der kleinen »Fuge in g-moll« erinnerte und daß ich ihren gegenwärtigen Dirigenten zum erstenmal auf einer Platte mit dem Minneapolis Symphony Orchestra und Dvořáks »Scherzo Capriccioso« gehört hätte. »Schreckliche Aufnahme«, schnaubte Eugene Ormandy nur.

In Philadelphia sollten wir eigentlich das Violinkonzert von Tschaikowskij mit Itzhak Perlman aufnehmen. Bevor ich mich allerdings dem Konzert zuwenden konnte, mußte ich noch eine kleine, aber äußerst zeitraubende Aufgabe erledigen. Perlman hatte einige Zeit vorher in einer populären Fernseh-Show Bazzinis »Ronde des lutins« gespielt. Unsere amerikanische Firma hatte daraufhin körbeweise Anfragen erhalten, ob Perlman dieses Stück auch auf Platte eingespielt habe, was jedoch nicht der Fall war. Was lag näher, als daß er das Stück von Bazzini so schnell wie möglich aufnahm, damit wir es noch auf die Platte mit den beliebten Zugaben packen konnten, die Perlman in London aufgenommen hatte. Als dann jemand vorschlug, die Aufnahme gleich in Philadelphia zu machen, konnten wir unserem Schicksal nicht mehr entrinnen. Wir standen als erstes vor der schwierigen Aufgabe, die Akustik des Aufnahmesaales in Philadelphia an die Akustik der nur halb so großen Kingsway Hall anzugleichen, und natürlich hatten wir auch ein anderes Klavier. Wenigstens gelang es uns, denselben Pianisten zu bekommen. Samuel Sanders wurde nach Philadelphia eingeflogen und zum Aufnahmeort und gleich nach der Aufnahme wieder zurück zum Flughafen gefahren. Das Rondo dauert etwa vier Minuten. Für die Aufnahme brauchten wir zweieinhalb Stunden, also genausoviel wie für die ersten drei Sätze der Vierten Symphonie von Mahler! Lange vor Ende der Sitzung hatte ich das Stück bereits »Ronde des crétins« getauft, »Rondo für Schwachsinnige«. Nach der Aufnahme sagte ich zu Perlman: »Itzhak, du machst mir furchtbar viel Arbeit, aber ich verzeihe dir alles, weil du das idiotische Stück so schön gespielt hast!«

Der Saal, in dem wir aufnahmen, trug den hochtrabenden Namen »Alte

Met«. Immerhin hatte einst Caruso dort gesungen; außerdem sind einige der bedeutendsten Werke, die heute auf so manchem Konzertspielplan immer wieder auftauchen, dort uraufgeführt worden, aber diese Zeiten waren längst vorbei. Das Gebäude befand sich in einem traurigen Zustand. Die ganze Gegend machte einen verfallenen Eindruck und wurde von gewalttätigen Banden heimgesucht. Das Viertel war so übel beleumundet, daß die Orchestermitglieder nicht wagten, ihre Autos vor dem Gebäude abzustellen, und sich stets mit dem Bus herbringen ließen.

In London hatte man mich gewarnt, Ormandy sei ein schwieriger Mensch, doch zu mir war er reizend und kooperativ. Er hatte viel Studioerfahrung, da er, im Unterschied zu vielen anderen Dirigenten der alten Schule, gern Platten machte. Ich hatte ihm vor meiner Abreise geschrieben und darauf eine herzliche Antwort erhalten, in der er mich einlud, im Konzert in der Loge seiner Frau zu sitzen. Er war allerdings aufgebracht, daß wir für das Tschaikowskij-Konzert drei Sitzungen angesetzt hatten. Norman Carol, der Konzertmeister des Orchesters, erklärte mir, warum: »In drei Sitzungen würden wir mit Ormandy normalerweise die Vierte, Fünfte und Sechste Symphonie von Tschaikowskij aufnehmen und hätten dann noch Zeit für die ›Nußknacker-Suite‹.« Aber Perlman, unser Solist, ist ein Perfektionist, der mehr will als richtige Noten spielen. Auch er könnte das Tschaikowskij-Konzert in einer einzigen Sitzung aufnehmen, aber das besondere Flair einer Aufnahme von Perlman läßt sich nicht im Handumdrehen erzielen. Er kann seinen Begleiter – ob Pianist oder Dirigent –, die Techniker, die Tonmeister und sogar seinen Produzenten an den Rand des Nervenzusammenbruchs treiben, wenn er eine Passage scheinbar willkürlich oft wiederholt. Aber dann erreicht er irgendwann genau das, was er will. Ich merke immer, wann das der Fall ist, und sage dann nur: »Das war's, Itzhak.« Darauf antwortet er meist: »Gut, und jetzt zur Sicherheit noch einmal, dann gehen wir weiter.«

29

Previn und Ashkenazy

Silvester und Neujahr 1979 lag ich mit vierzig Grad Fieber in einem Erholungsort in der Nähe von Bombay im Bett und zerfloß vor Selbstmitleid. Am Neujahrstag sah ich mir meinen Terminkalender für 1979 an. Mir blieben noch knapp vier Jahre bis zur Pensionierung. Hätte man mich nach einer Wunschliste der Platten gefragt, die ich noch machen wollte, hätte sie Einspielungen mit Vladimir Ashkenazy, Zubin Mehta und Bernard Haitink enthalten, ferner drei weitere große Orchester der Welt, nämlich das Concertgebouw-Orchester, die Wiener Philharmoniker und die Berliner Philharmoniker, sowie natürlich ein Streichquartett. Drei meiner Wünsche sollten sich 1979 erfüllen, die anderen gingen – mit Ausnahme der Berliner Philharmoniker und des Streichquartetts – im Jahr darauf in Erfüllung und liegen damit außerhalb der zeitlichen Grenze, die ich mir für dieses Buch gesetzt habe.

Das Jahr 1979 begann mit einer Gesamteinspielung der Symphonien und anderen Orchesterwerke von Antonín Dvořák unter der Leitung von Rostropovich. Ich war beauftragt worden, Rostropovich zu diesem Projekt zu überreden, obwohl ich selbst große Zweifel am kommerziellen Erfolg des Vorhabens hatte. Nicht einmal die Tschaikowskij-Symphonien, künstlerisch ein überragender Erfolg, hatten sich gut verkauft. Hinter dem Trend zu Gesamtaufnahmen stand keine vernünftige Politik. Er war künstlich von Leuten gefördert worden, die »ihr musikalisches Wissen in erster Linie aus dem Schallplattenkatalog beziehen«, wie Walter Legge einmal verächtlich gemeint hatte. Warum sollte ein Pianist nicht, sagen wir mal, fünf Beehoven-Sonaten oder drei Beethoven-Konzerte aufnehmen und ein Dirigent nur zwei Symphonien von Brahms oder Schubert? Wenn ein Geiger vorschlug, drei Violinsonaten von Beethoven aufzunehmen, etwa die »Frühlingssonate«, die »Kreutzersonate« und op. 96, bekam er von seiner Plattenfirma sofort zur Antwort, er müsse sämtliche Sonaten einspielen. Dies bedeutete, daß zu zwei Platten drei weitere mit dem Rest des Kanons kamen. Natürlich kann es zweckmäßig und künstlerisch lohnend sein, alle

Werke eines Komponisten auf Platte aufzunehmen. Aber man sollte keinem Künstler, der nur eine Auswahl einspielen will, gleich die Pistole auf die Brust setzen und ihm drohen: entweder alles oder nichts.

Wir begannen mit hervorragenden Einspielungen von Dvořáks Symphonie Nr. 9 »Aus der neuen Welt« und der Symphonie Nr. 7 d-moll. Rostropovichs Interpretation der Symphonie »Aus der neuen Welt« ist nicht das aus so manchem Konzert vertraute, melodienselige Werk, sondern dunkle, verhangene Musik mit fast gewaltsamen Stimmungswechseln. Daß es sich bei der Siebten Symphonie um ein dunkles, tragisches Werk handelt, leuchtet unmittelbarer ein. Künstlerisch stießen beide Platten auf Anerkennung, kommerziell waren sie ein Mißerfolg. Bevor das allerdings an die entsprechende Stelle durchgedrungen war und die Serie gestoppt wurde, spielten wir noch die Achte und dann die Sechste ein, sowie, atemberaubend virtuos, das »Scherzo Capriccioso«. Ich empfehle jedem, der daran zweifelt, daß Rostropovich auch ein großer Dirigent ist, sich die Aufnahme des letztgenannten Werkes anzuhören und dabei besonders auf zwei Stellen zu achten – die glasklaren, witzig schnatternden Abwärtsläufe der beiden Klarinetten in den Takten 202 bis 220 und die stimmungsvolle Atmosphäre des »poco tranquillo«. Die Balance und Durchsichtigkeit der Stimmen – trotz der für Dvořak typischen drei- oder vierfachen Besetzung der Melodiestimmen – und die rhythmische Frische und Spontaneität sind das Werk eines meisterhaften Dirigenten.

In den Monaten zwischen den Aufnahmen von »Lady Macbeth von Mzensk« und den Dvořák Symphonien hatte ich Gelegenheit, eine weitere Facette von Rostropovichs Begabung kennenzulernen. Er begleitete Galina Vishnevskaya, die Lieder von Rimski-Korsakow und Prokofieff aufnahm, auf dem Klavier. Hätte er sich allein auf das Klavierspielen konzentriert, wäre er heute mit Sicherheit einer der großen Pianisten der Welt. Während einer Sitzung sagte ich einmal zu ihm, das sei doch wirklich ungerecht. »Was ist ungerecht?« fragte er erschrocken. »Sie können Cello spielen, dirigieren, spielen Klavier und sind, als ob das alles noch nicht genug wäre, auch noch mit Galina verheiratet. Es ist doch ungerecht, daß ein Mensch so viele erstrebenswerte Dinge hat.« Rostropovich strahlte mich an, und Galina Vishnevskaya lächelte verschmitzt.

Einige Wochen später, und zwar am 5. Juni, stand ich oben auf der Treppe, die zum Hochparterre von Abbey Road Nr. 3 führt. Ein Auto hielt auf dem Vorplatz, und eine schlanke, mittelgroße Gestalt stieg aus: Vladimir Askenazy. Ich eilte die Treppe hinunter und begrüßte ihn. Endlich war es soweit! Ich kannte Ashkenazy seit vielen Jahren. Wir waren uns in Konzerten und auf Empfängen begegnet und hatten zusammen mit Previn in einem hoch über dem nächtlichen Pittsburgh gelegenen Restaurant zu Abend gegessen. Seit jeher bewunderte ich ihn, als Menschen wie als

Künstler. Heute sollten wir zusammen arbeiten. Ashkenazy hatte für EMI bereits eine Platte als Dirigent eingespielt. Diesmal war er als Pianist bei uns. Geplant war nicht eine einzelne Platte – keine »Eintagsfliege«, wie solche Platten manchmal geringschätzig genannt werden –, sondern die erste von fünf Platten einer Gesamtaufnahme von Beethovens Trios mit Itzhak Perlman und Lynn Harrell. Die drei spielten schon länger zusammen und wollten jetzt zum erstenmal aufnehmen. Perlman und Harrell standen mit uns unter Vertrag, Ashkenazy war immer noch an eine andere Firma gebunden, auf sein Betreiben hin aber für diese Platten freigestellt worden. Ich begleitete ihn ins Studio Nr. 1. Für einen kurzen Augenblick überkam mich die bittere Erinnerung an die vor Jahren aus vertraglichen Gründen gescheiterten Mozart-Konzerte für zwei und drei Klaviere, dann wurde sie von der Vorfreude auf die bevorstehende Aufnahme verdrängt.

Ashkenazy legt großen Wert darauf, auf einem guten Instrument zu spielen, und wir hatten deshalb seinen Londoner Lieblingsflügel ins Studio schaffen lassen. Bald trafen die anderen beiden Künstler ein, und unter Scherzen, aber auch ernsthaften Bemerkungen über die anstehenden Werke packten sie aus, um sich einzuspielen, während ich mich um die Klangbalance kümmerte. Obwohl die drei schon oft als Trio zusammen gespielt hatten, waren sie als Solisten ausgeprägte Individualisten, und als solche gewohnt, Aufführungen, an denen sie beteiligt waren, zu dominieren. Außerdem nahmen sie zum ersten Mal gemeinsam auf. Ich war deshalb auf Schwierigkeiten gefaßt gewesen, und meine Erwartungen bestätigten sich. Da ich wußte, daß das Klavier keine ernsthaften Probleme machen würde, konzentrierte ich mich zuerst auf die Streicher. Als Ashkenazy die erste Probeaufnahme hörte, sagte er: »Ich weiß zwar, daß ich hier als einziger nicht zum Haus gehöre, aber müssen Sie mir das auch noch unter die Nase reiben, indem Sie mich aufnehmen, als säße ich zwei Kilometer weit weg?« Er tat, als wollte er in Tränen ausbrechen. (Seine Bemerkung enthielt eine verborgene Spitze: In zwei Kilometer Entfernung lag ein Studio der Plattenfirma, mit der er unter Vertrag stand.) Perlman tröstete ihn liebevoll: »Ist ja gut. Ich finde ja auch, das Klavier ist zu leise.«

Wir spielten alle gebräuchlichen Sitzordnungen durch. Zunächst versuchten wir es mit der im Konzert üblichen Sitzordnung, aber so konnten die Musiker einander nicht sehen. Dann setzten wir die Streicher dem Klavier gegenüber, was zu einem unkontrollierten Klangchaos führte. Wir setzten sie im folgenden nebeneinander, hintereinander, einander gegenüber, wir versuchten jede andere mögliche Position – nichts bewirkte ein natürliches, ausgeglichenes Klangbild. Zum Glück denkt Ashkenazy vernünftig und praktisch und hat endlose Reserven an Geduld. Einmal entschuldigte ich mich, weil ich so viel Zeit brauchte, aber er meinte nur: »Nehmen Sie sich so viel Zeit, wie Sie brauchen. In Anbetracht dessen, daß Sie mich noch nie aufgenommen haben, liegen Sie gar nicht schlecht im Rennen.« Perlman fragte, welche Positionen wir noch versuchen könnten. »Keine mehr«, entfuhr es mir, »es sei denn, wir probierten einige aus dem ›Kamasutra‹.« Studio 1 erlebte an diesem Nachmittag eine seiner schwierigsten Sitzungen. Obwohl es mir gegen den Strich ging, weil es so ungewohnt war, setzte ich Perlman und Harrell schließlich auf die »falsche« Seite des Klaviers, also links von Ashkenazy. Dies löste zwar eine Reihe von Problemen, schaffte aber neue bezüglich der Balance zwischen Klavier und Streichern, denn weder Ashkenazy noch Perlman oder Harrell konnten die Lautstärke des Klaviers, der Violine und des Cellos genau beurteilen. Diesmal war ich froh, daß mir die flexible Mehrspuraufnahme zur Verfügung stand. Wir verwendeten diese Sitzordnung nie mehr.

In den ersten Sitzungen nahmen wir das zwischen 1793 und 1795 entstandene frühe Trio G-dur op. 1 Nr. 2 auf sowie das aus der Reifezeit stammende, komplexe und so unverwechselbare »Geistertrio« D-dur op. 70 Nr. 1 von 1808. Nur fünfzehn Jahre trennen die beiden Werke, und doch liegen Welten zwischen ihnen. Das eine gehört ebenso eindeutig ins 18. Jahrhundert wie das andere ins 19. Der langsame Satz des »Geistertrios« nimmt in Beethovens Schaffen eine Sonderstellung ein, beispiellos in seiner geheimnisvollen, gleichsam unwirklichen Stimmung.

Nach der letzten Sitzung zückten wir unsere Terminkalender, um die nächsten Termine einzutragen. Ich erschrak ein wenig, als ich feststellte, daß die Aufnahmen sich bis 1984 hinziehen würden. »Ich hoffe, euch ist klar, daß die letzte Platte mein Enkel produzieren wird«, sagte ich. »Ich bin dann wohl auch so um die neunzig«, meinte Perlman und spielte zittrig und mit unsicherer Intonation einen der ausgehaltenen Akkorde aus dem langsamen Satz des »Geistertrios«.

Die Aufnahmen zogen sich tatsächlich bis 1984 hin. Die Atmosphäre war bei den letzten Sitzungen so entspannt wie bei den ersten, nur längst nicht mehr so unbeschwert, denn wir wußten, daß ich zum letztenmal mit den dreien zusammenarbeitete. Dennoch gab es zum Abschied keine großen Gesten – nur eine noch ein wenig herzlichere Umarmung als sonst. In den dazwischenliegenden Jahren hatten wir die Aufnahmen in London und in zwei verschiedenen Studios in New York fortgesetzt und einmal kurz für das Klaviertrio von Tschaikowskij unterbrochen. Jedesmal war es gewesen wie ein Wiedersehen von vier guten alten Freunden. Wir waren gern zusammen. Wir arbeiteten hart und machten dazwischen eine Menge Unsinn. Als wir den ersten Satz des c-moll-Trios aufnahmen, griff einer der drei einen falschen Ton, und statt der von Beethoven vorgesehenen großen Terz erklang ein Akkord, der an das Vorspiel von Wagners »Tristan« erinnerte. Sofort fielen die anderen ein, und eine Minute lang ertönten sich quälend auf- und abschraubende, von den beiden Streichern absichtlich unsauber intonierte, chromatische Harmonien. Dann kam von Perlman ein energisches »Sch!«. Einige Sekunden war es vollkommen still, dann erklang das kühle, nach dem Chaos der vorhergehenden Minute besonders wohltuende C-dur der Reprise.

Solche gelegentlichen Auflockerungen waren notwendig, um die während der konzentrierten Aufnahmearbeit entstehende Spannung abzubauen. Wenn Perlman aus Versehen ein Kratzer unterlief oder eine Saite nicht ansprechen wollte, zog er den Bogen mit einem knirschenden Geräusch über die Saiten, das mir kalte Schauer über den Rücken jagte. »Stradivari würde sich dabei im Grab umdrehen, Itzhak«, sagte ich einmal. »Wie wär's dann damit?« Perlman begann einen ausgelassenen Boogie-Woogie, den Harrell pizzicato begleitete. Manchmal taten sich die beiden für eine dramatische Nummer zusammen, etwa ein Autorennen, komplett mit Zusammenstoß und den entsprechenden Geräuschen; Harrell sorgte für die Geräuschkulisse, Perlman für den aufgeregten Kommentar. Ashkenazy spielte währenddessen, ohne auf den ohrenbetäubenden Lärm der beiden anderen zu achten, den friedvollen langsamen Satz des d-moll-Konzertes von Brahms. Er spielte das Werk damals oft im Konzertsaal, und sobald die Aufnahmen unterbrochen wurden, begann er Brahms zu üben. Dazwischen speisten wir jeweils ganz vorzüglich: Peking-Ente bei einem Londoner Chinesen, rohen Fisch bei den Japanern in New York, Nudeln al dente bei einem Italiener und ein unerwartet gutes *tandoori* sowie andere indische Gerichte, die wir uns aus einem Restaurant in Manhattan bringen ließen.

Auch musikalisch war es eine reiche Zeit mit kostbaren Augenblicken. Einmal spielte Ashkenazy ganz in sich versunken ein Chopin-Prélude. Als er plötzlich merkte, daß im Studio und in der Regie völlige Stille herrschte, brach er verlegen ab. Alle stöhnten enttäuscht auf. Einem spontanen Einfall folgend, fragte ich Ashkenazy über die Sprechanlage, ob ich ihn um etwas bitten dürfe. »Natürlich, Suvi«, erwiderte er, und ich bat ihn, das g-moll-Prélude von Rachmaninow zu spielen. Perlman spielte die ersten beiden Takte auf der Geige vor, damit klar war, welches Prélude gemeint war. Darauf spielte Ashkenazy das Stück vor einem Publikum, das aus zwei Kollegen und fünf Bewunderern in der Regie bestand.

Der häufige Wechsel des Aufnahmeorts bedeutete, daß wir die Balance vor jeder Folge von Sitzungen mühsam neu herstellen mußten. Trotzdem gehören die Aufnahmesitzungen für die Beethoven-Trios zu den glücklichsten und unproblematischsten, die ich erlebt habe. Die Zusammenarbeit mit Ashkenazy war eine ganz wesentliche Bereicherung meiner Tätigkeit als Plattenproduzent.

In der Zeit trat zudem etwas ein, auf das ich schon lange gewartet hatte: Ich wurde Previns Produzent, da sein bisheriger Produzent uns verließ, um sich anderen Aufgaben zuzuwenden. Ich bat darum, Previn übernehmen zu dürfen, Previn seinerseits wünschte mich als regulären Produzenten, und so kam es dann auch.

Ich hätte mir keinen schöneren Abschluß meiner Laufbahn wünschen können als die Platten, die Previn in den folgenden Jahren einspielte. Jede ist sowohl in musikalischer als auch in technischer Hinsicht wert, neben den ersten drei ausgezeichneten Platten zu stehen, bei denen ich Legge assistierte. Die Arbeit mit Previn war ebenso wie die mit Ashkenazy eine wesentliche Bereicherung meiner letzten Jahre.

Das Programm der Monate, die folgten, war ein musikalischer Hochgenuß. Wir nahmen Vaughan Williams »Tallis Fantasia« auf, Claude Debussys »Images«, die 13. Symphonie »Babi-Yar« von Schostakowitsch, die Tondichtungen von Richard Strauss mit den Wiener Philharmonikern, was mich ganz besonders freute, sowie Berlioz' »Grande Messe des Morts«, die wie Barenboims »Romeo und Julia« immer wieder verschoben, zum Schluß glücklicherweise aber doch gemacht wurde. Es folgten »Eine Alpensinfonie« von Richard Strauss, »Nocturnes« und »La Mer« von Debussy, das Ballett »Cinderella« von Serge Prokofieff und die bezaubernde Fantasie »L'Enfant et les Sortilèges« sowie »Daphnis et Chloé« von Maurice Ravel. Alle nach »Images« aufgenommenen Werke liegen jedoch außerhalb des zeitlichen Rahmens, den ich mir für dieses Buch gesetzt habe.

Das erste Werk, das ich als Previns regulärer Produzent betreute, war jedoch keines der genannten Stücke, sondern das Wunschkind aller Plattenvertriebe, nämlich Ravels »Bolero«, der in aufnahmetechnischer Hinsicht allerdings nicht besonders interessant ist. Auf diesem Gebiet erwartete uns freilich kurz darauf eine aufregende Neuerung.

Es ist faszinierend, zu verfolgen, wie ein Wort, das eine neue Sache beschreibt, geprägt wird und sich entwickelt. Das Wort »Grammophon« zum Beispiel war ursprünglich der patentierte Name für das Produkt einer Firma. Andere Firmen, die ähnliche Produkte herstellten, mußten sich mit einiger Phantasie Namen wie »Graphophon« oder »Phonograph« ausdenken, die dem ursprünglichen Wort so nahe kamen, daß der Käufer das Produkt erkannte, aber nicht so nahe, daß das geschützte Warenzeichen verletzt wurde. Inzwischen ist das Wort längst in den allgemeinen Sprachgebrauch übergegangen und nicht mehr Eigentum einer Firma.

Das Wort »digital« hat eine noch schnellere Entwicklung durchlaufen. Die eigentliche Grundbedeutung – »mit dem Finger oder mittels einer Ziffer« – hat sich ausgeweitet auf Prozesse, deren Ablauf von Ziffern gelenkt wird, sowie deren Überprüfung und Organisation in einem System zur Speicherung von Informationen. Solche Prozesse benutzte man erstmals, um bestimmte Geräte zu betreiben. Man entwickelte Rechner, mit deren Hilfe selbst der mathematische Stümper komplexe Rechenvorgänge durch den Druck einiger Knöpfe bewältigen konnte. Man erfand Uhren, die nach demselben System funktionierten: Statt der Zeiger zeigen dort blinkende Zahlen die Sekunden und Stunden und sogar die Wochentage und das Datum an. In den sechziger Jahren setzte dann die Entwicklung von Digitalrechnern und anderen digitalen Geräten im großen Stil ein.

Auch in der Schallplattenbranche kursierten damals erste Gerüchte über ein neues Aufnahmeverfahren, das auf digitaler Grundlage entwickelt werden sollte. EMI gehörte zu den ersten Firmen, die mit Digitalrechnern experimentierten. Die bei EMI in der Forschung arbeitenden Ingenieure dürfen mit Recht stolz auf ihre Leistung sein, denn der in der Medizin eingesetzte Scanner – ein elektronisches Gerät, das aufzeichnet, was im Körper vorgeht – wurde in der Forschungsabteilung von EMI entwickelt.

EMI und natürlich auch die anderen Plattenfirmen arbeiteten 1979 fieberhaft daran, das Rennen um die erste digitale Aufnahme zu gewinnen. Das Jahr war noch nicht weit fortgeschritten, als eine Firma stolz das Erscheinen der ersten digital aufgenommenen Schallplatte der Welt bekanntgab. Die anderen reagierten darauf unterschiedlich. Einige wollten warten, bis das neue System gründlich getestet worden war, und erst dann einsteigen. Andere verstärkten ihre Anstrengungen, um den Anschluß nicht zu verlieren. Wir stürzten uns Hals über Kopf in den digitalen Wettbewerb, obwohl wir damals noch gar nicht über alle technischen Voraussetzungen verfügten. Auf einer Besprechung der Produzenten wurde uns mitgeteilt, die Leitung sei nicht erfreut, daß uns eine andere Firma so knapp zuvorgekommen war, und wolle wissen, was wir zu tun gedächten. Verschiedene Vorschläge wurden gemacht. Ich stellte die zentrale Frage: »Wann ist denn unser digitales Aufnahmegerät fertig?« »Etwa Mitte Juni«, lautete die Antwort. Ich warf einen Blick auf meinen Terminkalender. Dort sprang mir eine Eintragung sofort ins Auge: Claude Debussy, »Images«, mit Previn und dem London Symphony Orchestra. Ich holte tief Luft und sagte: »Wenn das Gerät im Juni wirklich fertig ist, werde ich einen Versuch mit ›Images‹ machen.« Mein Vorschlag fand allgemeine Zustimmung.

Ich wußte, daß Debussys »Images« mit ihrer durchsichtigen, farbigen Partitur bestens für Hi-Fi-Aufnahmen geeignet waren. Und einen kooperativeren Künstler als Previn hätte ich mir nicht wünschen können. Zur Vorsicht wollten wir natürlich gleichzeitig noch mit einem herkömmlichen »Analog«-Gerät aufnehmen (auch dieses Wort, ursprünglich »entsprechend zu etwas«, hat einen komplexen Bedeutungswandel durchlaufen).

Ich teilte Previn telefonisch mit, daß wir »Images« digital aufnehmen würden. »Erklär mir das vor der Sitzung«, sagte er. Ich legte auf und kratzte mich ratlos am Kopf. Erklären? Von Digitalaufnahmen verstand ich so gut wie überhaupt nichts. Vom Studium brachte ich nicht einmal die elementarsten Grundlagen mit, die dazu nötig gewesen wären. Natürlich wußte ich, daß genaugenommen nur ein Faktor sich verändert hatte – wir verwendeten ein digitales Aufnahmegerät, das die erhaltenen Informationen nicht mehr auf Magnetband aufzeichnete, sondern sie als Zahlenreihe abspeicherte und diese dann wieder in Klang zurückverwandelte. Zahlen? War es nicht doch absurd, sich die »Unvollendete« als Zahlenreihe vorzustellen? Als ich dann noch hörte, die digitale Maschine taste die eingehenden Signale 50 000mal pro Sekunde ab, schien die ganze Angelegenheit vollends ins Reich der Science-fiction entrückt. Als ich Previn gegenüber diese Zahl erwähnte, war seine Reaktion nur: »Wirklich? Und woher weiß man, daß die Maschine nicht schummelt und nur 45 000 Stichproben macht?« Schließlich war es soweit. In der Regie stand ein gedrungener schwarzer Kasten mit Anzeigen, über die Lichtstrahlen tanzten. Wie die herkömmliche Bandmaschine arbeitete auch dieses Gerät mit einem 25,4 mm breiten Band. Neben dem Gerät stand bescheiden ein bebrillter junger Mann. Als Previn merkte, daß ich ihm das Gerät nicht erklären konnte, sagte er zu dem jungen Mann: »Sie verstehen wahrscheinlich genauso wenig davon wie wir.« Der Mann erwiderte schüchtern: »Ich war am Entwurf und an der Konstruktion des Geräts beteiligt.« Wir sahen ihn auf einen Schlag mit anderen Augen an, und Previn entschuldigte sich sofort.

Ich hatte Previn gebeten, vor Beginn der Sitzung ein paar Worte an das Orchester richten zu dürfen. Als es soweit war, trat ich neben das Dirigentenpult und sagte: »Guten Morgen allerseits. Wahrscheinlich haben Sie alle schon von der neuen Aufnahmetechnik gehört, der sogenannten digitalen Aufnahme. ›Images‹ wird der erste Versuch von EMI mit dieser Technik sein. Ich mache die Aufnahme mit niemandem lieber als mit Ihnen.« Die Orchestermitglieder hörten mir jetzt aufmerksam zu, einige interessiert, andere abwartend, da sie noch nicht wußten, was von ihnen verlangt werden würde. »Es gilt deshalb, einige Punkte besonders zu beachten. Digitalaufnahmen geben den Klang besonders getreu wieder. Das heißt, daß jedes Geräusch, wie gering auch immer, aufgenommen und wiedergegeben wird, sei es nun ein knarrender Stuhl oder ein Hüsteln. Bitte passen Sie daher gut auf, und warten Sie, bis das rote Licht ausgegangen ist, bevor Sie sich beispielsweise zurücklehnen. Außerdem ist das Schneiden digitaler Aufnahmen äußerst kompliziert, teuer und zeitraubend. Ich möchte es auf dem Mimimum halten, arbeiten Sie also bitte besonders konzentriert.« Previn ergänzte: »Suvi meint damit folgendes: Die einzelnen Sätze der ›Images‹ dauern sieben bis acht Minuten, und wenn jemand nach sechs Minuten falsch spielt, müssen wir noch einmal ganz von vorn anfangen!« Ich wünschte dem Orchester viel Glück. »Danke gleichfalls«, war die Antwort.

Mir war das Digitalgerät noch nicht vorgeführt worden, aber ich vertraute darauf, daß es tatsächlich zu leisten vermochte, was die Konstrukteure behaupteten. Zuerst mußten wir wie üblich für Balance und Aussteuerung sorgen. Während Previn probte, richtete der Tonmeister wie vor jeder herkömmlichen Aufnahme die Mikrofone ein, steuerte die Aufnahme auf seinem Mischpult aus und sprach sich mit mir über das Ergebnis ab. Wir hatten auf unserem Digitalgerät nur zwei Spuren. Der Tonmeister und ich hatten daher nach kurzer Rücksprache beschlossen, die Zweitaufnahme auf dem herkömmlichen Aufnahmegerät ebenfalls mit zwei Spuren durchzuführen. Dr. Johnson hat einmal gesagt, die Aussicht, gehängt zu werden, steigere die geistige Konzentration auf wunderbare Weise. Ähnlich trug das Wissen, daß das, was wir in den Sitzungen aufnahmen, die endgültige Version sein würde, zu unserer Konzentration wesentlich bei.

Schließlich waren wir bereit. Wir verständigten das Studio, und der Tonmeister kündigte Take 1 an. Das rote Licht ging an, die Aufnahme begann. Der Klang aus dem Studio war wunderbar klar und durchsichtig, er hatte Schmelz und räumliche Tiefe. Das hatte ich nicht anders erwartet. Ich hatte allerdings einen kleinen Vorbehalt, wollte damit aber warten, bis wir uns die Aufnahme anhörten. Neu und atemberaubend war freilich, daß selbst so geübte Ohren wie die des Tonmeisters und meine keinen Unterschied zwischen dem aus dem Studio kommenden Klang und seiner Wiedergabe durch das digitale Aufnahmegerät feststellen konnten.

Das Orchester spielte das erste Stück mit dem Titel »Gigues« einmal durch. Dann kam Previn in Begleitung der Stimmführer in die Regie, um die Aufnahme anzuhören. Die Wirkung der mit Dämpfer spielenden zweiten Violinen und der Trompete am Anfang war umwerfend. Die Instrumente mußten sich nicht gegenüber einem Brei störender Nebengeräusche behaupten, im Hintergrund der Aufnahme herrschte völlige Stille. Andere Instrumente traten hinzu, die ersten Violinen, Flöte, Harfe, Celesta, Horn, makellos schön und klar. Als die Solo-Oboe einsetzte, entfuhr Anthony Camden, dem ersten Oboisten des London Symphony Orchestra, unwillkürlich die Bemerkung: »Mein Gott! Hört euch diese Oboe an.« Previn sah zuerst mich an und dann das Aufnahmegerät. War *dieser* Kasten verantwortlich für das, was wir hörten? Dann sagte er, an den Tonmeister und mich gewandt: »Sollten die Holzbläser nicht etwas mehr Präsenz und Schärfe haben?« Genau das war mein kleiner Vorbehalt gewesen, und ich sagte das zu Previn. Der Tonmeister, der anderer Meinung gewesen war, sah uns nacheinander an. »Gut, ich beuge mich der Mehrheit.«

Dann geschah etwas besonders Schönes. Das London Symphony Orchestra und André Previn waren schon stolz gewesen, daß EMI sie für die erste digitale Aufnahme klassischer Musik ausgewählt hatte. Nachdem sie jetzt gehört hatten, wie eine solche Aufnahme klingt, war es, als wollten sie uns sagen: Ihr habt uns gezeigt, was ihr könnt, jetzt zeigen wir euch, was wir können. Sie gaben ihr Bestes, und kein Orchester auf der ganzen Welt konnte sie dann übertreffen. Von einem kleinen Patzer in einer Aufnahme abgesehen, der uns nötigte, noch einmal anzufangen, umfaßte jede Aufnahme einen kompletten Satz, und der Master hatte nicht einmal zehn Schnitte im Unterschied zu den für eine Langspielplatte sonst üblichen fünfzig bis sechzig Schnitten. Nach den Sitzungen wußten wir alle, daß wir am Anfang einer neuen Ära der Tonaufnahme standen. Ich bedauerte zutiefst, daß mir nur noch etwas mehr als drei Jahre verblieben, um mit dem neuen System zu arbeiten.

Wir wußten, daß die Aufnahme der »Images« etwas Besonderes war. Wie gut sie gelungen war, erfuhren wir allerdings erst, als vier Monate später die ersten Probepressungen an Kritiker und Händler verschickt wurden. Wer immer die Aufnahme hörte, war nicht weniger begeistert, als wir es beim Anhören der ersten Probeaufnahme gewesen waren. Journalisten, Technikexperten von Plattenzeitschriften, Mitarbeiter der BBC und des kommerziellen Rundfunks und viele andere überschütteten mich mit Fragen zu technischen Details, und die Platte gewann in der Folgezeit einige renommierte Preise. Nicht jedermann war freilich positiv beeindruckt. Die Franzosen, die größten Chauvinisten unter den Musiknationen, hatten für die Platte nur ein verächtliches Lächeln übrig, natürlich nicht etwa, was den Inhalt der Platte betraf, sondern angesichts der bloßen Vorstellung, daß *(quelle horreur!)* ein nichtfranzösisches Orchester unter einem nichtfranzösischen Dirigenten es gewagt hatte, Debussy zu spielen. Ein Kritiker in Amerika führte des längeren aus, daß die Platte nichts als das Produkt eines egozentrischen Produzenten und eine ohne Sinn und Verstand manipulierte Mehrspuraufnahme sei. Die Deutschen, überzeugt, Musik sei ohnehin eine rein teutonische Sache, ignorierten die Platte. Das letzte Wort behielten freilich die Käufer, die sie in wahrhaft riesigen Mengen kauften. Für mich gehören diese Platte sowie das Berlioz-Requiem – die andere Aufnahme, die ich auf dem von EMI entwickelten Gerät produzierte – nach wie vor zu den rund ein Dutzend besten Digitalaufnahmen, die ich kenne. Ohne Kommentar sei noch vermerkt, daß EMI die Arbeit an diesem Aufnahmegerät bereits nach einem knappen Jahr einstellte und beschloß, es nicht weiter zu entwickeln. Ich kenne kein anderes Gerät, das mit diesem vergleichbar gewesen wäre.

Kurz vor der Einspielung der »Images« nahmen wir das Doppelkonzert von Brahms für Violine und Cello mit Perlman, Rostropovich und dem Concertgebouw-Orchester unter der Leitung von Bernard Haitink auf. Die Planung dieser Aufnahme hatte sich über zwei Jahre hingezogen. Mit ihr gingen gleich zwei meiner Wünsche in Erfüllung: mit dem Amsterdamer

Orchester sowie mit seinem Chefdirigenten zu arbeiten. Ich hatte das Orchester schon einige Male in London erlebt, aber erst einmal in Amsterdam. Man hatte mir gesagt, bei Aufnahmen säßen die Musiker nicht wie im Konzert auf der Bühne, sondern im Auditorium, aus dem man die Bestuhlung entferne. Das machte mich neugierig. Als die Orchesterleitung deshalb einen Monat vor der Aufnahme anfragte, ob ich einer Aufnahmesitzung mit der Plattenfirma beiwohnen wolle, mit der das Orchester unter Vertrag stand, sagte ich sofort zu, gespannt auf die Akustik des Saals in Amsterdam. Leider machte die Plattenfirma mir einen Strich durch die Rechnung. »Wenn Mr. Grubb bei einer Sitzung anwesend ist«, hieß es entsetzt, »sieht er ja, wie wir unsere Mikrofone aufstellen. Das können wir nicht zulassen!« Ich war darüber so erzürnt, daß ich den Leuten ausrichten ließ, ich hätte bereits Platten gemacht, als sie noch auf Bäumen herumgeklettert seien. Ich weiß nicht, ob diese Botschaft damals ausgerichtet wurde. Falls nicht, sei es hiermit nachgeholt!

Bernard Haitink war ich einige Monate davor zum erstenmal persönlich begegnet. Er entsprach genau der Vorstellung, die ich mir von ihm aufgrund seiner musikalischen Persönlichkeit gemacht hatte. Nach einem Konzert in der Royal Festival Hall hatte ich einen Freund, der ein Autogramm von Haitink haben wollte, mit hinter die Bühne genommen. Ich ging auf Haitink zu und sagte: »Sie kennen mich nicht, Mr. Haitink, mein Name ist ...« Aber Haitink hatte schon meine Hand ergriffen: »Mr. Grubb, ich habe von Danny und anderen Ihrer Künstler schon viel von Ihnen gehört, und ich bewundere die Aufnahmen, die Sie mit Otto Klemperer gemacht haben. Ich freue mich sehr, Sie kennenzulernen.« Es verschlägt mir nicht leicht die Sprache – aber dieser Empfang machte mich sprachlos. Sprachlos vor Freude, Stolz und Verlegenheit. Wir redeten danach noch kurz über die Möglichkeit, daß Haitink für EMI aufnehmen könnte.

Und dann war es also soweit, daß EMI zum erstenmal das Concertgebouw-Orchester aufnehmen sollte. Als ich um sieben Uhr morgens aus dem Fenster meines Hotels sah, verließ mich meine ganze Zuversicht. Perlman, Haitink, der zu Proben in Glyndebourne gewesen war, die Techniker und ich waren bereits in Amsterdam, aber Rostropovich sollte erst an diesem Morgen eintreffen. EMI hatte für ihn ein Privatflugzeug gechartert, da er nur so pünktlich nach Amsterdam gelangen konnte, denn zwei Termine waren durcheinandergekommen. Rostropovich hatte sich verpflichtet, am Abend vor unserer Aufnahme »Eugen Onegin« in Aldeburgh zu dirigieren. Jetzt sah es draußen aus, als würde der Nebel für mindestens zwei Tage verhindern, daß ein Flugzeug in Amsterdam landen konnte. Ich ging in aller Eile die Werke durch, die Perlman und Haitink zusammen aufnehmen konnten, falls Rostropovich nicht kam, und hatte den vagen Eindruck, daß uns allmählich die Violinkonzerte auszugehen drohten. Gerade wollte ich mich möglichen Orchesterwerken zuwenden, da verständigte mich die Hotelrezeption, meine Sekretärin sei eingetroffen. Das bedeutete, daß auch Rostropovich angekommen war, denn die beiden waren zusammen geflogen: Die Chartergesellschaft hatte darauf bestanden, daß jemand von EMI Rostropovich auf dem Flug begleitete.

Als die Orchestermitglieder merkten, daß offensichtlich auch ein Inder zum Aufnahmeteam gehörte, sahen sie mich neugierig an, und ab und zu lächelte mir einer der Musiker freundlich zu. Erst als Haitink mich dem Orchester vorstellte, merkten sie, daß ich die Aufnahmen leitete. Nach der üblichen Begrüßung machten wir uns an die Arbeit. Das Doppelkonzert von Brahms stellt sowohl im Konzertsaal wie auch bei Aufnahmen enorme Balance-Probleme. Die Tonlage des Cellos deckt sich mit der mittleren Lage der lautesten Instrumente des Orchesters, während die Violine sich frei darüber emporschwingt. Die Musiker hatten keine Gelegenheit gehabt, die Balance in einem Konzert oder auf Proben in den Griff zu bekommen, und wir hatten noch nie im Concertgebouw aufgenommen. Dazu kamen weitere Komplikationen. Die Maschine, die Rostropovich hergebracht hatte, hatte keine Druckausgleichskabine gehabt, und seine Ohren waren arg in Mitleidenschaft gezogen. Er hatte deshalb auf der ersten Sitzung Schwierigkeiten. Da aber alle guten Willens waren, meisterten wir schließlich die Probleme. Leider gelang es uns jedoch nicht, eine durchgehend ausgewogene Balance herzustellen, so daß wir zu unserem Leidwesen auf eine Mehrspuraufnahme mit einer herkömmlichen Bandmaschine zurückgreifen mußten.

30

»*Guten Morgen, Mr. Beethoven*«

Ich bin ein wenig über das Ereignis hinausgegangen, mit dem ich dieses Buch beenden wollte. Doch auch so bin ich nur bis ins Jahr 1979 gekommen, und heute, da ich dies schreibe, also sechs Jahre später, bin ich noch immer als Plattenproduzent tätig. So vieles konnte ich nicht erzählen, etwa von Klemperer und dem Akustikexperten, von jenem Kollegen, der beim Betreten eines Abhörraums in Abbey Road Rostropovich und mich auf dem Boden einander gegenüberkniend vorfand, die Hände wie zum gemeinsamen Bußgottesdienst aneinandergepreßt, von der kürzesten Orchestersitzung, die ich je leitete – ich entließ die Wiener Philharmoniker bereits nach zwei Minuten, ohne daß eine Note gespielt worden wäre –, und von meinen zwei leichtesten Sitzungen, in denen ich keine Partitur mitlesen und keine falschen Noten monieren mußte, sondern nur genußvoll die Augen zu schließen brauchte, um vier hervorragenden Jazzmusikern zuzuhören plus einem fünften, der innerhalb von drei Stunden vom unerfahrenen Neuling zum Studioprofi heranreifte. Ich habe nicht erzählt von meinem Landsmann, den ich in Los Angeles, London, Berlin und New York jeweils knapp verfehlte, bis wir schließlich beide lange genug am selben Ort sein konnten, um zwei Platten aufzunehmen. Noch lange könnte ich mit solchen Erinnerungen fortfahren, aber irgendwo muß ich ja ein Ende machen, und ich habe mich entschlossen, hier aufzuhören. Vielleicht ein andermal mehr?

Als vor einigen Jahren die Memoiren zweier Kollegen meiner Zunft erschienen, schrieb ein Kolumnist der *Times* etwas verdrossen, die Produktion klassischer Schallplatten müsse, den Äußerungen der damit Beschäftigten nach zu schließen, ein frustrierendes Geschäft sein. Ich sehe das nicht so. Im Gegenteil, ich fühle mich durch meine Erfahrungen bereichert. Musiker der verschiedensten Sparten und Fähigkeiten, von denen einige weltberühmt, andere kaum bekannt sind, kennenzulernen und mit ihnen zusammenzuarbeiten, ihre unterschiedliche Art des Musizierens zu erleben, ihnen bei der Verwirklichung ihrer Vorstellungen zu helfen und sie nicht selten sogar zu beraten und die Musik dann für alle Zeit auf der Platte festzuhalten, um zahllose andere Menschen in ihren Genuß kommen zu lassen – das ist eine der lohnendsten Tätigkeiten, die mit Musik zu tun haben. Wer die Gabe dazu hat, macht selbst Musik. Für den aber, der dazu nicht imstande ist, kann ich mir keine Tätigkeit vorstellen, die ihn enger mit Musik und Musikern in Berührung bringen könnte als mein Beruf. Wenn einer sein Leben lang mit den größten Musikern der Welt Umgang gehabt hat und sich dann nur daran erinnern kann, daß X ein Pfennigfuchser war, Y eine weinerliche Stimme hatte und Z ihn an den Rand eines Nervenzusammenbruchs brachte, sagt das im Grunde mehr über ihn aus als über den betreffenden Musiker. Oder wie Klemperer einmal trocken bemerkte: »Wenn man sich mit einem Buch auf den Kopf haut und es klingt hohl, heißt das nicht unbedingt, daß das Buch nichts ist.«

Ich will damit nicht sagen, daß ich im Studio immer nur Erfolg hatte, daß ich stets auf Rosen gebettet war. Ich habe Rückschläge und Enttäuschungen erlebt, wie sie einem in jedem Beruf widerfahren. Und auch ich habe Fehler gemacht. Wie könnte das in einem Zeitraum von fünfundzwanzig Jahren auch anders sein! Ich erinnere mich, wie ich auf einen aufmerksam gemacht wurde: Es war wie der sprichwörtliche Fall, der nach dem Hochmut kommt. Spät an einem Donnerstag nachmittag vor vier Jahren hatte ich ziemlich selbstzufrieden zu einem Kollegen gesagt: »Immerhin habe ich bei einer Aufnahme nie einen Takt weggelassen, und das ist für über zwanzig Jahre nicht schlecht!« Die wohlverdiente Strafe folgte auf dem Fuße. Kurz nach halb fünf am Freitag rief mich meine Sekretärin an. Ein Musikkritiker wolle wissen, in welcher Ausgabe der Partitur von Stück A die Takte x und y wiederholt würden. Ich kannte das Stück nicht auswendig und sagte deshalb, ich würde am Montag morgen zurückrufen. Ich legte auf, eilte in das neben meiner Wohnung gelegene Studio, holte die Partitur und eine Probepressung und hörte mir die Platte zu Hause an. Das Undenkbare war eingetreten: Die beiden Takte waren doppelt vorhanden. Am Freitag abend konnte ich nichts mehr tun. Das Wochenende zog sich endlos hin. Erst der Montag brachte die Erlösung: Die Platte war noch nicht in Produktion gegangen. Ich konnte sie deshalb noch zurückrufen und das Band korrigieren lassen.

Zwei Jahre danach – der Vorfall war inzwischen zu einer unangenehmen Erinnerung verblaßt – passierte mir dasselbe erneut. Wieder prahlte ich und sagte, ein Fehler in zweiundzwanzig Jahren sei schließlich zu verzeihen. Ich forderte mein Schicksal regelrecht heraus. Außerdem hatte ich vergessen, daß ein Fehler selten allein kommt. Diesmal erfolgte die Vergeltung noch schneller. Nur wenige Stunden später erfuhr ich, daß in einer meiner Aufnahmen ein Paukenschlag fehle. Als ich das Band abhörte, konnte ich mich nur fragen, wie mir ein so grober Fehler hatte unterlaufen können. Auch dieser wurde schleunigst korrigiert.

Natürlich gab es ab und zu auch Meinungsverschiedenheiten mit Künstlern, aber sie waren nicht wirklich ernsthafter Natur. Nie ist es zwischen einem Künstler und mir zu Feindschaft oder Bitterkeit gekommen. Die Arbeit erfolgte ausnahmslos in freundschaftlicher Atmosphäre. Ich habe eine Menge schöner und lieber Erinnerungen an Musiker und Kollegen, an Sekretärinnen, Tonmeister, Produzenten, Angestellte in der Verwaltung und im Vertrieb (auch das!) sowie an Kritiker. Ich hoffe, eines Tages über all diese Menschen schreiben zu können.

Wenn ich auf die fünfundzwanzig Jahre meiner Tätigkeit als Produzent zurückblicke, tue ich das in der Hoffnung, daß ich nicht die Demut verloren habe, mit der ich anfing. Vor einigen Jahren wurde ich nach Amsterdam eingeladen, um eine Ehrung für die Aufnahme des Violinkonzerts D-dur op. 61 von Ludwig van Beethoven mit Itzhak Perlman, Carlo Maria Giulini und dem Philharmonia Orchestra entgegenzunehmen. Als ich die Stufen zum Podium des Konzertsaals im Concertgebouw hinaufstieg, wo die Preisverleihung erfolgen sollte, wußte ich noch nicht, was ich sagen würde. Dann entdeckte ich hoch oben an der Rückwand des Podiums eine Büste von Beethoven, und sie inspirierte meine Worte.

»Es gibt mindestens achtundsiebzig Menschen, die ein größeres Anrecht auf diesen Preis hätten als ich. Einer von ihnen ist selbstverständlich – er da oben.« Ich deutete mit dem Daumen über die Schulter auf die Büste. »Ein anderer wohnt irgendwo dort.« Ich zeigte vage in Richtung New York. »Ein dritter wohnt, glaube ich, dort.« Diesmal war meine Bewegung noch vager, da ich keine Ahnung hatte, in welcher Richtung Italien lag. »Was das Philharmonia Orchestra betrifft, so kann selbst EMI es sich nicht leisten, fünfundsiebzig Musiker nach Amsterdam zu fliegen, damit sie an dieser Ehrung teilnehmen könnten. Aber ich werde an diese siebenundsiebzig Musiker weitergeben, welche Ehre es für mich war, sie hier anläßlich dieser Feier zu vertreten. Und was ihn betrifft« – ich drehte mich einen Augenblick um und sah zu der Büste hinauf –, »so hoffe ich, daß er auf mein ›Guten Morgen, Mr. Beethoven‹ dereinst im Himmel sagen wird: ›Guten Morgen, Mr. Grubb; Ihre Aufnahme des Violinkonzerts hat mir wirklich gut gefallen.‹«

Diskographie

In der nachstehenden Diskographie sind alle im Buch erwähnten Schallplatten aufgelistet.

Schallplatten – das weiß jeder Musikfreund – haben nur eine begrenzte, manchmal gar eine allzu kurze Lebensdauer: vor allem, was ihre Verfügbarkeit im Handel anbelangt. Seit dem fulminanten Siegeszug der Compact Disc fristet die traditionelle Langspielplatte bekanntlich nur noch ein Schattendasein – Grund genug also, um die von Suvi Raj Grubb zusammengestellte Diskographie zu aktualisieren, zu erweitern und auf den neuesten Stand (Sommer 1989) zu bringen.

Grundsätzlich werden alle drei heute angebotenen Tonträger berücksichtigt: die herkömmliche Schallplatte (LP), die Musicassette (MC) und die Compact Disc (CD). Fett gedruckte Nummern zeigen an, daß der entsprechende Tonträger zur Zeit im Schallplatten-Fachhandel lieferbar ist; die restlichen Platten sind gestrichen (was eine Wiederveröffentlichung, vor allem als Compact Disc, zu einem späteren Zeitpunkt jedoch nicht ausschließt).

Der kleine Stern (*) neben einer Schallplattennummer weist darauf hin, daß die unter dieser Nummer erhältliche Platte nicht genau identisch ist mit der ursprünglichen. Solche (zumeist kleinere) Differenzen ergeben sich bei Wiederveröffentlichungen, wo nicht in jedem Fall genau das Repertoire der ursprünglichen Platte übernommen wird – ergeben sich aber auch aus den unterschiedlichen Speicherkapazitäten von herkömmlicher Schallplatte (höchstens 60 Minuten Spielzeit) und Compact Disc (bis zu 80 Minuten Spielzeit), was zur Folge hat, daß die Compact Disc gegenüber der entsprechenden Langspielplatte mehr Musik bzw. einige zusätzliche Werke enthält.

Für tatkräftige Mithilfe bei dieser Zusammenstellung möchte ich mich bei Jörg Spörri (EMI Records Switzerland AG) herzlich bedanken.

Zürich, im Sommer 1989 *Werner Pfister*

Abkürzungen:	ASM	Academy of St. Martin-in-the-Fields
	BBCSO	BBC Symphony Orchestra
	BP	Berliner Philharmoniker
	BS	Bournemouth Sinfonietta
	BSO	Boston Symphony Orchestra
	CSO	Chicago Symphony Orchestra
	SD	Staatskapelle Dresden
	ECO	English Chamber Orchestra
	KCC	King's College Chapel Choir
	LPO	London Philharmonic Orchestra
	LSO	London Symphony Orchestra
	NBCO	NBC Symphony Orchestra
	NPO	New Philharmonia Orchestra
	NYPO	New York Philharmonic Orchestra
	O de P	Orchestre de Paris
	Phil O	Philadelphia Orchestra
	PO	Philharmonia Orchestra
	PSO	Pittsburgh Symphony Orchestra
	RPO	Royal Philharmonic Orchestra
	RSO	Radio-Sinfonie-Orchester Berlin
	WP	Wiener Philharmoniker

André Previn's Music Night No. 2

Ruslan und Ludmilla: Ouvertüre *(Glinka);* Adagio für Streicher (aus Quartett op. 11) *(Barber);* Der Dreispitz: Suite Nr. 2 *(Falla);* Prélude à l'après-midi d'un faune *(Debussy);* The Banks of Green Willow-Idyll *(Butterworth);* Kaiserwalzer *(J. Strauß)*– LSO, Previn.	LP: ASD 3338

Arne, Thomas Augustin

Symphonien Nr. 1 C-dur, Nr. 2 F-dur, Nr. 3 Es-dur, Nr. 4 c-moll + *Wesley:* Symphonie in D-dur. – BS, Montgomery	LP: CSD 3767

Bach, Johann Christian

Symphonien Es-dur op. 6/3, Es-dur op. 9/2, B-dur op. 18/2, D-dur op. 18/4. – BS, Montgomery.	LP: ASD 3544

Bach, Johann Sebastian

Kantate Nr. 147 »Herz und Mund«; Motetten: Der Geist hilft unsrer Schwachheit auf, Fürchte dich nicht, Lobet den Herren – Ameling, Baker, Patridge, Shirley-Quirk, KCC, ASM, Willcocks.	LP: 063-02230
Flötensonaten Nr. 1 h-moll, Nr. 3 A-dur, Nr. 5 e-moll – Shaffer, Malcolm, Gauntlett.	LP: ASD 633
Flötensonaten Nr. 4 C-dur, Nr. 6 E-dur, Nr. 2 Es-dur, Nr. 1 g-moll – Shaffer, Malcolm, Gauntlett.	LP: ASD 2268
Fuge in g-moll, Choral-Vorspiel »Christ lag in Todesbanden (arr. Stokowski) – Phil O, Stokowski.	78: DB 1952
Magnificat D-dur + *Bruckner:* Te Deum – Popp, Pashley, Baker, Finnilä, Tear, Hemsley, Garrad, NPO & Chorus, Barenboim.	**LP: 769259 1** **MC: 769259 4**
Matthäus-Passion – Pears, Fischer-Dieskau, Schwarzkopf, Ludwig, Gedda, Berry, Boys of Hampstead Parish Church Choir, PO & Chorus, Klemperer.	**LP: 153-01312/15** **MC: TC-SLS 827** **CD: 763058 2**
Messe h-moll – Giebel, Baker, Gedda, Prey, Crass, NPO, BBC Chorus, Klemperer.	LP: 157-00090/92 **CD: demnächst**
Motetten: Jesu meine Freude, Singet dem Herrn, Komm, Jesu, komm – KCC, Willcocks.	LP: HQS 1144
Orchestersuiten (Ouvertüren) Nr. 1-4 – NPO, Klemperer.	LP: 137-102102/3
Toccata und Fuge d-moll (arr. Stokowski) – Phil O, Stokowski.	78: DB 2572
Violinkonzerte D-dur (für 2 Violinen), E-dur, g-moll – Perlman, Zukermann, ECO, Barenboim.	LP: 102236 1 **LP: 290530 1*** **MC: 290530 4*** **CD: 747856 2***
Violinkonzerte d-moll, a-moll, d-moll (für Violine und Oboe) – Perlman, Black, ECO, Barenboim.	LP: 102580 1 **LP: 290530 1*** **MC: 290530 4*** **CD: 747856 2***

Ballettmusik aus Opern

Aida *(Verdi);* Chowantschina: Tanz der persischen Sklaven *(Mussorgskij);* Fürst Igor: Polowetzer Tänze *(Borodin);* Gioconda: Tanz der Stunden *(Ponchielli);* Tannhäuser: Venusberg-Bacchanale *(Wagner)*– PO, Karajan.	LP: SAX 2421 **MC: 769041 4*** **CD: 769041 2***

Bartók, Béla

44 Duos für 2 Violinen – Perlman, Zukerman.	LP: 065-03320
Klavierkonzerte Nr. 1 und 3 – Barenboim, NPO, Boulez.	**LP: 290846 1** **MC: 290846 4**
Klavierkonzert Nr. 2 (vgl. Prokofieff: Klavierkonzert Nr. 5).	

Beethoven, Ludwig van

Fidelio – Ludwig, Vickers, Berry, Frick, Hallstein, Unger, Crass, PO & Chorus, Klemperer.	**LP: 149-00559/61** **CD: 769324 2**
Messe C-dur op. 86 – Ameling, Baker, Altmeyer, Rintzler, NPO & Chorus, Giulini.	LP: 063-02124
Missa solemnis D-dur op. 123 – Söderström, Höffgen, Kmentt, Talvela, NPO & Chorus, Klemperer.	**CD: 769538 2**
5 Klavierkonzerte; Chorfantasie op. 80 – Barenboim, Alldis Choir, NPO, Klemperer.	**LP: 197-101890/93** **CD: demnächst**
Klavierkonzert Nr. 4 G-dur; Rondo G-dur op. 51/2 – Richter-Haaser, PO, Kertez.	**LP: 762652 1** **MC: 762652 4**
Sämtliche Klaviersonaten – Barenboim.	LP: SLS 794
Klaviersonaten op. 13 »Pathétique«, op. 26 und op. 27/2 »Mondschein« – Eschenbach.	LP: ASD 3695 **LP: 769395 1*** **MC: 769395 4***
Klaviersonaten op. 31/3 und op. 111 – Annie Fischer.	LP: SAX 2435
Klaviersonaten op. 31/1 und 3 – Richter-Haaser.	LP: SAX 2523
Klaviersonaten op. 31/2 und op. 109 – Richter-Haaser.	LP: SAX 2385
Klaviersonaten op. 106 »Hammerklavier« und op. 90 – Richter-Haaser.	LP: SAX 2407
Klaviersonaten op. 110 und op. 111 – Richter-Haaser.	LP: 33CX 1666
Sämtliche Klaviertrios – Ashkenazy, Perlman, Harrell.	**LP: 290834 3** **MC: 290834 5** **CD: 747455 8**
Sämtliche Klaviertrios – Barenboim, Zukerman, du Pré, de Peyer.	LP: SLS 789 **CD: 763124 2**
Streichquartett F-dur op. 59/1 »Rasumowsky« – Drolc Quartett.	LP: C 80548
Streichquartett cis-moll op. 131 – Busch Quartett.	LP: 147-01668/70*
Quintett für Klavier und Bläser Es-dur op. 16 + *Mozart:* Quintett für Klavier und Bläser Es-dur KV 452 – Melos Ensemble, Crowson.	LP: ASD 2256
9 Symphonien – PO, Schwarzkopf, Höffgen, Haefliger, Edelmann, Chor der Gesellschaft der Musikfreunde Wien, Karajan.	LP: SLS 5053
Symphonie Nr. 7 A-dur op. 92 + *Rameau:* Gavotte mit 6 Variationen (arr. Klemperer) – NPO, Klemperer.	LP: 063-02003

Symphonie Nr. 9 d-moll op. 125 – Davis, Cathcart, Betts, Lowental, Phil O & Chorus, Stokowski.	78: 2327/35
Symphonie Nr. 9 d-moll op. 125 – Nordmo-Loevberg, Ludwig, Kmentt, Hotter, PO & Chorus, Klemperer.	**LP: 101381 1** **MC: 101381 4** **CD: 747189 2**
33 Variationen über einen Walzer von Diabelli op. 120 – Richter-Haaser.	LP: SAX 2557
Violinkonzert D-dur op. 61 – Perlman, PO, Giulini.	**LP: 747002 1** **MC: 747002 4** **CD: 747002 2**
Sämtliche Violinsonaten – Zukerman, Barenboim; daraus Nr. 5 und 9 derzeit erhältlich unter:	LP: SLS 871 LP: **2904901** MC: **7690214** CD: **7690212**
Berlioz, Hector	
Ouvertüren: Le Corsaire, Béatrice et Bénédict, Benvenuto Cellini, Les Francs-juges, Le Carneval romain – LSO, Previn.	SLS 5209
Requiem (Grande Messe des Morts op. 5) – Tear, LPO & Choir, Previn.	LP: 157-03898/99
Symphonie fantastique op. 14 – PO, Klemperer.	LP: SAX 2537
Bishop, Henry	
Lo! Here the gentle lark + *Moore:* Last Rose of Summer – Galli-Curci.	78: DA 1011
Bismillah, Khan	
Sarang, Dadra, Chandra Kauns, Kajaree.	LP: ASD 2446
Bismillah Khan / Vilayet Khan	
Jugalbandi, Raga, Gujaree-Todi, Chaiti-dun, Bhairavee-Thumree (mit Shantaprasad-Tabla).	LP: ASD 2915
Bizet, Georges	
Carmen: Suite Nr. 1; Jeux d'enfant; L'Arlésienne: Suite Nr. 1 – O de P, Barenboim.	LP: ASD 3277
Carmen: Suite Nr. 1; L'Arlésienne: Suiten Nr. 1 und 2 – RPO, Beecham.	LP: SXLP 30276 **CD: 747794 2***
Symphonie C-dur; La jolie Fille de Perth: Suite; Ouvertüre »Patrie« – O de P, Barenboim.	LP: ASD 3277
Symphonie C-dur + *Berlioz:* Die Trojaner: Trojanischer Marsch, Königliche Jagd und Sturm + *Délibes:* Le Roi s'amuse: Ballettmusik – RPO, Orchestre de l'ORTF, Beecham.	LP: SXLP 30260 **CD: 747794 2***
Boccherini, Luigi	
(vgl. Haydn: Cellokonzert C-dur)	
Brahms, Johannes	
Cellosonaten Nr. 1 e-moll und 2 F-dur – du Pré, Barenboim.	LP: 063-00393 **CD: demnächst**

Deutsche Volkslieder (Gesamtaufnahme) – Schwarzkopf, Fischer-Dieskau, Moore.	**LP: 153-00054/55**
	CD: 749525 2
Ein deutsches Requiem – Schwarzkopf, Fischer-Dieskau, PO & Chorus, Klemperer.	**LP: 101295 3***
	CD: 747238 2*
Doppelkonzert für Violine, Cello und Orchester – Perlman, Rostropovich, Concertgebouw Orkest, Haitink.	**MC: 269-03961**
	CD: 749486 2*
Klarinettensonaten Nr. 1 f-moll und Nr. 2 Es-dur – de Peyer, Barenboim.	LP: ASD 2362
Klavierquintett f-moll op. 34 – Previn, Yale Quartett.	LP: ASD 2873
Klaviertrio C-dur op. 87; Horntrio Es-dur op. 40 – Yehudi Menuhin, Hephzibah Menuhin, Gendron, Civil.	LP: ASD 2354
Lieder – Fischer-Dieskau, Barenboim, Moore, Sawallisch.	LP: 191-50379/85
Die schöne Magelone – Fischer-Dieskau, Richter.	LP: 065-02155
Klavierkonzert Nr. 1 d-moll op. 15 – Barenboim, NPO, Barbirolli.	LP: EMX 412085
Klavierkonzert Nr. 1 d-moll op. 15 – Ohlsson, LPO, Tennstedt.	LP: ASD 3762
Klavierkonzert Nr. 2 B-dur op. 83 – Arrau, PO, Giulini.	**CD: 769178 2**
Symphonie Nr. 4 e-moll op. 98 – SD, Böhm.	78: DB 4684/89
Variationen über ein Thema von Händel op. 24; Paganini-Variationen op. 35 – Anievas.	LP: HQS 1028
Variationen über ein Thema von Händel op. 24; Paganini-Variationen op. 35 – Ohlsson.	LP: HQS 1379
Violinkonzert D-dur op. 77 – Perlman, CSO, Giulini.	**LP: 102899 1**
	MC: 747166 4
	CD: 747166 2

Bruch, Max

Violinkonzert Nr. 1 g-moll (vgl. Mendelssohn: Violinkonzert Nr. 1 e-moll).	
Violinkonzert Nr. 2 d-moll, Schottische Fantasie op. 46 – Perlman, PO, Lopez-Cobos.	LP: 102804 1

Bruckner, Anton

Messe Nr. 3 f-moll – Harper, Reynolds, Tear, Rintzler, NPO & Chorus, Barenboim.	LP: 063-02318
Symphonie Nr. 4 Es-dur »Romantische« – PO, Klemperer.	**MC: 762658 4**
	CD: 769127 2
Symphonie Nr. 7 + *Wagner:* Siegfried-Idyll – PO, Klemperer.	SAX 2454-5
	LP: 290004 1*
	MC: 290004 4*
	CD: 769126 2*
Symphonie Nr. 9 d-moll – NPO, Klemperer.	LP: SHZE 360
Te Deum (vgl. Bach: Magnificat).	

Grace Bumbry Recital

Schubert: Die junge Nonne u.a. – Parsons.	LP: 063-02794

Busoni, Ferruccio	
Klavierkonzert op. 39; Sarabande und Cortege op. 51 – Ogdon, RPO, Alldis Choir, Revenaugh.	LP: SLS 776
Di Capua	
O Sole mio + *Verdi:* Rigoletto: La donna è mobile – Caruso.	78: DA 1303
Charpentier, Marc Antoine	
Messe de minuit + *Purcell:* Te Deum – Cantelo, Gelmar, Bowman, Patridge, Keyte, KCC, ECO, Willcocks.	LP: ASD 2340
Chopin, Frédéric	
Cellosonate g-moll op. 65 + *Franck:* Sonate in A-dur – du Pré, Barenboim.	LP: ASD 2851 **CD: demnächst**
Etüden op. 10 und 25 – Anievas.	LP: 037-00638
Sämtliche Nocturnen – Ohlsson.	LP: SZB 3889
Klavierkonzert Nr. 1 e-moll op. 11 – Pollini, PO, Kletzki.	LP: 100182 1 **MC: 769004 4*** **CD: 769004 2***
Sonate Nr. 3 h-moll op. 58 + *Liszt:* Sonate h-moll – Anievas.	LP: HQS 1246
Sämtliche Walzer – Anievas.	LP: 037-01996 **MC: 762602 4** **CD: 762602 2***
Rezitals: Barenboim – Barcarolle op. 60, Berceuse op. 57, Fantasie op. 49, Polonaise-Fantasie op. 61, Souvenir de Paganini, Variations brillantes op. 12.	LP: ASD 2963
Pollini – Ballade Nr. 1 op. 23, Nocturnes: op. 15/1 und 2, op. 27/1 und 2, Polonaisen: op. 44 und op. 53.	**LP: 290263 1** **MC: 769004 4*** **CD: 769004 2***
Debussy, Claude	
Images, Prélude à l'après-midi d'un faune – LSO, Previn.	**CD: 747001 2**
La Mer, Nocturnes – LSO & Chorus, Previn.	**CD: 747028 2**
Delius, Frederick	
Appalachia, Brigg Fair – Jenkins, Ambrosian Singers, Hallé Orchestra, Barbirolli.	LP: EMX 412081
Duette von Lilius, Schütz, Händel u.a. – Baker, Fischer-Dieskau, Malcolm (Mitschnitt Royal Festival Hall).	LP: ASD 2710
Dvořák, Antonín	
Cellokonzert h-moll, op. 104 – du Pré, CSO, Barenboim.	LP: ASD 2751 **CD: 747614 2***
Scherzo capriccioso (vgl. Dvořák: Symphonie Nr. 8 resp. Smetana: »Ma Vlast«).	
Serenade für Streicher E-dur op. 22 + *Tschaikowskij:* Serenade für Streicher C-dur op. 48 – ECO, Barenboim.	LP: ASD 3036
Symphonie Nr. 7 d-moll op. 70 – LPO, Rostropovich.	LP: ASD 3869

Symphonie Nr. 8 G-dur op. 88, Scherzo capriccioso op. 66 – LPO, Rostropovich. LP: ASD 4058

Symphonie Nr. 9 e-moll »Aus der Neuen Welt« – LPO, Rostropovich. LP: EMX 412052

Streichquartett Nr. 12 op. 96 (vgl. Smetana: Streichquartett Nr. 1).

Violinkonzert a-moll op. 53, Romanze f-moll op. 11 – Perlman, LPO, Barenboim. **LP: 102634 1** **CD: 747168 2**

Elgar, Edward
Enigma Variations (vgl. Vaughan Williams: Fantasia on a theme by Tallis).

The Elisabeth Schwarzkopf Songbook
Schubert, Schumann, Wolf, Wolf-Ferrari, Debussy, Rachmaninow – Moore. LP: SAX 5268

The Elisabeth Schwarzkopf Songbook Vol. 2
Schubert, Mozart, Schumann, Mahler, Wolf, R. Strauss, Strawinski, Mussorgskij, Tschaikowskij – Parsons. LP: ASD 2404

Encores Vol. 2
Wienawski, Foster, Vieuxtemps, Traditional, Bazzini – Perlman, Sanders. LP: 065-03645 **CD: 749514 2***

de Falla, Manuel
Atlantida (Halffter) – Tarrés, Ricci, Giménez, Sardiniero, Orquesta y Coro Nacional de España, Frühbeck de Burgos. LP: 157-02987/88

Flotow, Friedrich von
Martha: M'appari tutt'amor' + *Leoncavallo:* Pagliacci: Vesti la giubba – Caruso. 78: DB 1802

Foster, Stephen Collins
Poor old Joe, Old Folks at Home-Robeson. 78: B 3664

A French Song Recital
Debussy, Duparc, Fauré – Baker, Moore. LP: ASD 2590

Gerald Moore
Abschiedskonzert: Haydn, Mozart, Schubert, Mendelssohn, Brahms, Schumann, Rossini, Wolf – de los Angeles, Schwarzkopf, Fischer-Dieskau. LP: 100068 3 **LP: 101678 1*** **MC: 296-01678*** **CD: 749794 2***

70. Geburtstag: Traditional, Bach, Strauss, R. Weber, Mahler, Fauré, Wagner, Debussy, Dvořák, Tschaikowskij – de los Angeles, Goosens, Fischer-Dieskau, de Peyer, Baker, du Pré, Schwarzkopf, Menuhin, Barenboim. LP: SAN 182-3

Glasunow, Alexander

Klavierkonzert Nr. 1 f-moll + *Yardumian:* Passacaglia, Rezitativ und Fuge – Ogdon, Bournemouth Symphony Orchestra, Berglund. — ASD 3367

Goldmark, Karl

Violinkonzert a-moll + *Sarasate:* Zigeunerweisen – Perlman, PSO, Previn. — LP: 063-02938 / **CD: 767846 2***

Händel, Georg Friedrich

Feuerwerksmusik; Concerti a due cori Nr. 1 und 2, Concerto Nr. 3 D-dur – LSO, Mackerras. — **LP: 762661 1** / **MC: 762661 4**

Messias – Schwarzkopf, Hoffman, Gedda, Hines, PO & Chorus, Klemperer. — LP: SAN 146-8

Messias: For unto us a child is born; There were shepherds; Glory to God – Suddaby, Philharmonic Choir, Scott. — 78: D 1876

Händel – a selection: Ausschnitte aus Messias, Berenice, Solomon, Wassermusik u.a. – BS, Montgomery. — LP: ESD 7031

Haydn, Joseph

Cellokonzert C-dur + *Boccherini:* Cellokonzert B-dur (arr. Grützmacher) – du Pré, ECO; Barenboim. — **LP: 769266 1*** / **MC: 769266 4*** / **CD: 747614 2***

Cellokonzert D-dur + *Monn:* Cellokonzert g-moll – du Pré, LSO, Barbirolli. — **CD: 747840 2***

Die sieben letzten Worte unseres Erlösers am Kreuze – ASM, Marriner. — LP: 065-02958

Symphonia concertante B-dur (vgl. Mozart: Symphonia concertante Es-dur).

Symphonien Nr. 92 G-dur »Oxford« und Nr. 95 c-moll – NPO, Klemperer. — LP: ASD 2818

Symphonien Nr. 94 G-dur »Mit dem Paukenschlag« und Nr. 104 D-dur »London« – PSO, Previn. — LP: CFP 4400

Streichquartette op. 61/1-6 – Medici String Quartett. — LP: SLS 5077

Holst, Gustav

Die Planeten op. 32 – NPO & Chorus, Boult. — **MC: 769045 4** / **LP: ESD 7135** / **CD: 769045 2**

Joplin, Scott

Easy Winners u.a. – Perlman, Previn. — **CD: 747170 2**

Kern, Jerome

Old Man River, It still suits me – Robeson. — 78: B 8497

Kreisler, Fritz

Recital Vol. 1: Caprice viennois u.a. – Perlman, Sanders. — LP: 063-02739 / **CD: 747467 2***

Recital Vol. 2: Teufelstriller u.a. – Perlman, Sanders. — LP: 063-02888 / **CD: 747467 2***

Laughing Song / The whistling coon – Sheppard. LP: B 468

Lehár, Franz
Gold und Silber (vgl. J. Strauß: An der schönen blauen Donau).
Die lustige Witwe – Schwarzkopf, Steffek, Gedda, Wächter u.a., PO & Chorus, Matacic. **CD: 747178-8**

Lied des Wolgaschleppers + *Rimski-Korsakow:* Der Prophet – Schaljapin. 78: DB 1103

Liszt, Franz
Klavierkonzert Nr. 1 Es-dur (vgl. Schumann: Klavierkonzert).
Sonate h-moll, Mephisto-Walzer u.a. – Gutierrez. LP: HQS 1124
Sonate h-moll (vgl. Chopin: Sonate Nr. 3 h-moll).
Recital: Ogdon – Paganini-Etüden u.a. LP: ASD 2416

Christa Ludwig Schubert Recital
An die Musik, Der Musensohn, Ganymed, Auf dem Wasser zu singen, Ave Maria, Die Forelle, Gretchen am Spinnrad, Frühlingsglaube, Der Tod und das Mädchen, Lachen und Weinen, Litanei auf das Fest Allerseelen, Der Erlkönig – Parsons. LP: SAX 5272

Mahler, Gustav
Das Lied von der Erde – Ludwig, Wunderlich, Klemperer. **LP: 155395 1** **CD: 747231 2**
Lieder und Gesänge aus der Jugendzeit, Lieder aus »Des Knaben Wunderhorn«, Fünf Rückert-Lieder, Lieder eines fahrenden Gesellen – Fischer-Dieskau, Barenboim. LP: 165-03446/48
Symphonie Nr. 2 c-moll »Auferstehung« – Schwarzkopf, Rössl-Majdan, PO & Chorus, Klemperer. LP: 163-00570/71 **MC: 769662 4** **CD: 769662 2**
Symphonie Nr. 4 G-dur – Schwarzkopf, PO, Klemperer. LP: 063-00553 **CD: 769667 2**
Symphonie Nr. 4 G-dur – Ameling, PSO, Previn. LP: ASD 3783

Mendelssohn-Bartholdy, Felix
Präludien und Fugen op. 35; Etüden op. 104 – Adni. LP: HQS 1394
Sommernachtstraum: Nocturne – BBCSO, Boult. 78: DA 1318
Violinkonzert Nr. 1 e-moll + *Bruch:* Violinkonzert Nr. 1 g-moll – Perlman, LSO, Previn. **MC: 250206 4** **CD: 769881 2***

Monn, Matthias Georg
Cellokonzert g-moll (vgl. Haydn: Cellokonzert D-dur).

Monteverdi, Claudio
L'incoronazione di Poppea: Addio Roma; L'Arianna: Lasciatemi morire + *D. Scarlatti:* Salve Regina + *A. Scarlatti:* Cantata pastorale – Baker, ECO, Leppard. LP: ASD 2615

Moszkowski, Moritz

Suite für 2 Violinen und Klavier + *Schostakowitsch:* 3 Violin-Duette + *Prokofieff:* Sonate für 2 Violinen – Perlman, Zukerman, Sanders.	LP: 065-03787

Mozart, Wolfgang Amadeus

Così fan tutte – Schwarzkopf, Ludwig, Steffek, Kraus, Taddei, Berry, PO & Chorus, Böhm.	**LP: SLS 5028** **CD: 769330 2**
Così fan tutte – Schwarzkopf, Merriman, Otto, Simoneau, Panerei, Bruscantini, PO & Chorus, Karajan.	**LP: 163-01748/50** **CD: 769635 2**
Così fan tutte – Price, Minton, Popp, Alva, Evans, Sotin, NPO, Alldis Choir, Klemperer.	LP: 191-02249/52
Don Giovanni – Sgourda, Harper, Donath, Alva, Soyer, Evans, Rinaldi, Lagger, ECO, Edinburgh Festival Chorus, Barenboim.	LP: SLS 978
Don Giovanni – Watson, Ludwig, Freni, Gedda, Ghiaurov, Berry, Montarsolo, Crass, NPO & Chorus, Klemperer.	LP: 143462 3
Sämtliche Klavierkonzerte; Rondo D-dur KV 382 – ECO, Barenboim.	LP: 197-1522493 **CD: demnächst**
Klavierkonzert Nr. 25 C-dur KV 503; Bläserserenade c-moll KV 388 – Barenboim, NPO, Klemperer.	LP: 063-00400
Klavierkonzerte Nr. 24 c-moll KV 491 und Nr. 27 B-dur KV 595 – Annie Fischer, NPO, Kurtz.	LP: SAX 5287
Klavierquartette Nr. 1 g-moll KV 478 und Nr. 2 Es-dur KV 493 – Fou Ts'ong, Menuhin, Gerhardt, Cassado.	LP: ASD 2319
Lieder – Fischer-Dieskau, Barenboim.	LP: ASD 2824
Messe c-moll KV 427 – Cotrubas, te Kanawa, Krenn, Sotin, NPO, Alldis Choir, Leppard.	**LP: 290277 1** **MC: 290277 4** **CD: 747385 2**
Le Nozze di Figaro – Söderström, Burmeister, Grist, Berganza, Bacquier, Evans, Langdon, NPO, Alldis Choir, Klemperer.	LP: 191-02134/7
Quintett für Klavier und Bläser Es-dur KV 452 (vgl. Beethoven: Quintett für Klavier und Bläser).	
Requiem d-moll KV 626 – Armstrong, Baker, Gedda, Fischer-Dieskau, ECO, Alldis Choir, Barenboim.	**LP: 291283 1** **MC: 291283 4**
Requiem d-moll KV 626 – Mathis, Bumbry, Shirley, Rintzler, NPO & Chorus, Frühbeck de Burgos.	**LP: 291167 1** **MC: 291167 4**
Serenade für Bläser Nr. 10 B-dur KV 361 – ECO, Barenboim.	LP: ASD 3426
Serenaden für Bläser Nr. 10 B-dur KV 361, Nr. 11 Es-dur KV 375, Nr. 12 c-moll KV 388 – NPO, Klemperer.	LP: SXDW 3050 **CD: demnächst**
Serenade Nr. 13 G-dur »Eine kleine Nachtmusik«; Marsch D-dur KV 335; Divertimento D-dur KV 205 – ECO, Barenboim.	**LP: 290631 1** **MC: 290631 4**
Symphonia concertante Es-dur KV 364 + *Haydn:* Symphonia concertante B-dur – ECO, Barenboim.	**LP: 762663 1** **MC: 762663 4**
Symphonien Nr. 33 B-dur und Nr. 29 A-dur – NPO, Klemperer.	LP: SAX 5256 **CD: demnächst**

Symphonien Nr. 35 D-dur »Haffner«, Nr. 36 »Linzer«; Entführung aus dem Serail: Ouvertüre – PO, Klemperer.	LP: SAX 2436 **CD: demnächst**
Symphonien Nr. 39 Es-dur und Nr. 40 g-moll – ECO, Barenboim.	LP: ASD 2424
Violinkonzerte Nr. 3 G-dur KV 216 und Nr. 5 A-dur KV 219 – ECO, Maazel.	LP: SHZE 310
Die Zauberflöte – Lemnitz, Berger, Roswaenge, Hüsch, Strienz, u.a. BPO, Favres Chorus, Beecham.	**LP: Cal 30845/6** **CD: 761034 2**
Die Zauberflöte – Seefried, Jurinac, Lipp, Dermota, Kunz, Loose, Weber, London u.a., WP, Singverein der Gesellschaft der Musikfreunde Wien, Karajan.	**CD: 769631 2**
Die Zauberflöte – Janowitz, Popp, Gedda, Berry, Frick, Schwarzkopf, Ludwig, Höffgen u.a., PO & Chorus, Klemperer.	**LP: 157-100031/3** **CD: 769971 2**

Music for Holy Week

Morley, Gibbons, Victoria, di Lasso u.a. – KCC, Ledger.	LP: ASD 3450

Mussorgskij, Modest

Bilder einer Ausstellung + *Debussy:* Prélude à l'après-midi d'un faune – PO, Maazel.	**LP: 291147 1** **MC: 762517 4** **CD: 762517 2***

Oh Donna Clara

Tango / You have been so terribly blonde – Dol Dauber and his Orchestra.	78: B 5905

Orff, Carl

Carmina Burana – Popp, Unger, Wolansky, Noble, NPO & Chorus, Frühbeck de Burgos.	**LP: 291354 1** **MC: 291354 4** **CD: 769060 2**

Paganini, Niccolò

24 Solo-Capricen op. 1 – Perlman.	**LP: 102264 1** **CD: 747171 2**
Violinkonzert Nr. 1 + *Sarasate:* Carmen-Fantasie – Perlman, RPO, Foster.	**LP: 291285 1*** **MC: 291285 4*** **CD: 747101 2***

Palestrina, Giovanni Pierluigi da

Missa Hodie Christus natus est, 5 Motetten – KCC, Ledger.	LP: ASD 3559

Philharmonia Promenade Concert

Schlittschuhläufer-Walzer *(Waldteufel);* Tritsch-Tratsch-Polka *(J. Strauß);* España *(Chabrier)* u.a. – PO, Karajan.	LP: SAX 2404

Poulenc, Francis

Trio für Oboe, Fagott und Klavier; Sonate für Klarinette und Fagott + *Ravel:* Introduktion und Allegro + *Françaix:* Zwei Divertimenti – Melos Ensemble.	LP: ASD 2506

Prokofieff, Serge

Cinderella – LSO, Previn.	LP: SLS 1435953 **CD: 747969 2***
Klavierkonzert Nr. 5 + *Bartók:* Klavierkonzert Nr. 2 – Richter, NPO & O de P, Maazel.	LP: ASD 2744
Symphonien Nr. 1 »Klassische« und Nr. 7 cis-moll – LSO, Previn.	LP: ASD 3556 **CD: demnächst**
Sechs Volkslieder op. 104 + *Rimski-Korsakow:* Lieder – Vishnevskaya, Rostropovich.	LP: ASD 3731

Rachmaninow, Sergej

4 Klavierkonzerte; Rhapsodie über ein Thema von Paganini – Anievas, NPO, Frühbeck de Burgos (Nr. 1 und 4), Atzmon (Nr. 2 und Rhapsodie), Ceccato (Nr. 3).	LP: SLS 855

Ravel, Maurice

Bolero; Daphnis et Chloe (Suite Nr. 2); Pavane pour une infante défunte – LSO & Chorus, Previn.	**CD: 747162 2***
Daphnis et Chloe (Gesamtaufnahme) – LSO & Chorus, Previn.	LP: 067-43171 **CD: 747171 2**
L'Enfant et les sortilèges – Wyner, Taillon, Berbié, Bastin, Huttenlocher, Langridge, Augér u.a., Ambrosian Singers, LSO, Previn.	**CD: 747169 2**

Rimski-Korsakow, Nikolai

(vgl. Prokofieff: Sechs Volkslieder).

Rodrigo, Joaquín

Concierto de Aranjuez: Fantasia para un gentilhombre – Romero, LSO, Previn.	**MC: 290300 4** **CD: 747693 2**

Rossini, Gioacchino

Semiramide (Ouvertüre) – NYP, Toscanini.	78: DB 3079/80

Sarasate, Pablo de

Carmen-Fantasie (vgl. Paganini: Violinkonzert Nr. 1).

Zigeunerweisen (vgl. Goldmark: Violinkonzert a-moll).

Schönberg, Arnold

Verklärte Nacht op. 4 + *Wagner:* Siegfried-Idyll + *Hindemith:* Trauermusik – Aronowitz, ECO, Barenboim.	LP: ASD 2346

Schostakowitsch, Dimitri

Lady Macbeth von Mzensk – Vishnevskaya, Finnilä, Gedda, Krenn, Petkov, Haugland u.a., Ambrosian Chorus, LPO, Rostropovich.	LP: SLS 5157 **CD: demnächst**
Symphonie Nr. 13 b-moll op. 113 »Babi Yar« – Petkov, LSO, Previn.	LP: ASD 3911

Drei Stücke für Violine (vgl. Moszkowski: Suite für 2 Violinen und Klavier).

Schubert, Franz

Impromptus D 899 und D 946 – Anievas.	LP: HQS 1347
Klaviersonaten c-moll D 958 und a-moll D 784 – Richter-Haaser.	LP: SAX 5255
Moments musicaux D 780 + *Schumann:* 4 Nachtstücke op. 23 – Gilels.	LP: ASD 2483
Oktett F-dur – Melos Ensemble.	LP: ASD 2417
Symphonien Nr. 5 B-dur und Nr. 8 h-moll »Unvollendete« – NPO, Fischer-Dieskau.	LP: ASD 2942
Symphonie Nr. 8 h-moll »Unvollendete« – Phil O, Stokowski.	78: D 1779-81

Schumann, Robert

Frauenliebe und Leben op. 42; Liederkreis op. 39 – Baker, Barenboim.	LP: ASD 3217
Nachtstücke op. 23 (vgl. Schubert: Moments musicaux).	
Klavierkonzert a-moll op. 54 + *Liszt:* Klavierkonzert Nr. 1 Es-dur – Annie Fischer, PO, Klemperer.	LP: SAX 2485
Symphonie Nr. 1 B-dur op. 38 »Frühlingssinfonie«; »Manfred«-Ouvertüre – NPO, Klemperer.	LP: SAX 5269
Symphonie Nr. 2 C-dur op. 61; »Genoveva«-Ouvertüre – NPO, Klemperer.	LP: ASD 2454
Symphonie Nr. 3 Es-dur op. 97 »Rheinische«; »Faust«-Ouvertüre – NPO, Klemperer.	ASD 2547

Sibelius, Jean

Symphonie Nr. 2 D-dur op. 43 – PSO, Previn.	LP: ASD 3414
Symphonie Nr. 5 Es-dur op. 82; Finlandia op. 26 – PO, Karajan.	LP: SAX 2392

Smetana, Friedrich

Ma Vlast (Mein Vaterland) (Gesamtaufnahme) + *Dvořák:* Rhapsodie As-dur op. 45/3; Scherzo capriccioso op. 66 – SD, Berglund.	**LP: 290860 1*** **CD: 762694 2**
Streichquartett Nr. 1 e-moll »Aus meinem Leben« + *Dvořák:* Streichquartett Nr. 12 F-dur »Amerikanisches« – Medici String Quartet.	LP: ASD 3694

Sousa, John Philip

Märsche: El Capitan, The Washington Post – Black Dyke Mills Band.	78: BD 758

Spanish Recital

de Falla, Granados, Halffter, Sarasate – Perlman, Sanders.	LP: ASD 3910

Stevenson, Robert Murrell

Passacaglia über DSCH – Ogdon.	LP: ASD 2321/22

Strauß, Johann (Sohn)

An der schönen blauen Donau + *Lehár:* Gold und Silber (Walzer) – Marek Weber und sein Orchester.	78: B 3726

Kaiserwalzer (vgl. André Previn's Music Night No. 2).	
Gschichten aus dem Wienerwald (Walzer) – Marek Weber und sein Orchester.	78: B 2406
Strauss, Richard	
Also sprach Zarathustra; Till Eulenspiegel – PO, Maazel.	LP: 037-00781
Eine Alpensinfonie – Phil O, Previn.	LP: 143577 1
Der Rosenkavalier – Schwarzkopf, Ludwig, Stich-Randall, Meyer, Welitsch, Edelmann, Gedda, Wächter u.a., PO & Chorus, Karajan.	**LP: 749354 1** **CD: 749354 2**
Tod und Verklärung; Don Juan, Till Eulenspiegel – VP, Previn.	**MC: 250212 4**
Vier letzte Lieder; Zueignung; Muttertändelei; Die heiligen drei Könige; Freundliche Vision; Waldseligkeit – Schwarzkopf, RSO Berlin, Szell.	**LP: 100608 1** **MC: TC-ASD 2888** **CD: 747276 2***
Strawinsky, Igor	
Feuervogel (1910) – BSO, Ozawa.	LP: ASD 143634 1 **CD: 747017 2**
Feuervogel (1910) – OdeP, Ozawa.	LP: EMX 412094
Divertimento; Suite italienne (nach Pergolesi); Duo concertant – Perlman, Canino.	**CD: 749322 2**
Tschaikowskij, Peter Iljitsch	
Klavierkonzerte Nr. 1 b-moll, Nr. 2 G-dur, Nr. 3 Es-dur – Gilels, NPO, Maazel.	**LP: Ar 302240-435**
Klaviertrio a-moll op. 50 – Ashkenazy, Perlman, Harrell.	**CD: 747988 2**
Symphonien Nr. 1 bis 6; »Manfred«-Symphonie – LPO, Rostropovich.	LP: SLS 5099
Violinkonzert D-dur; Sérénade mélancolique op. 26 – Perlman, Phil O, Ormandy.	**CD: 747106 2**
Vaughan Williams, Ralph	
Fantasia on a Theme by Tallis; The Wasps (Ouvertüre) + *Elgar:* Enigma Variations – LSO, Previn.	LP: ASD 3857
Verdi, Giuseppe	
Falstaff – Schwarzkopf, Moffo, Merriman, Barbieri, Alva, Gobbi, Panerai, PO & Chorus, Karajan.	**LP: 749688 1** **CD: 749688 2**
Otello – Nelli, Vinay, Valdengo, NBCO & Chorus, Toscanini.	LP: RCA 26.35014
Quattro Pezzi sacri – Baker, PO & Chorus, Giulini.	**CD: 747257 8***
Requiem – Schwarzkopf, Ludwig, Gedda, Ghiaurov, PO & Chorus, Giulini.	**LP: 100029 3** **CD: 747257 8***
Rigoletto: La donna è mobile (vgl. di Capua: O sole mio).	
Vieuxtemps, Henri	
Violinkonzerte Nr. 4 op. 31 und Nr. 5 op. 37 – Perlman, O de P, Barenboim.	LP: 065-02970
Vilayat Khan	
Jaijaiwanti, Rageshree	LP: ASD 2460

Vivaldi, Antonio

Die vier Jahreszeiten – LPO, Perlman.	**MC: 769046 4**
	CD: 769046 2

Wagner, Richard

Der fliegende Holländer – Silja, Burmeister, Kozub, Unger, Adam, Talvela, BBC Chorus, NPO, Klemperer.	LP: 157-00104/6
	CD: demnächst
Die Meistersinger von Nürnberg – Grümmer, Höffgen, Schock, Unger, Kusche, Frick, Franz u.a., BP, Kempe.	LP: RLS 740
Siegfried-Idyll (vgl. Schönberg: Verklärte Nacht resp. Bruckner: Symphonie Nr. 7).	
Tristan und Isolde – Flagstad, Ludwig, Thebom, Suthaus, Fischer-Dieskau, PO, Furtwängler.	**CD: 747322 8**
Die Walküre (Erster Aufzug und Wotans Abschied aus dem Dritten Aufzug) – Dernesch, Cochran, Sotin, Bailey, NPO, Klemperer.	LP: 193-02222/3

Weber, Carl Maria von

Aufforderung zum Tanz op. 65 – Phil O, Stokowski.	78: D 1285

Wesley, Charles

(vgl. Arne: Symphonien)

The Whistler and His Dog

Warbler's Serenade – Pryor's Band.	78: B 2373

Wieniawski, Henri

Violinkonzerte Nr. 1 op. 14 und Nr. 2 op. 22 – Perlman, LPO, Ozawa.	**CD: 747107 2**

Wolf, Hugo

Italienisches Liederbuch – Schwarzkopf, Fischer-Dieskau, Moore.	LP: SME91546/47
Lieder-Rezital – Schwarzkopf, Moore.	LP: 037-03725
Veröffentlichungen der Hugo Wolf-Society – Gerhardt, Trianti, Rethberg, Ginster, McCormack, Hüsch, Janssen, Kipnis, Bos, Müller, Moore u.a.	LP: Vol. 1 bis 6

Register